隧道及地下工程建设丛书

Life-cycle Safety Monitoring Measurement Technology of Subsea Tunnel

海底隧道全寿命安全监控量测技术

王明年　路军富　刘大刚　于丽　编著

人民交通出版社

内 容 提 要

本书是在总结近年来我国隧道监控量测技术以及历时5年的厦门翔安海底隧道全寿命安全监测技术研究等多项科研成果基础上完成的,全书共分为7章,主要内容包括概述、海底隧道全寿命安全监测系统设计方法、海底隧道全寿命安全监测位移非接触量测技术、海底隧道结构应力及地震和耐久性监测技术、海底隧道全寿命安全监测控制及管理基准、海底隧道全寿命安全监测信息分析与反馈、海底隧道全寿命安全监测系统开发等。本书内容丰富,具有很强的工程实用性。

本书可作为公路、铁路和水工隧道监控、设计、施工和管理人员的参考用书,亦可作为土木工程专业(隧道方向)、隧道及地下工程专业本科生、研究生教材用书。

图书在版编目(CIP)数据

海底隧道全寿命安全监控量测技术 / 王明年等编著.
--北京:人民交通出版社,2012.3
ISBN 978-7-114-09634-1

Ⅰ.①海… Ⅱ.①王… Ⅲ.①水下隧道-安全监测-测量技术 Ⅳ.①U459.5

中国版本图书馆CIP数据核字(2012)第016998号

隧道及地下工程建设丛书
书　　名:海底隧道全寿命安全监控量测技术
著 作 者:王明年　路军富　刘大刚　于　丽
责任编辑:王文华(wwh@ccpress.com.cn)
出版发行:人民交通出版社
地　　址:(100011)北京市朝阳区安定门外外馆斜街3号
网　　址:http://www.ccpress.com.cn
销售电话:(010)59757969,59757973
总 经 销:人民交通出版社发行部
经　　销:各地新华书店
印　　刷:北京市密东印刷有限公司
开　　本:787×1092　1/16
印　　张:15.25
字　　数:352千
版　　次:2012年3月　第1版
印　　次:2012年3月　第1次印刷
书　　号:ISBN 978-7-114-09634-1
定　　价:34.00元
(有印刷、装订质量问题的图书由本社负责调换)

前　言

2010 年 4 月，随着中国大陆第一条海底隧道——厦门翔安海底隧道的建成通车，我国海底隧道建设进入了新的历史时期。海底隧道的主要特点是：地质条件复杂，水压高，地下水具有腐蚀性等，由此，给海底隧道设计、施工及维修养护带来极大风险。为了确保海底隧道施工和运营的安全，本书提出了海底隧道全寿命安全监测的概念。

隧道全寿命安全监测实际上包括两个阶段，即施工阶段监测和运营阶段长期监测。传统的安全监测也包括这两个阶段，但一般将施工阶段监测和运营阶段长期监测简单地按时间顺序进行划分，很少考虑两者的联系。本书基于风险辨识理论建立的海底隧道全寿命期安全监测系统设计方法，将施工阶段监测和运营阶段长期监测作为一个监测体系的两个阶段进行研究，既体现了海底隧道安全监测两个不同阶段的特点，也保证了两阶段为一个整体的监测体系，因此，监测计划、监测方法、监测设备、监测断面、监测点位、评价方法和监测频率等都要作为一个整体监测体系来考虑，这样不但能保证施工阶段监测和运营阶段长期监测的连续性，而且保证了安全，节约了投资。

本书共分 7 章，第 1 章概述，第 2 章海底隧道全寿命安全监测系统设计方法，第 3 章海底隧道全寿命安全监测位移非接触量测技术，第 4 章海底隧道结构应力及地震和耐久性监测技术，第 5 章海底隧道全寿命安全监测控制及管理基准，第 6 章海底隧道全寿命安全监测信息分析与反馈，第 7 章海底隧道全寿命安全监测系统开发。

本书是在总结近年来我国隧道监控量测技术以及历时 5 年的厦门翔安海底隧道全寿命安全监测技术研究等多项科研成果基础上完成的。书中还引用了国内外已有的专著、文章、规范、研究报告等成果，在此一并表示感谢。虽然我们尽了很大努力，但由于学识水平有限，错误之处在所难免，敬请读者批评指正。

编著者

2011 年 10 月

前言

目　录

第1章 概 述

2010年4月,随着中国大陆第一条海底隧道——厦门翔安海底隧道的建成通车,我国海底隧道建设进入了新的历史时期。目前,正在建设的海底隧道有青岛至黄岛海底隧道。正在规划和设计的海底隧道有厦门第二西通道、琼州海峡隧道等。

海底隧道具有地质条件复杂、水压高和地下水具有腐蚀性等主要特点,由此,给海底隧道设计、施工及维修养护带来极大风险[1-2]。为了确保海底隧道施工和运营安全,本书提出了海底隧道全寿命安全监测的概念。

海底隧道全寿命安全监测实际上包括两个阶段,即施工阶段监测和运营阶段长期监测。

施工阶段监测目前已经作为隧道施工的一道工序,是隧道施工必不可少的环节。近年来,国内外对大型桥梁和水坝等重要结构进行了运营阶段长期监测,这些监测成果对于研究结构长期受力形态和维修养护具有重要意义。目前,除对英法海峡隧道和日本青函隧道进行了长期监测研究外,其他隧道结构进行长期监测研究的工程案例并不多见。由于隧道围岩具有流变特性,其荷载随时间而变化,同时,由于海底隧道受海水的腐蚀作用,支护体系的力学性能会不断降低。因此,为保证海底隧道结构的长期安全性而进行的长期监测研究已经成为一个紧迫的课题。

隧道工程中,传统的安全监测将施工阶段监测和运营阶段长期监测简单地按时间顺序进行划分,很少考虑两者的联系。

本书基于风险辨识理论建立的海底隧道全寿命期安全监测系统设计方法,将施工阶段监测和运营阶段长期监测作为一个监测体系的两个阶段进行研究,既体现了海底隧道安全监测两个不同阶段的特点,也保证了两阶段为一个整体的监测体系。因此,监测计划、监测方法、监测设备、监测断面、监测点位、评价方法和监测频率等都要作为一个整体监测体系来考虑,这样不但能保证施工阶段监测和运营阶段长期监测的连续性,而且保证了安全,节约了投资。

目前,隧道监测技术的最新发展主要包括以下几个方面。

1)隧道安全监测等级划分

隧道安全受工程地质、水文地质、设计条件、施工技术、隧道特点、工程管理等风险因素影响,对于隧道不同区段,这些风险因素的作用也是不同的,因此,应对隧道不同区段进行监测等级的划分。

目前,隧道的相关设计规范中还没有一套不同区段监测等级的划分方法[3-4]。为此,本书根据海底隧道不同区段的风险影响因素,利用风险辨识、模糊数学、层次分析法等理论建立了海底隧道全寿命监测等级的划分方法,并确定了不同监测等级对应的监测类型、监测项目、监测断面和监测频率等参数。

2)隧道监测技术

对于一般隧道,监测技术主要包括位移监测技术和应力监测技术,对于海底隧道,还应包括地震监测技术和耐久性监测技术。

(1)隧道位移监测技术——非接触量测技术

隧道位移监测是保证隧道掌子面后方初期支护安全的重要手段,是隧道施工过程中必不可少的施工工序。特别是对于复杂地质隧道,监控量测对于隧道的安全施工、围岩级别变更、支护参数调整、临时支护拆除时机的确定及二次衬砌施作时机的确定,将起到至关重要的作用。目前,隧道位移监测主要包括两个方面:拱顶下沉量测,一般采用钢挂尺和水准仪进行;收敛量测,包括水平收敛和倾斜收敛,一般采用收敛计进行。

对于大断面隧道,常规的接触量测存在以下问题:①往往采用分部开挖方法,如 CD 法、CRD 法或双侧壁导坑法等,由于开挖不对称,结构变形和受力也不对称,而且临时支撑变形量大,并随工序的推进表现为有时扩大有时收缩,常规收敛量测无法确定变形的不对称性和主要变形部位。②常规量测几乎不可能实施,即使勉强能够实施,量测精度差,安全施工风险增大。③常规量测时间长,施工干扰大,虽然监控量测已作为一道工序被安排在施工组织设计中,但还是希望时间越短越好。

近年来,特长隧道、大跨度隧道日益增多,施工方法多变,这给隧道周边位移量测带来了不同程度的困难,并对位移量测方法和精度提出更高的要求,为此,发展了非接触量测技术。

非接触量测是指在不接触被测目标点的情况下,获取被测点的空间位移信息的方法。通过量测得到隧道内周边某点的三维坐标 x、y、z,以便分析其三维绝对位移 u、v、w;同时也可通过两点的三维坐标,计算洞内的收敛位移,其精度也能满足隧道收敛量测的要求。

非接触量测可以测量测点的绝对位移,可以很好地表达不对称变形。由于不需要尺子,可以很好地适应大断面隧道位移监测。非接触量测可以远离断面进行观测,避免由于量测工作对掌子面施工产生干扰,同时也避免施工对量测工作的干扰,而且量测时间也大大缩短。

目前,非接触量测技术主要包括:全站仪自由设站非接触量测技术,近景摄影(经纬仪、普通相机、数码相机)量测技术,巴塞特系统,激光断面仪量测技术等,这些非接触量测技术的特点见表 1-1[5]。

隧道位移非接触量测技术特点 表 1-1

<table>
<tr><th colspan="2" rowspan="2">非接触量测方法</th><th rowspan="2">量测过程</th><th colspan="2">适应性</th><th rowspan="2">量测内容</th><th rowspan="2">精度(mm)</th><th rowspan="2">价格</th><th rowspan="2">应用现状</th></tr>
<tr><th>环境要求</th><th>工法适用性</th></tr>
<tr><td colspan="2">全站仪自由设站</td><td>较简便,对施工干扰小</td><td>要求较低</td><td>各种工法</td><td>三维绝对位移,净空收敛</td><td>≤1</td><td>一般</td><td>已用于实际工程</td></tr>
<tr><td rowspan="3">近景摄影</td><td>摄影经纬仪</td><td>复杂,对施工干扰大</td><td rowspan="3">要求较高</td><td rowspan="3">有局限性</td><td>超、欠挖判断</td><td>1~5</td><td>昂贵</td><td>推广难</td></tr>
<tr><td>普通相机</td><td>简便,对施工干扰小</td><td>超、欠挖判断</td><td>1.5</td><td>便宜</td><td>推广难,将会淘汰</td></tr>
<tr><td>数码相机</td><td>简便,对施工干扰小</td><td>三维绝对位移、净空收敛</td><td>≤1</td><td>便宜</td><td>实验室研发阶段,技术不成熟</td></tr>
</table>

续上表

非接触量测方法	量 测 过 程	适 应 性		量 测 内 容	精度（mm）	价 格	应 用 现 状
		环境要求	工法适用性				
巴塞特系统	仪器安装难度大	无要求	有局限性	自动记录断面变形过程	≤1	昂贵	已用于实际工程
激光断面仪	较简便，对施工干扰小	要求较低	多种施工方法	超、欠挖判断	2	一般	已用于实际工程

本书将重点讨论隧道位移全站仪自由设站非接触量测技术、数码摄影非接触量测技术和巴塞特系统等。

(2)隧道应力监测技术——光纤光栅传感技术

自从 1989 年美国人 Moray 等首次进行光纤光栅传感器研究以来，世界各国都对其十分关注，并展开了深入的应用研究，在短短的 20 多年时间里，光纤光栅传感器已成为传感领域发展最快的技术。

光纤光栅传感器质量轻、耐腐蚀、抗电磁干扰、使用安全可靠，具有传输与传感的特性，具备可连续、无间断、长距离测量等特点。用光纤光栅可以方便地实现被测量的分布式传感，这种光纤光栅传感器在重要建筑物及航空航天等方面具有广阔的应用前景。

海底隧道不但受海水的腐蚀，而且受杂散电流作用和电磁的强烈干扰，因此，传统的振弦式传感器很难适用于海底隧道的环境。而光纤光栅传感器具有耐腐蚀性强、抗电磁干扰的特点，因此，本书重点研究光纤光栅传感器的应用技术。

(3)隧道地震监测技术

开展地震作用下隧道破坏机理分析，首先要碰到的是地震波的选取问题。地震波是一个频带较宽的非平稳随机振动，受多种因素影响而变化，如发震断层位置、板块运动形式、震中距、波传递途径的地质条件、场地土构造和类别等，往往同次地震在同一场地得到的强震记录也不相同，因此无法针对每个建筑场地准确地预见未来的地面运动，这给抗震设计中需采用什么样的地震波带来了困难，因此地震波选取的合理是保证计算结果可靠性的关键。为对海底隧道地震稳定性评价提供实际、准确的地震波，开展隧道地震监测具有重要的意义。因此，本书重点介绍了三向地震加速度传感器地震监测技术。

(4)耐久性监测技术——埋入式无损腐蚀监测技术

在各类大型工程结构中，如地面建筑工程、桥梁工程、基础工程、隧道工程、水坝、地铁、矿井等，混凝土中钢筋的腐蚀所带来的危害是目前全世界范围都非常关注的重大问题。混凝土材料自身的劣化和钢筋腐蚀共同影响混凝土结构的耐久性，使整个工程的安全性与可靠性受到威胁，其中钢筋锈蚀是影响钢筋混凝土结构耐久性和使用寿命的最重要因素。因此，发展钢筋腐蚀实时监检测技术、提高混凝土内钢筋锈蚀程度与腐蚀速度检测的准确性和工作效率、实现钢筋混凝土结构健康自诊断，对评估结构耐久性、及时采取合理的加固措施有着重要的意义。

作为海底隧道支护体系的钢筋混凝土结构，如果受到海洋环境中氯化物的不断侵入或混凝土逐渐碳化等过程随时间的积累，就可能引起混凝土的 pH 值降低，造成钢筋表面钝化膜破坏，进而发生局部腐蚀。为了确保海底隧道建成后的长期安全运行，有必要采用合适的现场检测/监测技术,及时了解和控制钢筋在混凝土中的腐蚀行为。因此,应用非破损监测/检测技术对海底隧道支护结构进行长期的现场跟踪监测,可以提供材料及结构性能随时间变化的完整信息,从而检测早期腐蚀,减少由于腐蚀所造成的巨大损失,避免可能发生的安全事故,具有重大意义。

最近几年,国内外工程师研发了各类外置式测试系统和埋入式腐蚀传感器,由于埋入式腐蚀传感器能更准确地实时监测混凝土内腐蚀环境的变化而被广泛应用,因为本书重点讲述了埋入式钢筋、混凝土无损腐蚀监测技术。

3)隧道监测基准

隧道监测基准应该包括两个方面,即隧道位移和应力控制基准以及隧道安全管理基准。

(1)隧道位移和应力控制基准

位移控制基准:目前《公路隧道设计规范》(JTG D70—2004)规定的位移控制基准主要以相对位移为重点,即拱顶下沉和边墙水平收敛控制基准。在隧道变形不对称的情况下,无法进行隧道安全性判定。对于大断面公路隧道,当采用分部开挖时(如CD法、CRD法和双侧壁法),开挖断面中存在很多临时支撑,目前《公路隧道设计规范》(JTG D70—2004)规定的位移控制基准采用相对位移,无法判定临时支撑的安全性。因此,应该建立隧道绝对位移控制基准。

应力控制基准:目前《公路隧道设计规范》(JTG D70—2004)对二次衬砌的安全系数进行了规定,但对二次衬砌应力没有规定,因此,应建立二次衬砌应力控制基准。

(2)隧道安全管理基准

隧道安全管理基准包括两个方面,即施工阶段安全管理基准和运营阶段长期安全管理基准。

目前,隧道施工阶段安全管理基准主要存在以下两个问题。第一,判定指标不完善。《公路隧道设计规范》(JTG D70—2004)和《公路隧道施工技术规范》(JTG F60—2009)的施工安全管理基准主要采用位移控制基准、位移变化率和位移加速度等定量指标。这个施工安全管理基准没有考虑隧道施工方法和支护体系的复杂性,即隧道初期支护受力与开挖方法和支护刚度关系极大,隧道初期支护受力是不均匀的,而且各部分应力是不断调整的。因此,隧道施工现场经常出现以下情况:有些隧道周边位移超出位移控制基准值,但支护结构没有产生破坏;有时变形速率很大,但是隧道周边位移还远小于控制基准值,也未发生结构破坏;有的隧道工程(特别是浅埋隧道)位移尚未达到位移控制基准值,但支护结构已经失稳。为此,在施工阶段安全管理基准中,除了给出定量指标外,还应该增加定性指标,即支护结构的裂缝状态和地下水状态。第二,没有考虑时间因素的影响。隧道从预测破坏到采取措施再到完成这些措施,是有一定时间的,在这段时间内,隧道破坏还会加速发展。目前,规范中的施工安全管理基准没有考虑时间因素的影响,因此,施工安全管理基准实际应用非常困难。为此,本书建立了以隧道位移、变形速率、变形加速度为定量指标,并以支护结构裂缝状态、地下水状态为定性指标的隧道施工阶段安全管理基准。

对于隧道运营阶段长期安全管理基准,目前《公路隧道设计规范》(JTG D70—2004)和《公路隧道施工技术规范》(JTG F60—2009)还没有规定,为此,本书建立了以海底隧道二次衬砌为对象的运营阶段长期安全管理基准。

4)隧道监测信息分析与反馈技术

隧道监测信息分析与反馈技术包括两个方面,即位移信息分析与反馈技术、应力信息分析与反馈技术。

位移信息分析与反馈技术一般常用回归分析模型,也有应用灰色理论模型和人工神经元网络模型等。当隧道采用分部开挖时,传统的回归分析模型不能有效地预测隧道的最终变形,此时,可以采用分段回归分析模型。

应力信息分析与反馈技术中,一般需要通过无结构应力试验,获得无结构应力(自生体积变形应力和温度应力),然后在实测应力中除去无结构应力,获得结构的实际应力,对实际应力进行一般回归分析或分段回归分析,从而对隧道结构应力进行预测。

5)隧道监测系统

隧道监测系统包括监测系统的硬件集成和自动化监测软件系统。

监测系统的硬件集成主要包括传感器系统、数据采集系统、数据管理系统、安全性评价与对策系统等硬件系统的集成。

自动化监测软件系统主要包括施工阶段位移非接触量测系统和运营阶段长期监测系统等自动化软件系统。

第2章　海底隧道全寿命安全监测系统设计方法

本章主要介绍海底隧道全寿命安全监测系统设计方法，采用风险分析理论，基于风险等级标准对海底隧道全寿命安全监测等级进行划分；利用风险辨识、模糊数学、层次分析法等理论，建立全寿命监测等级评定方法；依据翔安海底隧道全寿命监测等级分区结果，通过对施工阶段的变异调查、现场监测数据的分析，各监测等级与变异形态关系的分析，最终设置各监测等级需监测的项目；最后进行海底隧道全寿命安全监测项目断面布置及监测频率设定。

2.1　海底隧道风险辨识方法

风险识别（风险辨识，risk identification）是工程项目风险评估及管理的基础和重要组成部分。风险识别的含义就是确定可能影响项目的风险事件，并将这些风险事件的诱发因素进行整理。风险识别是项目风险管理者识别风险来源、确定风险发生条件、描述风险特征并分类及评价风险影响的过程。

风险识别的方法很多，目前世界上比较流行的方法主要有：故障树法、专家调查法、情景分析法、SWOT分析法、核对表法等，其中故障树法、专家调查法及核对表法较适用于海底隧道工程的风险识别[6]。

1）故障树法

故障树分析法是在1961年美国贝尔实验室对导弹发射系统进行安全分析时，由瓦特森提出的，由于这种方法优点很多，之后被广泛应用于工业和其他复杂大型系统中。该方法利用图解的形式，将大的故障分解成小的故障，同时对引起故障的原因进行分析。图的形式像树枝一样越分越多，故称故障树。故障树经常用于直接经验比较少的风险识别中，该方法的主要优点是能比较全面地分析所有故障的原因，包括人为的因素，而且比较形象、直观。与故障树相似的还有概率树、决策树等。

进行故障树分析的一般步骤如下：

（1）定义工程项目的目标，此时应将影响项目目标的各种风险因素予以充分考虑。

（2）作出风险效果图。

（3）全面考虑各种风险因素之间的相互关系，从而确定工程项目风险应采取的对策或行动方案。

2）专家调查法

专家调查法是大系统风险识别的主要方法，是以专家为索取信息的重要对象，各领域的专家运用专业方面的理论知识和丰富的实践经验,找出各种潜在的风险并对其后果作出分析与估计。这种方法的优点是在缺乏足够的统计数据和原始资料的情况下,可以作出定量的估计。

专家调查法主要包括专家个人判断法、智暴法和德尔菲法等十余种方法,其中德尔菲法应用较广。德尔菲法是美国著名咨询机构兰德公司于 20 世纪 50 年代提出的。该方法以匿名方式通过几轮函询征求专家们的意见,然后对每轮意见汇总整理,最后将参考资料再发给各专家,供他们分析判断,提出新的论证。如此多次反复,专家们的意见趋于一致,使最终结论的可靠性越来越高。

3)情景分析法

情景分析法是一种能够分析引起风险的关键因素及其影响的方法。一个情景就是一个对事件未来状态的描述,它采用图标或曲线的形式来描述当影响项目的某种因素作各种变化时,整个项目的变化及其后果,供人们进行比较研究。当各种目标相互冲突排斥时,情景分析就显得特别有用。

由上可知,在风险评估理论发展的过程中出现了多种风险识别方法。我国关于海底隧道修建方面的经验较少,目前还没有相关数据库,通过故障树识别方法,并结合专家调查的意见,通过德尔菲法进行修正,使专家的意见趋于一致,是较适合海底隧道施工风险识别的方法。

2.2　基于风险等级标准的海底隧道安全监测等级划分

隧道全寿命安全监测的主要目的为确保隧道在任何时期的安全性,预防工程事故的发生,降低施工和运营管理期间有可能造成的人身伤害、财产损失、环境损害、工程经济损失、工期延误等潜在的不利事件的发生概率和后果。在实际工程中,当遇到地质条件差、埋深浅、地下水丰富等工程环境时,隧道发生风险的概率较大,发生事故的后果较严重,对于此地段一般应加强监测,例如减小监测断面的距离、增加测点、增加量测频率等,而对于工程地质条件较好、围岩自稳性强的地段,隧道发生风险的概率较小,对于此地段一般无需监测或减少监测断面的数量。

目前规范中关于隧道监控量测项目的确定主要是通过围岩级别定性地判定[7-10],而隧道发生风险不仅与围岩级别有关,同时还与隧道埋深、施工方法、施工单位的管理水平等因素有关,这里引用风险分析理论建立隧道全寿命安全监测等级[11]。

1)风险级别确定方法

风险需要用一个指标来度量,目前国际上常用的风险评级方法主要是通过发生风险的概率与风险后果乘积来确定,见式(2-1),主要有定性定级和定量定级两种方法。

$$R = P \times C \tag{2-1}$$

式中:R——风险水平级别;

P——发生风险的概率;

C——风险后果。

2)发生风险概率等级与风险后果等级划分

由于风险等级主要是通过发生风险的概率和风险后果乘积确定,所以风险等级是由发生风险的概率等级和风险后果等级共同确定,需对其进行等级划分。

(1)发生风险的概率等级划分

风险事故发生的概率在施工中有着许多不确定的因素,它发生的时间、地点、形式、规模都不确定,数学中用概率或概率等级来描述这种不确定事件。根据不同风险事件发生的概率不同,参照我国《铁路隧道风险评估指南》,将风险事件的发生划分为5个等级,为便于定量分析,将不确定因素可能发生风险的概率转化为概率指数,见表2-1。

概率等级标准 表2-1

概率范围	中心值	概率等级描述	概率指数
>0.3	1	频繁发生	5
0.03~0.3	0.1	可能发生	4
0.003~0.03	0.01	偶然发生	3
0.000 3~0.003	0.001	很少发生	2
<0.000 3	0.000 1	不可能发生	1

(2)风险后果等级划分

对后果等级的评价根据不同的风险后果采用不同的评价等级,但所采用的等级相同,将事故造成的损失或不利后果分成5级,为便于定量分析,将可能发生风险后果的不确定因素转化为后果指数,见表2-2。

风险后果分级 表2-2

事件定义	后果描述	后果指数
大范围破坏,需要整个或部分重建;环境严重毁坏;人员伤亡	灾难性后果	5
危及主体工程;需要大量修复工作,环境遭受破坏,交通受阻;人员受伤	后果严重	4
需紧急处理,有财产损失;工程拖延,服务受干扰;人员轻伤	后果较轻	3
不需紧急处理,损失较小;服务未受干扰;人员轻度受伤	后果轻	2
轻微影响	后果可忽略	1

各种后果或损失等级标准见表2-3~表2-6。

人员伤亡等级标准 表2-3

后果定性描述	灾难性的	很严重的	严重的	较大的	轻微的
后果等级	5	4	3	2	1
人员伤亡数量(人)	$F>9$	$2<F\leqslant 9$ 或 $SI>10$	$1\leqslant F\leqslant 2$ 或 $1<SI\leqslant 10$	$SI=1$ 或 $1<MI\leqslant 10$	$MI=1$

注:F 为死亡人数,SI 为重伤人数,MI 为轻伤人数。

经济损失等级标准 表2-4

后果定性描述	灾难性的	很严重的	严重的	较大的	轻微的
后果等级	5	4	3	2	1
经济损失(万元)	>1 000	300~1 000	100~300	30~100	≤30

注:"~"含义为包括上限值,但不包括下限值。

工期延误等级标准 表2-5

后果定性描述	灾难性的	很严重的	严重的	较大的	轻微的
后果等级	5	4	3	2	1
延误时间1(控制工期工程)(月/单一事故)	>10	1~10	0.1~1	0.01~0.1	≤0.01
延误时间2(非控制工期工程)(月/单一事故)	>24	6~24	2~6	0.5~2	≤0.5

注:"~"含义为包括上限值,但不包括下限值。

环境影响等级标准 表2-6

后果定性描述	灾难性的	很严重的	严重的	较大的	轻微的
后果等级	5	4	3	2	1
环境影响描述	永久的且严重的	永久的但轻微的	长期的	临时的但严重的	临时的且轻微的

注:"临时的"含义为在施工工期以内可以消除;"长期的"含义为在施工工期以内不能消除,但不会是永久的;"永久的"含义为不可逆转或不可恢复的。

3)风险等级标准

ALARP准则是最常用的风险接受准则,又称最低合理可行准则,其含义是任何工程活动都具有风险,不可能通过预防措施来彻底消除风险,必须在风险水平与利益之间作出平衡,如图2-1所示。图2-1中风险分为3个区域,若风险评价所得的风险等级处在不可接受区域,必须拒绝或采取强制性的措施降低风险水平;若风险等级处在风险可接受区,由于风险水平很低,无需采取任何应对措施;若风险等级处在合理可行的最大限度降低区,则需对实施各种降低风险水平措施后的效果进行考察,并进行对比分析,据此确定风险是否可以接受。

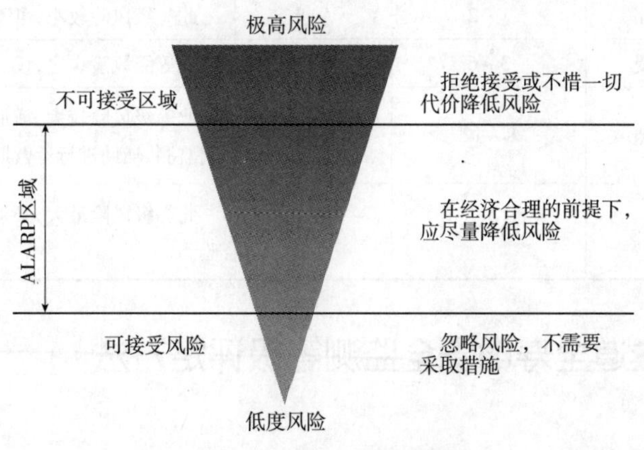

图2-1 ALARP风险管理准则

基于ALARP准则,将事故发生的概率和相应的后果置于一个矩阵中,该矩阵即为风险矩阵,本书所采用的风险矩阵参照我国《铁路隧道风险评估指南》,见表2-7。

风险矩阵 表 2-7

概率等级 \ 后果等级		轻微的	较大的	严重的	很严重的	灾难性的
		1	2	3	4	5
很可能	5	高度	高度	极高	极高	极高
可能	4	中度	高度	高度	极高	极高
偶然	3	中度	中度	高度	高度	极高
不可能	2	低度	中度	中度	高度	高度
很不可能	1	低度	低度	中度	中度	高度

4）全寿命安全监测等级划分

在实际隧道工程中，隧道某区段安全监测的重要程度与该区段风险发生的概率和风险后果有关，有时发生风险的概率大但后果较轻，此时可以减少监测，有时风险概率较小但后果为灾难性的，此时则需加强监测，由此全寿命安全监测的重要程度可由监测等级来确定。

基于风险等级确定方法，针对海底隧道工程的特殊性，全寿命安全监测等级主要是依据隧道发生风险的概率指数与风险后果指数乘积来评定，见式(2-2)。

$$M = P_1 \times C_1 \tag{2-2}$$

式中：M——全寿命安全监测等级指数；

P_1——隧道发生风险的概率指数；

C_1——隧道发生风险的后果指数。

基于风险等级管理标准和监测等级指数的评定方法［式(2-2)］，按照监测等级指数范围将海底隧道全寿命监测等级由低到高依次划分为 A、B、C、D 4 个等级。依据隧道风险接受准则，确定各监测等级及对应的监测措施，见表 2-8。

隧道全寿命监测等级划分表 表 2-8

风险等级	接受准则	监测等级指数	监测等级	监测措施
低度	可忽略	1～2	A 级	此等级风险较小，可不进行监测
中度	可接受	3～6	B 级	此等级风险次之，仅需进行施工期监测
高度	不期望	8～12	C 级	此等级风险较大，需加强监测，必须进行施工期监测，辅助进行运营期监测
极高	不可接受	15～25	D 级	此等级风险最大，必须加强监测，进行全寿命监测

2.3 海底隧道全寿命安全监测等级评定方法

2.3.1 海底隧道全寿命安全监测风险因素识别

1）地质条件风险识别

鉴于海底隧道线路的大部分位于水下，地质条件多变且难以预测，因而地质条件的风险取决于对场地地质状况的了解程度，以及地层状况量化结果的变异性。而对于场地地质状况的了解乃是通过周密规划、分阶段地对于项目场址的地质勘探与岩土工程勘探实现的。

风险主要来源于不确定性，与地质条件相关的风险更是如此。如果地质条件已知，风险的水平可以显著降低。因此，地质风险的识别就是调查与地质条件有关的确定性水平，它也是对获得的地质资料进行审核，以确认现阶段确定性的水平。

地质风险的识别将通过一个系统方法确认对现场地质情况的了解程度、识别存在不确定因素的区域，并提供减少风险水平可供选择的方式等。

地质条件风险因素主要包括不良地质条件，例如软弱地层、风化槽地层、富水砂层和土石交界地层等。

2）施工风险识别

隧道工程施工阶段产生的风险来自隧道设计方案和所采用的施工方案两个方面，尤其是后一个方面。隧道施工风险主要包括施工方法、施工管理、施工质量以及故障或意外等，其中施工方法风险因素主要包括不合理的隧道开挖顺序、不合适的特殊地层处理方法以及注浆加固参数不当等因素。

为识别这些风险，可以对施工单位基于施工组织设计提出的施工方案和方法进行审核和评估，举行风险识别专题讨论会，邀请有经验的专家和施工单位代表进行详细讨论分析。同时，可采用数值分析的方法对施工方案和方法进行三维模拟，通过对围岩及支护结构的变形力学特性分析，获知施工存在的风险。

2.3.2　海底隧道设计阶段全寿命安全监测等级定性评定

由于海底隧道安全监测与隧道施工同步，因此需预先提出全寿命安全监测方案，确定全寿命监测项目、内容及断面布置情况等。在此设计阶段，主要依据的资料为工程设计文件、工程勘察文件和施工组织设计，对隧道地质情况、施工单位技术水平和管理情况的掌握还不够详尽，因此该阶段监测等级以定性判定为主。通过专家调查法获得风险事件发生的概率指数和风险后果指数，然后采用式(2-2)获得监测等级指数，对照表 2-8，对全寿命安全监测等级进行评定。

2.3.3　海底隧道施工阶段全寿命安全监测等级模糊评定

相比设计阶段，由于隧道施工阶段采用信息化设计和施工，其围岩条件、地下水、围岩及支护参数效果、施工方法、施工人员技术水平和单位管理水平更加详尽，各因素会随着施工安全性、节约工程投资和减少对环境影响等需要而进行改变，由此设计阶段确定的监测等级及监测方案无法满足施工阶段的要求，为对监测等级进行修正，建立施工阶段监测等级评定方法具有必要性，也充分体现了隧道信息施工。

1）全寿命安全监测等级评定体系建立

海底隧道全寿命监测等级评定体系不仅考虑工程中客观存在的因素，同时考虑施工单位管理水平，具体见表 2-9。

海底隧道施工阶段安全监测等级评定体系　　表 2-9

项目阶段	施工方法	监测等级评定因素
施工阶段	矿山法	围岩级别
		地下水级别
		埋深级别
		施工方法
		施工管理

2）风险概率评价指标建立

全寿命安全监测等级评定指数的大小是通过 $M = P \times C$ 获得，P 为风险事件发生的概率指数，C 为风险事件产生的后果指数，在一个风险事件中，风险后果通常是不能改变的，而风险概率可以通过相应的措施来降低，由此这里主要研究风险概率指数。由于采用层次分析法和模糊数学相关理论计算风险概率指数，所以依据不同风险事件发生的概率不同，给定相应的评价指标 F，每个指数对应的评价指标见表 2-10。

风险概率等级评价指标　　表 2-10

概率范围	中心值	概率等级描述	风险概率指数	评价指标 F
>0.3	1	很可能	5	$4.5 < F \leqslant 5$
0.03～0.3	0.1	可能	4	$3.5 < F \leqslant 4.5$
0.003～0.03	0.01	偶然	3	$2.5 < F \leqslant 3.5$
0.0003～0.003	0.001	不可能	2	$1.5 < F \leqslant 2.5$
<0.0003	0.0001	很不可能	1	$1 < F \leqslant 1.5$

3）各因素风险概率评价指标模糊评定[12-13]

监测等级评定因素包括围岩级别，地下水级别，埋深，预留变形量，施工方法，施工单位技术水平和施工管理水平。这些评价因素中，有定量指标，也有定性指标，为将这些单因素指标与评价的风险事故发生概率相联系，采用模糊理论建立这些单因素指标与风险事故发生概率的关系。

（1）建立因素集

因素是指评判对象的各种属性或性能，因素集是影响评价对象的各种因素所组成的普通集合，即：

$$U = \{u_1, u_2, \cdots, u_n\} \tag{2-3}$$

式中：U——因素集；

u_i——第一层风险中第 i 个因素；

n—影响因素的个数。

这些因素通常具有不同程度的模糊性。u_i 由其下一层次风险中各因素决定，即：

$$u_i = \{u_{i1}, u_{i2}, \cdots, u_{in}\}$$

由此建立影响全寿命安全监测等级风险概率因素集：

$U = \{u_1, u_2, u_3, u_4, u_5\}$ = {围岩级别，埋深，地下水，施工方法，施工管理水平}

依据《公路隧道设计规范》(JTG D70—2004)，围岩级别分为Ⅴ、Ⅳ、Ⅲ、Ⅱ、Ⅰ级 5 个级别，隧道埋深分超浅埋、浅埋和深埋 3 个级别，地下水状态分 3 个级别。

$u_4 = \{u_{41}, u_{42}, u_{43}, u_{44}, u_{45}, u_{46}, u_{47}\}$

= {开挖方式，循环进程，预留变形量，隧道超挖情况，支护时机，支护闭合周期，注浆质量}

$u_5 = \{u_{51}, u_{52}, u_{53}, u_{54}, u_{55}, u_{56}, u_{57}, u_{58}\}$

= {培训情况，检测情况，人员管理情况，施工队伍情况，机械装备程度，施工质量，施工经验情况，监理情况}

(2)建立模糊评判集

评判集是评价者对评价对象可能作出的各种总的评价结果所组成的集合，一般以程度语言或评定取值区间作为评价目标，通常可以表示为：

$$V = \{v_1, v_2, \cdots, v_m\} \tag{2-4}$$

式中：V——评判集或抉择集；

v——评价指标。

评判集一般用模糊语言表述，如身体健康状况可取评判集 V = {很好，较好，一般，不好}，在模糊理论中模糊语言用[0,1]间的取值模糊隶属度函数量化。

全寿命安全监测等级风险概率抉择评语集为风险事件发生的评价指标，因而建立隧道结构安全性评价的评判集以表示隧道结构的安全程度，这里以概率等级描述确定评语集。可以由指标值 1 ~ 5 来表示风险大小指标。

$V = \{v_1, v_2, v_3, v_4, v_5\}$ = {频繁的，可能的，偶尔的，不可能，很不可能} = {5,4,3,2,1}

(3)各因素概率指标隶属度确定

模糊集合的概念是 L. A. Zadeh 于 1965 年首先提出来的，其基本思想是把经典集合中的绝对隶属关系灵活化或称为模糊化。从特征函数方面讲就是：元素 x 对集合 A 的隶属程度不再局限于取 0 或 1，而可取 0 到 1 间任何一个数值，这一数值反映了元素 x 隶属于集合 A 的程度。

隶属度及整个隶属函数的确定，是模糊评价基本而关键的问题。对于隶属度及隶属函数的确定，有统计学派与非统计学派两种不同的观点与处理方法。目前确定隶属函数的方法主要有专家确定法、借用已有的“客观”尺度、模糊统计法、对比排序法、综合加权法等。需要特别指出的是，不管采用哪一种方法，所确定的隶属函数均应通过实践来检验。实用过程中应利用信息反馈，对隶属函数进行不断的调整，即使隶属函数的形成过程成为一种学习的过程，以求在实用中达到相对的稳定。

针对海底隧道的施工特点，选用专家经验法确定隶属函数，通过专家的经验和学识来估计风险因素风险概率等级隶属度。

①确定专家权重

采用加权平均法对专家经验法得到的数据进行处理，确定风险概率的隶属度。根据专家的年龄、资历、经验等，将专家大致分为 4 类，专家权重分别取 1.0、0.8、0.5、0.3，其中一类专家所作出的判断是最可靠的，数据反映的信息也是最真实的。具体专家分类见表 2-11。

各类专家权重表　　表 2-11

类别	一类	二类	三类	四类
专家分级说明	a. 隧道工程领域元老级专家； b. 施工单位项目经理； c. 驻地高级监理； d. 设计负责人	a. 高级职称以上的施工技术人员； b. 高级职称以上的科研人员； c. 高级职称以上的监理人员； d. 高级职称以上的设计人员	a. 中级职称以上的施工技术人员； b. 中级职称以上的科研人员； c. 中级职称以上的监理人员； d. 中级职称以上的设计人员	a. 初级职称以上的施工技术人员； b. 初级职称以上的科研人员； c. 初级职称以上的监理人员； d. 初级职称以上的设计人员
权重 γ	1.0	0.8	0.5	0.3

②专家模糊估计

第 i 个专家对全寿命安全监测等级影响因素 5 个发生概率等级隶属度作评价，见表 2-12。

某因素发生风险概率等级隶属度调查记录表　　表 2-12

概率范围	>0.3	0.03~0.3	0.003~0.03	0.000 3~0.003	<0.000 3
评价指标 F	$4.5<F\leqslant 5$	$3.5<F\leqslant 4.5$	$2.5<F\leqslant 3.5$	$1.5<F\leqslant 2.5$	$1<F\leqslant 1.5$
专家 1	μ_{15}	μ_{14}	μ_{13}	μ_{12}	μ_{11}
专家 2	μ_{25}	μ_{24}	μ_{23}	μ_{22}	μ_{21}
专家 i	μ_{i5}	μ_{i4}	μ_{i3}	μ_{i2}	μ_{i1}
专家 n	μ_{n5}	μ_{n4}	μ_{n3}	μ_{n2}	μ_{n1}

③发生风险概率的隶属度

根据各个专家对某因素概率隶属度评价结果和各个专家的权重，进行加权平均，则可得其发生危险概率的模糊集：

$$\mu_k = \frac{\sum_{i=1}^{n} \gamma_i \mu_{ik}}{\sum_{i=1}^{n} \gamma_i} \tag{2-5}$$

式中：γ_i——第 i 个专家的权重，该值按表 2-11 取值；

k——对应的概率范围评价指标，$k=5,4,3,2,1$。

(4)建立单因素评判向量和评判矩阵

单因素集评判就是逐个因素对评判对象做出评价，以确定评价对象对评价集元素的隶属程度，便称为单因素模糊评价，评判向量为单因素评判向量。对因素集中第 i 元素 u_i($i=1,2,3,\cdots,n$)进行评价，对评价集中第 j 个元素 V_{ij} 的隶属度为 r_{ij}，则第 i 个因素评价结果可以模糊集合 $\boldsymbol{R}_i$ 表示，$\boldsymbol{R}_i$ 为单因素评判向量，见式(2-6)。

$$\boldsymbol{R}_i = \{r_{i1}, r_{i2}, \cdots, r_{im}\} \tag{2-6}$$

各基本因素评价集的隶属度为行组成的矩阵 $\boldsymbol{R}$，$\boldsymbol{R}$ 为单因素评价矩阵。

$$\boldsymbol{R} = (r_{ij})_{n\times m} = \begin{bmatrix} r_{11} & r_{12} & \cdots & r_{1m} \\ r_{21} & 22 & \cdots & r_{2m} \\ \cdots & \cdots & \cdots & \cdots \\ r_{n1} & r_{n2} & \cdots & r_{nm} \end{bmatrix} \tag{2-7}$$

(5)一级综合模糊评价

从单因素评价矩阵 $\boldsymbol{R}_i$ 可知，不同的因素对承载能力的影响严重程度不同，即不同的影响因素，其重要性不同。这种差别主要由因素的权重集来反映，因此在进行综合评判时，要考虑各个因素对评判结果所起作用的大小，由此，$\boldsymbol{R}$ 中的各项因素作用大小以相应因数的权数 $W_i(i=1,2,\cdots,n)$ 表示，便能合理地反映所有风险因素的综合影响。因此，模糊综合评价可表示为：

$$\boldsymbol{B} = \boldsymbol{W}\circ\boldsymbol{R} \tag{2-8}$$

权重集 $\boldsymbol{W}$ 为 1 行 n 列的模糊矩阵，根据权向量的特征，进行综合评判合成运算：

$$\boldsymbol{B} = \boldsymbol{W}\circ\boldsymbol{R} = (b_1, b_2, \cdots, b_n) = (w_1, w_2, \cdots, w_n)\circ\begin{bmatrix} r_{11} & r_{12} & \cdots & r_{1n} \\ r_{21} & r_{22} & \cdots & r_{2n} \\ \cdots & \cdots & \cdots & \cdots \\ r_{n1} & r_{n2} & \cdots & r_{nm} \end{bmatrix} \tag{2-9}$$

$\boldsymbol{B}$ 为模糊综合评价集，$b_j(j=1,2,\cdots,m)$ 是指综合考虑上一层次风险因素下的所有基本风险因素的影响时，评价对象对评价集中第 j 个元素的隶属度，称为模糊综合评价指标，简称评价指标。

(6)确定因素权重集

确定因素权重的方法很多，如德尔菲法、专家调查法、层次分析法等。其中，层次分析法(以下简称“AHP”)是目前应用较为广泛的一种方法。工程风险的分析和评价是个主客观结论相结合的过程，而对某些过程中潜在风险因素的评价也很难用定量数字来描述，而层次分析法则可以恰当地解决这个问题。它处理问题的程序与管理者的思维程序、分析解决问题的思路一致。在考虑过程中采用专家评判，并用定量原则检验这一评判的重要性，最后综合成整个项目的风险，既有定性分析，又有定量结果，为管理者提供了一个全面了解项目全过程风险情况的机会，使其决策更为科学化。

层次分析法的基本步骤是比较若干因素对同一目标的影响，从而确定它们在目标中所占的权重，具体步骤如下：

①构造各因素间两两比较判断矩阵

首先明确分析问题，划分和选定有关风险因素，然后建立风险因素分层结构，假设同层共有 n 个因素 A_1、A_2……A_n，对所有因素进行成对比较，如将 A_i 和 A_j 比较，使用 1 ~ 9 的比例标度 a_{ij} 来反映相对的重要性，标度的含义参见表 2-13。若 A_i 和 A_j 相比得 a_{ij}，则 A_j 和 A_i 相比的判断为 a_{ji}，从而可以得到一个 $n\times n$ 的判断矩阵。

$$\boldsymbol{A} = (a_{ij})_{n\times n} \tag{2-10}$$

其中，$a_{ij}>0, a_{ij}=\frac{1}{a_{ji}}, a_{ii}=1(i,j=1,2,\cdots,n)$。

层次分析判断矩阵标度及其含义　　表 2-13

标　度	含　义	标　度	含　义
1	A_i与A_j相比，A_i与A_j同等重要	7	A_i与A_j相比，A_i比A_j强烈重要
3	A_i与A_j相比，A_i比A_j稍微重要	9	A_i与A_j相比，A_i比A_j极端重要
5	A_i与A_j相比，A_i比A_j明显重要		
2、4、6、8 位于上述相邻判断的中值			

②计算矩阵 $\boldsymbol{A}$ 的最大特征值和对应的特征向量

对于矩阵 $\boldsymbol{A}$，先算出其最大特征值 $\lambda_{\max}$，然后求出其相应的特征向量 $\boldsymbol{W}$，即 $\boldsymbol{AW}=\lambda_{\max}\boldsymbol{W}$，这时的 $\boldsymbol{W}$ 分量即相应 n 个因素的权重。计算矩阵特征值和特征向量的方法很多，在精度要求不高的情况下，往往采用简单的近似方法，例如方根法：

先求出 $\boldsymbol{W}_i$：

$$\overline{\boldsymbol{W}}_i=\sqrt[n]{\sum_{j=1}^{n}a_{ij}}\qquad(i=1,2,\cdots,n)\tag{2-11}$$

然后将 $\boldsymbol{W}$ 规范化，即：

$$\boldsymbol{W}_i=\frac{\overline{\boldsymbol{W}_i}}{\sum_{i=1}^{n}\overline{\boldsymbol{W}_i}}\qquad(i=1,2,\cdots,n)\tag{2-12}$$

再计算最大特征值：

$$\lambda_{\max}=\sum_{i=1}^{n}\frac{(\boldsymbol{AW})_i}{n\boldsymbol{W}_i}\tag{2-13}$$

通过以上的计算可以得到各层次风险因素的相对权重向量 $\boldsymbol{W}$。

③计算单一准则下元素的相对权重并进行一致性检验

因为判断矩阵 $\boldsymbol{A}$ 采用两两比较得到，未必满足等式 $a_{ij}a_{jk}=a_{ik}$。因此，需要采用一个一致性指标 CI，来衡量由于矩阵 $\boldsymbol{A}$ 不相容所造成的 $\lambda_{\max}$ 和 $\boldsymbol{W}$ 的误差。计算一致性检验指标 CI：

$$CI=\frac{\lambda_{\max}-n}{n-1}\tag{2-14}$$

式中：n——判断矩阵阶数。

若随机一致性比率 $CR=\frac{CI}{RI}<0.10$，则判断矩阵具有满意的一致性，否则需要调整判断矩阵的元素取值。随机一致性指标 RI 取值见表 2-14。

平均随机一致性指标 ***RI*** 取值　　表 2-14

n	1	2	3	4	5	6	7	8	9	10
RI	0.00	0.00	0.58	0.90	1.12	1.24	1.32	1.41	1.45	1.49

(7)二级模糊综合评判

将每一个 U_i作为一个因素，用 $\boldsymbol{B}_i$作为它的单因素评判向量，可构成一个 $n\times m$ 阶单因素评判矩阵 $\boldsymbol{R}$：

$$\boldsymbol{R} = \begin{bmatrix} \boldsymbol{B}_1 \\ \boldsymbol{B}_2 \\ \vdots \\ \boldsymbol{B}_n \end{bmatrix} \tag{2-15}$$

每个 U_i 作为 U 的一部分,反应了 U 的某种属性,可以按照它们的重要性定出权数分配:

$$\boldsymbol{A} = (a_1, a_2, \cdots, a_n) \tag{2-16}$$

于是得到的二级综合评判向量为:

$$\boldsymbol{B} = \boldsymbol{A} \circ \boldsymbol{R} \tag{2-17}$$

(8)评判结果

求出二级综合评判向量 $\boldsymbol{B}$ 后,可采用以下方法确定最终的评判结果:

①最大隶属度法

把二级综合评判向量 $\boldsymbol{B}$ 中最大的一项评判指标 b_j 相对应的评判集 v_j 作为评判结果。

②加权平均法

以 b_j 为权数,对评判集 v_j 进行加权平均得到的值作为评判结果,即:

$$v = \frac{\sum_{j=1}^{m} b_j v_j}{\sum_{j=1}^{m} b_j} \tag{2-18}$$

若二级综合评判向量 b_j 已经归一化,则:

$$v = \sum_{j=1}^{m} b_j v_j \tag{2-19}$$

采用加权评价法评定风险概率等级指标。

4)施工阶段全寿命监测等级评定

由模糊数学理论确定风险因素概率指标后,对照表 2-10 确定相应的概率指数,同时依据专家调查法确定该区段发生风险的可能后果,从而确定风险后果指数,最终采用监测等级评定式(2-2),确定全寿命安全监测等级。

2.4 海底隧道各监测等级监测项目设置

由上一节可知,不同的监测等级其隧道发生危险的概率和后果不同,所以在对隧道进行安全监测时应分清主次,对风险较大、监测等级高的区段应加强监测,而对风险较小、监测等级低的区段可以弱化监测。由此,各海底隧道各监测等级不同,其监测项目也不同,本节将介绍全寿命安全监测等级监测项目设置。

2.4.1 海底隧道变异形态与监测等级的关系

1)海底隧道变异形态调查

翔安海底隧道在修建过程中出现大变形、塌方、初期支护开裂与渗漏水、水压增大、初期支护及超前支护钢材锈蚀、喷射混凝土腐蚀和纵向地层不均匀沉降等多种变异,通过对这些变异调查获得影响隧道结构安全性的因素。

(1)大变形

翔安隧道穿越全风化花岗岩、多个风化深槽以及富水砂层等软弱围岩地段,而软弱围岩具明显的流变特性,造成隧道施工时支护结构发生大变形。即使隧道开挖作业已经完成,围岩的变形由于"时间效应"的作用还会有所发展,在二次衬砌支护施作后,围岩变形在很长一段时间内还会有所增长。

依据现场施工阶段位移监测结果,左线隧道监测等级为C级区段,砂质黏土超浅埋陆域段初期支护监测断面数据与预留变形量关系见表2-15和图2-2。

砂质黏土超浅埋段监测断面拱顶下沉量(mm) 表2-15

断面里程	ZK6+625	ZK6+650	ZK6+680	ZK6+700	ZK6+715
拱顶CRD1	62	71.4	248.2	144.8	214.3
拱顶CRD3	43	141.2	140	60.8	78.8
断面里程	ZK6+730	ZK6+745	ZK6+760	ZK6+780	ZK6+800
拱顶CRD1	310	304.9	255.3	176.5	153.2
拱顶CRD3	120	52.9	86.6	61.3	103.8
断面里程	ZK6+820	ZK6+840	ZK6+860	ZK6+880	ZK6+920
拱顶CRD1	169.9	237.4	379.3	370	480.9
拱顶CRD3	71.8	181.6	156.8	224	387.3

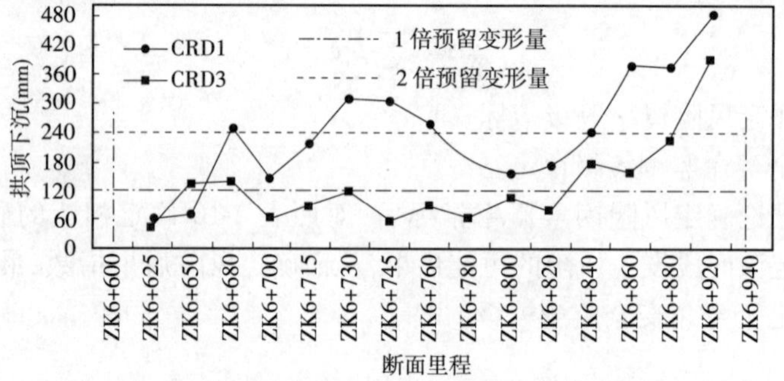

图2-2 左线隧道砂质黏土超浅埋段监测断面沉降量图

由表2-15和图2-2可知,砂质黏土超浅埋陆域段初期支护CRD1部拱顶沉降量最大值约为480.9mm,最小沉降量约为62mm,部分区段发生大变形,大于2倍的预留变形量,从而引起支护结构变异。由于大变形会造成围岩应力释放,当位移过大时,隧道拱顶上方围岩会过度松弛,从而产生松弛地压。拱顶下沉较大的断面一般都伴有初期支护开裂现象,二次衬砌受力较大,容易产生衬砌变形、移动,而其大变形地段在二次衬砌施工过程中容易导致衬砌厚度不足,如果这些地段二次衬砌出现变异情况,则变异原因很可能与大变形、围岩流变特性引起的围岩压力增大有关。

由于围岩及支护结构大变形造成的后果较为严重,引起隧道周边围岩侵入衬砌净空界限,混凝土开裂、剥落,钢支撑扭曲等,见图2-3,严重影响了隧道施工安全、衬砌质量及建设工期。所以,应加强该区段监测,了解围岩及支护结构受力特征,确保施工和运营阶段安全。

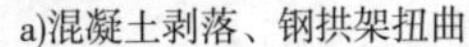
a)混凝土剥落、钢拱架扭曲

b)围岩及初期支护侵入净空界限

图 2-3　围岩大变形变异现象

(2)塌方

隧道塌方与坍塌,会造成衬砌背后空洞、围岩应力场改变等,对这些塌方地段进行回填处理后,隧道拱部围岩会形成松弛地压,这些会造成衬砌结构受力异常,严重影响结构长期安全性。在翔安隧道施工期间,多次发生塌方与坍塌事件,现将其汇总于表 2-16,其塌方情况见图 2-4 ~ 图 2-6。

翔安隧道塌方统计　　表 2-16

区段	塌方断面	塌方时间	塌方位置	围岩及开挖基本情况	塌方原因
五通端	ZK6 + 880	2006. 5. 26	Ⅰ部拱部围岩挤入	全风化围岩	围岩强度低,含水率大
	NK6 + 910	2006. 3. 30	掌子面围岩滑塌	全风化围岩,开挖进尺 1m	围岩强度低,沿裂隙面滑塌
翔安端	YK11 + 856. 5	2007. 7. 14	Ⅰ部边墙	掌子面在全风化围岩中开挖,掌子面顶部为砂层,开挖进尺 1m	砂层松散、黏粒含量较少,且砂层含水率大,注浆效果不好
	YK11 + 909	2007. 6. 15	Ⅰ部未支护段拱部	掌子面在全风化围岩中开挖,掌子面顶部为砂层,开挖进尺 1m	
	YK11 + 913. 5	2007. 6. 12	Ⅰ部未支护段拱部	掌子面在全风化围岩中开挖,掌子面顶部为砂层,开挖进尺 2m	
	YK11 + 919	2007. 6. 8	Ⅰ部未支护段拱部	掌子面在全风化围岩中开挖,掌子面顶部为砂层,开挖进尺 1m	
	YK12 + 021	2007. 4. 12	Ⅰ部未支护段拱部	掌子面上半部为砂层,下半部为全风化围岩,开挖进尺 1m	
	YK12 + 089	2007. 2. 1	Ⅰ部未支护段拱部及掌子面上部	掌子面上半部为砂层,下半部为全风化围岩,开挖进尺 1. 5m	
	YK12 + 110	2007. 1. 5	Ⅰ部未支护段拱部及掌子面上部	掌子面上半部为砂层,下半部为全风化围岩,开挖进尺 2m	
	YK12 + 428	2006. 4. 12	Ⅳ部掌子面下部出现整体滑塌	黏质土围岩,开挖进尺 1m	围岩软弱,掌子面底部积水严重
	NK11 + 817. 5	2007. 5. 2	未支护段拱部	全风化围岩,开挖进尺 2. 5m	地下水沿裂隙面涌入形成涌沙
	NK12 + 088	2006. 11. 20	掌子面和未支护段拱部	全强风化围岩,开挖进尺 1. 5m,有三条岩脉穿于掌子面	岩脉与全风化围岩间裂隙形成海水渗水通道,形成涌沙

续上表

区段	塌方断面	塌方时间	塌方位置	围岩及开挖基本情况	塌方原因
翔安端	NK12 +283	2006.6.29	掌子面和未支护段拱部	全强风化围岩，开挖进尺3m	开挖进尺过大
	NK12 +350	2006.4.27	掌子面局部坍塌	全、强风化围岩，土质较松散，开挖进尺2m	掌子面积水，围岩遇水坍塌
	NK12 +359.5	2006.3.25	未支护段拱部	拱部为全风化围岩，下部为强风化围岩，开挖进尺0.5m	围岩强度低，遇水易崩落出现掉块
	NK12 +369	2006.3.19	未支护段拱部	全风化围岩，开挖进尺1.5m	
	NK12 +375	2006.3.1	未支护段拱部	掌子面上部为黏质土围岩，下部为全风化围岩，围岩含水率大	
	ZK10 +700	2008.8.13	台阶上部的掌子面拱形坍塌	采用断面爆破，隧道掌子面推进速度平均为4m/d	围岩级别从好到坏
	ZK11 +872	2007.6.18	Ⅰ部未支护段拱部	掌子面上半部为砂层，下半部为全风化围岩，开挖进尺0.5m	砂层松散、黏粒含量较少，且砂层含水率大，注浆效果不好
	ZK11 +912	2007.5.30	Ⅲ部未支护段拱部	掌子面上半部为砂层，下半部为全风化围岩，开挖进尺1m	
	ZK11 +913.5	2007.5.10	Ⅰ部未支护段拱部和掌子面上半部	掌子面上半部为砂层，下半部为全风化围岩，开挖进尺1.5m	
	ZK11 +963.5	2007.4.19	Ⅲ部未支护段拱部	掌子面上半部为砂层，下半部为全风化围岩，开挖进尺2m	
	ZK12 +009.5	2007.3.27	Ⅲ部未支护段拱部	掌子面上半部为砂层，下半部为全风化围岩，开挖进尺1m	
	ZK12 +025.5	2007.3.20	Ⅲ部未支护段拱部	掌子面上半部为砂层，下半部为全风化围岩，开挖进尺2m	
	ZK12 +040.5	2007.3.9	Ⅰ部未支护段拱部	掌子面上半部为砂层，下半部为全风化围岩，开挖进尺1m	
	ZK12 +054.5	2007.1.23	未支护段拱部坍塌	掌子面顶部为砂层，下部为全风化围岩	
	ZK12 +415 ~ ZK12 +404	2006.2.28	Ⅰ部掌子面及初期支护塌方	黏质土围岩	围岩强度低，含水率大，初期支护连接不牢

a）

b）

图2-4　NK12 +283 断面坍塌情况

图 2-5　NK6 + 910 断面坍塌情况

图 2-6　ZK12 + 400 断面坍塌回填

分析两端塌方事故统计结果，可知：

①塌方段主要为黏质土、砂质土及全风化形成的土质围岩，其中全风化形成的土质围岩段，塌方与围岩含水率关系密切，即全风化形成的土质围岩受地下水影响大。

②塌方多数发生在翔安端，有 25 处，占总数的 92.3%，而五通端仅 2 处，这是由于五通端围岩力学指标比翔安端好，故在同样的开挖断面和支护情况下，开挖塌方少。

③土质围岩的破坏位置，主要发生在掌子面、未支护段及边墙处，其中边墙处仅有 1 处发生。因此，开挖后土质围岩破坏模式有：不破坏、仅掌子面破坏、仅未支护段拱部破坏、未支护段拱部与掌子面同时破坏。

(3)初期支护开裂与渗漏水

隧道施工过程中，初期支护开裂与渗漏水是经常发生的变异现象，其对隧道结构安全性影响较大。隧道衬砌开裂破坏了结构的完整性，会引起结构承载力降低，特别是结构的长期安全性；同时，裂缝为结构渗漏水提供通道。结构渗漏水将影响结构材料的耐久性，特别是隧道的海域段和潮间带在特殊的水文、地质环境下，海水对隧道结构的腐蚀是不容忽视的，衬砌开裂与渗漏水都将严重影响隧道结构的寿命。

现对厦门隧道施工段初期支护的开裂与渗漏水进行调研统计，掌握其发展规律，为研究隧道支护体系全寿命期的安全性提供基础资料。现场初期支护开裂与渗水情况如图 2-7 所示。

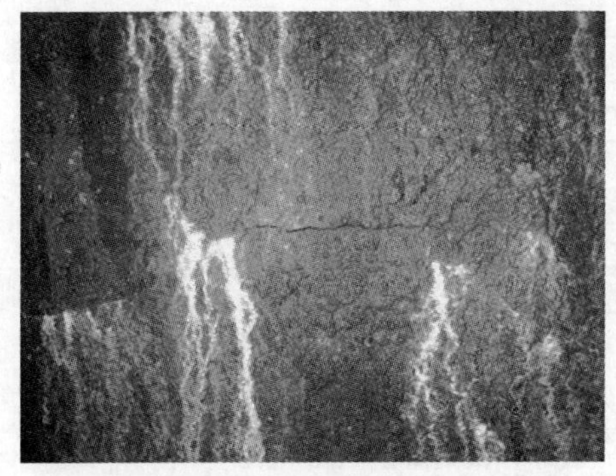

a)YK10+300裂缝渗水结晶

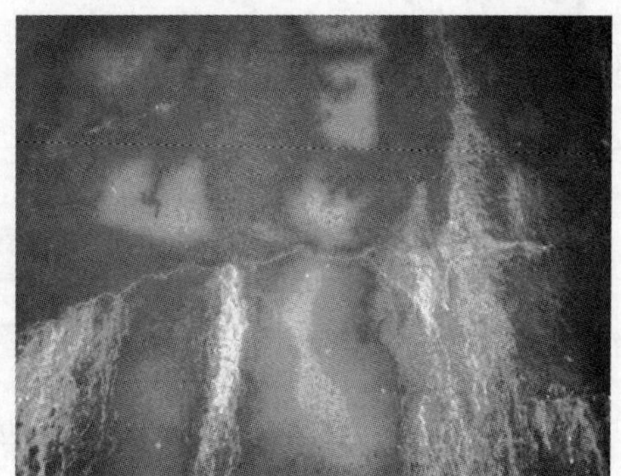

b)ZK8+450裂缝渗水结晶

图 2-7　初期支护开裂与渗水现场示意图

依据文献分级结果,对翔安隧道各区段支护结构进行裂缝渗水调查,调查结果见表2-17～表2-19。

左线隧道初期支护开裂与渗漏水调查分级结果　　表2-17

段号	起讫里程	地下水类别	开裂程度	渗水程度	段号	起讫里程	地下水类别	开裂程度	渗水程度
Z1	ZK6+540～ZK6+600	A	D	E	Z11	ZK10+235～ZK10+645	C	—	—
Z2	ZK6+600～ZK7+110	A	B	D	Z12	ZK10+645～ZK10+755	C	—	—
Z3	ZK7+110～ZK7+250	A	B	D	Z13	ZK10+755～ZK10+975	C	—	—
Z4	ZK7+250～ZK7+500	A	A	D	Z14	ZK10+975～ZK11+275	C	A	A
Z5	ZK7+500～ZK8+230	C	D	E	Z15	ZK11+275～ZK11+655	C	A	**B**
Z6	ZK8+230～ZK8+330	C	A	A	Z16	ZK11+655～ZK12+175	B	A	**C/D**
Z7	ZK8+330～ZK8+850	C	D	E	Z17	ZK12+175～ZK12+325	A	C	**D**
Z8	ZK8+850～ZK9+000	C	—	—	Z18	ZK12+325～ZK12+445	A	A	**C/D**
Z9	ZK9+000～ZK10+145	C	—	—	Z19	ZK12+445～ZK12+485	A	D	E
Z10	ZK10+145～ZK10+235	C	—	—					

注:表中渗水程度为黑体者表示有严重渗水历史。

右线隧道初期支护开裂与渗漏水调查分级结果　　表2-18

段号	起讫里程	地下水类别	开裂程度	渗水程度	段号	起讫里程	地下水类别	开裂程度	渗水程度
Y1	YK6+559～YK6+619	A	—	—	Y10	YK10+570～YK10+700	C	—	—
Y2	YK6+619～YK6+899	A	—	—	Y11	YK10+700～YK10+920	C	A	**C/D**
Y3	YK6+899～YK7+269	A	B	D	Y12	YK10+920～YK11+550	C	A	**C/D**
Y4	YK7+269～YK7+539	A	B	D	Y13	YK11+550～YK11+700	C	B	**C/D**
Y5	YK7+539～YK8+319	C	D	E	Y14	YK11+700～YK12+280	B	A	**B**
Y6	YK8+319～YK8+549	C	A	A	Y15	YK12+280～YK12+380	A	C	**D**
Y7	YK8+549～YK8+929	C	—	—	Y16	YK12+380～YK12+470	A	A	**C/D**
Y8	YK8+929～YK9+029	C	—	—	Y17	YK12+470～YK12+510	A	D	E
Y9	YK9+029～YK10+570	C	—	—					

注:表中渗水程度为黑体者表示有严重渗水历史。

服务隧道初期支护开裂与渗漏水调查分级结果　　表2-19

段号	起讫里程	地下水类别	开裂程度	渗水程度	段号	起讫里程	地下水类别	开裂程度	渗水程度
N1	NK6+542～NK6+602	A	—	—	N5	NK8+272～NK8+402	C	B	A
N2	NK6+602～NK7+152	A	B	C	N6	NK8+402～NK8+892	C	D	D
N3	NK7+152～NK7+722	A	B	C	N7	NK8+892～NK9+012	C	—	—
N4	NK7+722～NK8+272	C	D	D	N8	NK9+012～NK10+610	C	—	—

续上表

段号	起 讫 里 程	地下水类别	开裂程度	渗水程度	段号	起 讫 里 程	地下水类别	开裂程度	渗水程度
N9	NK10 +610 ~ NK10 +720	C	—	—	N13	NK11 +680 ~ NK12 +210	B	B	**C**
N10	NK10 +720 ~ NK10 +970	C	—	—	N14	NK12 +210 ~ NK12 +360	A	C	**D**
N11	NK10 +970 ~ NK11 +100	C	B	**C**	N15	NK12 +360 ~ NK12 +450	A	A	**C/D**
N12	NK11 +100 ~ NK11 +680	C	B	**C**	N16	NK12 +450 ~ NK12 +490	A	—	—

注：表中渗水程度为黑体者表示有严重渗水历史。

(4)水压增大

翔安隧道所穿越地质中陆域段多为回填土、砂土和全风化软土，地下水发育，渗水量大；其浅滩段富水砂层和海域段四个风化深槽均直接与海水连通，海水总水头为 50 ~ 65m，拱顶最大静水压力为 0.65MPa，设计灵活地运用了“以堵为主”、“PVC 分区防水”、“配置注浆管的背贴式防水带和中埋式止水带”、“全断面帷幕注浆、超前预注浆、周边注浆、局部渗漏处注浆”等防水、止水措施。

根据结构形式采用“全封闭”与局部“限量排导”相结合的防排水方案，主隧道在全风化、强风化、断层破碎带等渗水量较大的地段采用全封闭方案；在Ⅰ、Ⅱ级围岩等渗水量小的地段采用限量排导方案，允许少量渗水限量排放。服务隧道为近似圆形的小断面，全部采用全封闭衬砌方案。通过注浆堵水，加强结构的自防水功能，严格控制防水施工质量等措施构建防水体系。

由于隧道位于水底岩石下，其上方海水是无限补给的，随着时间的推移，海水对注浆堵水材料以及超前支护有严重的腐蚀作用，隧道周围围岩的渗透系数会增大，渗水量逐渐增加。由于采取的限量排放原则，如果排水系统被泥沙堵塞，其水压会逐渐增大，最终达到最大水压，严重影响隧道结构的长期安全性，特别是海底风化槽段，水压影响最大，所以了解隧道施工和运营阶段水压以及水流量的变化规律，及时分析其对隧道结构安全性影响具有重要的意义。

翔安隧道 F1 风化槽段，全断面注浆前后堵水效果图见图 2-8。

a)注浆前

b)注浆后

图 2-8　F1 风化槽全断面注浆堵水

(5)初期支护及超前支护钢材锈蚀

海底隧道相对于一般性隧道的最大特点就是海水对支护结构的腐蚀性，由于电化学、氯离子侵入、混凝土碳化的原因，使初期支护发生锈蚀，对于衬砌开裂和渗漏水区域，由于钢支撑或超前支护直接暴露在海水环境中，加剧其锈蚀速率，由于锈胀作用，混凝土发生开裂，严重降低了初期支护和超前支护的材料强度，最终失去承载力，在现场调研中发现了较严重的初期支护锈蚀，较严重的主要是在海域段，尤其是海域段的风化槽处，锈蚀情况如图 2-9 所示。

a)NK11+040角钢锈蚀

b)ZK8+920工字钢锈蚀

图 2-9　钢支撑锈蚀情况

由上可知，了解隧道钢筋的锈蚀规律，分析钢筋锈蚀对结构力学性能的影响，特别是对运营阶段长期的影响具有重要的意义。

(6)喷射混凝土腐蚀

隧道长期承受高水压作用，而初期支护直接与围岩和地下水接触，所以初期支护喷射混凝土的腐蚀作用很严重，这也直接影响了混凝土的强度。从现场调研情况看，围岩条件好、地下水少的地段，初期支护混凝土强度保持得很好，没有明显的降低现象；而围岩条件差、地下水丰富、漏水严重的地段，初期支护混凝土强度降低现象明显。

根据现场调研统计可知，初期支护喷射混凝土强度变化有以下特点：

①在无渗漏水或者局部轻微渗漏水(渗漏水等级为 D 或 E)的条件下，隧道初期支护喷射混凝土的强度都在 30MPa 以上，变化非常小，表面软化层很小。

②即使在同一个断面上，左右两侧的渗漏水程度不同，隧道初期支护喷射混凝土强度也相差很大，漏水等级相差越大，强度相差也越大。

③渗漏水程度是初期支护喷射混凝土强度变化的主导因素。对于漏水严重的断面，即使施工时间离调研时间比较近，其混凝土强度依然很低。相反，对于漏水轻微，甚至无漏水的断面，即使施工时间距调研时间已经很久，但混凝土强度几乎没有变化，依然具有很高的强度。

(7)纵向地层不均匀沉降

翔安隧道所处的地形地质条件十分复杂，沿纵向隧道不可避免地穿越各种不同的地层条件，从而伴随着地层岩性的变化、隧道埋深的变化、地下水渗流路径的变化、地下水水压力的变化，并且由于海底隧道的特殊地质情况，隧道沿线还将穿越软弱夹层、破碎带及风化深槽地段。海底隧道修建过程中，这些因素必然对海底隧道衬砌纵向结构的变形和受力特征产生不可忽视的影响，如果不对这些因素进行分析，并采取合理的施工措施，这些因素将对海底隧道衬砌纵向结构产生不利的影响，最终必将影响海底隧道结构的长期使用和营运。

以右线 F1 风化槽位移监控量测结果为例,分析沿纵向的变形规律,见表 2-20 和图 2-10。

F1 风化槽区段纵向位移变形规律　　表 2-20

里　程	CRD1	CRD3	里　程	CRD1	CRD3
YK8 +320	-23.2	—	YK8 +400	-53.06	-40.4
YK8 +340	-44.1	-32.1	YK8 +420	-30.51	-17.5
YK8 +360	-74.65	-98.04	YK8 +440	-12.18	—
YK8 +380	-55.65	-51.82	YK8 +460	-6.5	—

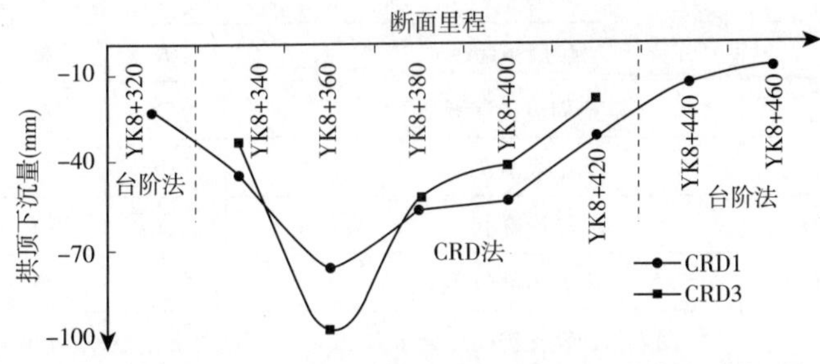

图 2-10　F1 风化槽区段沿纵向的变形规律

由表 2-20 和图 2-10 分析可知,由于地层由硬岩向软岩过渡,隧道在纵向拱顶下沉差异较大,硬岩段拱顶下沉量最小为 6.5mm,风化槽中部软岩段拱顶下沉量为 74.65mm,两者量值相差约 91%,隧道纵向地层下沉很不均匀,因此地层在纵向有可能因不均匀沉降而引起隧道变异。地层不均匀沉降会造成隧道二次衬砌环向开裂,因此对隧道结构的危害性也很大,应加强监测。

2)海底隧道变异形态与监测等级关系分析

通过翔安海底施工阶段变异调查分析可知,隧道在修建过程中出现了塌方、初期支护大变形、初期支护开裂与渗漏水、初期支护钢筋及混凝土腐蚀、水压力增大和纵向不均匀沉降等变异现象,其中有些变异形态短期内直接影响施工阶段隧道的安全性,有些变异形态在隧道运营一段时间后影响其安全性。

由于各区段地质条件、水文条件、设计参数和施工方法等不同,其结构发生变异形态不同。由于影响隧道结构安全性的因素不同,所以隧道安全监测的项目也不同。由此,应确定各监测等级可能对应的隧道变异形态(表 2-21)。

隧道各监测等级区段变异形态　　表 2-21

监 测 等 级	变 异 形 态	变 异 后 果
A	渗漏水、钢筋腐蚀、喷射混凝土腐蚀	轻微的
B	塌方、初期支护开裂与渗漏水、钢拱架腐蚀、混凝土腐蚀	较轻或严重的
C	大变形、塌方、初期支护开裂与渗漏水、钢拱架腐蚀、混凝土腐蚀、纵向不均匀沉降	很严重的
D	大变形、塌方、初期支护开裂与渗漏水、水压增大、钢拱架腐蚀、混凝土腐蚀、纵向不均匀沉降	灾难性的

2.4.2 海底隧道各监测等级监测项目设置

参照《公路隧道施工技术规范》(JTG F60—2009)和《铁路隧道施工规范》(TB 10204—2002)等规范监测项目的内容,根据各监测等级的变异形态以及引起的变异后果不同,为提高监测效率、节约监测成本,需确定隧道全寿命安全监测项目,见表2-22。

隧道全寿命安全监测项目　　表2-22

监测阶段	监测项目	监测等级			
		A	B	C	D
施工阶段监测	洞内、外观察	●	●	●	●
	隧道周边位移测量	○	●	●	●
	地表下沉	○	○	●	●
	隧底隆起		○	○	○
	围岩内部位移		○	○	○
	围岩与初期支护间接触压力		○	●	●
	初期支护与二次衬砌间接触压力		○	●	●
	围岩与初期支护间水压力		○	●	●
	初期支护与二次衬砌间水压力		○	●	●
	钢支撑内力		○	●	●
	喷射混凝土内力		○	●	●
	二次衬砌内应力		○	●	●
	锚杆内力		○	●	●
	爆破震动监测		○	●	●
	围岩弹性波速度	○	○	○	○
运营阶段长期监测	二次衬砌位移测量			○	●
	围岩与初期支护间接触压力			○	●
	初期支护与二次衬砌间接触压力			○	●
	围岩与初期支护间水压力			○	●
	初期支护与二次衬砌间水压力			○	●
	隧道内水位及水流量			○	●
	钢支撑内力			○	●
	二次衬砌内应力			○	●
	二次衬砌表面应变			○	●
	地震加速度			○	●
	钢筋腐蚀			○	●

注:●必须监测的项目;○选择监测的项目。

2.5　海底隧道全寿命安全监测项目的断面布置及监测频率设定

监测断面的位置和数量对隧道结构的性能评估、损伤识别的效果起着至关重要的作用,如何布置有限数量的监测断面和传感器,实现对结构状态信息的最优采集,是海底隧道全寿命安全监测的关键。

2.5.1　监测项目断面及测点布置

在进行海底隧道全寿命安全监测系统的设计时,确定监测断面数量及位置是一个很复杂的问题。其中一个重要的制约因素就是监测断面和测点数量的增多会显著增加传感器的费用,导致全寿命监测系统硬件成本的增加。另外,要考虑应变传感器的共用问题,即在监测断面和测点选取时,要充分考虑到施工期监测、运营期长期监测两个阶段的需要,共用施工中布设的传感器,从数量及位置既定的传感器中获得尽可能多的有效信息,把握结构全寿命周期内的性能、状态的变化趋势及规律,保障结构受力安全。

1)监测断面布置原则

考虑隧道结构安全评定、节约监测成本、科学研究等方面的因素,监测断面布置应遵循以下原则:

(1)为满足全寿命期安全性评价,选择风险概率大和风险后果严重、监测等级较高的区段布置,监测断面数量或距离视监测项目的性质而定。

(2)为反馈设计、评价支护参数合理性、了解支护结构的受力状态,应选择具有代表性的区段设置监测断面。

(3)选择特殊地层或特殊结构形式和易发生结构变异的断面进行布置。

(4)选择结构构造及受力复杂,理论分析难以准确确定其真实应力状态的区域断面。

(5)根据目前隧道中出现的常见问题,进行专项研究而需设置的监测断面。

(6)隧道结构承受的荷载随时间变化较明显的区段,一般应设置监测断面,例如围岩蠕变效应,随着时间的增加,围岩压力增大,从而引起结构应力应变状态的改变,对这些效应进行长期监测、专项研究,意义重大。

(7)为详细准确地评价隧道结构的受力特性、安全状态,全寿命安全监测各项目监测断面应尽量布置在同一位置处,以便监测结果相互对照和验证,实现各项目监测信息和结构力学状态共享。

(8)施工期监测断面和运营期监测断面应尽量布置在同一断面处,以便施工期和运营期各项目传感器共享,减少监测费用。

在全寿命安全监测断面布置时,应综合考虑以上 8 项原则,尽可能地选取兼顾多项测试内容的断面进行布置,实现监测数据、传感器和结构力学状态共享最优化。

2)位移监测断面及测点布置

(1)施工期位移监测断面及测点布置。施工期隧道安全性主要是采用围岩及初期支护结构位移指标进行判定。位移监测断面的距离视工程需要而定,我国锚喷支护规范中规定,应测项目的量测间距一般为 20 ~ 50m。应依据隧道各监测等级区段变异形态分析,确定各监测等级区段施工期位移监测断面距离(表2-23)。

各监测等级区段施工期位移监测断面距离　　表2-23

监测等级	监测断面距离(m)	监测等级	监测断面距离(m)
D	<10	B	30~50
C	10~30	A	可不监测

施工期初期支护位移监测安全性判定指标主要为拱顶竖直位移和边墙水平位移,对于有临时支撑的分部开挖,中隔墙水平位移也为主要判定指标。

(2)运营期位移监测断面及测点布置。为了解运营期隧道结构变形情况,在二次衬砌周边布设位移测点,对二次衬砌的变形进行在线实时长期监测,通过位移监测数据与运营期位移控制基准对比分析,判定结构的安全性。运营期监测断面主要布置在监测等级较高的D级或C级区段,由于位移收敛监测系统成本高,所以应选择该区段内具有代表性的断面进行布置,断面及测点数量应满足隧道结构安全性判定为宜,同时应与应力应变、接触压力、水压力、钢筋腐蚀监测布置在同一断面处。

监测断面测点的数量应根据断面形式和大小而定,尽量布置在拱顶、拱腰、边墙和墙脚等能够对结构力学特性反应较敏感的部位,同时视工程需要可以增加测点。

3)应力、应变、温度断面和测点布置

对隧道而言,内力监测断面及应力应变监测点的选取,目前没有严格的理论、方法可以借用,一般根据理论计算及经验,选择具有代表性的断面。

依据力学分析,隧道结构拱顶、拱腰、边墙、墙脚和仰拱处是轴力、弯矩等内力控制截面,故一般在这些位置布设内力测点。通常同一截面的内侧和外侧为内力控制点,同时为满足将应力转换为轴力和弯矩的需要,在截面的内侧和外侧边缘布置传感器。

一般应力应变传感器均有温度效应,在温度测点的选取上,应充分考虑该类传感器温度效应补偿的需要。

4)接触压力和水压力断面和测点布置

初期支护和二次衬砌背后接触压力与水压力监测,主要目的是根据监测结果,通过荷载反演分析,确定支护结构的受力状态,所以一般根据理论计算及经验,选择具有代表性的断面。

与应力监测测点布置原则相同,接触压力测点一般在隧道拱顶、拱腰、边墙、墙脚和仰拱支护结构背后,根据隧道结构背后水压分布规律,水压力测点一般布置在隧道拱顶、墙脚和仰拱支护结构背后,但二者均可视工程需要适当增加测点。

5)钢筋腐蚀监测断面与测点布置

通过监测二次衬砌内钢筋混凝土结构的腐蚀情况,预测隧道混凝土结构的腐蚀速度,提前主动采取有效的工程措施,从而保证隧道结构在设计基准期内的安全。监测结果可为海底隧道工程的施工、设计、管理提供依据,为以后类似的工程积累相关的经验,为科学研究提供基础监测资料。

腐蚀监测断面一般选择具有海水腐蚀,且与结构受力和变形监测相对应的断面,通过对后期腐蚀数据和结构传感器数据的分析,能更深入地理解隧道结构变形与二次衬砌内钢筋腐蚀的关系,为结构的安全性评估给出更多的建议。

腐蚀监测测点主要布置在拱顶和墙脚内力控制截面处。

6)地震加速度监测断面和测点布置

加速度监测断面一般选择在断层、破碎带等历史上地壳运动较活跃的区域,当地震发生时,该区域对隧道结构受力影响较大。每个监测断面布设一个地震加速度计,但应选择多个不同区域布设多个监测断面,以便获得的地震加速度值能够互相对比,详细准确地分析地震波的传播规律。由于安装时传感器必须三向调平,所以传感器必须布置在不受其他物体干扰的位置,以免扰动仪器影响监测精度,一般布置在隧道拱顶和拱腰位置处。

2.5.2　监测频率设定

隧道全寿命安全监测频率包括施工期监测频率和运营期长期监测频率。选择合理的监测频率对及时预测结构的安全性、减少数据采集和分析工作量、提高工作效率具有重要意义。

1)施工期监测频率

(1)位移监测频率

施工期位移监测频率随着初期支护变形时间及变形量、变形速率、开挖方法和距掌子面距离的变化而变化。根据《公路隧道施工技术规范》(JTG F60—2009),位移监测频率主要根据位移速率及距工作面开挖距离而定,具体见表2-24。

施工期位移监测频率　　表2-24

位移速率(mm/d)	距工作面距离	量测频率	位移速率(mm/d)	距工作面距离	量测频率
≥10	0～1D	1～2次/d	5～1	2D～5D	1次/2d
10～5	1D～2D	1次/d	<1	5D以上	1次/周

注:D为隧道开挖宽度。

由位移速率决定的量测频率和由距开挖面的距离决定的量测频率中,原则上采用频率较高的,当位移量值趋于稳定时,亦可不采用表2-24的数据。

(2)应力、接触压力和水压力监测频率

传感器埋设后便可进行初读数,监测初期需每天进行数据采集,当传感器读数变化异常时,可适当增加读数频率,当传感器读数变化趋于稳定时,可减小读数频率。

2)运营期长期监测频率

运营期长期监测均为在线自动化采集数据,各传感器监测频率可根据其相邻两组数据的变化速率进行调整,当监测数据有突变时应增加监测频率。根据调研以及运营期结构受力变化规律,运营期长期监测项目监测频率见表2-25。

运营期长期监测项目监测频率　　表2-25

监测项目	监测频率	监测项目	监测频率
二次衬砌内部应力	1～3次/d	围岩与初期支护,初期支护与二次衬砌接触压力	1～3次/d
二次衬砌表面应力	1～3次/d	二次衬砌收敛变形	1～3次/d
初期支护钢支撑应力	1～3次/d	钢筋腐蚀监测	1次/3月
初期支护及二次衬砌水压力	1～3次/d	地震加速度	实时监测

2.6 厦门翔安海底隧道全寿命安全监测系统设计

2.6.1 监测风险因素识别

1)水文地质工程地质因素

由现场地质勘察资料可知,翔安海底段分布有 F1、F2、F3、F4 深槽,基岩按风化程度可分为全、强、弱、微 4 个风化带。

根据地下水含水层所处的位置不同,场区地下水可分为陆域地下水和海域地下水两大类。陆域地下水指陆域范围内地层中的地下水,均为潜水;海域地下水指海域范围内地层中的地下水,主要受海水的垂直入渗补给。两者地层总体上均为弱富水,渗透性较差。从地质因素看,翔安海底隧道主要风险因素有以下几点:

(1)海域段存在 4 个风化槽,是各种风险事故的高发区。

(2)陆域浅滩段全强风化层,可能导致塌方、大变形等风险事故。

(3)翔安端富水砂层可能导致突涌水、塌方、大变形等风险事故。

(4)陆域段和海域段,地下水补给充裕,施工中受地下水影响较大。

2)施工方法因素识别

施工图设计中,在软弱围岩段主要采用双侧壁导坑法和 CRD 法施工,分别采用数值模拟方法进行分析[14]。双侧壁导坑法施工位移云图如图 2-11 所示。

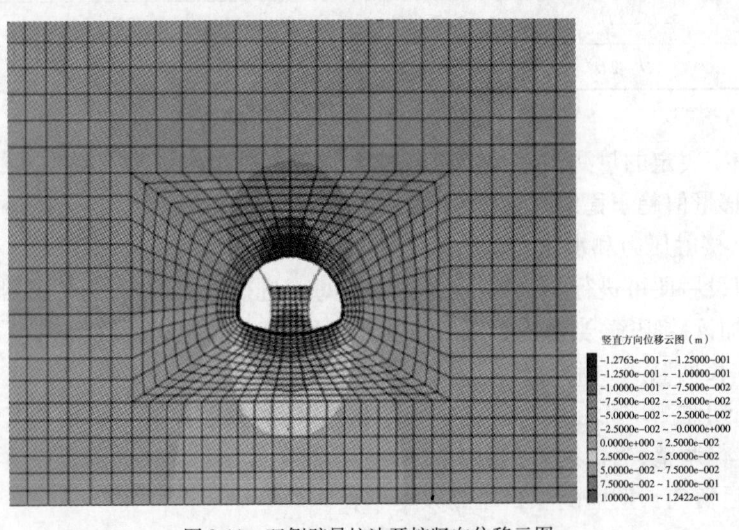

图 2-11 双侧壁导坑法开挖竖向位移云图

由计算分析可知,双侧壁导坑开挖,隧道拱顶位移接近 130mm,隧道产生了较大的位移,这说明,采用双侧壁导坑法施工仍然存在较大的风险。同时,施工的进尺、仰拱闭合等都会对施工安全产生影响。暗挖施工的关键阶段是最初的双侧开挖阶段。因此,必须注意初期支护的变形与稳定监测,及时调整支护强度,尽可能发挥围岩和初期支护的承载能力。

综上所述,可得翔安海底隧道风险因素,见表 2-26。

风险因素表　　　　表 2-26

风险因素＼典型风险事件			塌方	突涌水	大变形	海洋环境破坏
地质	岩性及风化程度	风化槽	★	★	★	
		全强风化岩	★		★	
		富水砂层	★	★	★	
	地下水	海域段地下水		★		
		陆域,潮间地下水		★		
设计情况		常规设计	★	★	★	
		施工方法设计	★	★	★	
		监控量测设计	★	★	★	
隧道情况		断面	★	★	★	
		长度	★	★	★	
		埋深	★	★	★	
其他		硬岩爆破				★

2.6.2　监测等级分区及评定

1)设计阶段监测等级分区及评定

根据上述的隧道地质特点和设计阶段围岩分级,同时采用设计阶段监测等级评定方法,进行监测等级分区,见表 2-27。

翔安海底隧道设计阶段监测等级分区　　　　表 2-27

区段名称	地下水区段	塌方			突涌水			大变形		
		风险概率等级	后果等级	监测等级	风险概率等级	后果等级	监测等级	风险概率等级	后果等级	监测等级
Ⅴ　海底风化槽段 F1	海域段	3	5	D	4	5	D	3	5	D
Ⅴ　全、强风化及土质围岩段	陆域段	3	3	C	2	3	B	2	2	B
	潮间带	3	3	C	2	3	B	2	3	B
	海域段	3	4	C	3	3	C	2	5	C
Ⅴ　富水砂层段	潮间带	3	3	C	4	3	C	3	3	C
Ⅳ　弱风化 W2,W3	陆域段	2	2	B	2	2	B	2	2	B
	潮间带	2	2	B	2	2	B	2	2	B
	海域段	2	3	B	2	2	B	2	2	B
Ⅲ　弱微风化 W2,W1	海域段	1	2	A	1	2	A	1	2	A
Ⅱ ~ Ⅰ　微风化 W1	潮间带	1	1	A	1	1	A	1	1	A
	海域段	1	1	A	1	1	A	1	1	A

2)翔安海底隧道施工阶段监测等级分区及评定

(1)各因素风险概率评价指标确定

①围岩级别风险概率指标确定

围岩级别是影响风险事件发生的一个综合指标,这里将围岩级别作为风险评估的一个单因素。翔安隧道穿越地层依据基岩风化程度可分为全风化、强风化、弱风化、微风化4个风化带,按围岩级别划分主要分为Ⅴ级、Ⅳ、Ⅲ级、Ⅱ级、Ⅰ级5个围岩级别。对这5个级别的围岩分别采用专家调查法,求解各级别对风险事故发生的概率。

a. 各围岩级别风险概率隶属度

翔安海底隧道咨询专家为对项目工程比较熟悉的各单位专家、项目负责人、总工程师、技术人员、总监、设计代表等人员,主要单位为建设单位厦门路桥建设集团有限公司、中交二院设计院、A1标段中铁隧道局、A2标段中铁十八局、A3标段中铁二十二局集团、A4标段中铁一局集团、重庆中宇工程咨询监理有限公司、铁四院工程监理咨询有限公司。具体专家权重和人数统计见表2-28。

各类专家权重表　　表2-28

类别	一类	二类	三类	四类
专家分级说明	厦门路桥建设集团有限公司专家1名; 中交二院设计院专家1名; 中铁隧道局专家1名; 中铁十八局项目经理1名; 中铁二十二局专家1名; 中铁一局项目负责人1名; 铁四院工程监理咨询有限公司专家1名; 重庆中宇工程咨询监理有限公司专家1名	厦门路桥指挥部高工1名; 中交二院设计院高工1名; 中铁隧道局总工1名; 中铁十八局总工1名; 中铁二十二局总工1名; 中铁一局总工1名; 铁四院工程监理咨询有限公司总监1名; 重庆中宇工程咨询监理有限公司总监1名	厦门路桥指挥部工程师1名; 中交二院设计院工程师1名; 中铁隧道局工程师1名; 中铁十八局工程师1名; 中铁二十二局工程师1名; 中铁一局工程师1名; 铁四院工程监理咨询有限公司工程师1名; 重庆中宇工程咨询监理有限公司工程师1名	中交二院设计院代表1名; 中铁隧道局技术员1名; 中铁十八局技术员1名; 中铁二十二局技术员1名; 中铁一局技术员1名; 铁四院工程监理咨询有限公司监理员1名; 重庆中宇工程咨询监理有限公司监理员1名
权重γ	1.0	0.8	0.5	0.3
专家数量(人)	8	8	8	7

翔安海底隧道各围岩级别的风险概率隶属度评价结果见表2-29。

翔安海底隧道各围岩级别风险概率隶属度　　表2-29

概率范围	>0.3	0.03~0.3	0.003~0.03	0.0003~0.003	<0.0003
概率等级描述	很可能	可能	偶尔	不可能	很不可能
Ⅴ	0.67	0.22	0.11	0	0
Ⅳ	0.11	0.59	0.3	0	0
Ⅲ	0.02	0.22	0.64	0.12	0
Ⅱ~Ⅰ	0	0.02	0.21	0.52	0.25

b. 围岩级别风险评价指标

各围岩级别风险概率隶属度确定后，采用模糊综合评判，获得各围岩级别风险评价指标。F_k为围岩级别为 k 时的风险评价指标。

$$F_k = 5\mu_{k5} + 4\mu_{k4} + 3\mu_{k3} + 2\mu_{k2} + \mu_{k1} \tag{2-20}$$

由式(2-20)及表 2-29 可得各围岩级别风险概率评价指标，见表 2-30。

翔安海底隧道围岩级别风险评价指标　　表 2-30

围岩级别	Ⅰ～Ⅱ级	Ⅲ级	Ⅳ级	Ⅴ级
评价指标 F	$F_{\text{Ⅱ}}$	$F_{\text{Ⅲ}}$	$F_{\text{Ⅳ}}$	$F_{\text{Ⅴ}}$
指标	2	3.14	3.81	4.56

②隧道埋深级别风险概率指标确定

a. 隧道埋深的分级

由于翔安海底隧道采用矿山法施工，Ⅳ～Ⅴ级围岩取 $H_p = 2.5h_q$，Ⅰ～Ⅲ级围岩取 $H_p = 2.0h_q$，行车隧道开挖跨度设定为 16.5m，服务隧道开挖跨度设定为 7.5m，跨度影响系数 ω 为 2.15。

根据以上计算，可将隧道埋深分为超浅埋、浅埋、深埋 3 个级别。埋深分级见表 2-31。

隧道埋深分级表　　表 2-31

<table>
<tr><th>隧道名称</th><th>围岩级别</th><th>浅、超埋 h_q(m)</th><th>深、浅埋 H_p(m)</th><th>埋深 H(m)</th><th>埋深形式</th></tr>
<tr><td rowspan="7">左、右线行车隧道</td><td rowspan="3">Ⅴ级</td><td rowspan="2">15.5</td><td></td><td>$H \leqslant 16$</td><td>超浅埋</td></tr>
<tr><td rowspan="2">38.7</td><td>$16 < H \leqslant 39$</td><td>浅埋</td></tr>
<tr><td></td><td>$H > 39$</td><td>深埋</td></tr>
<tr><td rowspan="3">Ⅳ级</td><td rowspan="2">7.7</td><td></td><td>$H \leqslant 8$</td><td>超浅埋</td></tr>
<tr><td rowspan="2">19.4</td><td>$8 < H \leqslant 19$</td><td>浅埋</td></tr>
<tr><td></td><td>$H > 19$</td><td>深埋</td></tr>
<tr><td>Ⅲ～Ⅰ级</td><td colspan="4">依据实际工程情况，此围岩级别范围内均为深埋</td></tr>
</table>

b. 发生风险概率的隶属度

采用专家模糊估计，可获得翔安海底隧道各个埋深级别的发生危险隶属度评价结果，见表 2-32。

翔安海底隧道各埋深级别风险隶属度　　表 2-32

概率范围	>0.3	0.03～0.3	0.003～0.03	0.000 3～0.003	<0.000 3
概率等级描述	频繁发生	可能发生	偶尔发生	很少发生	不可能
超浅埋	0.61	0.3	0.09	0	0
浅埋	0	0.56	0.38	0.06	0
深埋	0	0.06	0.59	0.33	0

c. 埋深级别风险评价指标

基于模糊数学理论，各埋深形式风险概率隶属度确定后，获得隧道各埋深形式下的风险评价指标，见表 2-33。

翔安海底隧道各埋深形式下风险评价指标　　表2-33

$F_{超浅埋}$	$F_{浅埋}$	$F_{深埋}$
4.52	3.5	2.67

③地下水分级风险概率指标确定

地下水是影响岩体稳定的重要因素，地下水根据所处地域不同分为陆域、潮间带、海域3部分，陆域段地下水对初期支护没有腐蚀性，而海域段地下水与海水连同，具有较强的腐蚀性，可腐蚀初期支护并导致初期支护安全性降低。

a. 地下水分级

根据地下水的地下水发育程度，采用《铁路隧道设计规范》(TB 10003—2005)的地下水状态分级，见表2-34。

地下水状态分级　　表2-34

级　别	状　态	渗水量[L/(min·10m)]	级　别	状　态	渗水量[L/(min·10m)]
Ⅰ	干燥或湿润	<10	Ⅲ	经常渗水	25~125
Ⅱ	偶有渗水	10~25			

b. 发生风险概率的隶属度

基于模糊数学理论，采用专家模糊估计，可获得翔安海底隧道地下水各级别的发生危险隶属度评价结果，见表2-35。

翔安海底隧道地下水状态风险隶属度　　表2-35

概率范围	>0.3	0.03~0.3	0.003~0.03	0.000 3~0.003	<0.000 3
概率等级描述	频繁发生	可能发生	偶尔发生	很少发生	不可能
Ⅰ	0	0.03	0.42	0.51	0
Ⅱ	0	0.12	0.48	0.4	0
Ⅲ	0	0.56	0.39	0.05	0

c. 地下水状态风险评价指标

各地下水状态风险概率隶属度确定后，获得隧道各地下水状态下风险评价指标。

翔安海底隧道各地下水状态下风险评价指标　　表2-36

$F_{Ⅰ}$	$F_{Ⅱ}$	$F_{Ⅲ}$
2.4	2.72	3.51

④隧道施工方法因素指标确定

翔安海底隧道工程中，所采用的施工工法有CRD法、双侧壁导坑法、CD法、三台阶预留核心土法、三台阶法、上下台阶法、全断面法。施工方法确定后，其安全性还与施工中的开挖进尺、仰拱闭合时间、支护时机等因素有关。因此施工方法因素指标可通过层次分析法获得。

a. 建立层次分析法的判断矩阵

施工方法判断矩阵见表2-37。

施工方法判断矩阵　表 2-37

施工方法	开挖方式	循环进尺	预留变形量	隧道超挖情况	支护时机	闭合成环周期	注浆质量
开挖方式	1	1/3	1/2	1/2	1/4	1/3	1/2
循环进尺	3	1	2	2	1	1	2
预留变形量	2	1/2	1	1	1/2	1	1
隧道超挖情况	2	1/2	1	1	1/2	1	1
支护时机	4	1	2	2	1	2	2
闭合成环周期	3	1	1	1	1/2	1	1
注浆质量	2	1/2	1	1	1/2	1	1

b. 一致性检验并求得权重

对判断矩阵进行一致性检验，判断矩阵最大特征值为 $\lambda_{max}=7.0602$，代入一致性指标公式得：$CI=(\lambda_{max}-n)/(n-1)=0.01<0.1$，满足要求。

施工方法单风险因素权重见表 2-38。

施工方法单风险因素权重值　表 2-38

施工方法	开挖方式	循环进尺	预留变形量	隧道超挖情况	支护时机	闭合成环周期	注浆质量
权重	0.06	0.21	0.12	0.12	0.24	0.14	0.12

c. 施工方法中各因素评价指标

基于模糊数学理论，采用专家模糊估计，可获得施工方法中各因素发生危险隶属度评价结果及评价指标，见表 2-39。

施工方法中各因素发生危险隶属度及评价指标　表 2-39

概率范围	>0.3	0.03～0.3	0.003～0.03	0.0003～0.003	<0.0003	评价指标
概率等级描述	频繁发生	可能发生	偶尔发生	很少发生	不可能	
开挖方式	0.00	0.03	0.36	0.61	0.00	2.42
循环进尺	0.00	0.06	0.41	0.53	0.00	2.53
预留变形量	0.00	0.04	0.39	0.57	0.00	2.47
隧道超挖情况	0.00	0.08	0.45	0.47	0.00	2.61
支护时机	0.00	0.05	0.43	0.52	0.00	2.53
闭合成环周期	0.00	0.03	0.38	0.57	0.00	2.4
注浆质量	0.00	0.04	0.37	0.59	0.00	2.45

d. 施工方法评价指标

根据施工方法中各因素权重以及各因素评价指标，获得施工方法评价指标，见表 2-40。

施工方法评价指标　表 2-40

单因素	权重	评价指标	评价值	施工方法评价指标
开挖方式	0.06	2.42	0.14	2.49
循环进尺	0.21	2.53	0.53	
预留变形量	0.12	2.47	0.29	
隧道超挖情况	0.12	2.61	0.31	
支护时机	0.24	2.53	0.60	
闭合成环周期	0.14	2.40	0.34	
注浆质量	0.12	2.45	0.29	

⑤施工管理评价指标

施工管理既与隧道施工的安全性有关，又与施工的技术水平有关，因此这里采用层次分析法，求得施工管理因素的评价指标。以下以施工管理因素对大变形的影响，求取评价指标。

a. 建立施工管理判断矩阵（表 2-41）

施工管理判断矩阵　表 2-41

施工管理	培训情况	检测情况	人员管理情况	施工队伍状况	机械装备程度	施工质量	施工经验辅助工法的掌握与应用	监理情况
培训情况	1	3	2	2	2	1/3	1/2	1/2
检测情况	1/3	1	1/2	1/3	1/2	1/8	1/7	1/5
人员管理情况	1/2	2	1	2	1	1/6	1/4	1/4
施工队伍状况	1/2	3	1/2	1	1/2	1/6	1/4	1/3
机械装备程度	1/2	2	1	2	1	1/6	1/5	1/3
施工质量	3	8	6	6	6	1	2	2
施工经验辅助工法的掌握与应用	2	7	4	4	5	1/2	1	3
监理情况	2	5	5	4	3	1/3	1/3	1

b. 代入一致性检验，获得权重（表 2-42）

对判断矩阵进行一致性检验，该判断矩阵最大特征值为 $\lambda_{max}=8.3083$，代入一致性指标公式得：$CI=(\lambda_{max}-n)/(n-1)=0.0385<0.1$，满足要求。

施工管理单风险因素权重见表 2-42。

施工管理单风险因素的权重值表　表 2-42

风险因素	培训情况	检测情况	人员管理情况	施工队伍状况	机械装备程度	施工质量	施工经验辅助工法的掌握与应用	监理情况
权重值	0.10	0.03	0.06	0.05	0.06	0.31	0.24	0.16

c. 施工管理中各因素评价指标

基于模糊数学理论，采用专家模糊估计，可获得翔安海底隧道施工管理中各因素发生危险隶属度评价结果及评价指标，见表 2-43。

施工管理中各因素风险隶属度及评价指标　　表 2-43

概率范围	>0.3	0.03～0.3	0.003～0.03	0.000 3～0.003	<0.000 3	评价指标
概率等级描述	频繁发生	可能发生	偶尔发生	很少发生	不可能	
培训情况	0	0.02	0.07	0.51	0.4	1.71
检测情况	0	0	0.02	0.53	0.45	1.57
人员管理情况	0	0	0.04	0.34	0.62	1.42
施工队伍状况	0	0	0.06	0.48	0.46	1.6
机械装备程度	0	0	0.08	0.43	0.49	1.59
施工质量	0	0	0.05	0.38	0.57	1.48
施工经验辅助工法的掌握与应用	0	0	0.01	0.25	0.74	1.27
监理情况	0	0	0.01	0.3	0.69	1.32

d. 施工管理因素的评级指标

根据施工管理中各因素权重以及各因素评价指标，获得施工管理评价指标，见表 2-44。

施工管理各因素权重及各因素评价指标　　表 2-44

单因素	权重	评价指标	评价值	施工方法评价指标
培训情况	0.10	1.71	0.17	1.44
检测情况	0.03	1.57	0.04	
人员管理情况	0.06	1.42	0.08	
施工队伍状况	0.05	1.60	0.08	
机械装备程度	0.06	1.59	0.09	
施工质量	0.31	1.48	0.46	
施工经验辅助工法的掌握与应用	0.24	1.27	0.30	
监理情况	0.16	1.32	0.21	

(2) 全寿命安全监测等级确定

以上计算获得各个单因素评价指标，每一个评价指标对应着一个概率指数，将这些单因素评价指标综合，采用模糊综合评判法，即可得到监测等级风险概率指数。

以翔安海底隧道 ZK6 + 780 ~ ZK6 + 850 为例，此段处于全风化、强风化层带，超浅埋，CRD 法施工，地下水级别为Ⅱ级，由中铁隧道工程局承建，各单因素的评价指标见表 2-45，但还需要求得每个单因素的权重，首先建立判断矩阵，确定评价因素的各个等级，见表 2-46。

各单因素的评价指标表　　表 2-45

评价因素	特征	指标值	评价因素	特征	指标值
围岩级别	Ⅴ级	4.56	施工方法	CRD 法	3.11
埋深	超浅埋	4.52	施工管理	中铁隧道工程局	1.44
地下水	Ⅱ级	2.72			

判断矩阵表　　表2-46

评价因素	围岩级别	埋深	地下水	施工方法	施工管理
围岩级别	1	3	2	1	5
埋深	1/3	1	1/2	1/3	2
地下水	1/2	2	1	1/2	2
施工方法	1	3	2	1	5
施工管理	1/5	1/2	1/2	1/5	1

对判断矩阵进行一致性检验，该判断矩阵最大特征值为 $\lambda_{max}=5.033$，代入一致性指标公式得：$CI=(\lambda_{max}-n)/(n-1)=0.0066<0.1$，满足要求。最后可得到各评价因素权重值，见表2-47。

各评价因素权重值　　表2-47

评价因素	围岩级别	埋深	地下水	施工方法	施工管理
权重	0.33	0.11	0.17	0.33	0.07

综合评估大变形发生风险概率评价指标，见表2-48。

综合评价表　　表2-48

评价因素	权重	单因素评价指标	评价值	综合评价指标
围岩级别	0.33	4.56	1.504 8	3.38
埋深	0.11	4.52	0.497 2	
地下水	0.17	2.72	0.462 4	
施工方法	0.33	2.49	0.821 7	
施工管理	0.07	1.44	0.100 8	

获得风险概率综合评价指标为3.38，对应风险概率指数为3，同时根据此区段发生事故可能产生的后果严重性，可得后果评价指数为3，由此可得监测等级评价指数为9，监测等级为3级。

(3)翔安海底隧道全寿命安全监测等级分区

沿隧道纵向工程地质条件、地下水、施工方法和设计参数不断变化，为更详细了解隧道不同区段的工程实际情况，分区评定全寿命安全监测等级，使其分析和判定结构变形和受力特征更具有针对性，使海底隧道维修养护工作和运营期长期监测工作更具有着重性，现对翔安海底隧道进行分区。

确定分区指标是合理并详细地进行海底隧道分区的关键，考虑工程地质、隧道埋深、地下水等因素确定分区指标，采用由整体到局部、由粗略到详尽的分区原则进行逐级分区。以工程地质和围岩级别作为一级分区指标，隧道埋深为二级分区指标，地下水为三级分区指标。

首先利用分区指标进行分区，然后利用海底隧道全寿命安全监测等级评定方法，确定各区段全寿命安全监测等级，具体分区结果见表2-49~表2-51。

翔安海底隧道右线全寿命监测等级分区结果

表 2-49

围岩级别	海底风化槽段 V 级				V 级	
风化程度	F1	F2	F3	F4	富水砂层段	
隧道埋深(m)	38.4 ~ 31	38.24 ~ 38.1	38.24 ~ 37.04	40 ~ 42	16 ~ 26	16 ~ 14.28
埋深类型	浅埋			深埋	浅埋	超浅埋
地下水区段	海域段				潮间带	
地下水级别	Ⅲ级				Ⅲ级	
里程区段	YK8 +320 ~ YK8 +460	YK10 +205 ~ YK10 +255	YK8 +920 ~ YK8 +940	YK10 +590 ~ YK10 +690	YK11 +680 ~ YK11 +730、YK11 +940 ~ YK12 +060	YK12 +060 ~ YK12 +120
风险概率指标	3.02			2.92	3.02	3.13
风险后果指标	5			5	4	4
监测等级指标	15			15	12	12
监测等级	D 级			D 级	C 级	C 级

围岩级别	V 级								
风化程度	全强风化 + 高岭土 V1		全、强风化		强风化花岗岩		砂质黏土 V1		第四系黏质土 V2
隧道埋深(m)	5.6 ~ 16	16 ~ 17.2	17.2 ~ 39.4	16.2 ~ 30.4	36.8	41.6 ~ 40	5.6 ~ 8		8 ~ 13.2
埋深类型	超前埋	浅埋	浅埋		浅埋	深埋	超浅埋		超浅埋
地下水区段	陆域段		陆域段	潮间带	海域段		潮间带	陆域段	陆域段
地下水级别	Ⅱ级		Ⅱ级	Ⅱ级	Ⅲ级		Ⅱ级	Ⅱ级	Ⅱ级
里程区段	YK6 +620 ~ YK7 +050	YK7 +050 ~ YK7 +110	YK7 +110 ~ YK7 +525	YK11 +550 ~ YK11 +680、YK11 +710 ~ YK11 +940	YK8 +940 ~ YK9 +000	YK10 +970 ~ YK11 +070	YK12 +120 ~ YK12 +260	YK12 +260 ~ YK12 +350	YK12 +350 ~ YK12 +470
风险概率指标	2.95	2.84	2.84		3.02	2.92	2.95		2.95
风险后果指标	3	3	3		3	3	3		3
监测等级指标	9	9	9		9	9	9		9
监测等级	C 级	C 级	C 级		C 级	C 级	C 级		C 级

续上表

围岩级别	Ⅳ级		Ⅲ级		Ⅱ~Ⅰ级	
风化程度	弱风化 W2,W3			弱微风化 W2,W1	微风化 W1	
隧道埋深(m)	38.4~32	35.4~40	32.8~42	38.2~42.4	31~43	
埋深类型	深埋			深埋	深埋	
地下水区段	陆域段	潮间带	海域段	海域段	潮间带	海域段
地下水级别	Ⅰ级	Ⅱ级	Ⅱ级	Ⅰ级	Ⅰ级	Ⅰ级
里程区段	YK7+525~YK7+800	YK11+140~YK11+550	YK8+460~YK8+560、YK9+000~YK9+020、YK10+200~YK10+250、YK10+690~YK10+740、YK10+920~YK10+970、YK11+070~YK11+140	YK10+840~YK10+920、YK9+360~YK9+400	YK7+800~YK8+220	YK8+220~YK8+320、YK8+560~YK8+920、YK9+020~YK9+360、YK9+400~YK9+700、YK9+700~YK10+200、YK10+250~YK10+590、YK10+740~YK10+840
风险概率指标	2.04	2.29	2.29	1.71	1.38	
风险后果指标	2	3	3	3	2	
监测等级指标	4	6	6	6	2	
监测等级	B级	B级	B级	B级	A级	

翔安海底隧道左线全寿命监测等级分区结果　　表 2-50

围岩级别	海底风化深槽段						V级
风化程度	F1	F2	F4	F5	F3	F6	富水砂层段
隧道埋深(m)	28.8 ~ 38.4	38.4	34.4	30.4 ~ 28.8	41.6	39 ~ 42.4	18.4 ~ 21.6
埋深类型	浅埋				深埋		浅埋
地下水区段	海域段				海域段		潮间带
地下水类型	腐蚀性碱性海水				腐蚀性碱性海水		过渡带腐蚀性水
地下水级别	Ⅲ级				Ⅲ级		Ⅲ级
里程区段	ZK8 +270 ~ ZK8 +330	ZK10 +160 ~ ZK10 +250	ZK8 +885 ~ ZK9 +000	ZK8 +427 ~ ZK8 +457	ZK10 +700 ~ ZK10 +650	ZK10 +960 ~ ZK11 +120	ZK11 +850 ~ ZK12 +050
风险概率指标	2.94				2.82		2.94
风险后果指标	5				5		4
监测等级指标	15				15		12
监测等级	D 级				D 级		C 级

围岩级别	V级								
风化程度	砂质黏土 V1		全、强风化花岗岩		强风化花岗岩		砂质黏土 V1		第四系黏质土 V2
隧道埋深(m)	7.04 ~ 16	16 ~ 18.8	19.6 ~ 38.8	21.6 ~ 30.4	36 ~ 34.4	30.4 ~ 36	15.8 ~ 8.9		8.9 ~ 5
埋深类型	超浅埋	浅埋	浅埋		浅埋	浅埋	超浅埋		超浅埋
地下水区段	陆域段	陆域段	陆域段	潮间带	海域段	潮间带	潮间带	陆域段	陆域段
地下水类型	中性淡水	中性淡水	中性淡水	过渡带腐蚀性水	腐蚀性碱性海水	过渡带腐蚀性水	过渡带腐蚀性水	中性淡水	中性淡水
地下水级别	Ⅱ级	Ⅱ级	Ⅱ级	Ⅲ级	Ⅲ级	Ⅲ级	Ⅱ级	Ⅱ级	Ⅱ级
里程区段	ZK6 +600 ~ ZK6 +940	ZK6 +940 ~ ZK7 +110	ZK7 +110 ~ ZK7 +540	ZK11 +520 ~ ZK11 +850	ZK8 +240 ~ ZK8 +270	ZK11 +280 ~ ZK11 +520	ZK12 +050 ~ ZK12 +180	ZK12 +180 ~ ZK12 +330	ZK12 +330 ~ ZK12 +445
风险概率指标	2.86	2.79	2.79	2.82	2.82		2.86		2.86

续上表

围岩级别	V级								
风化程度	砂质黏土V1		全、强风化花岗岩		强风化花岗岩		砂质黏土V1		第四系黏质土V2
隧道埋深(m)	7.04~16	16~18.8	19.6~38.8	21.6~30.4	36~34.4	30.4~36	15.8~8.9		8.9~5
风险后果指标	3	3	3	3	3	3	3		3
监测等级指标	9	9	9	9	9	9	9	9	9
监测等级	C级	C级	C级	C级	C级	C级	C级	C级	C级

围岩级别	Ⅳ级			Ⅲ级	Ⅱ~Ⅰ级
风化程度	弱风化W2,W3			弱微风化W2,W1	微风化W1
隧道埋深(m)	29.6~40			34.4~43.2	29.6~43.2
埋深类型	深埋			深埋	深埋
地下水区段	陆域段	潮间带	海域段	海域段	海域段
地下水类型	中性淡水	过渡带腐蚀性水	腐蚀性碱性海水	腐蚀性碱性海水	腐蚀性碱性海水
地下水级别	Ⅰ级	Ⅱ级	Ⅱ级	Ⅰ级	Ⅰ级
里程区段	ZK7+540~ZK7+810	ZK11+120~ZK11+280	ZK8+330~ZK8+360、ZK8+850~ZK8+885、ZK9+980~ZK10+020、ZK10+120~ZK10+160、ZK10+580~ZK10+620	ZK8+360~ ZK8+427、ZK8+457~ZK8+580、ZK9+000~ZK9+100、ZK9+740~ZK9+800、ZK9+940~ZK9+980、ZK10+250~ZK10+580、ZK10+620~ZK10+650、ZK10+700~ZK10+740、ZK10+900~ZK10+960	ZK7+810~ZK8+240、ZK8+580~ZK8+850、ZK9+100~ZK9+740、ZK9+800~ZK9+940、ZK10+020~ZK10+120、ZK10+740~ZK10+900
风险概率指标	2.21	2.34	2.34	1.94	1.41
风险后果指标	2	2	2	2	2
监测等级指标	4	4	4	4	2
监测等级	B级	B级	B级	B级	A级

表 2-51

翔安海底隧道服务隧道全寿命监测等级分区结果

围岩级别	海底风化深槽 V 级				V 级
风化程度	F1	F2	F3	F4	富水砂层段
隧道埋深(m)	42 ~ 36.8	44.92	47 ~ 48.9	41.4 ~ 44.1	26.8 ~ 21.6
埋深类型	深埋				深埋
地下水区段	海域段				潮间带
地下水类型	腐蚀性碱性海水				过渡带腐蚀性水
地下水级别	Ⅲ级				Ⅲ级
里程区段	NK8 + 300 ~ NK8 + 385	NK10 + 160 ~ NK10 + 240	NK10 + 600 ~ NK10 + 700	NK8 + 910 ~ NK8 + 990	NK12 + 100 ~ NK11 + 900
风险概率指标	2.92				
风险后果指标	5				4
监测等级指标	15				12
监测等级	D 级				C 级

围岩级别	V 级					
风化程度	砂质黏土 V1		全、强风化花岗岩 V1	强风化 W2, W1	砂质黏土 V1	第四系黏质土 V2
隧道埋深(m)	10.8 ~ 22.5	22.5 ~ 27.5	27.6 ~ 41.2	37.2 ~ 21.6	26.8 ~ 22.8	22.8 ~ 15.28
埋深类型	浅埋	深埋	深埋	深埋	深埋	浅埋
地下水区段	陆域段		陆域段	潮间带	陆域段	陆域段
地下水类型	中性淡水		中性淡水	过渡带腐蚀性水	中性淡水	中性淡水
地下水级别	Ⅱ级		Ⅱ级	Ⅲ级	Ⅱ级	Ⅱ级
里程区段	NK6 + 602 ~ NK6 + 970	NK6 + 970 ~ NK7 + 150	NK7 + 150 ~ NK7 + 450	NK11 + 520 ~ NK11 + 900	NK12 + 100 ~ NK12 + 320	NK12 + 320 ~ NK12 + 450
风险概率指标	2.86	2.74	2.74	2.92	2.74	2.86
风险后果指标	4	4	4	4	4	4

续上表

围岩级别	Ⅴ级					
风化程度	砂质黏土 V1		全、强风化花岗岩 V1	强风化 W2,W1	砂质黏土 V1	第四系黏质土 V2
隧道埋深(m)	10.8 ~ 22.5	22.5 ~ 27.5	27.6 ~ 41.2	37.2 ~ 21.6	26.8 ~ 22.8	22.8 ~ 15.28
监测等级指标	12	12	12	12	12	12
监测等级	C 级	C 级	C 级	C 级	C 级	C 级

围岩级别	Ⅳ级		Ⅲ级	Ⅱ ~ Ⅰ级		
风化程度	弱风化		弱微风化 W2,W1	微风化 W1		
隧道埋深(m)	36.8 ~ 42.8	48 ~ 37.2	44.1 ~ 50.4	41.2 ~ 42.1	42.8	37.4 ~ 50.4
埋深类型	深埋	深埋	深埋	深埋		
地下水区段	海域段	潮间带	海域段	陆域段	潮间带	海域段
地下水类型	腐蚀性碱性海水	过渡带腐蚀性水	腐蚀性碱性海水	中性淡水	过渡带腐蚀性水	腐蚀性碱性海水
地下水级别	Ⅱ级	Ⅱ级	Ⅰ级	Ⅰ级		
里程区段	NK8 +250 ~ NK8 +300、 NK8 +385 ~ NK8 +400、 NK10 +940 ~ NK11 +100	NK11 +100 ~ NK11 +520	NK8 +990 ~ NK9 +180、 NK10 +540 ~ NK10 +600、 NK10 +700 ~ NK10 +720、 NK10 +780 ~ NK10 +800	NK7 +450 ~ NK7 +790	NK7 +790 ~ NK8 +210	NK8 +210 ~ NK8 +250、 NK8 +400 ~ NK8 +910、 NK9 +180 ~ NK10 +160、 NK10 +240 ~ NK10 +540、 NK10 +720 ~ NK10 +780、 NK10 +800 ~ NK10 +940
风险概率指标	2.30		1.94	1.41		
风险后果指标	2		2	2		
监测等级指标	4		4	2		
监测等级	B 级		B 级	A 级		

由表 2-49 ~ 表 2-51 分析可知,翔安海底隧道风险概率指数由大到小依次为富水砂层超浅埋段,海底风化槽浅埋段,富水砂层浅埋和海底浅埋段,陆域超浅埋段,海底风化槽深埋段,陆域和潮间带浅埋段。但是,考虑风险发生的后果指数后可知,安全监测等级风化槽段最高为 D 级,相同的地质条件下,海域段和潮间带段比陆域段的监测等级较高。

2.6.3 监测项目设置

由上节对翔安海底隧道监测等级分区及评价结果可知,其左线隧道、右线隧道和服务隧道监测等级为 A、B、C、D 4 个等级,翔安海底隧道全寿命监测项目见表 2-52。

翔安海底隧道全寿命安全监测项目 表 2-52

监测阶段	隧道名称	监测等级			
		A	B	C	D
施工阶段监测	左线隧道	初期支护周边位移量测、洞内观察	初期支护周边位移量测、洞内观察	地表下沉、洞内观察、初期支护周边位移量测、钢支撑内量测、二次衬砌内力量测、围岩与初期支护间接触压力、初期支护与二次衬砌间接触压力、初期支护与二次衬砌间水压力、初期支护与围岩间水压力	洞内观察、初期支护周边位移量测、钢支撑内量测、二次衬砌内力量测、围岩与初期支护间接触压力、初期支护与二次衬砌间接触压力、初期支护与二次衬砌间水压力、初期支护与围岩间水压力
	右线隧道	初期支护周边位移量测、洞内观察	初期支护周边位移量测、洞内观察	地表下沉、洞内观察、初期支护周边位移量测、钢支撑内量测、二次衬砌内力量测、围岩与初期支护间接触压力、初期支护与二次衬砌间接触压力、初期支护与二次衬砌间水压力、初期支护与围岩间水压力	洞内观察、初期支护周边位移量测、钢支撑内量测、二次衬砌内力量测、围岩与初期支护间接触压力、初期支护与二次衬砌间接触压力、初期支护与二次衬砌间水压力、初期支护与围岩间水压力
	服务隧道	初期支护周边位移量测、洞内观察	初期支护周边位移量测、洞内观察	地表下沉、洞内观察、初期支护周边位移量测、钢支撑内量测、二次衬砌内力量测、围岩与初期支护间接触压力、初期支护与二次衬砌间接触压力、初期支护与二次衬砌间水压力、初期支护与围岩间水压力	洞内观察、初期支护周边位移量测、钢支撑内量测、二次衬砌内力量测、围岩与初期支护间接触压力、初期支护与二次衬砌间接触压力、初期支护与二次衬砌间水压力、初期支护与围岩间水压力
运营阶段长期监测	左线隧道	—	—	—	初期支护水压力监测;围岩与初期支护间接触压力监测;钢支撑内力监测;二次衬砌水压力监测;初期支护与二次衬砌间接触压力监测;二次衬砌周边位移监测、二次衬砌内力监测;二次衬砌表面应力监测;地震加速度监测;钢筋、混凝土腐蚀监测
	右线隧道	—	—	—	初期支护水压力监测;围岩与初期支护间接触压力监测;钢支撑内力监测;二次衬砌水压力监测;初期支护与二次衬砌间接触压力监测;二次衬砌周边位移监测、二次衬砌内力监测;二次衬砌表面应力监测;地震加速度监测;钢筋、混凝土腐蚀监测

续上表

监测阶段	隧道名称	监测等级			
		A	B	C	D
运营阶段长期监测	服务隧道	—	—	—	初期支护水压力监测；围岩与初期支护间接触压力监测；钢支撑内力监测；二次衬砌水压力监测；初期支护与二次衬砌间接触压力监测；二次衬砌内力监测；钢筋、混凝土腐蚀监测

2.6.4 监测断面布置及频率设定

通过对翔安海底隧道全寿命安全监测等级以及确定的监测项目，对全寿命阶段断面及测点布置。

1）监测断面及测点布置

（1）施工阶段监测断面及测点布置

①施工阶段位移测点布置

翔安海底隧道施工阶段位移监测测点布置见第3章。

②施工阶段内力测点布置

a. 初期支护内力测点布置

初期支护钢支撑或格栅钢架应力量测采用钢筋计焊接在型钢腹板上来量测钢支撑应力，或用钢筋计焊接在格栅钢架的主筋上量测。针对厦门翔安海底隧道而言，台阶法、CRD法、CD法和双侧壁导坑法各施工工法的初期支护内力测点布置情况如图2-12所示。

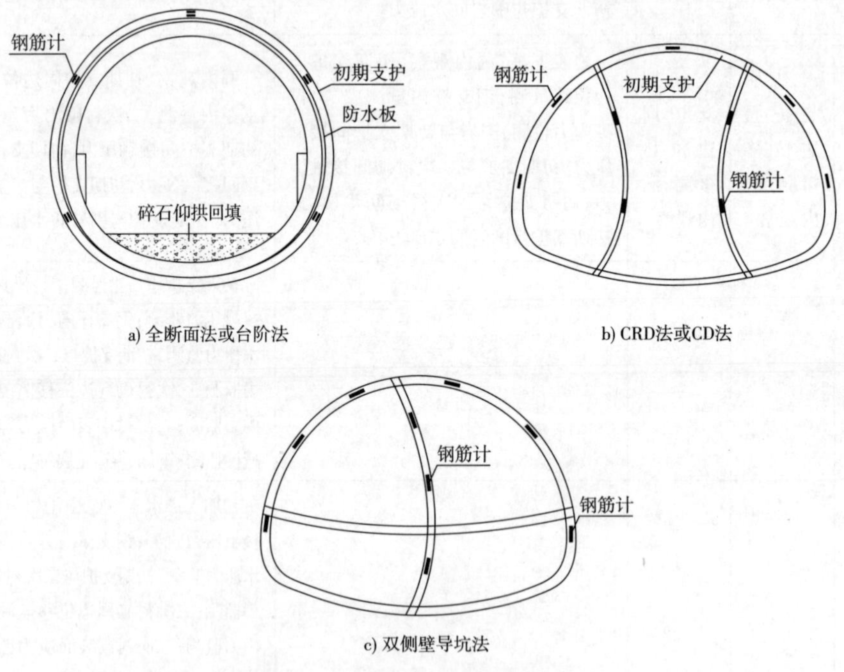

图2-12　初期支护内力测点布置示例

b. 二次衬砌内力量测

为反映隧道整个断面二次衬砌的受力状态，分别在隧道拱顶、左右侧拱脚、左右侧边墙共 5 个部位布置二次衬砌内力测点。为了获得二次衬砌内力（轴力、弯矩），在每个截面各部位的内外侧分别布置一个混凝土应变计，布置时应详细记录各应变计的编号及其相应的位置，以便测取数据进行结构内力分析。二次衬砌内力测点布置如图 2-13 所示。

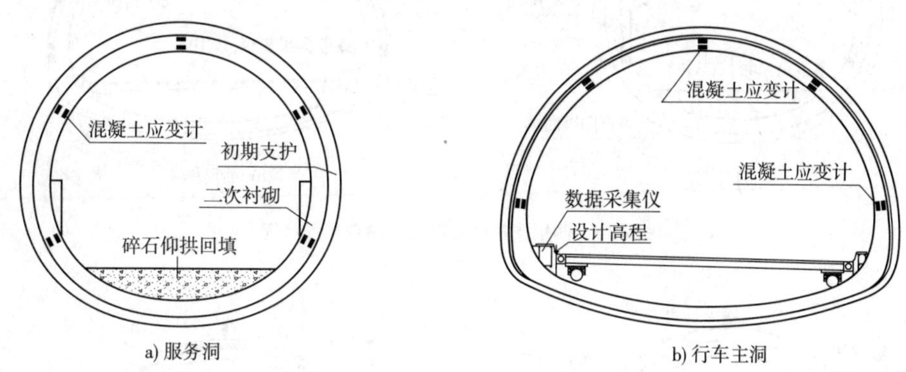

图 2-13　二次衬砌内力测点布置示例

③接触压力测点布置

为了获得围岩与初期支护之间、初期支护与二次衬砌之间接触压力分布规律，分别在施作初期支护、二次衬砌施工之前，在围岩与初期支护之间、初期支护与二次衬砌之间安装压力盒。为了解整个断面的接触压力情况，分别在隧道拱顶、左右侧拱腰、左右侧拱脚共 5 个部位布置接触压力测点，具体布置示例分别见图 2-14 和图 2-15。

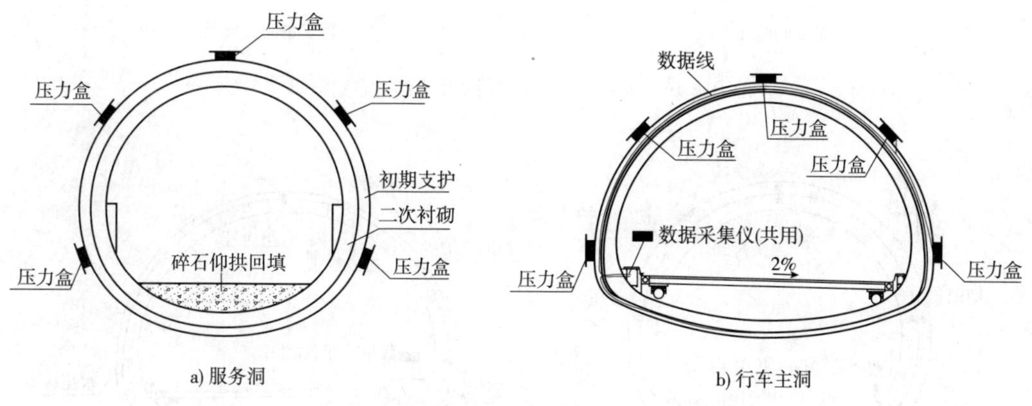

图 2-14　围岩与初期支护间接触压力测点布置示例

④水压力测点布置

为了获得衬砌背后水压分布规律，在围岩、初期支护内安装水压计。水压计数据线用 PVC 管保护并固定于初期支护面上，从拱脚处防水板下缘引出，所有的数据线均由一侧引出。在初期支护挖一个沟槽，将水压计放入其中，使其探头可以直接与水接触。在水压计四周填上干沙将渗压计固定。再用水泥砂浆将沟槽封住以防水压计掉落。用于回填水压计四周的细砂要求干净无污染。围岩与初期支护间、初期支护与二次衬砌间水压力测点布置分别如图 2-16 和图 2-17 所示。

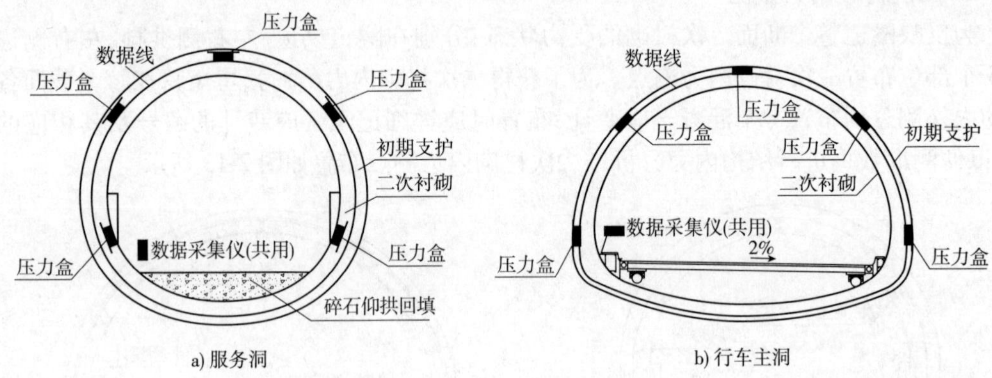

a) 服务洞　　b) 行车主洞

图 2-15　两层支护间接触压力测点布置示例

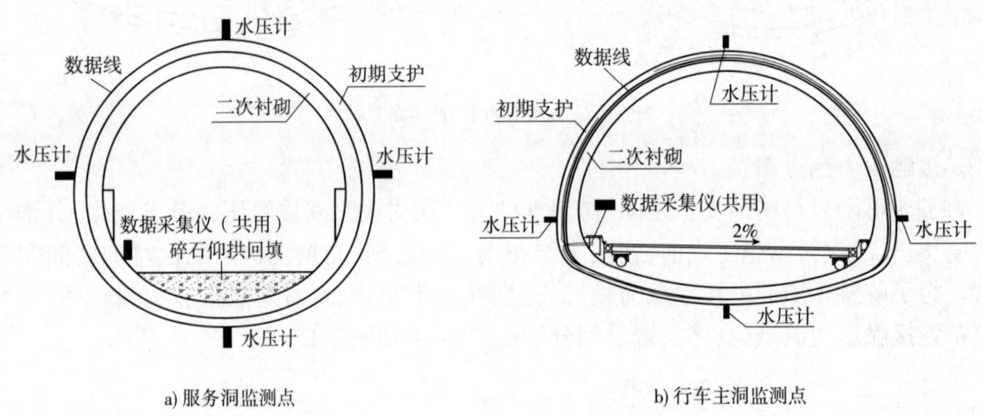

a) 服务洞监测点　　b) 行车主洞监测点

图 2-16　围岩与初期支护间水压力测点布置图

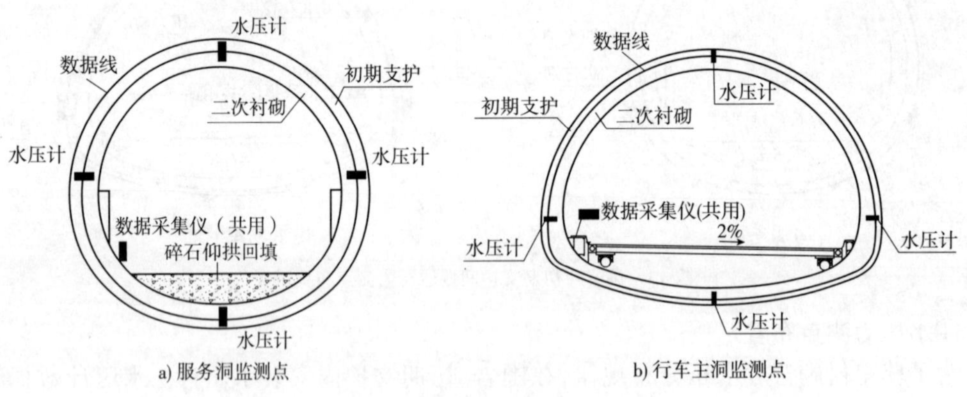

a) 服务洞监测点　　b) 行车主洞监测点

图 2-17　初期支护与二次衬砌间水压力测点布置图

(2)运营阶段监测断面及测点布置[15]

①监测断面

翔安海底隧道运营阶段各监测项目监测断面布置里程如表 2-53 所示。

运营期长期监测各断面具体监测项目　　表 2-53

隧道名称	断面编号	断面里程	监测项目									
			A	B	C	D	E	F	G	H	I	J
左线隧道	1	ZK7 +050						√				
	2	ZK7 +150						√				
	3	ZK8 +283						√				√
	4	ZK8 +893				√	√					
	5	ZK8 +905					√	√				
	6	ZK8 +912	√	√	√	√	√	√	√		√	√
	7	ZK8 +918					√	√				√
	8	ZK8 +967					√	√				√
	9	ZK10 +168						√				
	10	ZK10 +178						√				√
	11	ZK10 +188						√				
	12	ZK10 +198						√				√
服务隧道	13	NK8 +950				√	√	√				√
右线隧道	14	YK8 +414						√				
	15	YK8 +424	√	√	√	√	√	√	√	√	√	
	16	YK8 +434					√	√				√
	17	YK10 +680						√				√
	18	YK11 +050						√				
	19	YK11 +290					√	√				
	20	YK11 +310					√	√				
	21	YK11 +315					√	√				

注:①表格画"√"代表需要量测;空白代表不量测。

②监测项目中各字母分别表示:A 为初期支护水压力;B 为围岩—初期支护接触压力;C 为钢支撑内力;D 为二次衬砌水压力;E 为初期支护—二次衬砌接触压力;F 为二次衬砌内力;G 为二次衬砌表面应变监测;H 为地震加速度监测;I 为位移监测;J 为钢筋腐蚀监测。

②测点布置

对于不同的监测项目,根据工程实际需要对各个断面的传感器数量进行了优化,最终确定翔安海底隧道主洞及服务洞各个监测断面不同监测项目的测点布置情况如图 2-18 所示。

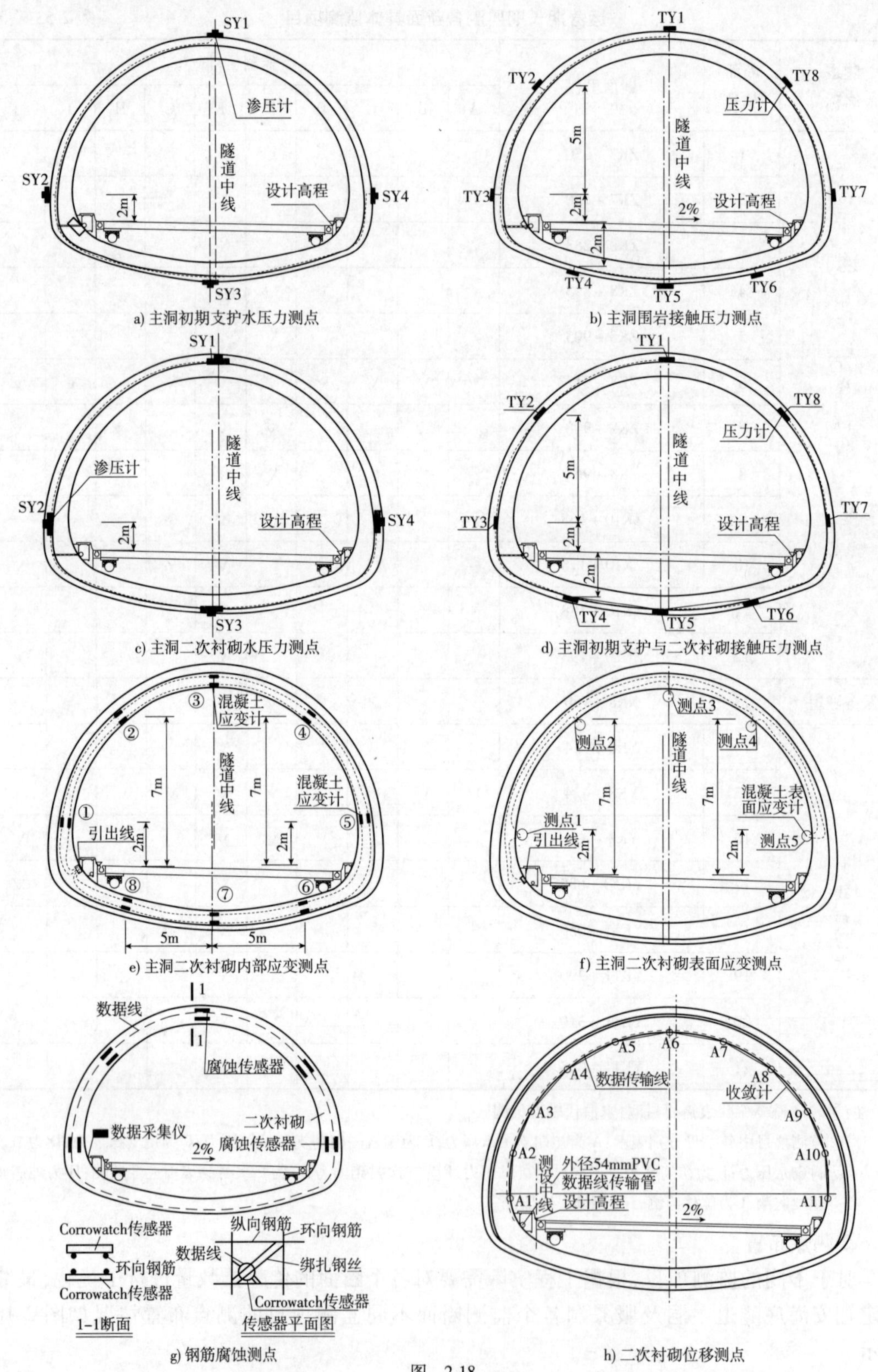
SY1
渗压计
隧道中线
SY2
SY4
设计高程
2m
SY3
a) 主洞初期支护水压力测点
TY1
TY2
TY8
压力计
5m
隧道中线
TY3
TY7
2m
2%
设计高程
2m
TY4
TY5
TY6
b) 主洞围岩接触压力测点
SY1
隧道中线
渗压计
SY2
SY4
设计高程
2m
SY3
c) 主洞二次衬砌水压力测点
TY1
TY2
TY8
压力计
5m
隧道中线
TY3
TY7
设计高程
2m
2m
TY4
TY5
TY6
d) 主洞初期支护与二次衬砌接触压力测点
③
混凝土应变计
②
④
7m
隧道中线
7m
混凝土应变计
①
⑤
引出线
2m
2m
⑧
⑦
⑥
5m
5m
e) 主洞二次衬砌内部应变测点
测点3
测点2
测点4
隧道中线
7m
7m
混凝土表面应变计
测点1
引出线
测点5
2m
2m
f) 主洞二次衬砌表面应变测点
1
数据线
1
腐蚀传感器
数据采集仪
二次衬砌腐蚀传感器
2%
Corrowatch传感器
环向钢筋
Corrowatch传感器
1-1断面
纵向钢筋
环向钢筋
数据线
绑扎钢丝
Corrowatch传感器
传感器平面图
g) 钢筋腐蚀测点
A5
A6
A7
A4
数据传输线
A8
收敛计
A3
A9
A2
测设中线
外径54mmPVC数据线传输管
A10
A1
设计高程
A11
2%
h) 二次衬砌位移测点

图 2-18

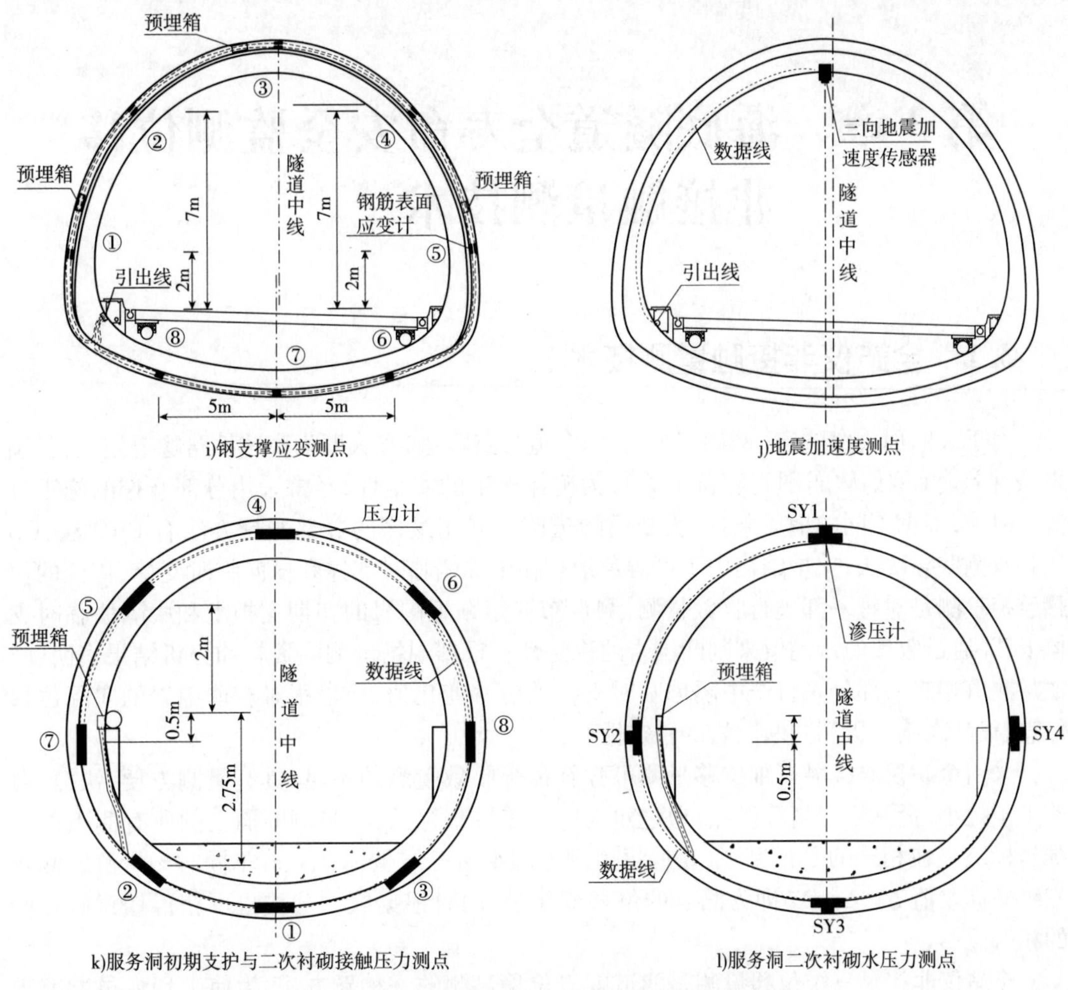

i)钢支撑应变测点　　j)地震加速度测点

k)服务洞初期支护与二次衬砌接触压力测点　　l)服务洞二次衬砌水压力测点

图 2-18　翔安海底隧道全寿命监测项目测点布置示意图

2) 监测频率设定

(1) 施工期监测频率

翔安海底隧道施工期位移及应力监测频率依据第 2. 5. 2 节规定原则设定。

(2) 运营期长期监测频率

翔安海底隧道运营期长期监测频率依据第 2. 5. 2 节表 2-25 确定。

第3章　海底隧道全寿命安全监测位移非接触量测技术

3.1　全站仪非接触量测技术

对于大断面公路隧道（例如三车道、四车道公路隧道）和大断面高速铁路隧道施工，当围岩条件差时（例如软弱围岩和黄土等），为确保施工的安全性，经常采用分部开挖的施工方法。目前，根据不同的地质条件，大断面隧道施工采用最多的分部开挖方法有CRD法、CD法和双侧壁导坑法，支护结构中不可避免地存在中隔墙临时支撑和横向临时支撑，传统的位移监控量测是对每一部进行收敛量测，测点布置于贴近围岩的初期支护上和中隔墙临时支撑上，并通过收敛的量测值来判断围岩的稳定性。根据现场量测的资料和分析结果表明，收敛量测值相当一部分来自于中隔墙临时支撑的位移变化值，所以很难获取围岩的实际位移信息，很难准确分析和判断围岩的稳定性。

采用全站仪非接触三维位移量测可弥补传统收敛量测的不足，具有量测方便、快捷、对施工干扰小、量测精度高等优点，通过建立绝对三维坐标系，将量测断面上的所有测点的三维坐标统一在相同的坐标系下，获取每个测点的绝对三维坐标 x、y、z，不同时刻量测的测点三维坐标差值 Δx、Δy、Δz 即为测点的位移变化量，同时根据收敛公式也可获得任意测点间的相对位移。

全站仪非接触三维位移量测是隧道围岩位移量测的一种新方法，为使工程人员能够现场正确实施，保证量测精度和数据的准确性，现分别对台阶法和全断面法、CRD法、CD法和双侧壁导坑法施工的三维位移量测实施的有关技术进行阐述。

3.1.1　自由设站原理

1）三维绝对位移量测自由设站原理

（1）三维坐标系建立

为实现隧道围岩及初期支护周边测点三维绝对位移量测，需建立三维坐标系。监控量测人员将全站仪架设于隧道中线附近，仪器精确整平后确定坐标系 $O-xyz$。设定 x 方向平行于隧道轴线并指向隧道开挖方向，y 方向垂直于隧道侧壁，z 方向垂直于地面竖直向上，如图3-1所示。

（2）后视点坐标确立

设定三维坐标系 $O-xyz$ 坐标系如图3-2所示，x 轴为隧道轴线方向，y 轴垂直于隧道轴线方向，z 轴垂直于地面竖直向上，O 为坐标原点，在坐标系 $O-xyz$ 中的后视点 A、B 与被测点 P 之间自由设站 O'，利用全站仪机载程序设置方位角法设定绝对坐标系 $O'-x'y'x'$，坐标轴 $O'x'$ 平行于轴 Ox，即方位角为零的方向，同时可设定设站点 O' 点的坐标为（$x_{O'}$，$y_{O'}$，

$z_{O'}$),在保持全站仪位置不变的情况下,精确照准后视点 A、B,测得后视点 A、B 的方位角 α_A、α_B,斜距 D_A、D_B,竖直角 V_A、V_B。

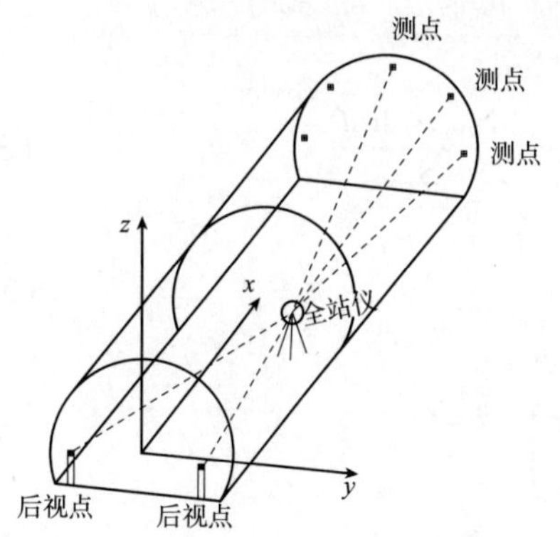

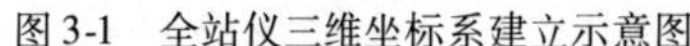

图 3-1　全站仪三维坐标系建立示意图

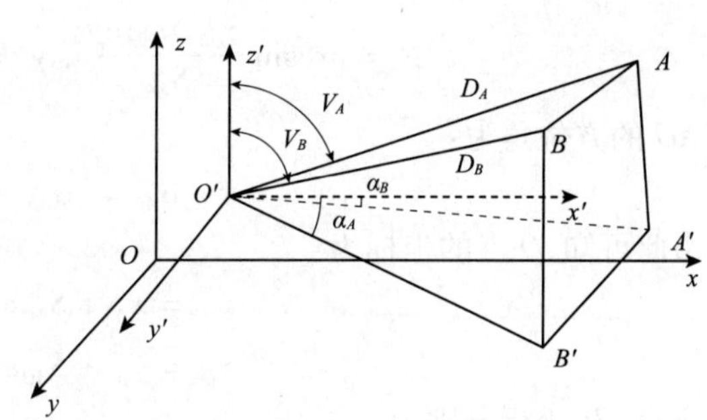

图 3-2　后视点三维坐标确定示意图

A 点的坐标求解:

$$\begin{aligned} x_A &= x_{O'} + D_A \cdot \sin V_A \cdot \cos\alpha_A \\ y_A &= y_{O'} + D_A \cdot \sin V_A \cdot \sin\alpha_A \\ z_A &= z_{O'} + D_A \cdot \cos V_A \end{aligned} \tag{3-1}$$

同理,测得后视点 B 的坐标为:

$$\begin{aligned} x_B &= x_{O'} + D_B \cdot \sin V_B \cdot \cos\alpha_B \\ y_B &= y_{O'} + D_B \cdot \sin V_B \cdot \sin\alpha_B \\ z_B &= z_{O'} + D_B \cdot \cos V_B \end{aligned} \tag{3-2}$$

三维坐标系建立后,保持设站点位置不变,采用盘左、盘右至少观测 3 个测回,人工精确照准反射膜片的中心或棱镜的中心,求得后视点坐标。

(3)测点三维坐标的获取

后视点坐标确定后,采用后方交会法自由设站原理进行隧道周壁测点三维位移量测[16-17]。观测原理如图 3-3 所示,O 为设站点;A、B 为已知后视点在通过 O 点的水平面上的投影,P_1、P_2 点为被测点在通过 O 点的水平面上的投影,A、B 为已知后视点,并作为坐标的起算点;P_1、P_2 为待测点;设 D_A、D_B、D_1、D_2 为设站点到各观测点的斜距,S_A、S_B、S_1、S_2 为相应的水平距离,V_A、V_B、V_1、V_2 为各观测点的竖直角,OB、OP_1、OP_2 连线方向与 OA 方向的水平夹角分别为 θ、α_1、α_2。A、B 的坐标已知,假设分别为 (x_A, y_A),(x_B, y_B)。

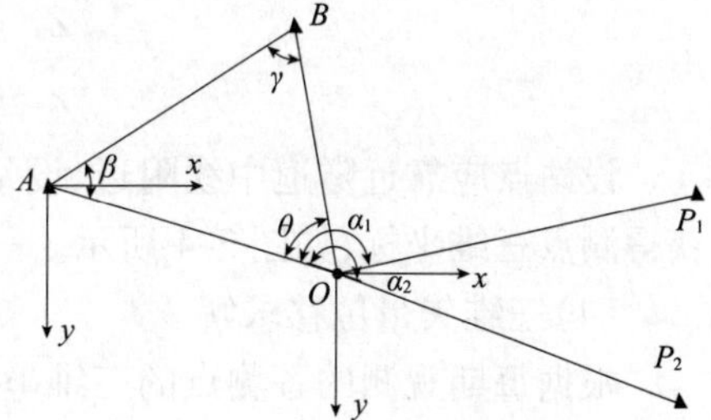

图 3-3　两点后方交会自由设站原理示意图

已知 A、B 水平面上的坐标为 (x_A, y_A),(x_B, y_B),则 AB 的水平距离和方位角分别为:

$$S_{AB} = \sqrt{(x_B - x_A)^2 + (y_B - y_A)^2} \tag{3-3}$$

$$\alpha_{AB} = \arctan\frac{y_B - y_A}{x_B - x_A} \tag{3-4}$$

α_{AB} 为 AB 线与 x 轴的夹角,后面所提到的方位角皆指连线与 x 轴的夹角。

根据正弦定量,在$\triangle OAB$ 中,$\frac{\sin\theta}{S_{AB}}=\frac{\sin\beta}{S_{OB}}=\frac{\sin\gamma}{S_{OA}}$,其中 $\theta=H_B-H_A$,H_B为 B 点的水平角,H_A为 A 点的水平角,可得:

$$\beta=\arcsin\frac{S_{OB}\times\sin\theta}{S_{AB}},\ \gamma=\arcsin\frac{S_{OA}\times\sin\theta}{S_{AB}} \tag{3-5}$$

则边 AO 的方位角为:

$$\alpha_{AO}=\alpha_{AB}+\beta \tag{3-6}$$

由此可知,O 点的坐标为:

$$\left.\begin{aligned}x_O&=x_A+S_{AO}\cos\alpha_{AO}\\y_O&=y_A+S_{AO}\sin\alpha_{AO}\end{aligned}\right\} \tag{3-7}$$

点 P_1、P_2坐标分别为:

$$\left.\begin{aligned}x_1&=x_O+S_{O1}\cos(\alpha_{OA}+\alpha_1)\\y_1&=y_O+S_{O1}\sin(\alpha_{OA}+\alpha_1)\\\alpha_1&=H_1-H_A\end{aligned}\right\} \tag{3-8}$$

$$\left.\begin{aligned}x_2&=x_O+S_{O2}\cos(\alpha_{OA}+\alpha_2)\\y_2&=y_O+S_{O2}\sin(\alpha_{OA}+\alpha_2)\\\alpha_2&=H_2-H_A\end{aligned}\right\} \tag{3-9}$$

H_1为照准 P_1点时,全站仪上显示的水平方位角;H_2为照准 P_2点时,全站仪上显示的水平角。

假设 A、B 点竖直方向的坐标为 Z_A、Z_B,O 点竖直方向的坐标为:

$$\left.\begin{aligned}Z_O&=Z_A-S_{OA}\times\cos V_A\\Z_O&=Z_B-S_{OB}\times\cos V_B\end{aligned}\right\} \tag{3-10}$$

则测点 P_1、P_2在 Z 方向坐标为:

$$\left.\begin{aligned}Z_1&=Z_O+S_{O1}\times\cos V_1\\Z_2&=Z_O+S_{O2}\times\cos V_2\end{aligned}\right\} \tag{3-11}$$

设站点应靠近隧道中线附近,设站完毕后,确保设站点位置不变,对前方测点进行观测,获得测点三维坐标,如图 3-4 所示。

(4)三维矢量位移求解

根据每期观测的各测点的三维坐标值,计算可得某一测点的三维位移变化量:

$$\left.\begin{aligned}\Delta x_{k,k-1}&=x_i^k-x_i^{k-1}\\\Delta y_{k,k-1}&=y_i^k-y_i^{k-1}\\\Delta z_{k,k-1}&=z_i^k-z_i^{k-1}\end{aligned}\right\} \tag{3-12}$$

式中:k——观测期数;

i——测点编号;

Δx——测点在 x 轴方向的位移变化量,即沿着隧道轴线方向的变化值;

Δy——测点在 y 轴方向的位移变化量,即垂直于隧道轴线方向的位移值;

Δz——隧道测点的竖直位移变化量,如果测点在隧道拱顶处,表示拱顶下沉值。

2）相对位移量测自由设站原理

根据工程本身的特点和现场的实际情况，隧道位移监控量测仅仅需要收敛量测和拱顶下沉量测，不需要三维位移量测，此时采用全站仪非接触量测仅需要建立各设站点独立坐标系，不需要建立统一的三维绝对坐标系。位移自由设站原理与三维位移自由设站原理有较大差别，前者仅需一个后视点。

（1）定向建立独立坐标系

观测原理如图 3-5 所示，O 点为全站仪自由设站位置，点 A 为固定后视点，P_1、P_2 为量测断面上的测点。全站仪在固定后视点 A 和测点 P_1、P_2 之间 O 点任意设站，利用全站仪内置设站程序，采用设置方位角法建立独立坐标系，设定 OA 连线为 x 轴方向，并设定方位角为零的方向，垂直于 x 轴方向设定为 y 轴，z 轴垂直与 xOy 平面竖直向上。

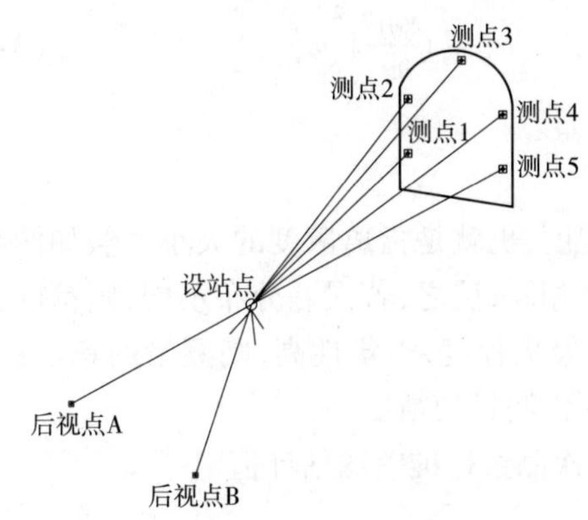

图 3-4　后方交会自由设站观测示意图

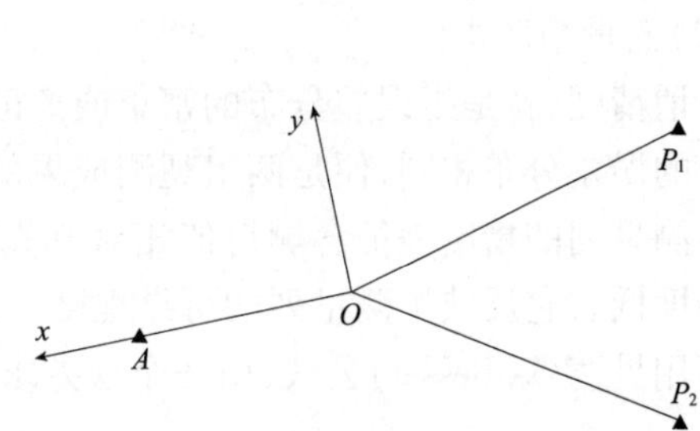

图 3-5　相对位移量测自由设站原理示意图

（2）收敛与拱顶下沉求解

通过全站仪自由设站量测，得出测点在独立坐标系下的坐标值 x、y、z 以及测点与后视点之间的高差 ΔH，利用空间距离计算公式求得测点之间距离，即测线长度：

$$D_{ij}^{(k)} = \sqrt{(x_i - x_j)^2 + (y_i - y_j)^2 + (z_i - z_j)^2} \tag{3-13}$$

式中：i、j——分别代表测点号；

k——观察期数。

测线收敛值 $\Delta D_{k-1,k}$ 为：

$$\Delta D_{k-1,k} = D_{ij}{}^{(k)} - D_{ij}{}^{(k-1)} \tag{3-14}$$

测点与后视点之间的高差为 ΔH_{iA}：

$$\Delta H_{iA}{}^{(k)} = Z_i{}^{(k)} - Z_A{}^{(k)} \tag{3-15}$$

拱顶下沉值 $\Delta H_{k-1,k}$ 为：

$$\Delta H_{k-1,k} = \Delta H_{iA}{}^{(k)} - \Delta H_{iA}{}^{(k-1)} \tag{3-16}$$

3.1.2　误差控制方法

1）误差传播规律与衡量指标

（1）误差传播规律[18]

在科学实验和生产过程中，由于受被测对象的特性及仪表性能的限制，某些被测量的数值不能直接测量,而需要先测得一个或若干个其他物理量,然后根据函数关系计算出被测量的数值,这种测量方法称为间接测量法。由于间接测量值是由直接测得值求得的,因而它的误差性质与大小由各直接测得值决定。由直接测得值的误差求得间接测得值的误差称为误差传递。

若间接测试变量 F 为直接测试变量 x_1、x_2……x_n 的函数,则间接变量 F 的误差可表示为(略去高阶项):

$$F = f(x_1, x_2, \cdots, x_n) \tag{3-17}$$

$$\Delta F = \frac{\partial f}{\partial x_1}\Delta x_1 + \frac{\partial f}{\partial x_2}\Delta x_2 + \cdots + \frac{\partial f}{\partial x_n}\Delta x_n \tag{3-18}$$

若中各变量 $x_1, x_2, \cdots, x_n$ 相互独立,则间接变量 F 的测试误差的平方为:

$$m_F^2 = \left(\frac{\partial f}{\partial x_1}\right)^2 m_{x_1}^2 + \left(\frac{\partial f}{\partial x_2}\right)^2 m_{x_2}^2 + \cdots + \left(\frac{\partial f}{\partial x_n}\right)^2 m_{x_n}^2 \tag{3-19}$$

式中:m_{x_1}、m_{x_2}……m_{x_n}——x_1、x_2……x_n 的测试误差。

(2)衡量精度指标

所谓精度,就是指误差分布的密集或离散的程度,也就是指离散度的大小。假如两组观测成果的误差分布相同,便是两组观测成果的精度相同;反之,若误差分布不同,则精度也就不同。测量列的精度表征各测得值相对其真值的聚集程度,聚集性高,则测量的精度高,反之则精度低。它反映了测量列的可靠程度,可以评价测量列精度。

利用贝塞尔(Bessel)公式,由残余误差求得单次测量标准差的估计值[18-19]。

$$\bar{x} = \frac{\sum_{i=1}^{n} x_i}{n} \tag{3-20}$$

$$\sigma = \sqrt{\frac{\sum_{i=1}^{n} {v_i}^2}{n-1}} = \sqrt{\frac{\sum_{i=1}^{n} (x_i - \bar{x})^2}{(n-1)\cdot n}} \tag{3-21}$$

式中:σ——单次测量标准差的估计值;

n——测量次数;

x_i——第 i 次测量的数值;

$\bar{x}$——测量值的算术评价值。

2)精度影响因素和误差控制方法[20-21]

(1)量测方式对精度的影响

关于量测方式对精度的影响,主要分析测回数对精度的影响以及误差控制方法。选取后视点与测点距离 50m,模拟三车道公路隧道跨度为 15m 的试验条件,进行测回数对量测精度的影响分析,总共提取了 6 个测回的试验数据,测回数对不同测点三维位移量测精度影响结果如图 3-6 ~ 图 3-8 所示。

由图 3-6 ~ 图 3-8 可知,各测点三维坐标 x、y、z 方向的误差随着测回数的增加而减小,在量测条件允许的情况下,增加测回数可减小量测误差。当测回数大于 3 时,量测精度提高不明显,所以,在保证量测精度的前提下,一般 3 个测回即可满足精度要求。

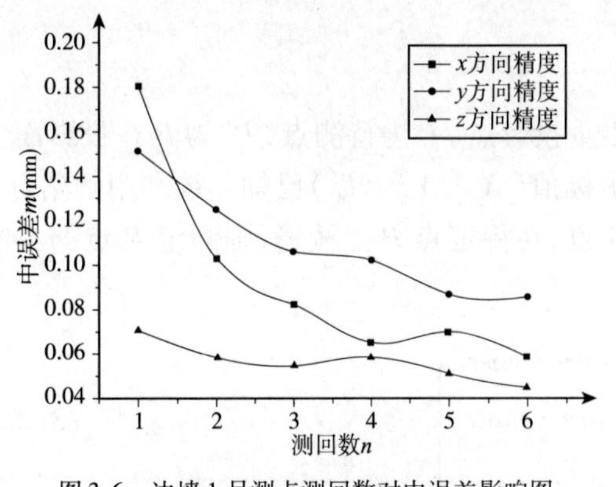

图 3-6　边墙 1 号测点测回数对中误差影响图

图 3-7　拱顶 2 号测点测回数对中误差影响图

(2)测站设置方式对精度的影响

关于测站设置方式对三维量测精度的影响,本次试验主要分析设站次数、设站距离与竖直角以及转站次数对三维位移量测精度的影响及其相应的误差控制方法。

①不同设站次数对精度的影响

数据分析结果如图 3-9 ~ 图 3-11 所示。

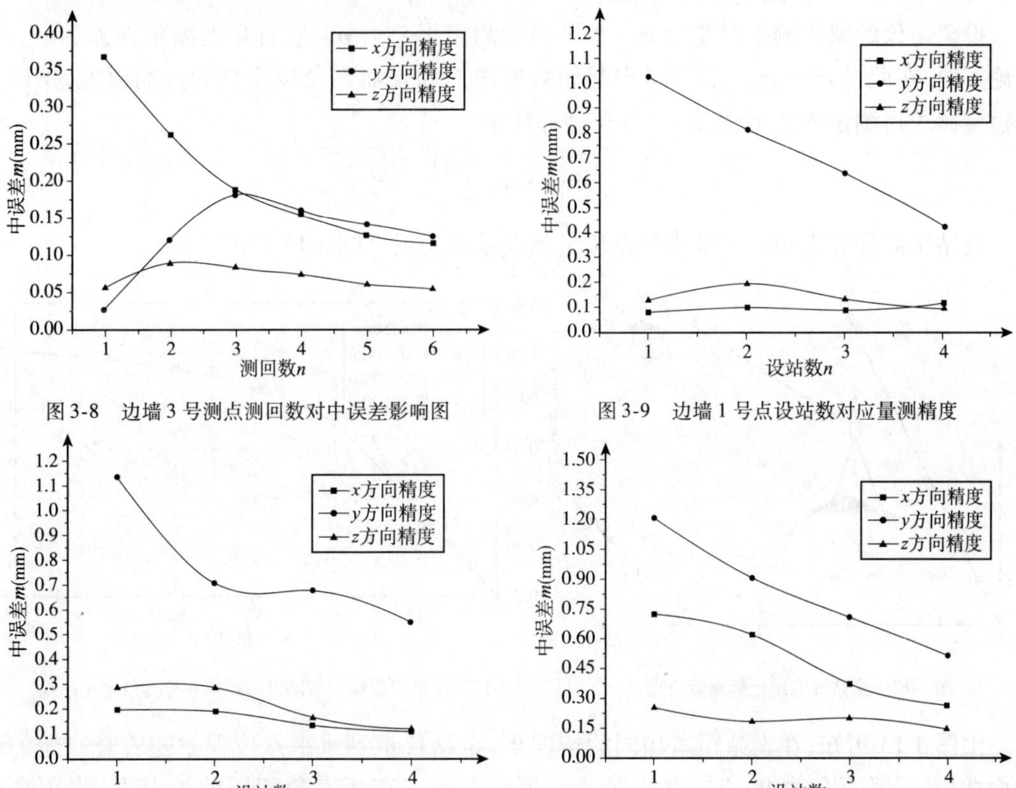

图 3-8　边墙 3 号测点测回数对中误差影响图

图 3-9　边墙 1 号点设站数对应量测精度

图 3-10　拱顶 2 号点设站数对应量测精度

图 3-11　边墙 3 号点设站数对应量测精度

由图 3-9 ~ 图 3-11 可看出,各测点三维坐标误差随着设站次数的增加而减小,y 方向误差减小较明显。当设站次数大于两站时,误差减小幅度不明显,为提高工作效率,设站次数为两站即可。

②设站距离和竖直角对精度的影响

a. 理论计算结果

A 为测站点，A' 为测站点 A 在投影面上的铅垂投影点。P 为待测点，P' 为 P 在投影面上的铅垂投影点，如图 3-12 所示。设 A 点的三维坐标值（X_A、Y_A、H_A）已知。欲利用测站点 A 测定待定点 P 的三维坐标值，可将全站仪置于 A 点，在待定点 P 立棱镜，则测定 P 点的三维坐标数学模型为：

$$\left.\begin{aligned} X_P &= X_A + D \cdot \sin\gamma \cdot \cos\alpha \\ Y_P &= Y_A + D \cdot \sin\gamma \cdot \sin\alpha \\ H_P &= H_A + D \cdot \cos\gamma \end{aligned}\right\} \tag{3-22}$$

式中：D——全站仪观测的斜距值；

α——方位角（水平角 B 的函数）；

γ——竖直角；

X_A、Y_A、H_A——测站点 A 的三维坐标；

X_P、Y_P、H_P——待测点 P 的三维坐标。

设全站仪的斜距测距误差为 σ_D，水平角的测角误差为 σ_β，竖直角的测角误差为 σ_γ，为讨论方便，在此设 $\sigma_\gamma = \sigma_\beta$。且不考虑起始数据误差和仪器高及棱镜高的量测误差，据误差传播定律求得测定 P 点的误差为（推导过程从略）[22]：

$$\sigma_P^2 = \sin\gamma \cdot \sigma_D^2 + \frac{D^2}{\rho^2} \cdot \sigma_\beta^2 \tag{3-23}$$

设站距离和竖直角与三维坐标点位量测误差的关系见图 3-13 和图 3-14。

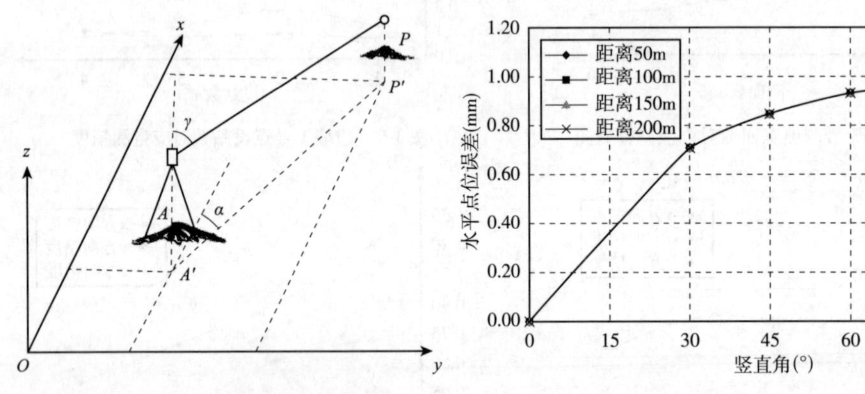

图 3-12　全站仪三维坐标测量原理

图 3-13　水平点位精度值随设站距离和竖直角变化曲线

由图 3-13 可知，在设站距离相同的情况下，全站仪量测水平点位误差随着竖直角的增大而增加，当竖直角为 90°时，点位误差约等于 1mm。在竖直角相同的情况下，当距离为 200m 以内时，水平点位误差随着距离的增加变化不大，且均在 1mm 以内。

由图 3-14 可知，在设站距离相同的情况下，高程量测误差随着竖直角的增加而减小。在竖直角相同的情况下，全站仪量测高程误差值随着设站距离的增加而增大，当设站距离为 200m 时，高程量测误差接近于 1mm。

b. 试验结果分析

采用室内试验分析后视点与测点不同距离情况对三维坐标量测误差的影响，其试验结果如图 3-15 所示。

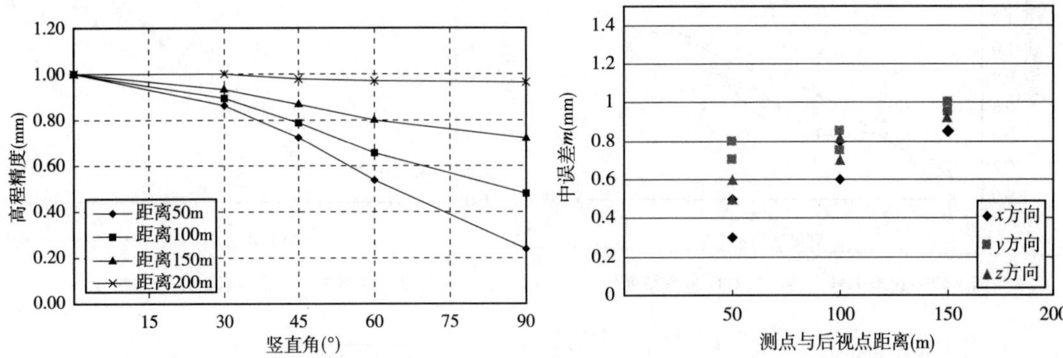

图 3-14　高程精度随设站距离和竖直角变化曲线　　图 3-15　不同后视点与测点距离下测点三维坐标量测精度

由图 3-15 可知，当测点与后视点距离在 100m 以内时，三维坐标量测误差均小于 1mm，当测点与后视点距离为 150m 时，三维坐标量测误差接近或大于 1mm。

③不同转站次数对精度的影响

a. 全站仪非接触转站量测方法

因为试验需要，设置 6 次不同转站，进行不同转站次数对误差精度的影响分析，具体实施步骤如图 3-16 所示。

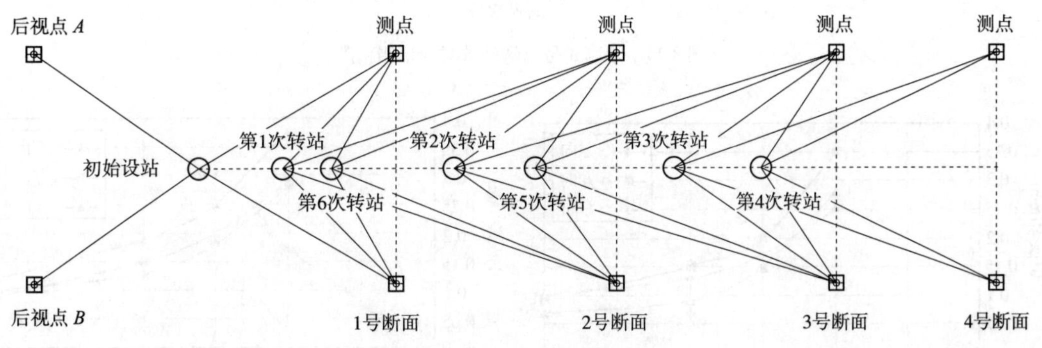

图 3-16　全站仪转站量测步骤图

b. 全站仪非接触转站量测方法精度分析

由数据分析，得出相对应隧道 3 个位置测点的不同转站次数对误差精度的影响，分析结果如图 3-17 ~ 图 3-19 所示。

由图 3-17 ~ 图 3-19 可见，测点绝对坐标中误差随转站次数的增加有明显变大的趋势，即测量精度随着测量转站次数的增加逐渐变差。

(3) 反射片安装角度对精度影响

反射膜片与全站仪视准轴水平和竖直夹角对全站仪量测精度影响，见图 3-20 和图 3-21。

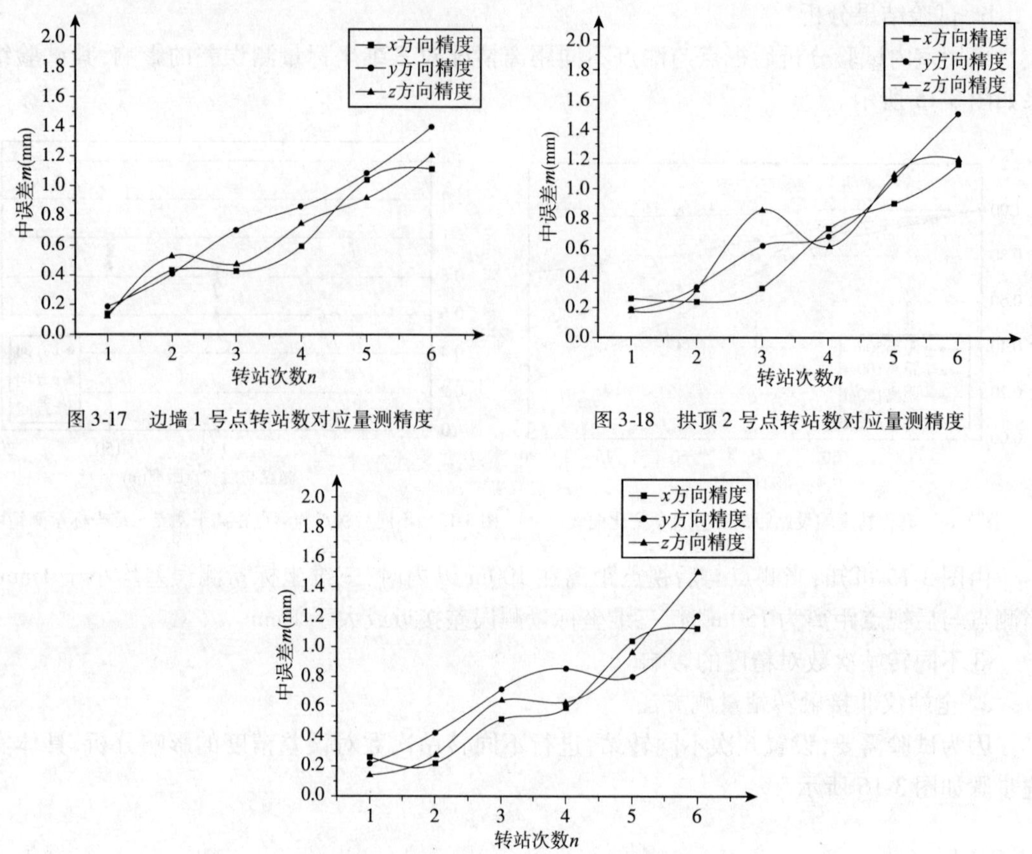

图 3-17　边墙 1 号点转站数对应量测精度　　　图 3-18　拱顶 2 号点转站数对应量测精度

图 3-19　边墙 3 号点转站数对应量测精度

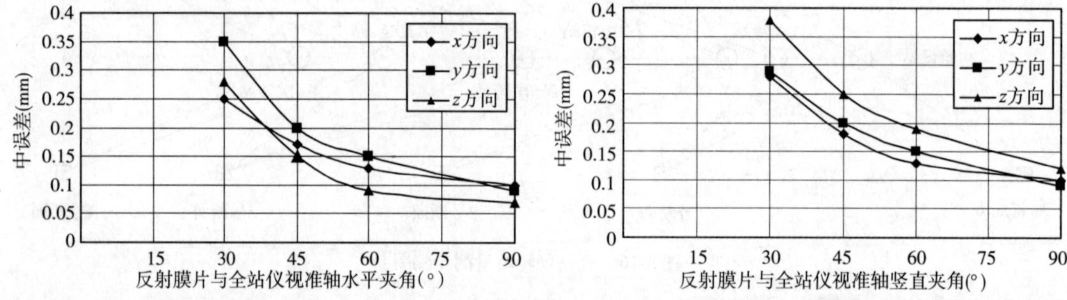

图 3-20　量测精度随膜片与视准轴水平夹角的变化曲线　　　图 3-21　量测精度随膜片与视准轴竖直夹角的变化曲线

由图 3-20 可知，当反射膜片与视准轴水平夹角为 90°时，三维坐标量测精度最高，随着水平角度的减小，量测中误差增大；其中，y 方向的量测精度影响较大，当膜片与仪器轴线水平角呈 0°时，全站仪无法读取坐标值。当反射膜片与全站仪视准轴水平夹角大于 45°时，中误差减小趋势缓慢，由此可知，当反射片与视准轴水平夹角度大于 45°时，对全站仪量测精度影响较小。

由图 3-21 可以见，当反射膜片与全站仪视准轴竖直夹角为 90°时，三维坐标量测精度最高，随着竖直角的减小，量测中误差增大；其中，z 方向的量测精度影响较大。当膜片与仪器轴线竖直角呈 0°时,全站仪无法读取坐标值。当反射膜片与全站仪轴线竖直夹角大于 45°时,中误差减小趋势缓慢,由此可知,当反射膜片与视准轴竖直夹角大于 45°时,对全站仪量测精度影响较小。

(4)粉尘浓度对量测的影响

根据对现场实测结果的统计,获得全站仪可视距离与粉尘浓度的关系,见图 3-22。

由图 3-22 可知全站仪可视距离与粉尘浓度呈反比关系,粉尘浓度增加,可视距离减小。当粉尘浓度为 8mg/m³时,可视距离约为 30m,当粉尘浓度为 2mg/m³时,可视距离约为 100m,所以隧道内粉尘浓度应控制在 2mg/m³以下。

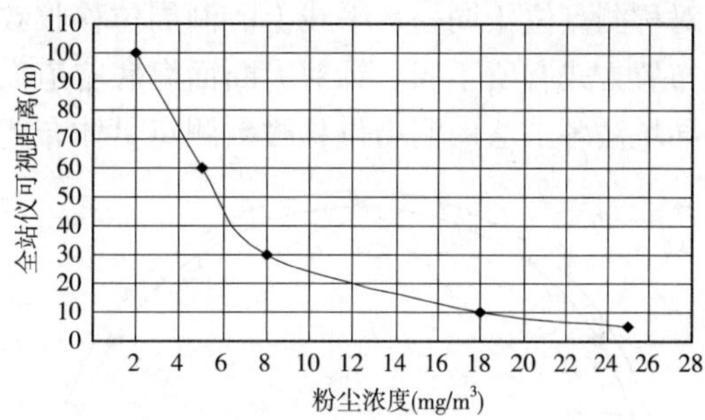

图 3-22 粉尘浓度与全站仪可视距离关系

综上所述,隧道位移非接触量测误差控制方法如下:

①隧道内环境控制

隧道内粉尘浓度应控制在 2mg/m³以下。减小粉尘浓度,可提高可视距离。

②反射膜片安装要求

反射膜片尺寸推荐采用 40mm × 40mm。条件允许情况下,尽量增加反射膜片的尺寸,以提高照准精度。反射膜片应保持与全站仪视准轴垂直。安设预埋件时,预埋件应尽量保持与隧道轴线垂直,这可保证全站仪量测时,能精确照准反射膜片的中心,精确读取数值。在条件允许的情况下,可以用棱镜作为后视点以提高量测精度。

③测站设置要求

测站距反射膜片的距离 D 应控制在 50 ~ 100m 之间。测站所测竖直角应控制在 45°。同一测试断面设站次数控制在 2 次之内。由于隧道施工条件影响,为提高工作效率,设站次数为 2 站即可,转站次数不能超过 3 次。当后视点与监测断面较远而无法进行量测时,在条件允许的情况下,应在监测断面附近另设后视点,当无法设值后视点时,可进行转站量测,但转站次数不能超过 3 次。

④测量要求

采用人工照准。由于隧道内灰尘大,量测环境差,自动搜索很难精确照准测点中心。测回数控制在 3 个左右。由于量测精度随测回数的增加而提高,在条件允许的情况下应增加测回数,但并非越多越好,一般 3 个测回即可满足要求。

⑤后视点要求

后视点不能被扰动,定期校核后视点坐标或重新建立坐标系获得后视点坐标。在条件允许的情况下,可以用棱镜作为后视点以提高量测精度。

⑥设备要求

全站仪的量测精度应为测距精度 1mm + 1ppm,测角精度 1″。

3.1.3 隧道分部开挖量测技术

1)量测断面测点布置方式[23]

洞周位移收敛能直观反映隧道围岩应力状态变化,可为判断隧道稳定性提供可靠的信息，并根据收敛速度判断隧道围岩的稳定程度，确定二次衬砌合理的支护时机。洞周位移收敛测点原则上应均匀布置在隧道周边侧壁上，并且全部测点均布置在同一垂直平面内，左右对称测点位于同一水平线上。洞周位移收敛测点布置根据施工工法的不同其测点数量及其布置方式有所不同。针对大断面海底隧道而言，台阶法、全断面法、CRD 法、CD 法和双侧壁导坑法各工法的洞周位移收敛测点具体布置方式如图 3-23 所示。

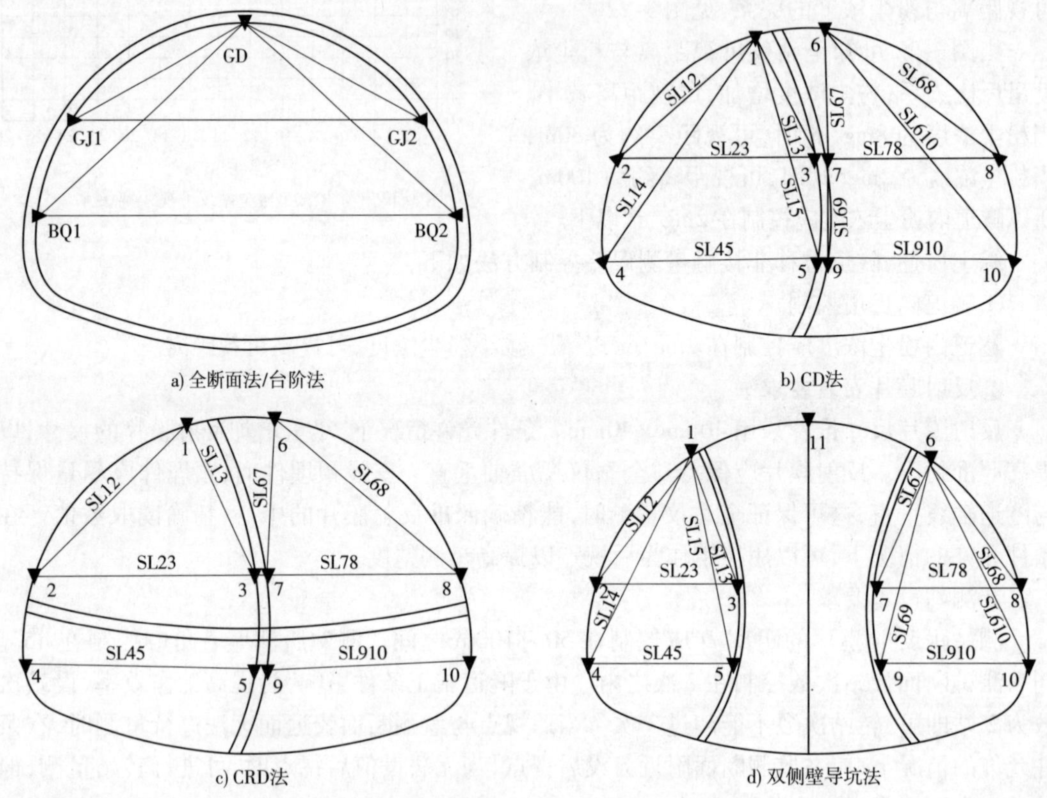

图 3-23　洞周位移收敛测点与测线布置示例

图 3-23 中各测点及测线的布置应根据断面各施工部开挖先后顺序分批进行布置，并以水平测线量测为主，斜测线量测为辅。值得注意的是位于中隔墙临时支撑上的测点，由于受施工部的影响，位移变化规律为左右移动，量测时应引起监控量测人员的注意，以确保临时支护结构的稳定性。另外，监测断面位移测点的数量可根据现场施工情况和围岩及初期支护结构的稳定状态做适当的增减。

2）后视点和测点埋设实施要求

（1）后视点埋设实施要求

后视点是否稳定对设站点的坐标量测精度和测点的坐标量测精度影响甚大，因此保持后视点的稳定是现场位移监控量测人员和施工人员值得关注的问题，现对分部开挖三维位移量测后视点埋设实施要求进行介绍。

①二次衬砌断面与监测断面较近

当二次衬砌距离监测断面较近，可将二次衬砌作为稳定断面，然后将后视点布置在二次衬砌周边，同时应确保后视点的位置与各分部测点之间通视，如果各部中的位移测点与后视点都保持通视，则可共用同一个后视点和三维坐标系，否则，各部监测断面必须分别建立自己的三维坐标系。

当采用反射膜片作为后视点时，其布置形式如图 3-24 和图 3-25 所示。

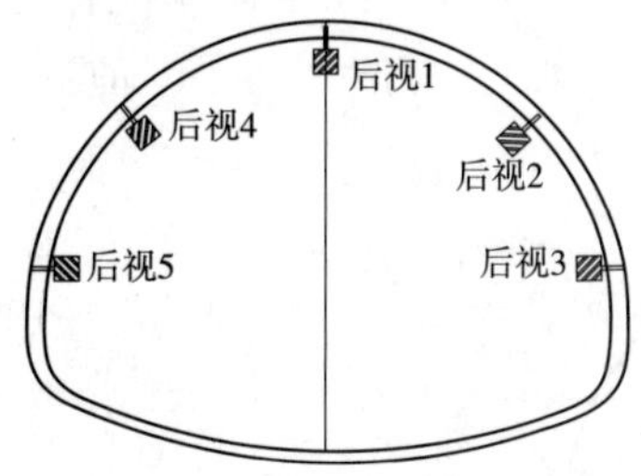

图 3-24　后视点反射膜片的布置形式

a) 规格40mm × 40mm

b) 规格20mm × 20mm

图 3-25　反射膜片粘贴于预埋件实物图

采用棱镜作为后视点时，其布置形式如图 3-26 和图 3-27 所示。

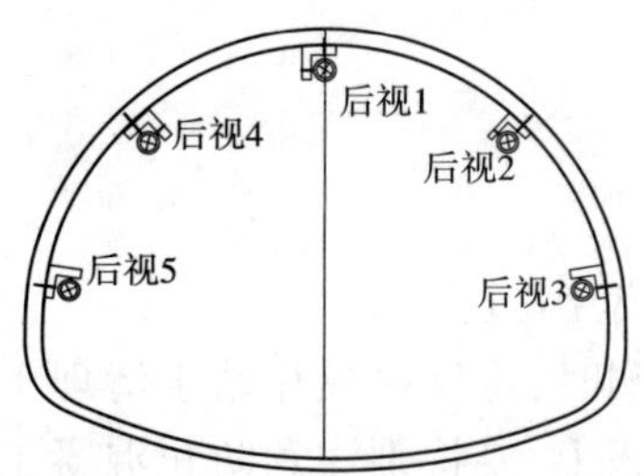

图 3-26　棱镜后视点的布置形式

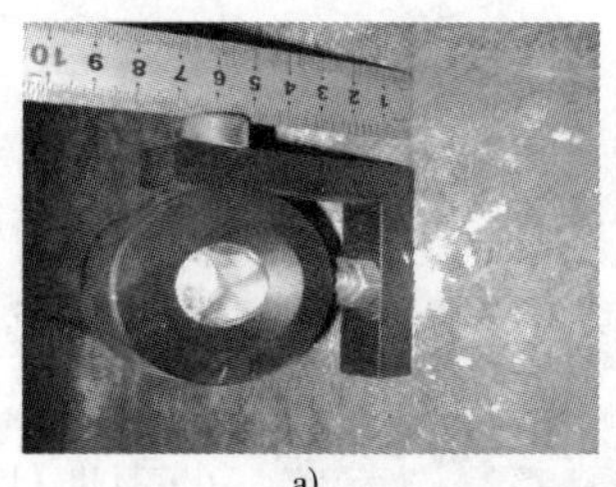

a)

b)

图 3-27　棱镜布置详图

②二次衬砌与监测断面较远

随着掌子面的推进，由于受中隔墙的影响，各部监测断面无法共用同一组后视点和相同的三维坐标系，各分部必须布设自己的后视点和建立相应的三维坐标系。

为保证后视点的稳定性，后视点必须布置在该部的边墙上，后视点所在的位置必须全断面封闭且已经稳定。后视点预埋件安设完毕后，将反射膜片或棱镜固定在预埋件上，为提高量测精度，预埋件尽量与该部导坑轴线呈 90°，对于三维位移量测，后视点是否稳定是确保量测精度的关键，所以必须避免隧道施工对后视点的扰动。现场后视点布置见图 3-28。

图 3-28　CRD1 部后视点布置图

(2) 测点埋设实施要求

①预埋件的安装

当有钢拱架支护时，预埋件埋设在钢拱架上；当无钢拱架支护时，用钻机直接在周壁围岩上钻孔，用锚固剂将预埋件锚固稳定，为避免施工机械碰撞，预埋件上的钢板露出围岩或初期支护面即可。预埋件与隧道轴线夹角为 45° ~ 90°角，必须采取一定保护措施防止混凝土直接喷射于预埋件的钢板面。

各工法位移测点预埋件埋设图见图 3-29。

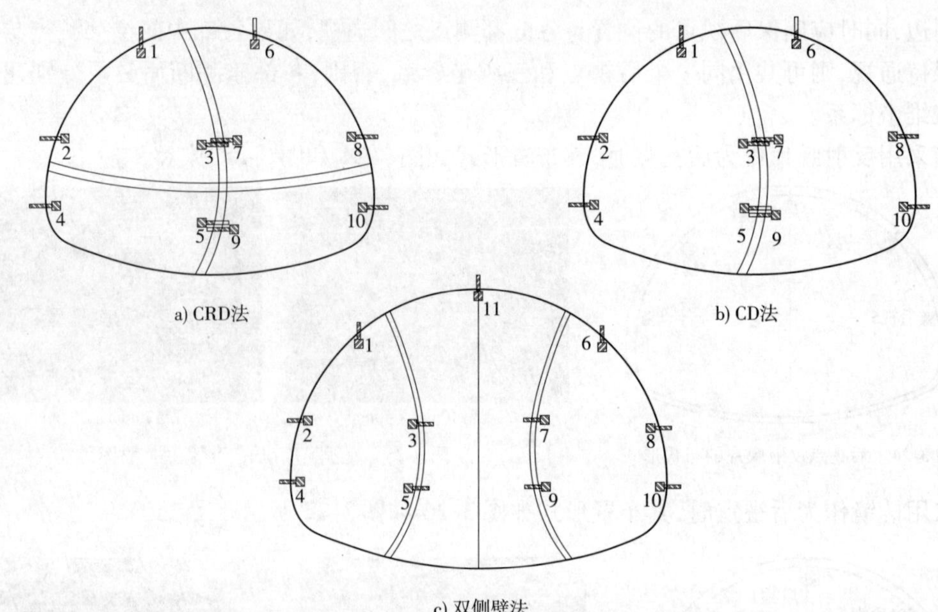

图 3-29 CRD、CD 和双侧壁法预埋件布置图

图 3-30 CRD 法现场测点布置图

②反射膜片安装

初次量测时，将反射膜片贴于清理干净的预埋件钢板上，要特别注意防止混凝土喷射在其表面，采取保护措施，为了保证照准目标，必须有强光源照射灯，由另一量测人员进行照射，调整光线角度，观察反射片表现最亮时即可进行量测。强光照射下的反射片见图 3-30。

(3)现场坐标系建立和三维坐标获取

随着掌子面的推进，由于受中隔墙的影响，各分部监测断面无法共用同一组后视点和相同的三维坐标系，各分部必须布设自己的后视点和建立相应的三维坐标系。

各分部监测断面测点三维坐标的获取，见第 3.1 节。

(4)数据记录和处理

量测完毕后，将数据导入存储卡中，利用隧道位移非接触量测系统建立隧道监测断面数据库，将监测数据导入数据库中并分析处理数据，利用三维位移矢量公式(3-12)计算测点的三维位移量 Δx、Δy、Δz，然后可计算三维位移变化速率 v_x、v_y、v_z，通过量测的三维位移值，预测最终变形量，根据数据处理的结果判断围岩和支护结构的稳定性。

为了更直观地反映数据分析的结果，可以通过曲线图来表达，主要类型如下：绘制三维位移累计值时程曲线图；绘制三维位移速率时程曲线图；绘制三维位移加速度时程曲线图；绘制三维位移累计值与掌子面距离关系曲线图。

非接触三维位移矢量记录卡见表 3-1，非接触量测相对位移量测记录卡见表 3-2。

隧道三维位移量测数据记录表

表 3-1

<table>
<tr><td>工程名称</td><td colspan="5"></td><td colspan="2">合同段</td><td colspan="2"></td><td colspan="2">施工单位</td><td colspan="2"></td><td colspan="2">监理单位</td><td colspan="2"></td></tr>
<tr><td>断面里程</td><td colspan="2"></td><td>围岩级别</td><td colspan="2"></td><td colspan="2">覆盖层厚度(m)</td><td></td><td>偏压状况</td><td></td><td rowspan="2">后视点坐标</td><td>x_A</td><td>y_A</td><td>z_A</td><td>x_B</td><td>y_B</td><td>z_B</td></tr>
<tr><td>断面埋设时间</td><td colspan="2"></td><td>初测时间</td><td colspan="2"></td><td colspan="2">施工方法</td><td></td><td>支护形式</td><td></td><td></td><td></td><td></td><td></td><td></td><td></td></tr>
<tr><td>量测日期</td><td>时间</td><td>时间间隔</td><td>累计量测时间</td><td colspan="3">测点绝对三维坐标</td><td colspan="3">绝对三维坐标变化量(mm)</td><td colspan="3">绝对三维坐标变化量累计值(mm)</td><td colspan="3">三维变化速率(mm/d)</td><td rowspan="3">距掌子面距离(m)</td><td rowspan="3">掌子面围岩级别</td></tr>
<tr><td>年　月</td><td>时 分</td><td>(d)</td><td>(d)</td><td colspan="3">测点编号</td><td colspan="3">测点编号</td><td colspan="3">测点编号</td><td colspan="3">测点编号</td></tr>
<tr><td></td><td></td><td></td><td></td><td>x</td><td>y</td><td>z</td><td>Δx</td><td>Δy</td><td>Δz</td><td>$\sum\Delta x$</td><td>$\sum\Delta y$</td><td>$\sum\Delta z$</td><td>v_x</td><td>v_y</td><td>v_z</td></tr>
<tr><td></td><td></td><td></td><td></td><td></td><td></td><td></td><td></td><td></td><td></td><td></td><td></td><td></td><td></td><td></td><td></td><td></td><td></td></tr>
<tr><td></td><td></td><td></td><td></td><td></td><td></td><td></td><td></td><td></td><td></td><td></td><td></td><td></td><td></td><td></td><td></td><td></td><td></td></tr>
<tr><td></td><td></td><td></td><td></td><td></td><td></td><td></td><td></td><td></td><td></td><td></td><td></td><td></td><td></td><td></td><td></td><td></td><td></td></tr>
<tr><td></td><td></td><td></td><td></td><td></td><td></td><td></td><td></td><td></td><td></td><td></td><td></td><td></td><td></td><td></td><td></td><td></td><td></td></tr>
<tr><td></td><td></td><td></td><td></td><td></td><td></td><td></td><td></td><td></td><td></td><td></td><td></td><td></td><td></td><td></td><td></td><td></td><td></td></tr>
<tr><td></td><td></td><td></td><td></td><td></td><td></td><td></td><td></td><td></td><td></td><td></td><td></td><td></td><td></td><td></td><td></td><td></td><td></td></tr>
<tr><td></td><td></td><td></td><td></td><td></td><td></td><td></td><td></td><td></td><td></td><td></td><td></td><td></td><td></td><td></td><td></td><td></td><td></td></tr>
</table>

量测人员：　　　　审核员：　　　　监测单位盖章：　　　　监理单位盖章：

时间：　年　月　日

隧道相对位移量测记录卡

表 3-2

工程名称					合同段			施工单位		监理单位		
断面里程			围岩级别		覆盖层厚度(m)			偏压状况				
断面埋设时间			初测时间		施工方法			支护形式				
量测日期	时间	时间间隔	累计量测时间	测点绝对三维坐标(m)			测线长度(mm)	测线长度变化量(mm)	测线长度变化量累计值(mm)	测线长度变化速率(mm/d)	距掌子面距离(m)	掌子面围岩级别
年 月	时 分	(d)	(d)	测点编号			测线编号	测线编号	测线编号	测点编号		
				x	y	z	D_{ij}	ΔD_{ij}	$\sum \Delta D_{ij}$	$v_{D_{ij}}$		

量测人员： 审核员： 监测单位盖章： 监理单位盖章：

时间： 年 月 日

3.2 数码摄影非接触量测技术

数码摄影技术应用到隧道位移信息采集中已经越来越受到人们的关注。它采用数码相机摄取有关隧道断面的图像,经过图像处理获取相应数据,如变形数据,这样就可以比较方便、快速、可靠地进行隧道围岩收敛变形的量测。这是信息技术在地下工程中的具体应用。

3.2.1 图像坐标系下目标点获取技术

直接从观察系统(输入系统)获得、未经过采样与量化的图像称为模拟图像。模拟图像在空间分布和亮度取值上均为连续分布,对模拟图像进行处理的精度较差,处理手段较少,同时它不能直接给计算机处理,不能满足数码相机摄影测量的需要,因此必须转化为数字图像[24-25]。

1)数字图像

(1)图像数字化

将模拟图像转换为离散数字图像的过程称之为图像的数字化,图像的数字化工作包括两个方面:取样和量化。

所谓取样,就是将一幅连续图像 $f(x,y)$ 在空间上按一定方式离散划分为小区域 (x_i,y_j) $(i=0,1,\cdots,M-1;j=0,1,\cdots,N-1)$,该小区域称为图像元素(picture element),简称为像素(pixel)。M、N 是图像分别在 x 和 y 两个方向的像素个数。把每块小区域中的模拟图像的亮度均值作为该区域的亮度值,由于结果是一个样点值矩阵,故又叫点阵取样,如图 3-31a)所示。$M\times N$ 的大小决定了离散图像的空间分辨率。

取样使模拟图像在空间上离散化,但取样点上的图像亮度值还是某个幅度区间的连续分布,把取样区域点上对应的亮度连续变换区间转换为单个特定数码的过程,称之为量化(quantization),如图 3-31b)所示。量化后的像素点整数值叫做图像灰度级(gray level)。灰度层次的多少常用 2^n 幂表示。n 越大,图像的密度分辨率越高,图像看上去越柔和逼真,一般情况下,取 $n=8$,即图像的灰度为 256 级。

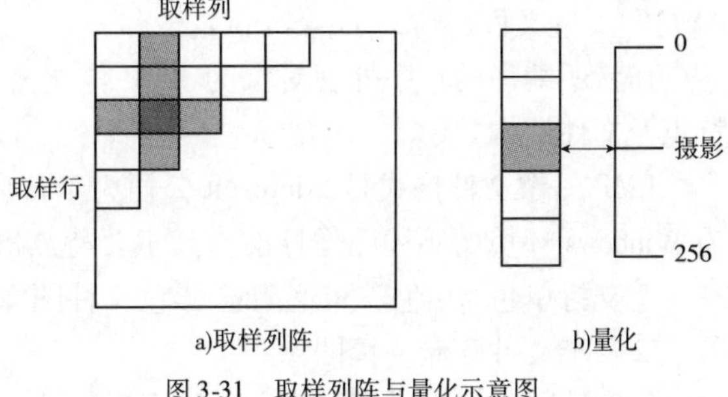

图 3-31　取样列阵与量化示意图

(2)数字图像的表示

数字图像的表示方法常用的有两种:阵列法和链码法。

①阵列表示法

令灰度数字图像排列成 $M\times N$ 阵列,则相应的阵列表示为:

$$f(x,y)=\begin{bmatrix} f(0,0) & f(0,1) & \cdots & f(0,N-1) \\ f(1,0) & f(1,1) & \cdots & f(1,N-1) \\ \cdots & \cdots & \cdots & \cdots \\ f(M-1,0) & f(M-1,1) & \cdots & f(M-1,N-1) \end{bmatrix} \tag{3-24}$$

式(3-24)代表水平光栅扫描,第一个参数代表水平方向,第二个参数代表垂直方向,与 x-y 坐标系相同,故易于理解。不同的是垂直方向的参数增长与通常的 x-y 坐标轴的增长相反,使用中应注意。另外,还有与上述转秩矩阵一致的表示法。矩阵中元素排列的位置,代表对应像素点在图像上的空间位置。矩阵中元素数值对应于像素点的灰度值。

②链码表示法

对于描述二值图像和有边界轮廓线的图像较为实用,感兴趣的读者可以查阅有关资料,这里不进行介绍。

(3)数字图像的存储

数字图像的存储方式有很多种,如行扫描存储、位平面存储、交叉存储、有损压缩存储、矢量存储等。现仅对行扫描存储进行简单介绍。

行扫描存储:以行扫描顺序,自左向右,从上到下将图像的每个像素顺序存储在字节矩阵中,对单色图像,每个字节可存放 8 个像素的数据;对 16 色图像,每个字节可存放两个像素的数据;若图像为 256 色,则一个字节可存放一个像素点的数据。位映射方式适合描述颜色、灰度等级或者形状变化比较复杂、细节多的图像,是使用最频繁的一种存储方式。

(4)数字图像文件格式

识别信息和图像数据是图像文件必不可少的基本组成部分,其中识别信息包括文件识别和图像识别两部分。文件识别包含图像文件识别码和版本号,文件识别码用以判断文件格式。图像识别信息通常包括图像的宽度和高度、一个图像像素所需的比特数与彩色位平面数、数据压缩格式和调色板个数。调色板数仅限于颜色深度 $\leqslant 2^8$ 的图像,压缩方式码为可选项。

识别信息组成文件头,文件头之后是图像数据信息。

目前常用的图像文件分为两类,即位图文件(TGA、PCX、TIFF、GIF、PNG、BMP、JPEG、AVI)和矢量文件(WMF、PostScript)。

作者所编译的程序处理对象为 BMP 位图文件,因此下面将简要阐述 BMP 文件格式的特点及文件结构。

BMP 图像文件格式是 Microsoft 公司为 Windows 视窗系统开发的图像文件格式,且已成为 Windows 环境的一种图像标准。其主要特点概括如下:

①支持单色、16 色、256 色和全彩色 4 种图像方式。

②每个文件存储一幅图像。

③存储图像时提供压缩和非压缩两种模式。

④图像数据在文件内的排序,从左下角开始,从左到右,从下到上。这一点与其他文件格式不同,需要注意。

⑤调色板数据结构中,3 种基色数据排序的顺序依次是蓝、绿、红(B、G、R),与其他文件格式相反。

BMP 图像文件含文件头、调色板数据和图像数据 3 个层次。文件头有两部分组成:一部分称为 BITMAPFILEHEADER,用于定义文件标志、文件大小及图像数据的偏移量;一部分称为 BITMAPINFOHEADER,用于指定 BMP 图像自身的若干参数。具体定义如下:

```
typedef struct{
```

```
unsigned char bfType;//固定为"0X42 0X4D",即"BM"
unsigned long bfSize;//BMP文件的大小,单位为字节
unsigned int  bfReserved1;//保留字,取值0
unsigned int  bfReserved2;//保留字,取值0
unsigned long bfOffBits;//图像数据在文件内的偏移量
}BITMAPFILEHEADER
typedef struct{
unsigned long biSize;//结构所需字节数
unsigned long biWidth;//BMP图像宽度,单位为像素
unsigned long biHeight;//BMP图像高度,单位为像素
unsigned int  biPlanes;//固定值1,输出设备的位平面数
unsigned int  biBitCount;//每个像素的位数
unsigned int  biCompress;//BMP图像文件的数据压缩类型
unsigned long biSizeImage;//BMP图像占用的图像空间,单位为字节数
unsigned long biXPelsPerMeter;//图像的水平方向分辨率
unsigned long biYPelsPerMeter;//图像的垂直方向分辨率
unsigned long biClrUsed;//图像实际使用的颜色数
unsigned long biClrImportant;//当前BMP图像最重要的颜色数
}BITMAPINFOHEADER
```

调色板数据和图像数据的特点前面已做了讨论,这里不进行赘述。

2)图像的增强

图像增强有两个功能:一是改善图像的视觉效果,提高图像成分的清晰度;二是使图像变得更利于计算机处理。图像增强从作用域出发包括空间域增强和频率域增强两大类。本处理采用空间域增强。空间域增强是直接对图像中的像素进行映射变换处理,令 $g(x,y)$、$f(x,y)$ 分别为增强处理后和增强处理前的图像,映射函数为 $T(x,y,m)$,则有:

$$g(x,y) = f(x,y) \cdot T(x,y,m) \tag{3-25}$$

式中:m——增强的目的。

目的不同,增强函数不同。

一般来说,图像增强的目的共有3种:灰度修正、图像平滑和图像锐化。

(1)灰度修正

灰度修正可使图像动态范围加大,对比度扩展,图像清晰,特征明显。它主要包括以下几种方式:灰度的线性变换、灰度的拉伸、灰度的阈值变换以及灰度均衡等。

①灰度的线性变换

灰度的线性变换就是将图像中所有点的灰度按照线性灰度变换函数进行变换。在处理图像时,选用一维线性函数 $T(x)=A \cdot x+B$ 作为变换函数,因此灰度变换方程为:

$$D_B = T(D_A) = A \cdot D_A + B \tag{3-26}$$

式中:A——线性函数的斜率;

B——线性函数在 y 轴的截距;

D_A——输入图像的灰度；

D_B——处理后输出图像的灰度。

当 $A>1$ 时，输出图像的对比度将增大；当 $A<1$ 时，输出图像的对比度将减小；当 $A=1$ 且 $B\neq0$ 时，输出图像将变得更暗或更亮；如果 $A<0$ 时，图像暗区域变亮，亮区域变暗。程序中可根据图像的实际情况由用户输入斜率 A 和截距 B 的数值，以便处理后的图像达到预期效果。

②灰度的拉伸

灰度拉伸与灰度线性变换同样用到了灰度的线性变换，不同在于灰度拉伸使用的不是完全的线性变换，而是分段进行线性变换。它采用的灰度变换函数表达式如下：

$$T(x)=\begin{cases}\dfrac{y_1}{x_1}x & ,x<x_1\\ \dfrac{y_2-y_1}{x_2-x_1}(x-x_1)+y_1 & ,x_1\leqslant x\leqslant x_2\\ \dfrac{255-y_2}{255-x_2}(x-x_2)+y_2 & ,x>x_2\end{cases}\tag{3-27}$$

式中：(x_1,y_1)、(x_2,y_2)——分段线性图形中两个转折点的坐标。程序中，用户可以自定义输入其数值。

灰度拉伸可以有选择地拉伸某段灰度区间，以改善输出图像。如果一幅图像灰度集中在较暗的区域而导致图像偏暗，可以用此功能来拉伸（斜率 >1）物体灰度区间使图像变亮；反之如果图像灰度集中在较亮的区域而导致图像偏亮，也可以用此功能来压缩（斜率 <1）物体灰度区间以改善图像质量。

③灰度的阈值变换

灰度的阈值变换可以将一幅灰度图像转换成黑白二值图像。它的操作过程是先由用户指定一个阈值，如果图像中某像素的灰度值小于该阈值，则将该像素的灰度值设置为0（黑色），否则灰度值设置为255（白色）。

灰度阈值变换的变换函数表达式如下：

$$T(x)=\begin{cases}0,x<T\\ 255,x\geqslant T\end{cases}\tag{3-28}$$

式中：T——用户指定的阈值。

（2）图像平滑

任何一幅未经处理的原始图像，都存在着一定程度的噪声干扰。噪声恶化了图像质量，使图像模糊，甚至淹没特征，给分析带来困难。

消除图像噪声的工作称之为图像平滑或滤波。平滑的目的在于消除混杂在图像中的干扰，改善图像质量，强化图像表现特征。

图像平滑有很多方法，如邻域平均法、中值滤波法、梯度倒数加权法、选择式掩模平滑等。

程序中主要采用邻域平均法对图像进行平滑处理。变换函数方程为：

$$G(x,y)=\frac{1}{L}\sum_{(x,y)\in A}F(x,y)\tag{3-29}$$

式中：$F(x,y)$——被讨论像素的灰度值，以其为中心，窗口像素组成的点集以 A 表示，集内像素数以 L 表示；

$G(x,y)$——经邻域平均滤波后，像素灰度值 $F(x,y)$ 对应输出的窗口像素的灰度平均值。

从处理的过程可以看出：邻域平均法平滑的实质就是采用窗口内讨论像素的平均灰度值来取代窗口内各个像素的灰度值。

邻域平均法平滑时，邻域的选取通常有两种方式：以像素单位距离为半径的 4 点邻域或以$\sqrt{2}$倍像素单位距离为半径的 8 点邻域。4 点邻域时，$L=5$；8 点邻域时，$L=9$。

邻域平均法有力地抑制了噪声，经邻域平均法处理后，噪声功率将由原来的 σ^2 降至 $N^{-1}\sigma^2$，但是，也出现了因平均作用而引起的模糊现象，模糊程度与邻域半径成正比。

(3)图像锐化

图像锐化处理的目的是使模糊的图像变得清晰。图像的模糊实质是图像受到平均或积分运算造成的，因此可以对图像进行逆运算，如微分运算来使图像清晰化。但必须注意，进行锐化处理的图像必须有较高的信噪比，否则图像锐化后噪声的增加要多于有效信号，为避免此类现象的发生，一般对图像先进行去除或减轻噪声后再进行锐化处理。

图像锐化有许多方法，包括梯度算子锐化、Laplacian 算子锐化、模板匹配锐化和统计差值锐化等。

程序中主要采用梯度算子方法对图像进行锐化。梯度是图像处理中最常用的一次微分方法。对图像函数 $f(x,y)$，其在点 (x,y) 上的梯度定义为矢量：

$$G[f(x,y)] = \begin{bmatrix} \dfrac{\partial f}{\partial x} \\ \dfrac{\partial f}{\partial y} \end{bmatrix} \tag{3-30}$$

$G[f(x,y)]$的幅度为：

$$G[f(x,y)] = \left[\left(\frac{\partial f}{\partial x}\right)^2 + \left(\frac{\partial f}{\partial y}\right)^2\right]^{1/2} \tag{3-31}$$

对离散图像而言，梯度的算法可近似取为：

$$G[f(x,y)] = \sqrt{[f(x,y) - f(x+1,y)]^2 + [f(x,y) - f(x,y+1)]^2} \tag{3-32}$$

为了便于编程和提高运算速度，在某些场合也可进一步简化为：

$$G[f(x,y)] \approx |f(x,y) - f(x+1,y)| + |f(x,y) - f(x,y+1)| \tag{3-33}$$

确定输出图像函数 $g(x,y)$ 的方法很多，为了简单起见，可直接赋值：

$$g(x,y) = G[f(x,y)] \tag{3-34}$$

式中：$g(x,y)$——原图像像素；

$f(x,y)$——经过锐化处理后对应输出的像素值。

3)图像分割

图像分割的目的就是把图像空间分割成若干个有意义的区域(部分)，这里“有意义”的内涵随着解决问题的不同而不同。

图像分割的基础是像素间的相似性和跳变性。所谓“相似性”是指某个区域内像素具有某种相似的特征，如灰度一样；所谓“跳变性”是指特征的不连续，如灰度值突变等。图像分割方法很多，如依据工作对象来分，可分为点相关分割和区域相关分割。点相关分割是基于非连续的分割技术，区域相关分割是基于相似性原理分割的技术。而按算法分类，图像分割又可分为阈值法、界线检测法、匹配法、跟踪法等。下面将主要介绍与程序相匹配的阈值法。

阈值分割法先设置一个阈值，对于图像灰度值大于或是等于阈值的归为一类，其余的归为另一类，根据需要，将一类定义为背景，则另一类定义为目标。此方法的基本出发点是将图像中的目标和背景看成是以阈值为分割点的两种成分。基本原理可由下式表示：

$$g(x,y)=\begin{cases}Z_a, f(x,y)\in Z\\ Z_b, \text{其他}\end{cases} \tag{3-35}$$

式中：Z——图像 $f(x,y)$ 的任一灰度集；

Z_a、Z_b——任意选定的目标灰度级和背景灰度级。

阈值分割法的具体步骤如下：

①获取输入图像的直方图。

②由直方图确定图像目标物体与背景的灰度突变位置，并由此选取阈值，阈值选择在背景与物体图像灰度交界处的物体图像灰度一侧。

③根据所选取的阈值，将图像二值化。二值化分割时，程序依次读取图像各像素点的灰度值并与阈值比较，凡符合约定关系的赋 1，否则赋 0。所用的约定关系如下式：

$$g(x,y)=\begin{cases}1, f(x,y)\leqslant T\\ 0, \text{其他}\end{cases} \tag{3-36}$$

式中：T——所选取的阈值。

从阈值分割法对图像的处理步骤中可以看出，选取一个最佳阈值是此方法的关键，程序中采用迭代方法来求解最佳阈值，求解的过程如下：

①求出图像中的最小和最大灰度值 Z_{min}、Z_{max}，令阈值初值为：

$$T^0=\frac{Z_{min}+Z_{max}}{2} \tag{3-37}$$

②根据阈值 T^i 将图像分割成目标和背景两部分，并求出两部分的平均灰度值 Z_a 和 Z_b：

$$Z_a=\frac{\sum\limits_{Z(i,j)<T^i} Z(i,j)\times N(i,j)}{\sum\limits_{Z(i,j)<T^i} N(i,j)} \tag{3-38}$$

$$Z_b=\frac{\sum\limits_{Z(i,j)>T^i} Z(i,j)\times N(i,j)}{\sum\limits_{Z(i,j)>T^i} N(i,j)} \tag{3-39}$$

式中：$Z(i,j)$——图像上 $f(i,j)$ 点的灰度值；

$N(i,j)$——$f(i,j)$ 点的权重系数，一般 $N(i,j)=1.0$。

③求出新的阈值：

$$T^{i+1}=\frac{Z_a+Z_b}{2} \tag{3-40}$$

④判断：如果 $T^{i+1}=T^i$，程序结束；否则将 T^{i+1} 赋值给 T^i，返回第②步，重新计算结果，直至满足要求。

4)图像特征点坐标

图像特征点的坐标是指目标特征点在图像坐标系中的像素坐标,图像像素坐标系是以像主点(图像中心)为原点,水平方向为 x 轴,竖直方向为 y 轴,以像素为坐标单位的直角坐标系。在图像中,每个目标特征点都是由具有相同或是相似灰度级的若干像素组成的集合,而特征点所包含像素的个数则与特征点的几何形状、图像的分辨率及图像处理手段等因素有关。因此,程序在提取图像特征点的坐标时先要计算出特征点所包含的像素的坐标,即像素在图像中对应位置的行数与列数。在此基础上,再采用图像目标亚像素定位技术(程序中应用形心法)对目标特征点进行高精度定位。

经过上节二值化分割处理,图像的目标区域就从背景区域中识别出来。对处理后图像 $g(x,y)$ 中的目标特征点 S_i 形心(x_{i0},y_{i0})进行计算,算法如下:

$$\left.\begin{aligned} x_{i0} &= \frac{\sum\limits_{(x,y)\in S_i} x\, g(x,y)}{\sum\limits_{(x,y)\in S_i} g(x,y)} = \frac{\sum\limits_{(x,y)\in S_i} x}{N_i} \\ y_{i0} &= \frac{\sum\limits_{(x,y)\in S_i} y\, g(x,y)}{\sum\limits_{(x,y)\in S_i} g(x,y)} = \frac{\sum\limits_{(x,y)\in S_i} y}{N_i} \end{aligned}\right\} \tag{3-41}$$

式中:N_i——第 i 个特征点集合区域 S_i 中的像素点个数;

x、y——分别表示像素点在图像中位置的行数与列数;

x_{i0}、y_{i0}——所求的第 i 个特征点的形心坐标(图像坐标)。

此种方法的精度可达到 0.2 ~ 0.5 个像素。在提取特征点的坐标时,程序需依次对图像像素进行分析识别,当像素的灰度级满足约定关系时,即为有效的目标像素,否则为无效的背景像素。然而,事实上却存在着不同特征点的像素均满足同一约定关系的情况,即使确定一个固定的有效识别范围,也因为特征点几何形状、大小的变化而给分析带来困难。鉴于此,本程序采用由用户自定义需识别分析的图像范围的手段,令像素坐标的提取得以实现,并且由于计算机所需识别分析的图像范围变小,从而使计算的速度有所提高。具体应用时,只需在所要提取坐标的特征点周围用鼠标划定一个区域,将特征点包含在这个区域之中,程序即可将特征点的形心坐标数值以对话框的形式弹出显示。

5)程序流程及实现

数码相机摄取有关图像后,输入计算机,图像经过预处理(包括灰度变换、修正、平滑、锐化、二值化)后,就可以获得目标特征点的图像坐标,具体处理流程见图 3-32。

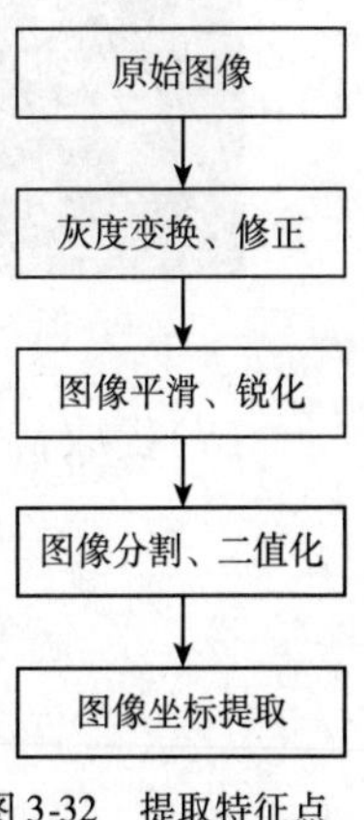

图 3-32　提取特征点坐标流程图

图像处理的每个步骤都编译了相应的程序。程序是以 Windows XP 操作系统为开发平台;以 Visual C + +6.0 集成软件为开发工具,其他平面图像制作软件为辅助手段来进行编译的。操作命令由下拉式菜单实现。由于每步的源程序较多,故这里不一一列举。下面以一个实例来显示图像在每步处理过程中的效果。

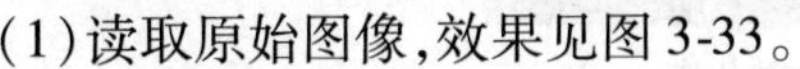

(1)读取原始图像,效果见图 3-33。

(2)转换为灰度图像,效果见图 3-34。

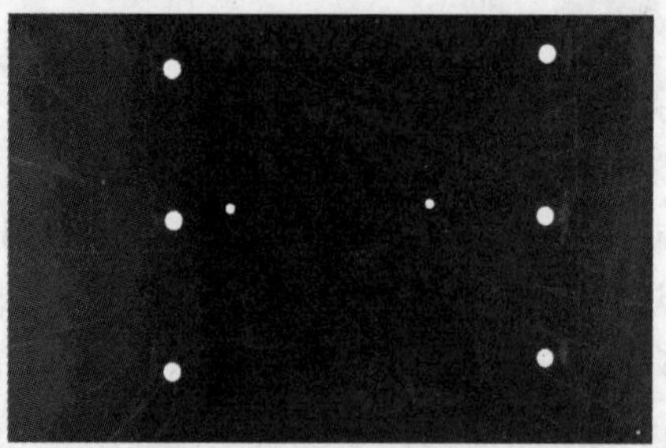

图 3-33　原始图像效果图

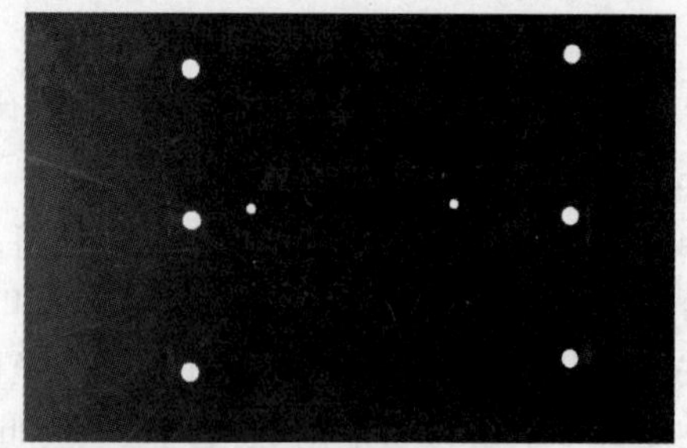

图 3-34　灰度图像效果图

(3)进行灰度修正处理，效果见图 3-35。

(4)进行图像平滑处理，效果见图 3-36。

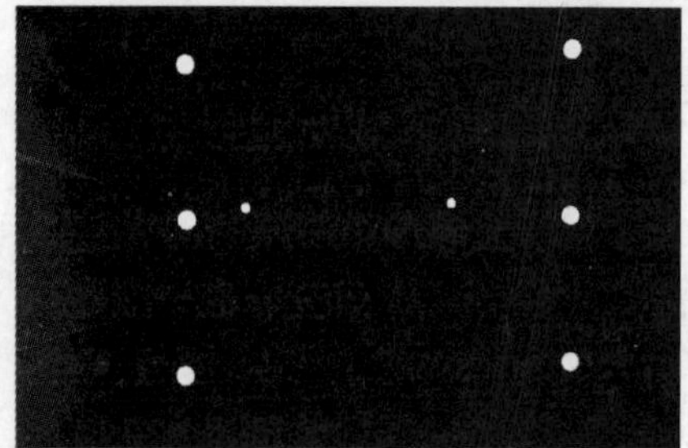

图 3-35　灰度线性变换修正效果图

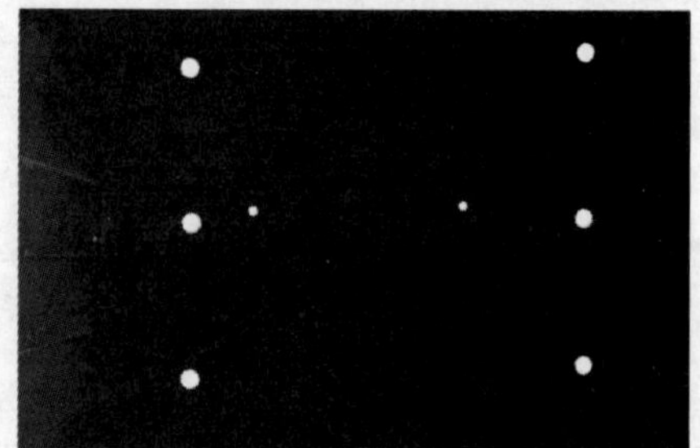

图 3-36　平滑处理效果图

(5)进行图像锐化处理，效果见图 3-37。

(6)进行图像二值化处理，效果见图 3-38。

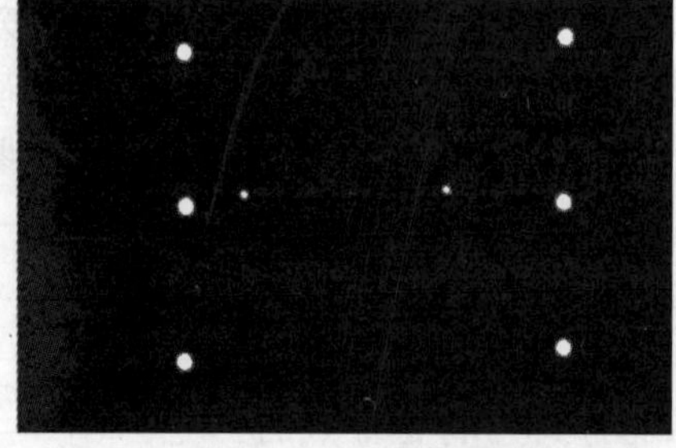

图 3-37　锐化处理效果图

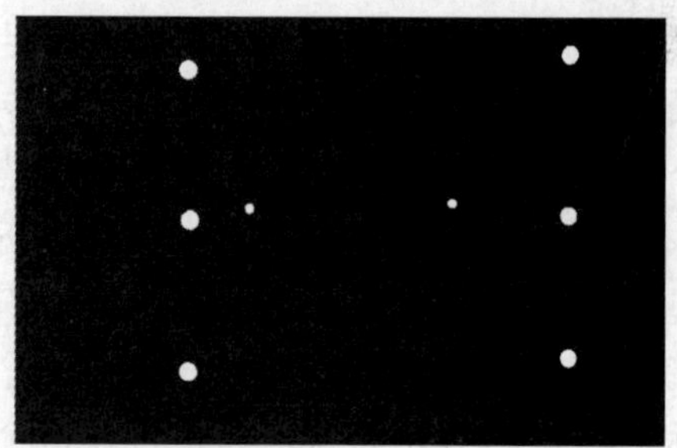

图 3-38　二值化处理效果图

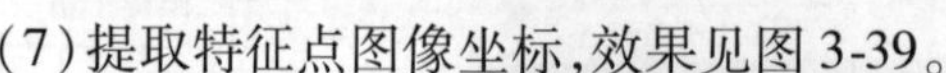

(7)提取特征点图像坐标，效果见图 3-39。

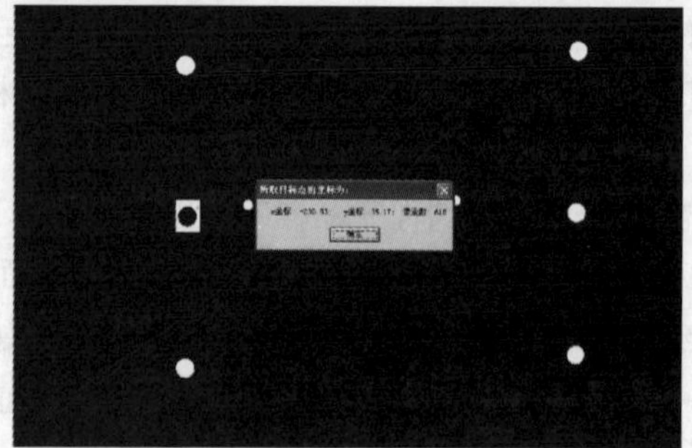

图 3-39　提取特征点坐标效果图

3.2.2　图像坐标系与实际坐标系转换技术

1)数码摄影测量采用的坐标系

要用坐标值表示像点和地面点间的空间几何关系,首先应选择适当的坐标系。数码摄影测量常用坐标系包括图像坐标系、相机坐标系、辅助坐标系和全局坐标系几种,下面依次进行介绍。

(1)图像坐标系

图像坐标系是用以表征像点在像平面内位置的二维平面坐标系。为了便于像点和对应点空间位置的相互换算,图像坐标系一般都建立在正片平面中,它分为图像像素坐标系(x',y')和图像物理坐标系(x,y)两种,其定义分别为:

①图像像素坐标系(x',y')。像素坐标系是以图像中心为原点,以像素为单位的直角坐标系。x'、y'分别表示该像素在数字图像中的列数和行数与图像中心像素所在列数和行数的差值。

②图像物理坐标系(x,y)。物理坐标系是以相机光轴与像平面的交点为原点,以毫米为单位的直角坐标系。其 x、y 轴分别与像素坐标系的 x'、y'轴平行。

图像像素坐标系和图像物理坐标系两轴系间原点位置的偏移量非常小,可以忽略不计,因此可以看作是共原点的两个坐标系,并且两者间的坐标数值可以相互转换,转换公式为:

$$\left.\begin{aligned} x' &= x/d_h = s_h x \\ y' &= y/d_v = s_v y \end{aligned}\right\} \tag{3-42}$$

式中:d_h、d_v——分别为一个像素在 x 和 y 方向上的物理尺寸;

s_h、s_v——分别为 x 和 y 方向上的采样频率,即单位长度的像素个数。

计算时,它们的数值可参考相机 CCD 型号和图像分辨率等有关参数来进行选取。

(2)相机坐标系

相机坐标系是以相机摄影中心(物镜中心)为坐标原点,x_w、y_w 轴分别与图像物理坐标系中的 x、y 轴平行,z_w 轴与相机摄影方向重合的三维空间坐标系。在这个坐标系中,每个像点的 z_w 坐标都等于相机焦距 f 的相反数(对于图像正片而言),而 x_w、y_w 坐标在数值上也等于图像物理坐标系中对应点的像点坐标 x、y,即像点在相机坐标系的坐标为(x,y,$-f$)。相机坐标系随着像片所处的空间位置而定,因此每张像片的相机坐标系都是各自独立的。

(3)辅助坐标系

为了便于相机坐标与地面坐标之间的转换,建立了辅助坐标系。辅助坐标系是以相机摄影中心为坐标原点,u、v、w 轴分别与地面坐标系 x_D、y_D、z_D 相平行的三维空间坐标系。辅助坐标系与相机坐标系共原点,与地面坐标系相平行,是连接相机坐标系与地面坐标系间的一个过渡坐标系。

(4)全局坐标系

全局坐标系也称为地面坐标系。它是由用户按需要任意定义的三维空间坐标系,通常是将被测物体和数值相机作为一个整体来考虑的坐标系。一般来说可以将地面上任意点 D 作为坐标原点,三轴的布设符合右手准则。

在数码摄影测量采用的坐标系中,每个空间坐标系均符合右手准则,这一点与国家测图采用的高斯—克吕格三度带或六度带投影平面坐标系和黄海高程坐标系所组成的左手空间直角坐标系不同，值得注意。各坐标系在空间中的位置关系见图3-40。

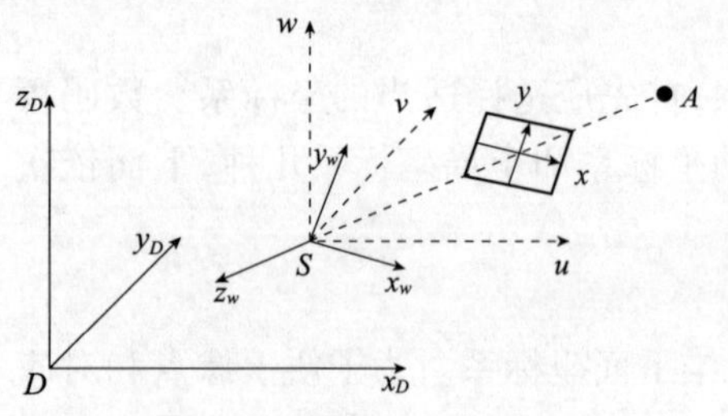

图3-40　各坐标系在空间中的位置关系

图中像片处于正片位置状态；A 为目标待测点，S 为相机摄影中心，D 为地面上任意一点；(x,y) 为图像物理坐标系；$S-x_wy_wz_w$ 为相机坐标系；$S-uvw$ 为空间辅助坐标系；$D-x_Dy_Dz_D$ 为地面全局坐标系。

2）数码摄影像片方位元素的定义

数码摄影测量主要是根据像点坐标解求出地面点的空间坐标，这就需要知道相机物镜（摄影中心）与像片的相对位置，还需知道或求解出摄影瞬间相机的空间位置。相机的空间位置状态，由方位元素来表示。

（1）内方位元素

确定物镜后节点和像片面相对位置的数据，称为像片的内方位元素。内方位元素包括像主点在图像坐标系中的坐标 x_0、y_0 和像片焦距 f。像片的内方位元素对于专业数值相机而言通常是可知的，它所引起的误差也较小，一般情况下可以忽略不计。

（2）外方位元素

确定摄影瞬间数值相机或像片的空间位置，亦即摄影光束空间位置的数据，称为相片的外方位元素。每张像片共有6个外方位元素，其中3个称为线元素，另外3个则称为角元素。

线元素是指相机的摄影中心在所取全局坐标系中的坐标值 x_S、y_S、z_S。角元素可看做是相机光轴从起始的铅垂方向绕空间坐标轴按某种次序连续3次旋转所形成的。先绕第一轴（也称主轴）旋转一个角度，其余两轴的空间方位随同变化；再绕变动后的第二轴（也称副轴）旋转一个角度，恢复相机光轴的空间方位；最后绕经过两次变动后的第三轴（与摄影方向重合）旋转一个角度，就可恢复相机光束的空间位置。

由于辅助坐标系有 u、v、w3个坐标轴，可分别作为主轴进行旋转，所以共有3个转角系统可用来表达像片外方位角元素，这里只介绍以铅垂方向的 w 轴为主轴的转角系统，其余道理相似，有兴趣的读者可以查阅有关资料。

以 w 轴为主轴的 φ、ω、κ 转角系统如下。

以摄影中心 S 为原点，建立空间辅助坐标系 $S-uvw$，使其轴与地面全局坐标系 $D-x_Dy_Dz_D$ 轴相平行，如图3-41所示。

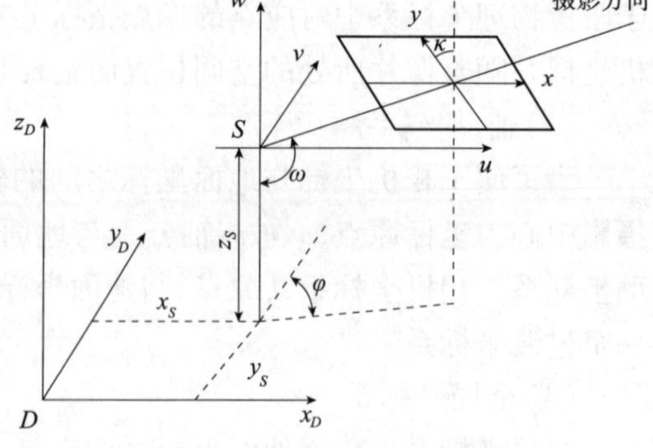

图3-41　以 w 轴为主轴的转角系统

φ 表示像片偏角，是指摄影方向在 uv 平面上的投影同 v 轴之间的夹角。

ω 表示像片倾角，是指摄影方向与铅垂线方向之间的夹角。

κ 表示像片旋角，是指过摄影方向的铅垂面与像片面的交线，即像片上的主纵线与 y 轴之间的夹角。

φ 角可以理解为绕主轴（w 轴）旋转形成的一个角度；ω 角是绕副轴（u 轴绕主轴旋转 φ

角后的 u' 轴,图中未标出)旋转形成的角度;κ 角是绕第 3 轴(经过前两次旋转、两次变动后的 w'' 轴,即与摄影方向重合)旋转的角度,亦即像片在它本身平面内绕其中心点的旋转角度。

图中 x_S、y_S、z_S 为摄影中心 S 在全局坐标系中的坐标,称为线元素,转角 φ、ω、κ 称为角元素,合称为像片的外方位元素。转角的正负号,国际上规定绕轴逆时针方向旋转(从旋转轴正向的一端面对着坐标原点看)为正,反之为负;我们在应用中按习惯规定 φ 角以顺时针方向旋转为正,而 ω、κ 角以逆时针方向旋转为正。图中转角均为正值。

3)数码摄影测量中共线条件方程的推求

用数码相机进行摄影的成像系统中,物点、摄影中心及相应的像点在空间中满足一定的共线条件,即为共线条件方程,它是数码摄影测量的理论基础。

(1)空间直角坐标变换

假定在旧坐标系 $O-XYZ$ 中有一点 a,旧坐标系通过旋转得到新坐标系 $O-xyz$,暂不涉及坐标系的平移,从空间解析几何可知,a 点在新、旧坐标系中的坐标关系为:

$$\begin{cases} X = a_1x + a_2y + a_3z \\ Y = b_1x + b_2y + b_3z \\ Z = c_1x + c_2y + c_3z \end{cases} \quad 和 \quad \begin{cases} x = a_1X + b_1Y + c_1Z \\ y = a_2X + b_2Y + c_2Z \\ z = a_3X + b_3Y + c_3Z \end{cases} \tag{3-43}$$

写成矩阵形式:

$$\begin{Bmatrix} X \\ Y \\ Z \end{Bmatrix} = \begin{bmatrix} a_1 & a_2 & a_3 \\ b_1 & b_2 & b_3 \\ c_1 & c_2 & c_3 \end{bmatrix} \begin{Bmatrix} x \\ y \\ z \end{Bmatrix} = \boldsymbol{R} \begin{Bmatrix} x \\ y \\ z \end{Bmatrix} \tag{3-44}$$

$$\begin{Bmatrix} x \\ y \\ z \end{Bmatrix} = \begin{bmatrix} a_1 & b_1 & c_1 \\ a_2 & b_2 & c_2 \\ a_3 & b_3 & c_3 \end{bmatrix} \begin{Bmatrix} X \\ Y \\ Z \end{Bmatrix} = \boldsymbol{R}^{\mathrm{T}} \begin{Bmatrix} X \\ Y \\ Z \end{Bmatrix} \tag{3-45}$$

上列坐标变换公式中 9 个系数为两轴系间的方向余弦,即:

$$\begin{bmatrix} a_1 & a_2 & a_3 \\ b_1 & b_2 & b_3 \\ c_1 & c_2 & c_3 \end{bmatrix} = \begin{bmatrix} \cos Xx & \cos Xy & \cos Xz \\ \cos Yx & \cos Yy & \cos Yz \\ \cos Zx & \cos Zy & \cos Zz \end{bmatrix} \tag{3-46}$$

式中,$\cos Xx$ 表示 X 与 x 轴之间的方向余弦,$\cos Xy$ 表示 X 与 y 轴之间的方向余弦,余此类推。方向余弦是相关两轴之间夹角的余弦,这些夹角在 0°~180°之间。

(2)方向余弦的确定

现以相机坐标系与空间辅助坐标系之间的坐标变换为例,相机坐标系坐标 x_w、y_w、z_w 和辅助坐标系坐标 u、v、w 的关系式,按坐标变换的一般表达式表示为:

$$\begin{Bmatrix} u \\ v \\ w \end{Bmatrix} = \begin{bmatrix} a_1 & a_2 & a_3 \\ b_1 & b_2 & b_3 \\ c_1 & c_2 & c_3 \end{bmatrix} \begin{Bmatrix} x_w \\ y_w \\ z_w \end{Bmatrix} = \boldsymbol{R} \begin{Bmatrix} x \\ y \\ -f \end{Bmatrix} \tag{3-47}$$

从辅助坐标系旋转到相机坐标系,可以看作是按外方位角元素的 3 个角度,分别绕相应的主轴、副轴和第 3 轴依次做 3 次平面旋转的结果。因此根据不同的转角系统,即不同的角元素数值,就可求解旋转矩阵中的9个元素,方向余弦的推导过程如下(仍以 w 轴为主轴的转角系统为例)。

取 w 轴为主轴的转角系统,φ、ω、κ3 个角度为独立参数。

①先绕主轴 w 旋转 φ 角形成新的坐标系(图3-42),则对任意一点 a 在两个坐标系中的坐标关系式为:

$$\begin{cases} u = u_\varphi \cos\varphi + v_\varphi \sin\varphi \\ v = -u_\varphi \sin\varphi + v_\varphi \cos\varphi \\ w = w_\varphi \end{cases}$$

写成矩阵形式为:

$$\begin{Bmatrix} u \\ v \\ w \end{Bmatrix} = \begin{bmatrix} \cos\varphi & \sin\varphi & 0 \\ -\sin\varphi & \cos\varphi & 0 \\ 0 & 0 & 1 \end{bmatrix} \begin{Bmatrix} u_\varphi \\ v_\varphi \\ w_\varphi \end{Bmatrix} = \boldsymbol{R}_\varphi \begin{Bmatrix} u_\varphi \\ v_\varphi \\ w_\varphi \end{Bmatrix} \tag{3-48}$$

②再绕旋转后的 u 轴旋转 ω 角形成新的坐标系(图3-43),则对任意一点 a 在两个坐标系中的坐标关系式为:

$$\begin{cases} u_\varphi = u_{\varphi\omega} \\ v_\varphi = v_{\varphi\omega}\cos\omega - w_{\varphi\omega}\sin\omega \\ w_\varphi = v_{\varphi\omega}\sin\omega + w_{\varphi\omega}\cos\omega \end{cases}$$

写成矩阵形式为:

$$\begin{Bmatrix} u_\varphi \\ v_\varphi \\ w_\varphi \end{Bmatrix} = \begin{bmatrix} 1 & 0 & 0 \\ 0 & \cos\omega & -\sin\omega \\ 0 & \sin\omega & \cos\omega \end{bmatrix} \begin{Bmatrix} u_{\varphi\omega} \\ v_{\varphi\omega} \\ w_{\varphi\omega} \end{Bmatrix} = \boldsymbol{R}_\omega \begin{Bmatrix} u_{\varphi\omega} \\ v_{\varphi\omega} \\ w_{\varphi\omega} \end{Bmatrix} \tag{3-49}$$

③最后绕已与摄影方向重合的 w 轴旋转 κ 角,形成与相机坐标系重合的坐标系(图3-44),则对任意一点 a 在两个坐标系中的坐标关系式为:

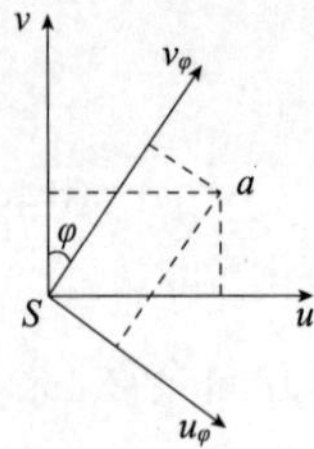

图3-42　坐标系

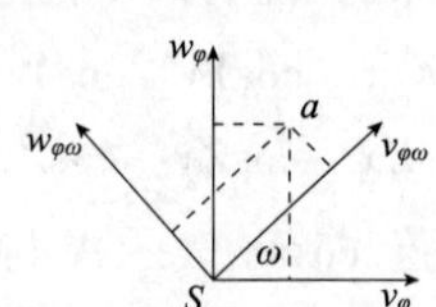

图3-43　绕 u 轴旋转 w 角的坐标系

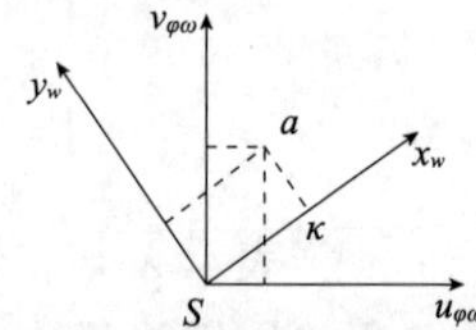

图3-44　绕 w 轴旋转 κ 角的坐标系

$$\begin{cases} u_{\varphi\omega} = x_w\cos\kappa - y_w\sin\kappa \\ v_{\varphi\omega} = x_w\sin\kappa + y_w\cos\kappa \\ w_{\varphi\omega} = z_w \end{cases}$$

写成矩阵形式为:

$$\begin{Bmatrix} u_{\varphi\omega} \\ v_{\varphi\omega} \\ w_{\varphi\omega} \end{Bmatrix} = \begin{bmatrix} \cos\kappa & -\sin\kappa & 0 \\ \sin\kappa & \cos\kappa & 0 \\ 0 & 0 & 1 \end{bmatrix} \begin{Bmatrix} x_w \\ y_w \\ z_w \end{Bmatrix} = \boldsymbol{R}_\kappa \begin{Bmatrix} x_w \\ y_w \\ z_w \end{Bmatrix} \tag{3-50}$$

由式(3-48)~式(3-50)可得：

$$\begin{Bmatrix} u \\ v \\ w \end{Bmatrix} = \begin{bmatrix} \cos\varphi & \sin\varphi & 0 \\ -\sin\varphi & \cos\varphi & 0 \\ 0 & 0 & 1 \end{bmatrix} \begin{bmatrix} 1 & 0 & 0 \\ 0 & \cos\omega & -\sin\omega \\ 0 & \sin\omega & \cos\omega \end{bmatrix} \begin{bmatrix} \cos\kappa & -\sin\kappa & 0 \\ \sin\kappa & \cos\kappa & 0 \\ 0 & 0 & 1 \end{bmatrix} \begin{Bmatrix} x_w \\ y_w \\ z_w \end{Bmatrix}$$

$$= \boldsymbol{R}_\varphi \boldsymbol{R}_\omega \boldsymbol{R}_\kappa \begin{Bmatrix} x_w \\ y_w \\ z_w \end{Bmatrix} = \boldsymbol{R} \begin{Bmatrix} x \\ y \\ -f \end{Bmatrix} = \begin{bmatrix} a_1 & a_2 & a_3 \\ b_1 & b_2 & b_3 \\ c_1 & c_2 & c_3 \end{bmatrix} \begin{Bmatrix} x \\ y \\ -f \end{Bmatrix} \tag{3-51}$$

因此式中：

$$\left.\begin{aligned} a_1 &= \cos\varphi\cos\kappa + \sin\varphi\cos\omega\sin\kappa \\ a_2 &= -\cos\varphi\sin\kappa + \sin\varphi\cos\omega\cos\kappa \\ a_3 &= -\sin\varphi\sin\omega \\ b_1 &= -\sin\varphi\cos\kappa + \cos\varphi\cos\omega\sin\kappa \end{aligned} \quad \begin{aligned} b_2 &= \sin\varphi\sin\kappa + \cos\varphi\cos\omega\cos\kappa \\ b_3 &= -\cos\varphi\sin\omega \\ c_1 &= \sin\omega\sin\kappa \\ c_2 &= \sin\omega\cos\kappa \\ c_3 &= \cos\omega \end{aligned}\right\} \tag{3-52}$$

(3)像点与相应地面点之间的关系

设辅助坐标系 $S-uvw$ 的 w 轴是铅垂的，而 u、v 轴与所取的地面全局坐标系 x_D、y_D 轴相互平行。摄影中心 S 和地面点 A 在所取地面全局坐标系中的坐标分别为 x_S、y_S、z_S 和 x、y、z，则地面点 A 在辅助坐标系中的坐标即为 $x-x_S$、$y-y_S$、$z-z_S$，相应的像点 a 在辅助坐标系中的坐标为 u、v、w（图 3-45）。

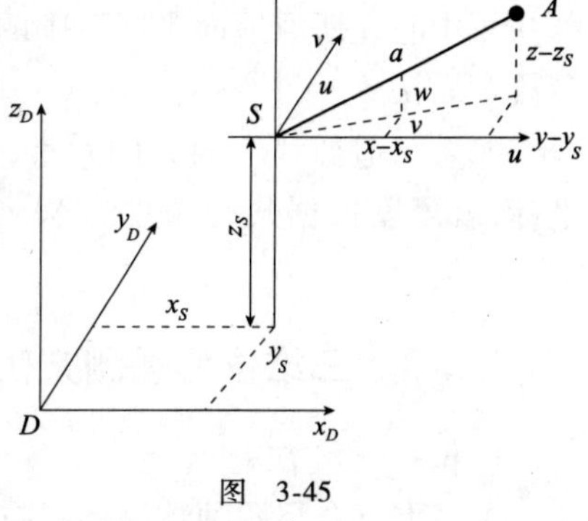

图 3-45

由于 Sa 和 SA 共线，从相似三角形关系得：

$$\frac{u}{x-x_S} = \frac{v}{y-y_S} = \frac{w}{z-z_S} = \frac{1}{\lambda} \tag{3-53}$$

式中：λ ——比例因子。

以矩阵表示为：

$$\begin{Bmatrix} x-x_S \\ y-y_S \\ z-z_S \end{Bmatrix} = \lambda \begin{Bmatrix} u \\ v \\ w \end{Bmatrix} \tag{3-54}$$

将辅助坐标与相机坐标关系式(3-51)代入上式有：

$$\begin{Bmatrix} x-x_S \\ y-y_S \\ z-z_S \end{Bmatrix} = \lambda \begin{bmatrix} a_1 & a_2 & a_3 \\ b_1 & b_2 & b_3 \\ c_1 & c_2 & c_3 \end{bmatrix} \begin{Bmatrix} x \\ y \\ -f \end{Bmatrix} = \lambda \boldsymbol{R} \begin{Bmatrix} x \\ y \\ -f \end{Bmatrix} \tag{3-55}$$

将上式矩阵展开，则变换为下式：

$$\left.\begin{aligned} x-x_S &= \lambda(a_1x + a_2y - a_3f) \\ y-y_S &= \lambda(b_1x + b_2y - b_3f) \\ z-z_S &= \lambda(c_1x + c_2y - c_3f) \end{aligned}\right\} \tag{3-56}$$

以第三式除第一式和第二式得：

$$\begin{cases}\dfrac{x-x_S}{z-z_S}=\dfrac{a_1x+a_2y-a_3f}{c_1x+c_2y-c_3f}\\[2ex]\dfrac{y-y_S}{z-z_S}=\dfrac{b_1x+b_2y-b_3f}{c_1x+c_2y-c_3f}\end{cases} \tag{3-57}$$

式(3-54)的逆变换矩阵为:

$$\begin{Bmatrix}x\\y\\-f\end{Bmatrix}=\frac{1}{\lambda}\begin{bmatrix}a_1&b_1&c_1\\a_2&b_2&c_2\\a_3&b_3&c_3\end{bmatrix}\begin{Bmatrix}x-x_S\\y-y_S\\z-z_S\end{Bmatrix} \tag{3-58}$$

从而得:

$$\begin{cases}x=-f\dfrac{a_1(x-x_S)+b_1(y-y_S)+c_1(z-z_S)}{a_3(x-x_S)+b_3(y-y_S)+c_3(z-z_S)}\\[2ex]y=-f\dfrac{a_2(x-x_S)+b_2(y-y_S)+c_2(z-z_S)}{a_3(x-x_S)+b_3(y-y_S)+c_3(z-z_S)}\end{cases} \tag{3-59}$$

上式即为物点、像点和摄影中心空间共线条件,也称共线条件方程。

共线条件方程(3-59)共包含12个数值:像点物理坐标x、y,相应目标点地面坐标x、y、z,摄影中心在所取地面坐标系中的坐标x_S、y_S、z_S,摄影机焦距f和旋转矩阵中的3个独立参数φ、ω、κ。

如果知道像片的内方位元素,以及3个(至少3个)地面点坐标和计算出的相应像点坐标,就可以根据共线条件方程列出6个方程式,求解出6个外方位元素:x_S、y_S、z_S、φ、ω、κ。

3.2.3 三维位移量测方法

1)位移测量方法

本书重点介绍两种数码摄影技术进行位移测量的方法:前后交替摄像法和标定摄像法。两种摄影测量方法均由共线条件方程推导演变而来,但具体摄影理论和摄影方式又各有其特点,概括来说,前者适合采用专业数值相机进行位移观测,后者则是针对普通数值相机进行位移观测而开辟的新途径。

(1)前后交替摄像法

前后交替摄像法的操作过程如下:先对隧道后方断面的已知控制点进行摄影,由控制点的地面坐标求解出摄影瞬间像片的6个外方位元素值;然后将数值相机旋转至前方摄影方向,旋转角度的大小以包含前方断面待测点于摄影范围内为原则。鉴于旋转只改变摄影角度而不改变摄影位置,因此旋转后在原来求得的6个外方位元素中,只有表征摄影方向的角元素发生变化,而代表摄影中心位置的线元素并不发生改变。角元素的改变值$\Delta\varphi$、$\Delta\omega$、$\Delta\kappa$可由摄影附属设备进行读取,经过简单计算,即可求得旋转后相机摄影瞬间像片的6个外方位元素值;最后对隧道前方断面内的待测目标点进行摄影,并根据此时的外方位元素值求解出目标点的相应地面坐标。从操作的整个过程可以看出:前后交替摄像法共包括后方摄影、相机旋转和前方摄影3个部分。

①后方摄影

后方摄影的核心内容是根据后方已知控制点的地面坐标反求出摄影瞬间像片的外方位元素值。由摄影空间几何关系可知，摄影时摄影中心、像点和对应的地面控制点坐标应满足共线条件方程式(3-59)。

式(3-59)为非线性方程，按泰勒级数展开为：

$$\begin{cases} x = Fx_0 + \Delta F_x \\ y = Fy_0 + \Delta F_y \end{cases} \tag{3-60}$$

式中：Fx_0、Fy_0——将外方位元素的初始值代入共线条件方程(3-59)中所得的数值。

令 $Fx_0=(x)$，$Fy_0=(y)$，可得：

$$\left.\begin{aligned} \Delta F_x &= \frac{\partial x}{\partial x_S}\Delta x_S + \frac{\partial x}{\partial y_S}\Delta y_S + \frac{\partial x}{\partial z_S}\Delta z_S + \frac{\partial x}{\partial \varphi}\Delta\varphi + \frac{\partial x}{\partial \omega}\Delta\omega + \frac{\partial x}{\partial \kappa}\Delta\kappa \\ \Delta F_y &= \frac{\partial y}{\partial x_S}\Delta x_S + \frac{\partial y}{\partial y_S}\Delta y_S + \frac{\partial y}{\partial z_S}\Delta z_S + \frac{\partial y}{\partial \varphi}\Delta\varphi + \frac{\partial y}{\partial \omega}\Delta\omega + \frac{\partial y}{\partial \kappa}\Delta\kappa \end{aligned}\right\} \tag{3-61}$$

式中：Δx_S、Δy_S、Δz_S、$\Delta\varphi$、$\partial\omega$、$\Delta\kappa$——像片外方位元素各初始值的相应改正值，为待定未知数；

$(\partial x/\partial x_S)\cdots\cdots(\partial y/\partial\kappa)$——共线条件方程的偏导数，推导偏导数是函数线性化的关键。

对每一个已知地面控制点，把量测并经转化后的像点物理坐标 x、y 和相应点地面坐标 x、y、z 代入式(3-60)，就能列出两个方程式。每个方程式中有 6 个待定改正值。若像片内有 3 个已知地面坐标控制点，则可列出 6 个方程式，解求出 6 个改正值 Δx_S、Δy_S、Δz_S、$\Delta\varphi$、$\partial\omega$、$\Delta\kappa$。这一解求过程需要反复趋近，直至改正值小于某一限值为止。最后得出 6 个外方位元素为：

$$\begin{aligned} x_S &= x_{S0} + \Delta x_{S1} + \Delta x_{S2} + \cdots \\ y_S &= y_{S0} + \Delta y_{S1} + \Delta y_{S2} + \cdots \\ z_S &= z_{S0} + \Delta z_{S1} + \Delta z_{S2} + \cdots \\ \varphi &= \varphi_0 + \Delta\varphi_1 + \Delta\varphi_2 + \cdots \\ \omega &= \omega_0 + \Delta\omega_1 + \Delta\omega_2 + \cdots \\ \kappa &= \kappa_0 + \Delta\kappa_1 + \Delta\kappa_2 + \cdots \end{aligned}$$

当像幅内有多余控制点时，应依最小二乘法平差计算，此时像点的物理坐标 x、y 作为观测值看待，加入相应的改正数 $v(x)$ 和 $v(y)$，则可列出每个点的误差方程式，一般形式为：

$$\left.\begin{aligned} v(x) &= \frac{\partial x}{\partial x_S}\Delta x_S + \frac{\partial x}{\partial y_S}\Delta y_S + \frac{\partial x}{\partial z_S}\Delta z_S + \frac{\partial x}{\partial \varphi}\Delta\varphi + \frac{\partial x}{\partial \omega}\Delta\omega + \frac{\partial x}{\partial \kappa}\Delta\kappa + (x) - x \\ v(y) &= \frac{\partial y}{\partial x_S}\Delta x_S + \frac{\partial y}{\partial y_S}\Delta y_S + \frac{\partial y}{\partial z_S}\Delta z_S + \frac{\partial y}{\partial \varphi}\Delta\varphi + \frac{\partial y}{\partial \omega}\Delta\omega + \frac{\partial y}{\partial \kappa}\Delta\kappa + (y) - y \end{aligned}\right\} \tag{3-62a}$$

或写成：

$$\left.\begin{aligned} v(x) &= a_{11}\Delta x_S + a_{12}\Delta y_S + a_{13}\Delta z_S + a_{14}\Delta\varphi + a_{15}\Delta\omega + a_{16}\Delta\kappa - l_x \\ v(y) &= a_{21}\Delta x_S + a_{22}\Delta y_S + a_{23}\Delta z_S + a_{24}\Delta\varphi + a_{25}\Delta\omega + a_{26}\Delta\kappa - l_y \end{aligned}\right\} \tag{3-62b}$$

式中，$l_x = x-(x)$，$l_y = y-(y)$。

用矩阵形式表示：

$$\boldsymbol{V} = \boldsymbol{BX} - \boldsymbol{L} \tag{3-63}$$

式中，$\boldsymbol{V}=[V_x \quad V_y]^{\mathrm{T}}$；

$$\boldsymbol{B}=\begin{bmatrix} a_{11} & a_{12} & a_{13} & a_{14} & a_{15} & a_{16} \\ a_{21} & a_{22} & a_{23} & a_{24} & a_{25} & a_{26} \end{bmatrix};$$

$\boldsymbol{X}=[\Delta x_S \quad \Delta y_S \quad \Delta z_S \quad \Delta\varphi \quad \Delta\omega \quad \Delta\kappa]^{\mathrm{T}}$；

$\boldsymbol{L}=[l_x \quad l_y]^{\mathrm{T}}$。

根据误差方程式列出法方程式：

$$\boldsymbol{B}^{\mathrm{T}}\boldsymbol{PBX}-\boldsymbol{B}^{\mathrm{T}}\boldsymbol{PL}=0$$

对所有像点坐标的观测值，一般认为都是等权的（$\boldsymbol{P}$ 为单位矩阵），则：

$$\boldsymbol{X}=(\boldsymbol{B}^{\mathrm{T}}\boldsymbol{B})^{-1}\boldsymbol{B}^{\mathrm{T}}\boldsymbol{L}$$

从而求出像片外方位元素初始值的改正数 Δx_S、Δy_S、Δz_S、$\Delta\varphi$、$\Delta\omega$、$\Delta\kappa$，逐次趋近最后求出 6 个外方位元素 x_S、y_S、z_S、φ、ω、κ。

为了便于求误差方程式系数即函数的偏导数，令：

$$\bar{x}=a_1(x-x_S)+b_1(y-y_S)+c_1(z-z_S)$$

$$\bar{y}=a_2(x-x_S)+b_2(y-y_S)+c_2(z-z_S)$$

$$\bar{z}=a_3(x-x_S)+b_3(y-y_S)+c_3(z-z_S)$$

亦即：

$$\begin{bmatrix}\bar{x}\\ \bar{y}\\ \bar{z}\end{bmatrix}=\begin{bmatrix}a_1 & b_1 & c_1\\ a_2 & b_2 & c_2\\ a_3 & b_3 & c_3\end{bmatrix}\begin{bmatrix}x-x_S\\ y-y_S\\ z-z_S\end{bmatrix}=\boldsymbol{R}^{\mathrm{T}}\begin{bmatrix}x-x_S\\ y-y_S\\ z-z_S\end{bmatrix} \tag{3-64}$$

则共线条件方程式(3-54)可以写作：

$$\begin{cases} x=-f\dfrac{\bar{x}}{\bar{z}} \\ y=-f\dfrac{\bar{y}}{\bar{z}} \end{cases}$$

则误差方程式(3-62)中各系数值为：

$$\begin{cases} a_{11}=\dfrac{\partial x}{\partial x_S}=\dfrac{\partial\left(-f\dfrac{\bar{x}}{\bar{z}}\right)}{\partial x_S}=-\dfrac{f}{\bar{z}^2}\left(\dfrac{\partial\bar{x}}{\partial x_S}\bar{z}-\dfrac{\partial\bar{z}}{\partial x_S}\bar{x}\right) \\ \qquad\vdots \\ a_{26}=\dfrac{\partial y}{\partial\kappa}=\dfrac{\partial\left(-f\dfrac{\bar{y}}{\bar{z}}\right)}{\partial\kappa}=-\dfrac{f}{\bar{z}^2}\left(\dfrac{\partial\bar{y}}{\partial\kappa}\bar{z}-\dfrac{\partial\bar{z}}{\partial\kappa}\bar{y}\right) \end{cases} \tag{3-65}$$

各系数结果如下：

$a_{11}=\dfrac{1}{\bar{z}}(a_1 f+a_3 x)$， $a_{21}=\dfrac{1}{\bar{z}}(a_2 f+a_3 y)$，

$a_{12}=\dfrac{1}{\bar{z}}(b_1 f+b_3 x)$， $a_{22}=\dfrac{1}{\bar{z}}(b_2 f+b_3 y)$，

$a_{13} = \frac{1}{\bar{z}}(c_1 f + c_3 x)$，　　$a_{23} = \frac{1}{\bar{z}}(c_2 f + c_3 y)$，

$a_{14} = -c_3 y - c_2 f - \frac{x}{f}(c_2 x - c_1 y)$，　　$a_{24} = c_3 x + c_1 f - \frac{y}{f}(c_2 x - c_1 y)$，

$a_{15} = -f\sin\kappa - \frac{x}{f}(x\sin\kappa + y\cos\kappa)$，　　$a_{25} = -f\cos\kappa - \frac{y}{f}(x\sin\kappa + y\cos\kappa)$，

$a_{16} = y$，　　$a_{26} = -x$。

用计算机求解迭代过程如下：

a. 令 $\boldsymbol{L} = \{x\}$，即$(x) = 0,(y) = 0$。

b. $\boldsymbol{X}_1 = (\boldsymbol{B}^{\mathrm{T}}\boldsymbol{B})^{-1}\boldsymbol{B}^{\mathrm{T}}\boldsymbol{L} \Rightarrow \boldsymbol{X} = \boldsymbol{X}_1 \Rightarrow \{x_1\}$。

c. 令 $\boldsymbol{L} = \{x\} - \{x_1\}$。

d. $\boldsymbol{X}_2 = (\boldsymbol{B}^{\mathrm{T}}\boldsymbol{B})^{-1}\boldsymbol{B}^{\mathrm{T}}\boldsymbol{L}$。

e. $\{x\} = \{x_1\} + \{x_2\} \Rightarrow \{x\}$。

f. $L = \{x\} - \{x_2\}$。

②相机旋转

相机旋转的目的是将布置在隧道前方断面内的待测目标点包含在摄影范围之内，以便对待测点摄取像对。相机旋转只改变外方位元素中的角元素，但不改变线元素，仍为 x_S、y_S、z_S。设角元素的改变量分别为 $\Delta\varphi$、$\Delta\omega$、$\Delta\kappa$，则旋转后的角元素变为：

$$\begin{cases}\varphi' = \varphi + \Delta\varphi \\ \omega' = \omega + \Delta\omega \\ \kappa' = \kappa + \Delta\kappa\end{cases} \tag{3-66}$$

由旋转后所得的外方位元素，根据式(3-52)即可求出前方摄像时旋转矩阵中的 9 个方向余弦系数 a_i'、b_i'和 $c_i'(i=1,2,3)$。

③前方摄影

前方摄影的核心内容是根据摄影像片的外方位元素和像点坐标求解出对应待测目标点的坐标。

立体像对与所摄地面点存在一定的几何关系，可用数学式来描述像点与相应地面点之间的关系。设 S 和 S'为左右两个相机摄影站摄取的一对像片。任一地面点 A 在左、右像片上的像点分别为 a 和 a'。左右相机分别经过旋转后已知各自像片的内、外方位元素，设想将左右像片按各自的内外方位元素置于摄影瞬间位置，显然 Sa 和 $S'a'$必然交于地面点 A。

取左右像片辅助坐标系分别为 $S-uvw$ 和 $S'-u'v'w'$，其坐标轴分别平行地面坐标系 $D-x_Dy_Dz_D$的坐标轴，因两张像片相对于对应辅助坐标系的外方位元素已知，则可根据式(3-51)把像点 a 和 a'的相机坐标$(x,y,-f)$，$(x',y',-f)$变换到辅助坐标(u,v,w)，(u',v',w')，即：

$$\begin{Bmatrix}u\\v\\w\end{Bmatrix} = \begin{bmatrix}a_1 & a_2 & a_3\\ b_1 & b_2 & b_3\\ c_1 & c_2 & c_3\end{bmatrix}\begin{Bmatrix}x\\y\\-f\end{Bmatrix} \qquad \begin{Bmatrix}u'\\v'\\w'\end{Bmatrix} = \begin{bmatrix}a_1' & a_2' & a_3'\\ b_1' & b_2' & b_3'\\ c_1' & c_2' & c_3'\end{bmatrix}\begin{Bmatrix}x'\\y'\\-f'\end{Bmatrix} \tag{3-67}$$

右相机摄影中心 S' 在 $S-uvw$ 坐标系中坐标为 B_u、B_v、B_w，即：

$$\begin{cases} B_u = x'_S - x_S \\ B_v = y'_S - y_S \\ B_w = z'_S - z_S \end{cases} \tag{3-68}$$

式中：x_S、y_S、z_S 和 x'_S、y'_S、z'_S——分别为左右摄影中心 S 和 S' 在地面坐标系中的坐标，即左右像片外方位线元素。

设地面待测目标点 A 在左右空间辅助坐标系中的坐标分别用 U、V、W 和 U'、V'、W' 表示。

因左右像片辅助坐标系是相互平行的，摄影中心、像点、地面点空间共线，由相似几何关系可得：

$$\begin{cases} \dfrac{SA}{sa} = \dfrac{U}{u} = \dfrac{V}{v} = \dfrac{W}{w} = N \\ \dfrac{S'A'}{s'a'} = \dfrac{U'}{u'} = \dfrac{V'}{v'} = \dfrac{W'}{w'} = N' \end{cases} \tag{3-69}$$

式中：N、N'——左右同名像点的投影比例系数。

则有：

$$U = Nu \qquad U' = N'u'$$
$$V = Nv \qquad V' = N'v'$$
$$W = Nw \qquad W' = N'w'$$

由空间几何关系可知：

$$\left.\begin{aligned} U &= B_u + U' \\ V &= B_v + V' \\ W &= B_w + W' \end{aligned}\right\} \tag{3-70}$$

利用式(3-70)中第一、第三两式联立解求得：

$$\begin{cases} N = \dfrac{B_u w' - B_w u'}{uw' - u'w} \\ N' = \dfrac{B_u w - B_w u}{uw' - u'w} \end{cases} \tag{3-71}$$

则求得模型点在左摄站空间辅助坐标系中的坐标为：

$$\begin{cases} U = Nu = B_u + N'u' \\ V = Nv = B_v + N'v' \\ W = Nw = B_w + N'w' \end{cases} \tag{3-72}$$

总结以上的计算步骤：已知外方位角元素和像点物理坐标，由式(3-67)求出像点的左右空间辅助坐标系坐标 u、v、w 和 u'、v'、w'；由已知外方位线元素，根据式(3-68)求出 B_u、B_v、B_w；由式(3-71)求出摄影系数 N 和 N'；再由式(3-72)求出待测目标点在 $S-uvw$ 空间辅助坐标系中的坐标 U、V、W。

此时求得的坐标为空间辅助坐标系中的坐标，由于空间辅助坐标系 $S-uvw$ 与地面坐标系 $D-x_D y_D z_D$ 平行，所以可以通过坐标的平移来求得地面坐标系中的坐标：

$$\begin{cases} x_A = x_S + U \\ y_A = y_S + V \\ z_A = z_S + W \end{cases} \tag{3-73}$$

对隧道某一断面内的同一待测点，进行前后两次观测，就可以求出该点随时间的位移变化情况。不同两点间的距离的改变，就是隧道围岩收敛变形的结果。

④前后交替摄像法评价

前后交替摄像法理论是在一定的前提条件下进行推导演变而得的，所以，采用该摄像方法进行摄影就必须满足一定的条件才能进行，故该种方法的实际应用具有其局限性，但是与传统的位移接触式量测及其他的非接触量测方法相比，该方法具有其一定的优越性，下面分别介绍。

a. 局限性

• 共线条件方程是一个理想成像系统下的严密方程，而实际中由于相机镜头的畸变等因素影响，使得物点、像点及摄影中心坐标往往不能严格满足此方程。理论推导中对此项误差没有进行修正，势必会影响测量结果的精度。

• 后方摄影理论推导是在假定摄影瞬间像片内方位元素已知的前提下进行的，即像片的摄影焦距 f 为已知，这就限制了在采用此方法进行测量时必须使用已知焦距的专业数码相机进行摄影，对相机的性能提出了一个要求。

• 相机旋转时需要知道外方位角元素的改变量 $\Delta\varphi$、$\Delta\omega$、$\Delta\kappa$，因此摄影时必须配备有关的附属设备读取其数值，附属设备的性能要求在第 5 章中将进行介绍。

b. 优越性

• 此种方法前后交替摄像，可以使测得的隧道断面不断地向前推进，即上一摄站位置的前方断面待测点可以作为下一摄站位置的后方断面已知控制点，如此循环摄像，实现对隧道不同断面的位移观测。

• 只需在测区内布设 3 个已知控制点，隧道观测断面内的待测点数目则视具体情况而定，使得隧道内测点的布设比较方便，工作量较小。

• 摄影时不必设置固定的摄影基线，数码相机在测区内可以进行自由设站，从而简化了摄影操作过程，提高了摄影测量的效率。

(2)标定摄像法

对于普通数码相机而言，无法预知摄影瞬间像片的焦距数值 f，因此采用前后交替摄像法进行摄影时就不能够进行位移计算。针对这种情况，笔者提出了标定摄像法理论。

在标定摄像法理论中，考虑了相机镜头畸变等误差因素的影响，并在推导过程中将其消去，以改善测量结果的精度。标定摄像法的理论基础仍为空间共线条件方程。它的操作过程为：对隧道某一断面内的待测目标点及同一空间的已知控制点进行摄影，根据已知控制点的地面坐标反求摄影瞬间像片的有关中间变量，并应用此中间变量来解求出同一像幅内的待测目标点地面坐标。前后计算过程可以看作是逆运算，并且不必解出摄影瞬间像片的外方位元素具体数值，因此计算无需迭代，比较简单。

①标定摄像法理论推导

实际成像系统中存在着各种影响误差的因素，如相机透镜像差和成像平面与透镜光轴不垂直等。因此摄影中心、每一个像点及其对应的地面点在同一条直线上的前提假设不再成立，这表明实际成像系统不满足线性关系，而是一种非线性关系。

描述像点的非线性畸变可用下面的公式：

$$\left.\begin{aligned} x_{ui} &= x_i + \delta_{ih} \\ y_{ui} &= y_i + \delta_{iv} \end{aligned}\right\} \tag{3-74}$$

$$\left.\begin{aligned} \delta_{ih} &= x_i(k_1\rho^2 + k_2\rho^4 + \cdots) \\ \delta_{iv} &= y_i(k_1\rho^2 + k_2\rho^4 + \cdots) \end{aligned}\right\} \tag{3-75}$$

式中：i——同一像幅内的像点个数；

x_{ui}、y_{ui}——理想成像系统下的第 i 个像点物理坐标；

x_i、y_i——实际成像系统下的第 i 个像点物理坐标；

δ_{ih}、δ_{iv}——第 i 个像点在 x 和 y 方向上的畸变值，它和像点的位置有关；

ρ——$\rho=\sqrt{x_i^2+y_i^2}$，是第 i 个像点到原点的距离；

k_1、k_2——畸变系数。

将式(3-74)和式(3-75)代入共线条件方程式(3-59)可得：

$$\begin{cases} x_i(1+k_1\rho^2+\cdots) = x_i' d_h(1+k_1\rho^2+\cdots) = -f\dfrac{a_1(x_i-x_S)+b_1(y_i-y_S)+c_1(z_i-z_S)}{a_3(x_i-x_S)+b_3(y_i-y_S)+c_3(z_i-z_S)} \\ y_i(1+k_1\rho^2+\cdots) = y_i' d_v(1+k_1\rho^2+\cdots) = -f\dfrac{a_2(x_i-x_S)+b_2(y_i-y_S)+c_2(z_i-z_S)}{a_3(x_i-x_S)+b_3(y_i-y_S)+c_3(z_i-z_S)} \end{cases} \tag{3-76}$$

式中：x_i'、y_i'——实际成像系统下第 i 个像点的像素坐标；

d_h、d_v——一个像素在 x 和 y 方向上的物理尺寸，在同一像幅内有 $d_h=d_v$；

x_i、y_i、z_i——对应的第 i 个地面点的地面坐标；

其余系数意义同前所述。

由共线条件方程式(3-76)中第一式除以第二式，则得：

$$\frac{x_i'}{y_i'} = \frac{a_1x_i+b_1y_i+c_1z_i-(a_1x_S+b_1y_S+{}_1z_S)}{a_2x_i+b_2y_i+c_2z_i-(a_2x_S+b_2y_S+{}_2z_S)} \tag{3-77}$$

取地面坐标系的 y_D 轴垂直于隧道量测断面，由于已知控制点与待测目标点均置于隧道同一断面内，因此各个布设点的地面坐标 y_i 数值相同。另外，对于同一像幅内的各个像点而言，摄影瞬间像片的 6 个外方位元素 x_S、y_S、z_S、φ、ω、κ 相同，即旋转矩阵中的 9 个系数 a_n、b_n、c_n（$n=1,2,3$）相同，因此引入中间变量，定义为：

$$\begin{aligned} t_h &= (a_1x_S+b_1y_S+c_1z_S)-b_1y_i \\ t_v &= (a_2x_S+b_2y_S+c_2z_S)-b_2y_i \end{aligned} \tag{3-78}$$

则式(3-77)变成：

$$\frac{x_i'}{y_i'} = \frac{a_1x_i+c_1z_i-t_h}{a_2x_i+c_2z_i-t_v} \tag{3-79}$$

展开后变成：

$$a_1x_iy_i'+c_1z_iy_i'-t_hy_i'-a_2x_ix_i'-c_2z_ix_i' = -t_vx_i' \tag{3-80}$$

用矩阵形式表示式(3-80)：

$$\begin{bmatrix} -x_iy_i' & -z_iy_i' & y_i' & x_ix_i' & z_ix_i' \end{bmatrix} \begin{bmatrix} a_1/t_v \\ c_1/t_v \\ t_h/t_v \\ a_2/t_v \\ c_2/t_v \end{bmatrix} = \begin{bmatrix} x_i' \end{bmatrix} \tag{3-81}$$

当像幅内有 5 个已知控制点时,则可以根据公式(3-81)列出一个矩阵方程,直接解出 5 个中间参数变量:$(a_1/t_v)\cdots\cdots(c_2/t_v)$,当像幅内的已知控制点数目多于 5 个时,则根据最小二乘法公式对上述矩阵方程进行求解。

由公式(3-79)又可以变化为另外一种形式:

$$(a_1y_i' - a_2x_i')x_i + (c_1y_i' - c_2x_i')z_i = t_hy_i' - t_vx_i' \tag{3-82}$$

用矩阵形式表示上式:

$$\begin{bmatrix} (y_i'a_1/t_v - x_i'a_2/t_v) & (y_i'c_1/t_v - x_i'c_2/t_v) \end{bmatrix} \begin{bmatrix} x_i \\ z_i \end{bmatrix} = y_i't_h/t_v - x_i' \tag{3-83}$$

由于中间参数变量$(a_1/t_v)\cdots\cdots(c_2/t_v)$已知,所以上式的矩阵方程得以计算。每一台数码相机在摄影瞬间都可以列出一个上式所示的矩阵方程,如果采用两台数码相机对同一目标待测点进行覆盖摄影,则可根据矩阵方程联立解求出该待测目标点的地面坐标 x_i 和 z_i。

总结标定摄像法的计算步骤:由已知控制点的地面坐标及其对应的像点坐标,根据式(3-81)计算出 5 个中间参数变量;再由同一像幅内测得的目标待测点像点坐标,根据式(3-83)解求出该点的地面坐标。

以上标定摄像法理论是在已知控制点和待测目标点均置于同一断面内这种理想状态下推导的,因此就将三维空间问题简化为二维的平面问题。实际中控制点和目标点的人工布设不可能完全置于同一平面内,这时,应用此种方法至少需要布设 7 个已知控制点,根据这 7 个已知控制点的地面坐标就可以求出每个待测目标点的三维地面坐标 x_i、y_i 和 z_i,推导的思路同上,有兴趣的读者可以自行推导。

②标定摄像法评价

标定摄像法与前后交替摄像法相比较,有了一定的改善,拓宽了数码摄影测量的实际应用范围,但是在原有的基础上也不可避免的出现了一些不足之处,下面分别进行介绍。

a. 局限性

- 所需布设的已知控制点数目至少为 5 个,增加了隧道内布设控制点的工作量。
- 由于控制点具有不可移动性,所以一组控制点只能进行一个隧道断面的摄影观测,不能像前后交替摄像法那样使摄影断面连续不断地向前推进。

笔者建议研制一个设有已知标志点坐标的平面装置,用其来代替隧道内布设的控制点,每次摄影都以平面装置内的标志点作为参考物对其摄影,这样既避免了布设控制点的工作,又解决了控制点不可移动的问题,弥补了该方法的不足之处。

b. 优越性

- 考虑了相机镜头畸变等误差的影响,所以该方法测量结果的精度较高。
- 在计算过程中避免了像片外方位元素的迭代求解,使得计算比较简便。

•左右摄像系统各自独立求解,因此在摄像时,左右摄站(相机)可以处于任意状态,手持相机进行摄影即可满足要求,不必安设其他附属配件,使摄影过程变得更加方便、快捷。

•非专业数码相机即可作为位移观测仪器,降低了摄影测量设备的价格,拓宽了摄影测量的适用范围。

2)影响数码摄影测量精度的几个主要因素

影响数码摄影测量精度的主要因素主要包括以下三种:成像系统的分辨率,成像系统的几何畸变误差,摄像设备的安置误差。

(1)成像系统分辨率

成像系统分辨率是指成像系统对空间光学图像最小细节的分辨能力,是影响数码摄影测量精度最主要的因素,可以用图像的物面分辨率来表示。

如果摄像视场大小为 $W \times H$,相机分辨率为 $M \times N$,则图像物面分辨率定义为:

$$R_{\mathrm{h}} = W/M, \quad R_{\mathrm{v}} = H/N \tag{3-84}$$

式中:R_{h}、R_{v}——分别表示图像物面在水平和竖直方向上的分辨率,在同一像幅内有 $R_{\mathrm{h}} = R_{\mathrm{v}}$。

从定义可知,图像物面分辨率实质是表示图像中一个像素所代表的空间物面尺寸的大小。如果一个像素代表物面的几个平方毫米,那么其测量的精度就可以达到毫米的量级,同理如果一个像素代表物面的几个平方厘米,那么测量的精度也就只能达到厘米的量级。鉴于此,在进行数码摄影测量时,可以采用以下手段来提高测量结果的精度。

①在摄取同样视场大小的条件下,尽量提高相机的分辨率。

②对于相机分辨率一定的情况,尽量减小摄像视场,即尽量缩短相机与量测断面间的距离。

③减少图像处理过程中像素的损失,提高特征目标点定位的算法精度。

目前随着数码技术的发展,数码相机的分辨率较以前有了很大的提高,这也给数码摄影测量的实现提供了一项重要的保证,但是数码相机的价格也是随其分辨率的增加而增加的,因此这种靠增加分辨率来提高测量精度的途径往往是不经济和有限的,应该从图像处理方面入手,尽量提高特征目标点的定位精度,这一点还需要进一步的研究。

(2)成像系统几何畸变误差

几何畸变主要是指图像中目标在几何位置上的误差。这种误差产生的原因主要有以下几个方面:镜头畸变误差,感光像元的排列误差,透视误差。在这三个原因中,镜头畸变误差的影响通常是最大的。一般相机的镜头在边缘处都会有较大的畸变像差,反应在像片上则是产生枕形或是桶形的图像,越是靠近像片的边缘,这种影响就越大,所以在进行图像数据的摄取时,应尽量避免像点处于图像的边缘处。此外,由于成像系统的几何畸变误差是一种典型的系统误差,因此可以通过对数码相机校正来消减这种误差的影响。

(3)摄影设备的安置误差

当需要用附属设备来进行摄影时,测量结果的精度就存在这种误差因素的影响。减少这种误差的方法有两种:一种是对附属设备进行专业的校正,一种是操作人员在安置设备时要认真、仔细,不得马虎。

3.2.4 位移信息采集设备

为了使数码技术进行位移信息采集得以实现,总的来讲需要两种设备。一种是摄取有关图像所需的设备,包括数码相机、底部置平装置及隧道内的照明设备等。另一种是进行图像处理分析所需的设备,主要是计算机。当然,为了将处理的结果展现出来,还要有图像显示与输出设备。这里主要研究第一种设备,下面对各种仪器在摄影时的作用及其应具备的性能分别进行阐述。

1)数码相机

物点所发出的光线透过相机物镜后投影在相机的成像区域上形成相应的像点,因此,数码相机是形成空间成像系统的仪器,是摄影的主要工具。

摄影时,相机的成像模型与理想的单透镜成像模型有所不同,在相机成像中焦距等于像距,而在透镜成像中,焦距的倒数等于像距和物距的倒数之和,因此焦距并不等于像距,但是两者的成像关系是一致的,即像点是物点和光心的连线与图像平面的交点。

相机的分辨率是指最终获得数字图像的像素数 $M \times N$,其中 M 是行方向像素数,N 是列方向像素数。它通常由相机 CCD 感光像元的行列数所决定,是相机最主要的性能指标,也是影响摄影测量精度中很重要的因素。经过多方比较得出,在进行数码摄影测量时,所采用相机的分辨率至少应该达到 300 万像素,以便减少像素对测量结果精度的影响。相机分辨率越高,在同样拍摄视场大小的前提下,图像像素间距离代表实际的距离越小,像素的损失对测量结果精度的影响也就越小,因而测量结果的可信度越高,反之测量结果的可信度越低。影响相机分辨率的最主要因素是传感器阵列面积和感光像元尺寸。在传感器阵列面积一定的条件下,感光像元尺寸越小,相机分辨率就越高,但是感光像元尺寸太小,就会给相机其他性能如抗噪性和曝光等带来负面影响,同时加工工艺水平也难以达到,因此生产厂家会综合多种因素来决定其尺寸。目前市场上的数码相机最高像素分辨率可以达到 600 万像素以上,随着数码技术的发展,将会有更高分辨率的数码相机产生,这也给数码摄影测量技术的研究和推广提供了一个有利的保障。

相机的镜头是成像系统的关键部位之一。它实质上起着一个低通滤波器的作用,高于镜头 MTF 截止频率的光线信号将被滤除,这样就使图像中如边缘、小目标等含有高频光线信号的特征变得模糊或丢失,另外,由于镜头的畸变像差影响,将会使图像变成枕形或桶形而失真,因此为保证数字图像的质量,便于图像处理,必须要合理地选用镜头。

相机的焦距是前后交替摄像法中求解像片外方位元素必不可少的参数,因此要求相机具有手动调焦距的功能,以确定摄影瞬间相机焦距的精确数值,目前市场上一些高档次的数值相机如 SONY DSC-F717、美能达 DIMAGE 7Hi 等和其他的专业数值相机都已具备此项功能。对于标定摄像法而言,由于相机的焦距在求解过程中不产生影响,因此对相机具有手动调焦距的功能不做硬性要求。

当然,数码相机各方面的性能越好,价格也就越昂贵,选用时应根据具体的情况如经济情况、测量限差情况等综合因素来考虑。

现场试验中,采用的数值相机型号为 SONY DSC-S70,其最大相机分辨率为 $2\ 048 \times 1\ 536$,即 314 万像素,相机镜头为德国产蔡司 3 倍变焦距镜头,相机自动调焦,没有手动调焦的功能。

2)底部置平装置

置平装置位于数码相机的底部,用于安放数码相机,因此它的摆放将直接影响到数码相机摄影瞬间的空间位置状态，即像片外方位元素的大小。为计算简便，应尽量将相机安放在各个外方位角元素值趋近于0的状态，所以对置平装置的置平精度要求就显得比较重要。置平装置的基座附有三个手动螺旋，用以进行置平微调；上部是一个带有刻度的圆形罗盘，用以读取数码相机旋转的角度数值，罗盘上需设置横向和竖向两个管水准泡，用以控制罗盘的平面是否达到精确的水平状态。摄像时将数码相机固定在罗盘平面上，这样就使得相机处于一个绝对水平状态，因此当相机旋转时，外方位角元素中只有一个 φ 值发生变化，而另外两个 ω 和 κ 的角度值则始终保持在近似为0的状态，φ 值的改变量 $\Delta\varphi$ 可以直接从罗盘旋转前后的刻度差值中得知，这样就可以算出相机旋转后的外方位角元素数值。

因为外方位元素，尤其是角元素对摄影测量结果精度的影响较大，所以置平装置需由生产精密测量仪器的正规厂家来制作，并对装置的置平精度进行严格校正，然后才可应用于摄影测量的实际操作。

3）三脚架

三脚架是整套摄影仪器即数码相机和置平装置的基础，因此必须具备良好的稳定性能，建议采用木制的测量三脚架。

4）照明设备

由于隧道内光线较暗、空气中混杂的烟尘较多，并且相机与测点间具有一定的距离，而相机自带的闪光灯无法满足摄取高质量图像的要求，这就给图像处理带来难度，也直接影响到摄影测量结果的精度。鉴于此，隧道内在测点布置断面处应配备强有力的照明灯来改善照明效果，以保证相机获取清晰的高质量图像。

5）测点标志

测点标志是摄取的对象，一个合适的测点标志对减小图像处理误差十分重要，因此在摄像前应仔细设计标志点的形状和大小。

从方便图像处理角度来考虑，标志点的形状设计成圆形。标志点的尺寸与摄影距离、相机焦距的大小等因素有关。标志点的外部尺寸在图像中至少应有1mm的构像，如果太小，用以表征标志点的像素个数就很少，会给摄影操作和图像处理带来难度，因此实际的标志点应做得更大些。应用时，将标志点的外部直径定为50mm。

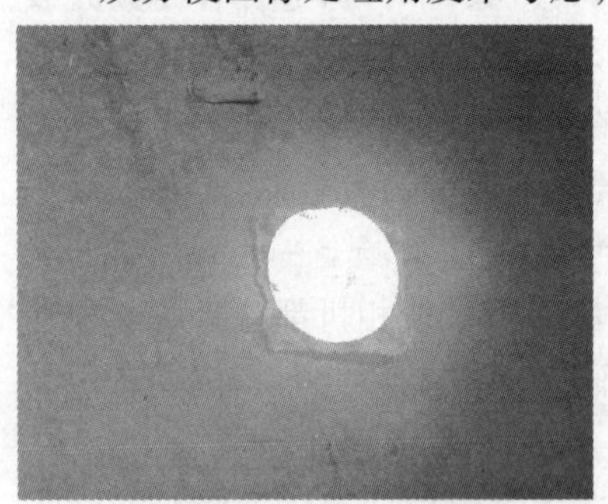

图3-46　固定测点效果图

标志点敷设在隧道侧壁，应具有稳定性，不易被施工干扰，产生变形，从而影响到测量结果的精度。

现场试验中，用钢筋将其固定在隧道侧壁，固定的效果见图3-46。

3.2.5　现场试验

1）试验条件

为了检验数码摄影技术对隧道位移量测的可行性，实施了现场试验。试验在福建省福厦高速公路上既有大坪山隧道中进行，该隧道于20世纪90年代建成，现已完全稳定，因此不会产生位移。

本次试验采用最大像素分辨率为 2 048 ×1 536 的 SONY DSC-S70 型号数码相机进行位移观测;为方便图像处理,控制点及目标点均设置为直径 50mm 的圆形,所有测点都是由反光材料做成,用锚固剂均匀地敷设在隧道的两侧壁;由于置平装置还不具备条件,所以将 6 个测点均布设于相机的同侧,以便可以同时验证两种方法的效果,摄影时采用自行研制的固定角架设备来固定数值相机位置,摄站在摄影范围内任意设置;隧道内没有安置特殊的照明装置,只使用相机自带的内置闪光灯进行照明。

2)试验摄取图片

试验过程中左右摄站所摄取到的立体像对如图 3-47 和图 3-48 所示。

图 3-47　左摄站摄取的图像

图 3-48　右摄站摄取的图像

3)试验数据及分析

试验中设置的 6 个测试点(图 3-47 或图 3-48 前排点)编号按从左到右、从上到下的顺序分别为:A_1、A_2……A_6。选择 6 个点中任意 5 个作为已知控制点,那么剩余的 1 个点则做为待测目标点来检验试验效果。每个测试点的地面坐标见表 3-3,各个测试点之间的距离采用钢卷尺人工进行量测,量测结果见表 3-4。

测试点的地面坐标值　　表 3-3

点序号		A_1	A_2	A_3	A_4	A_5	A_6
坐标值(mm)	x	−500.5	1 301.5	−497.0	1 291.0	−500.0	1 297.5
	y	0.0	0.0	0.0	0.0	0.0	0.0
	z	1 145.0	1 210.0	500.0	500.0	−150.5	−129.5

测线距离量测表　　表 3-4

测线	A_1-A_2	A_3-A_4	A_5-A_6
距离(mm)	1 803.2	1 788.0	1 797.6

试验从 2003 年 6 月中旬开始,至 2003 年 6 月底结束,对测试点进行随机观测,共观测了 7 组图像数据,为简化,本书列出 4 组观测数据进行分析。

(1)图像处理结果

对摄取的每组图像分别进行处理,即获得各个测试点每组图像像素坐标数值,结果见表 3-5。

各测试点图像像素坐标数值表 表 3-5

试验组数	A_1 点像素坐标/像素				A_2 点像素坐标/像素			
	左摄站		右摄站		左摄站		右摄站	
	x'	y'	x''	y''	x'	y'	x''	y''
1	-487.0	497.0	-737.0	519.0	685.5	542.5	431.5	546.5
2	-318.0	325.5	-488.5	342.5	461.5	354.0	295.5	362.5
3	-259.0	401.5	-551.5	478.0	787.5	453.0	626.5	520.0
4	-193.5	302.5	-365.5	316.5	594.0	338.5	425.0	344.0
试验组数	A_3 点像素坐标/像素				A_4 点像素坐标/像素			
	左摄站		右摄站		左摄站		右摄站	
	x'	y'	x''	y''	x'	y'	x''	y''
1	-480.5	70.7	681.5	87.0	681.5	87.0	422.0	95.5
2	-315.5	41.6	-489.5	59.5	461.0	52.0	290.5	59.5
3	-254.0	27.0	-550.0	57.5	785.0	43.5	617.0	59.0
4	-190.0	19.0	-366.0	34.0	594.0	31.0	420.5	35.0
试验组数	A_5 点像素坐标/像素				A_6 点像素坐标/像素			
	左摄站		右摄站		左摄站		右摄站	
	x'	y'	x''	y''	x'	y'	x''	y''
1	-484.5	-357.0	-745.0	-326.0	681.5	-315.0	416.0	-301.5
2	-317.5	-244.5	-495.5	-224.5	460.5	-215.5	286.0	-209.5
3	-257.5	-350.0	-560.0	-364.0	785.0	-318.5	610.5	-347.5
4	-192.5	-266.5	-372.0	-249.5	593.0	-241.5	415.5	-238.5

(2)采用前后交替摄像法数据处理结果

由于试验时测试点均布设于相机同侧,相机不用旋转即可对测试点进行覆盖摄影,所以试验时的摄影方式可以看作是前后交替摄影方式的特殊状态(后方摄影与前方摄影同时完成,不必进行相机旋转),在这种特殊状态中,相机的 3 个外方位角元素改变值 $\Delta\varphi$、$\Delta\omega$ 和 $\Delta\kappa$ 均为 0,数据处理结果如下。

①测点 A_1 坐标量测结果见表 3-6。

测点 A_1 坐标量测结果表 表 3-6

试验组数	A_1 点测得地面坐标值(mm)			A_1 点地面坐标与均值差值(mm)		
	x	y	z	x	y	z
1	-500.8	0.0	1 144.1	-0.1	0.0	-0.3
2	-500.6	0.0	1 144.1	0.1	0.0	-0.3
3	-500.7	0.0	1 144.6	0.0	0.0	0.2
4	-500.8	0.0	1 144.8	-0.1	0.0	0.4
均值	-500.7	0.0	1 144.4			

②测点 A_2 坐标量测结果见表 3-7。

测点 A_2 坐标量测结果表　　表 3-7

试验组数	A_2 点测得地面坐标值(mm)			A_2 点地面坐标与均值差值(mm)		
	x	y	z	x	y	z
1	1 302.2	0.0	1 211.0	0.3	0.0	0.5
2	1 302.3	0.0	1 210.5	0.4	0.0	0.0
3	1 301.5	0.0	1 210.3	-0.4	0.0	-0.2
4	1 301.6	0.0	1 210.2	-0.3	0.0	-0.3
均值	1 301.9	0.0	1 210.5			

③测点 A_3 量测结果见表 3-8。

测点 A_3 坐标量测结果表　　表 3-8

试验组数	A_3 点测得地面坐标值(mm)			A_3 点地面坐标与均值差值(mm)		
	x	y	z	x	y	z
1	-496.5	0.0	500.2	-0.2	0.0	0.3
2	-496.1	0.0	500.0	0.2	0.0	0.1
3	-496.1	0.0	499.9	0.2	0.0	0.0
4	-496.3	0.0	499.5	0.0	0.0	-0.4
均值	-496.3	0.0	499.9			

④测点 A_4 坐标量测结果见表 3-9。

测点 A_4 坐标量测结果表　　表 3-9

试验组数	A_4 点测得地面坐标值(mm)			A_4 点地面坐标与均值差值(mm)		
	x	y	z	x	y	z
1	1 290.8	0.0	499.6	0.0	0.0	-0.3
2	1 290.6	0.0	500.2	-0.2	0.0	0.3
3	1 291.0	0.0	500.1	0.2	0.0	0.2
4	1 290.9	0.0	499.8	0.1	0.0	-0.1
均值	1 290.8	0.0	499.9			

⑤测点 A_5 坐标量测结果见表 3-10。

测点 A_5 坐标量测结果表　　表 3-10

试验组数	A_5 点测得地面坐标值(mm)			A_5 点地面坐标与均值差值(mm)		
	x	y	z	x	y	z
1	-499.2	0.0	-151.2	0.3	0.0	-0.6
2	-499.4	0.0	-150.5	0.1	0.0	0.1
3	-499.7	0.0	-150.4	-0.2	0.0	0.2
4	-499.6	0.0	-150.1	-0.1	0.0	0.5
均值	-499.5	0.0	-150.6			

⑥测点 A_6 量测结果见表 3-11。

测点 A_6 坐标量测结果表 表 3-11

试验组数	A_6 点测得地面坐标值(mm)			A_6 点地面坐标与均值差值(mm)		
	x	y	z	x	y	z
1	1 296.6	0.0	−128.5	−0.6	0.0	0.6
2	1 297.2	0.0	−129.0	0.0	0.0	0.1
3	1 297.3	0.0	−129.2	0.1	0.0	−0.1
4	1 297.5	0.0	−129.5	0.3	0.0	−0.4
均值	1 297.2	0.0	−129.1			

⑦测线 A_1-A_2的距离量测结果见表 3-12。

测线 A_1-A_2距离量测结果表 表 3-12

试验组数	A_1-A_2观测距离(mm)	观测值与均值差值(mm)	试验组数	A_1-A_2观测距离(mm)	观测值与均值差值(mm)
1	1 804.24	0.40	4	1 803.59	−0.25
2	1 804.12	0.28	均值	1 803.84	
3	1 803.40	−0.44			

⑧测线 A_3-A_4的距离量测结果见表 3-13。

测线 A_3-A_4距离量测结果表 表 3-13

试验组数	A_3-A_4观测距离(mm)	观测值与均值差值(mm)	试验组数	A_3-A_4观测距离(mm)	观测值与均值差值(mm)
1	1 787.30	0.22	4	1 787.20	0.12
2	1 786.70	−0.38	均值	1 787.08	
3	1 787.10	0.02			

⑨测线 A_5-A_6的距离量测结果见表 3-14。

测线 A_5-A_6距离量测结果表 表 3-14

试验组数	A_5-A_6观测距离(mm)	观测值与均值差值(mm)	试验组数	A_5-A_6观测距离(mm)	观测值与均值差值(mm)
1	1 795.94	−0.81	4	1 797.22	0.47
2	1 796.73	−0.02	均值	1 796.75	
3	1 797.13	0.38			

从表 3-6 ~ 表 3-11 可以看出:各测试点的观测坐标值与其均值的差值在 x 和 z 方向上相同,最大均为 0.6mm;从表 3-12 ~ 表 3-14 可以看出:各测线的距离测量结果与其均值的差值最大为 0.81mm。说明采用前后交替摄影方式进行点位坐标测量和测线距离测量的结果都比较稳定,上下波动范围在 1mm 以内。

下面分析各测点点位偏差和测线距离偏差情况:

①各个测试点的实际坐标值与观测坐标值比较结果见表 3-15。

各测试点坐标值比较表　　表 3-15

测试点序号		A_1	A_2	A_3	A_4	A_5	A_6
实际坐标值(mm)	x	-500.5	1 301.5	-497.0	1 291.0	-500.0	1 297.5
	y	0.0	0.0	0.0	0.0	0.0	0.0
	z	1 145.0	1 210.0	500.0	500.0	-150.5	-129.5
观测坐标值(mm)	x	-500.7	1 301.9	-496.3	1 290.8	-499.5	1 297.2
	y	0.0	0.0	0.0	0.0	0.0	0.0
	z	1 144.4	1 210.5	499.9	499.9	-150.6	-129.1
点位偏差(mm)		0.63	0.64	0.71	0.22	0.51	0.50

各个测试点的点位偏差比较图见图 3-49。

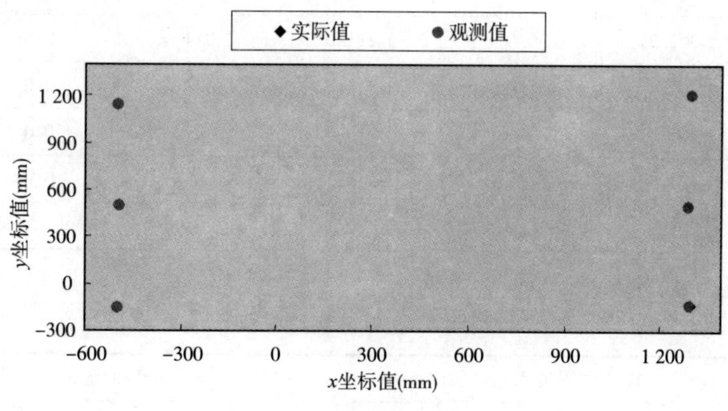

图 3-49　点位偏差比较图

②各个测线的实际距离与观测距离比较结果见表 3-16。

各测线距离比较表　　表 3-16

测线	A_1-A_2	A_3-A_4	A_5-A_6
实际距离(mm)	1 803.2	1 788.0	1 797.6
观测距离(mm)	1 803.8	1 787.1	1 796.8
误差值(mm)	0.6	0.9	0.8

从表 3-15 和表 3-16 可以看出:测试点实际坐标值与观测坐标值之间的点位偏差最大为 0.71mm;各测线实际距离与观测距离的误差值最大为 0.9mm,均没有超过 1mm 的要求。

(3)采用标定摄像法数据处理结果

①测点 A_1 坐标量测结果见表 3-17。

测点 A_1 坐标量测结果表　　表 3-17

试验组数	A_1 点测得地面坐标值(mm)			A_1 点地面坐标与均值差值(mm)		
	x	y	z	x	y	z
1	-500.6	0.0	1 144.0	0.1	0.0	-0.5
2	-500.5	0.0	1 144.3	0.2	0.0	-0.2

续上表

试验组数	A_1 点测得地面坐标值(mm)			A_1 点地面坐标与均值差值(mm)		
	x	y	z	x	y	z
3	-500.7	0.0	1 144.6	0.0	0.0	0.1
4	-500.9	0.0	1 144.9	-0.2	0.0	0.4
均值	-500.7	0.0	1 144.5			

②测点 A_2 坐标量测结果见表 3-18。

测点 A_2 坐标量测结果表 表 3-18

试验组数	A_2 点测得地面坐标值(mm)			A_2 点地面坐标与均值差值(mm)		
	x	y	z	x	y	z
1	1 302.2	0.0	1 211.0	0.4	0.0	0.5
2	1 302.1	0.0	1 210.7	0.3	0.0	0.2
3	1 301.5	0.0	1 210.3	-0.3	0.0	-0.2
4	1 301.5	0.0	1 210.1	-0.3	0.0	-0.4
均值	1 301.8	0.0	1 210.5			

③测点 A_3 量测结果见表 3-19。

测点 A_3 坐标量测结果表 表 3-19

试验组数	A_3 点测得地面坐标值(mm)			A_3 点地面坐标与均值差值(mm)		
	x	y	z	x	y	z
1	-496.6	0.0	500.3	-0.2	0.0	0.3
2	-496.3	0.0	500.1	0.1	0.0	0.1
3	-496.5	0.0	499.8	-0.1	0.0	-0.2
4	-496.2	0.0	499.6	0.2	0.0	-0.4
均值	-496.4	0.0	500.0			

④测点 A_4 坐标量测结果见表 3-20。

测点 A_4 坐标量测结果表 表 3-20

试验组数	A_4 点测得地面坐标值(mm)			A_4 点地面坐标与均值差值(mm)		
	x	y	z	x	y	z
1	1 290.9	0.0	499.9	0.1	0.0	-0.2
2	1 290.4	0.0	500.0	-0.4	0.0	-0.1
3	1 291.1	0.0	500.1	0.3	0.0	0.0
4	1 290.9	0.0	500.2	0.1	0.0	0.1
均值	1 290.8	0.0	500.1			

⑤测点 A_5 坐标量测结果见表 3-21。

测点 A_5 坐标量测结果表 表 3-21

试验组数	A_5 点测得地面坐标值(mm)			A_5 点地面坐标与均值差值(mm)		
	x	y	z	x	y	z
1	-499.3	0.0	-151.0	0.1	0.0	-0.3
2	-499.5	0.0	-150.8	-0.1	0.0	-0.1
3	-499.3	0.0	-150.5	0.1	0.0	0.2
4	-499.6	0.0	-150.3	-0.2	0.0	0.4
均值	-499.4	0.0	-150.7			

⑥测点 A_6 量测结果见表 3-22。

测点 A_6 坐标量测结果表 表 3-22

试验组数	A_6 点测得地面坐标值(mm)			A_6 点地面坐标与均值差值(mm)		
	x	y	z	x	y	z
1	1 296.6	0.0	-128.7	-0.5	0.0	0.5
2	1 297.0	0.0	-129.0	-0.1	0.0	0.2
3	1 297.4	0.0	-129.3	0.3	0.0	-0.1
4	1 297.5	0.0	-129.6	0.4	0.0	-0.4
均值	1 297.1	0.0	-129.2			

⑦测线 A_1-A_2 距离量测结果见表 3-23。

测线 A_1-A_2 距离量测结果表 表 3-23

试验组数	A_1-A_2 观测距离(mm)	观测值与均值差值(mm)	试验组数	A_1-A_2 观测距离(mm)	观测值与均值差值(mm)
1	1 804.05	0.33	4	1 803.58	0.13
2	1 803.82	0.11	均值	1 803.71	
3	1 803.40	0.31			

⑧测线 A_3-A_4 距离量测结果见表 3-24。

测线 A_3-A_4 距离量测结果表 表 3-24

试验组数	A_3-A_4 观测距离(mm)	观测值与均值差值(mm)	试验组数	A_3-A_4 观测距离(mm)	观测值与均值差值(mm)
1	1 787.50	0.27	4	1 787.10	0.13
2	1 786.70	0.53	均值	1 787.23	
3	1 787.60	0.37			

⑨测线 A_5-A_6 距离量测结果见表 3-25。

测线 A_5-A_6 距离量测结果表

表 3-25

试验组数	A_5-A_6观测距离(mm)	观测值与均值差值(mm)	试验组数	A_5-A_6观测距离(mm)	观测值与均值差值(mm)
1	1 796.04	0.64	4	1 797.22	0.54
2	1 796.63	0.05	均值	1 796.68	
3	1 796.83	0.15			

从表 3-17 ~ 表 3-22 可以看出:各个测试点的观测坐标值与其均值的差值在 x 和 z 方向上相同,最大均为 0.5mm;从表 3-23 ~ 表 3-25 可以看出:每条测线的距离测量结果与其均值的差值最大为 0.64mm。说明用标定摄影方式进行点位坐标测量和测线距离测量的结果也是比较稳定的,上下波动范围在 1mm 以内。

下面分析各测点点位偏差和测线距离偏差情况。

①各个测试点的实际坐标值与观测坐标值比较结果见表 3-26。

各测试点坐标值比较表

表 3-26

测试点序号		A_1	A_2	A_3	A_4	A_5	A_6
实际坐标值(mm)	x	-500.5	1 301.5	-497.0	1 291.0	-500.0	1 297.5
	y	0.0	0.0	0.0	0.0	0.0	0.0
	z	1 145.0	1 210.0	500.0	500.0	-150.5	-129.5
观测坐标值(mm)	x	-500.7	1 301.8	-496.4	1 290.8	-499.4	1 297.1
	y	0.0	0.0	0.0	0.0	0.0	0.0
	z	1 144.5	1 210.5	500.0	500.1	-150.7	-129.2
点位偏差(mm)		0.54	0.58	0.60	0.22	0.63	0.50

各个测试点的点位偏差比较图见图 3-50。

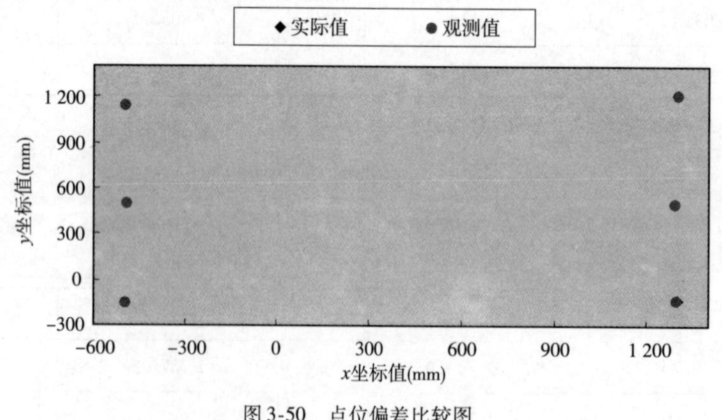

图 3-50 点位偏差比较图

②各个测线的实际距离与观测距离比较结果见表 3-27。

各测线距离比较表 表 3-27

测 线	A_1-A_2	A_3-A_4	A_5-A_6
实际距离(mm)	1 803.2	1 788.0	1 797.6
观测距离(mm)	1 803.7	1 787.2	1 796.7
误差值(mm)	0.5	0.8	0.9

从表 3-26 和表 3-27 可以看出:测试点实际坐标值与观测坐标值之间的点位偏差最大为 0.63mm;各测线实际距离与观测距离的误差值最大为 0.9mm,均没有超过 1mm 的要求。

由于既有大坪山隧道建成已经有 10 年,因此隧道本身不会产生变形(即使有变形,变形量也非常小,可以忽略不计)。上述测得的坐标值、距离的差值可以认为是由于摄影测量系统误差引起的。从上述数据综合可知,最大的坐标误差和最大的距离误差都在 1mm 以内。由此可见,用数码摄影技术进行隧道位移量测是可行性,而且精度较高。

3.3 巴塞特系统

巴塞特收敛监测系统是用于隧道断面收敛变形监测的自动监测系统,它由安装在隧道二次衬砌壁上的一系列连接杆组成,该系统主要包括 3 部分:数据量测部分、数据采集及传输部分和数据处理部分。

数据量测部分即传感器部分,主要是安装有进口位移传感器和倾斜传感器的测头和伸缩测杆,每个测头内含有高精度的温度传感器可进行温度测量。测杆为刚性的不锈钢可以伸缩的杆件,测杆的长度根据现场要求定制,系统设计保证测杆在收缩时仍然保持在直线状态,通过位移传感器量测杆件的伸缩量,倾斜传感器量测值反映的是测杆的转动情况。隧道壁安装固定支点,测杆安装在两个固定支点间。所有量测部分的位移和倾斜以及温度传感器均接入数据采集仪进行集中采集处理。

数据处理部分是监控计算机和数据处理专用程序软件,它接收所有断面传感器的数据,经计算每个断面的变形情况后,以图形和数值方式显示,并具有查询和报警功能,具体软件功能可根据用户的需要专门开发。

3.3.1 传感器组成

隧道断面收敛变形监测系统由一系列装配有 JM-S 位移计和 TULIP-SC 倾斜计的收敛变形传感元件组成,系统中的每一套传感元件均由一支 TULIP-SC 倾斜计(在隧道 xOy 平面上变化)、一支 JM-S 位移计和一根延伸杆装配在仪器构成。系统传感元件沿隧道衬砌内壁进行安装,测杆两端由安装锚块进行安装与固定,安装间距适宜 1.0 ~ 3.0m,以不妨碍隧道交通运输为宜[15]。

1)JM-S 位移计

(1)技术参数

德国进口 JM-S 位移计作为线位移传感器,用来监测不锈钢传递杆径向上产生的位移变化,传感器由不锈钢制成,仪器内部用 O 形密封圈防潮防尘,JM-S 位移传感器技术参数见表3-28。

JM-S 线位移传感器参数表 表3-28

量程(mm)	25	分辨率	0.01ms/0.1 LU[MB-6T(L)],0.1Hz(PALMETO VW)
长度(mm)	236	材料	不锈钢
直径(mm)	9.6	操作温度	-27 ~ +65℃
超额定范围	1.25×量程	电缆	IRC-41A 4芯屏蔽电缆
精度	±0.1% FS		

(2)数据计算

如果使用便携式数据采集仪对JM-S位移计进行数据采集,采集到的数据为线性读数。要将采集到的线性读数转换成工程量,即位移值,需要通过多项方程式进行如下运算:

$$D = AL^2 + BL + C$$

式中:D——位移值,mm;

L——当前线性读数(LU);

A、B、C——率定系数。

在运营期所有传感器接入自动化采集系统进行数据采集,数据采集仪采集到的JM-S位移计的信号为频率信号,计算时需要将频率读数转换为线性度数,转换公式如下:

$$L = KF^2/1\,000$$

式中:L——线性读数(LU);

K——常数,1.015 6;

F——频率读数。

2)TULIP-SC 倾斜计

(1)技术参数

采用美国进口TULIP-SC电解液平衡式倾斜计作为角位移传感器,结合位移传感器使用,在观测不锈钢传递杆径向线位移变化量的同时测量其角度的变化量。

线位移传感器参数表 表3-29

线性量程	±3°	温度飘移	K_s<0.04%/℃,零点飘移:K_z=0.000 2°/℃
满角度量程	±6°	信号输出	3~20mA
比例因子	0.375°/mA 典型	响应时间	150ms
分辨率	0.000 6°	温度输出	2 500Ω 热敏电阻,量程:-50 ~ +150℃
重复性	0.001°	电源需求	10~29 VDC
线性度	<2%满量程	环境温度	-40 ~ +85℃
自然频率	3 Hz	电缆	3m

(2)数据计算

在运营期所有传感器接入自动化采集系统进行数据采集,数据采集仪采集到的TULIP-SC倾斜计的信号为4~20mA电流信号,计算时需要将电流读数转换为角度读数,转换公式如下:

$$\alpha = KI$$

式中:α——角度值,(°);

K——常数,取 0.375°/mA;

I——当前电流读数,mA。

3.3.2　工作原理

将隧道断面收敛变形监测系统安装到隧道衬砌上之后,在隧道衬砌任何一点上发生的变形,都会造成 TULIP-SC 倾斜计在隧道 xOy 平面上的角度变化;同时,JM-S 位移计也会在沿测杆延伸方向发生长度变化。传感元件感知到的角度和长度变化以电信号(频率信号和电流信号)进行传输并被自动化采集系统所采集,根据传感元件的转换因子可以很容易地计算出精确的变化值。第一个绝对位置的 x、y 轴坐标被定义之后,所有测点的位移值都能通过该坐标计算获得。下面介绍它的计算原理和方法。

1)计算原理

在微小转角条件下,测杆的一端相对另一端的位移增量 δ 等于测杆长 r 与测杆角位移 α 之乘积,如图 3-51a)所示,即:

$$\delta = r \times \alpha \tag{3-85}$$

或表示为坐标分量形式,如图 3-51b)所示,即:

$$\left.\begin{aligned} \delta_x &= r_y\alpha \\ \delta_y &= -r_x\alpha \\ r &= \sqrt{\delta_x^2 + \delta_y^2} \end{aligned}\right\} \tag{3-86}$$

在微小转角条件下,测杆一端相对量测系统参考点的位移 Δ_i,等于该测杆另一端相对量测系统参考点的位移与该测杆两端相对位移增量 δ_i 的叠加,即:

$$\Delta_i = \Delta_{i-1} + \delta_i \tag{3-87}$$

或表示为坐标分量的形式:

$$\left.\begin{aligned} \Delta x_i &= \Delta x_{i-1} + \delta_{xi} \\ \Delta y_i &= \Delta y_{i-1} + \delta_{yi} \end{aligned}\right\} \tag{3-88}$$

2)收敛变形计算

将隧道断面收敛变形监测系统安装到隧道衬砌上之后,首先假设某一安装点为固定点,将它作为整个断面收敛变形系统的参考点。将该点的 x、y 轴坐标假定为(0,0),整个系统收敛变形的计算就从该点开始,按测杆次序依次传递,对每一个测点的位移变化量进行计算。

例如,测杆 AB 的变形如图 3-52 所示。其中测杆的初始长度为 L_{AB},位移计变量为 ΔL_{AB},倾斜计变量为 θL_{AB},这样,B 点的位移变化可以通过下面的公式计算得到:

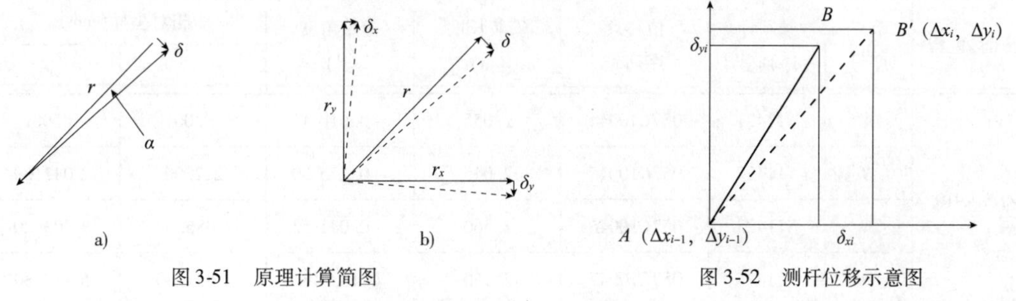

图 3-51　原理计算简图　　　图 3-52　测杆位移示意图

$$\begin{cases}\Delta x_i = \Delta x_{i-1} + (L_{AB} + \Delta L_{AB})_y \times \theta L_{AB} \\ \Delta y_i = \Delta y_{i-1} + (L_{AB} + \Delta L_{AB})_x \times \theta L_{AB}\end{cases} \tag{3-89}$$

这样依次传递计算每一个测点的位移变化，直至返回固定点（如果收敛变形传感元件形成闭合环式布置）。由于测试误差的存在以及误差的传递效应，返回点一般是不重合的，二者的差值就是所谓的闭合差。在数据处理时，可以进行平差计算，将系统的闭合误差进行再分配，使系统的总体误差为零。

3.3.3 现场系统安装

TCS-AM 隧道断面收敛变形监测系统每个断面安装 10 套收敛变形传感元件，每套传感元件包含装配在不锈钢测头中的 1 支 JM-S 位移计、一只 TULIP-SC 倾斜计和一根不锈钢传递杆以及安装锚块、紧固件。具体的安装步骤如下[26]。

第一步：用全站仪从施工单位建立的测量控制点开始引点测量，确定安装断面。

第二步：在确定好的断面位置用全站仪对隧道拱墙、拱顶进行激光扫描，同时用钢钉在隧道衬砌上每隔 1m 间距做一个标记，然后用白色标线沿钢钉同一侧缠绕，沿隧道拱墙拱顶形成一个位于同一断面里程的参考线。

第三步：从行车方向左侧拱墙处开始，沿参考线依次进行收敛变形传感元件的安装，必须保证所有的安装锚块紧贴参考线的同一侧。锚块安装到位并使用水平尺进行垂直性检测和调整之后才能最终紧固，以确保所有收敛变形传感元件安装在同一截面上。所有测头的安装方向也必须是一致的，以确保所有 TULIP-SC 倾斜计测量角度变化的趋势是一致的。安装完毕之后，将所有传感器的信号电缆穿入黑色防火保护管中进行保护，并沿隧道衬砌表面引至就近的 MCU 数据采集传输单元中。

第四步：所有收敛变形传感元件安装到位之后，依次松开测头与测杆之间的固定螺丝，将 JM-S 位移计调节到中间量程，然后重新固定。同时依次将所有的 TULIP-SC 倾斜计调整至中间量程。这时用读数仪测量并记录下传感器的初始读数。

第五步：使用全站仪测量每一个安装点转动轴中心点的坐标，然后以行车方向左侧第一个安装点（A 点）为坐标原点计算出每个安装点的初始坐标，并依次计算出相邻的两个安装点之间的距离，即对应的收敛传感元件的初始安装长度。

翔安海底隧道 TCS-AM 隧道断面收敛变形监测系统在 ZK8 +910 断面的详细安装信息请见表 3-30 和图 3-53。

TCS-AM 隧道收敛变形监测系统安装信息 表 3-30

断面里程	节点序号	倾斜计序列号	位移计序列号	安装长度(m)	初始角度(°)	相对坐标(mm)	
						x	y
ZK8 +910	A	N11421	057C10044	2.055	-0.610 47	0.00	0.00
	B	N11422	057C10045	2.045	-0.275 60	212.00	2 047.60
	C	N11423	057C10046	2.560	-0.041 52	1 086.00	3 903.20
	D	N11424	057C10047	2.560	0.183 45	2 841.00	5 777.80

续上表

断面里程	节点序号	倾斜计序列号	位移计序列号	安装长度(m)	初始角度(°)	相对坐标(mm)	
						x	y
ZK8 +910	*E*	N11425	057C10048	2.515	-0.599 18	5 134.00	6 935.40
	F	N11426	057C10049	2.565	-0.015 45	7 639.00	7 246.00
	G	N11427	057C10050	2.530	-0.197 99	10 150.00	6 680.60
	H	N11428	057C10051	2.560	0.146 26	12 285.00	5 311.20
	I	N9623	057C81045	1.972	-0.125 23	13 840.00	3 273.80
	J	N9624	057C09183	1.988	0.053 56	14 488.00	1 411.40
	K					14 462.00	-574.00

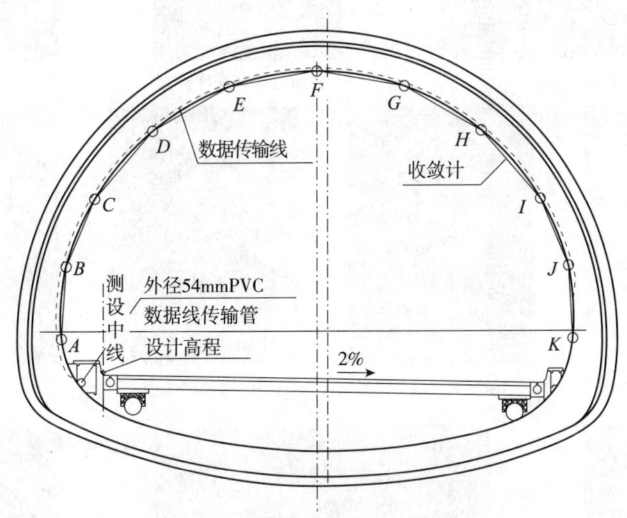

图 3-53　TCS-AM 隧道收敛变形监测系统图

现场具体安装实施步骤如下：

(1)全站仪放线确定安装断面(图 3-54)

a)准备

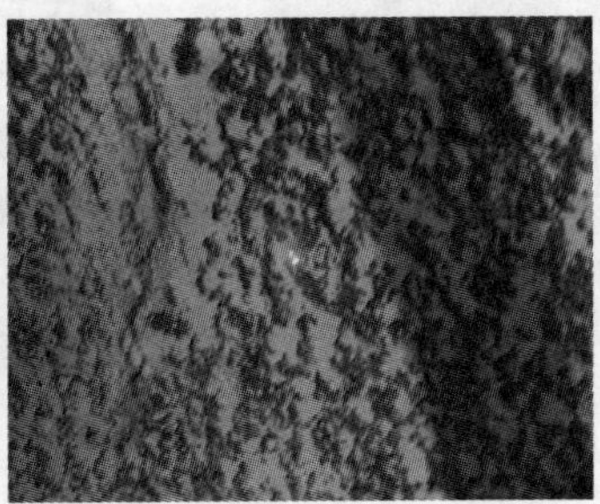

b)全站仪确定支座位置点

c)标记测点

d)续标记测点

图 3-54　全站仪放线确定安装断面

(2)安装收敛传感器(图 3-55)

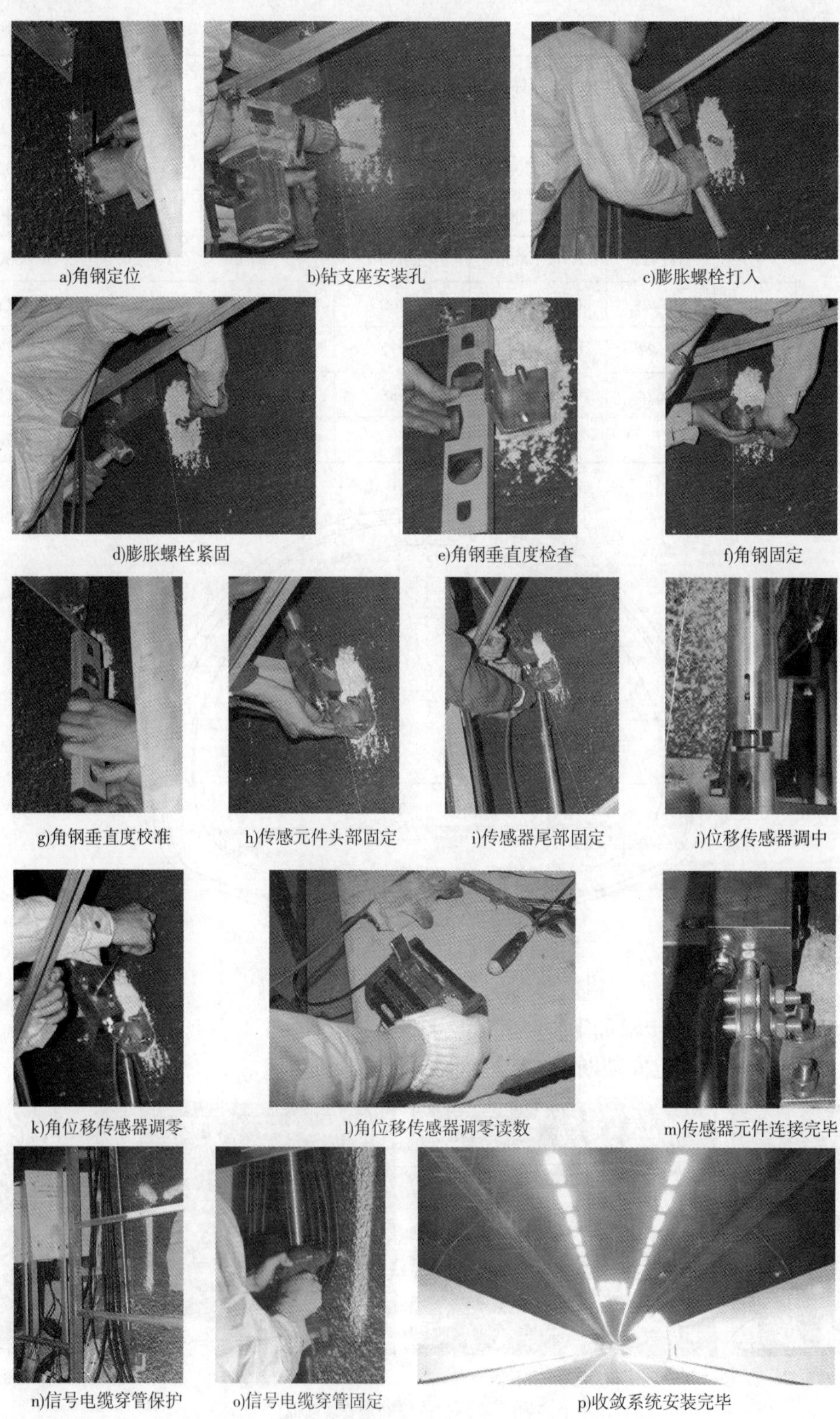

a)角钢定位　b)钻支座安装孔　c)膨胀螺栓打入

d)膨胀螺栓紧固　e)角钢垂直度检查　f)角钢固定

g)角钢垂直度校准　h)传感元件头部固定　i)传感器尾部固定　j)位移传感器调中

k)角位移传感器调零　l)角位移传感器调零读数　m)传感器元件连接完毕

n)信号电缆穿管保护　o)信号电缆穿管固定　p)收敛系统安装完毕

图 3-55　翔安隧道收敛变形监测系统现场安装图

第4章　海底隧道结构应力及地震和耐久性监测技术

4.1　光纤光栅传感器应力监测技术

针对重大工程和基础设施的健康监测和诊断是一项贯穿整个工程生命周期的技术，从工程施工、运营管理一直到拆除都需要进行监测。传统的土木工程结构监测以电阻式应变计、振弦式应变计为主，耐腐蚀性和抗干扰性较差，稳定性也难以满足要求，很难应用于长期工程结构健康监测中。采用高耐久性的传感元件是解决上述问题的根本方法。光纤传感技术是20世纪70年代末发展起来的一门崭新的技术，是传感器技术的新成员。它伴随着光导纤维及光纤通信技术的发展而形成的。目前，人们在各个领域对光纤传感器进行深入研究，使光纤传感技术获得了飞速发展。

4.1.1　光纤光栅基本结构及原理

1）基本结构[27-38]

光纤是光导纤维的简称。它是工作在光波波段的一种介质波导，通常是圆柱形。它把以光的形式出现的电磁波能量利用全反射的原理约束在其界面内，并引导光波沿着光纤轴线的方向前进。光纤的传输特性由其结构和材料决定。作为研究开发阶段的工程材料，虽然许多光纤方案已经实用化，但在通信和传感领域，从性能和可靠性来看，石英光纤是应用的重点。石英光纤结构通常为同轴圆柱体，如图4-1所示，从内层到外层依次为纤芯、包层和涂覆层。光波在纤芯内沿轴向传播，包层对纤芯中传输的光波起约束作用，同时对纤芯起保护作用，涂覆层则对包层和纤芯起保护作用。

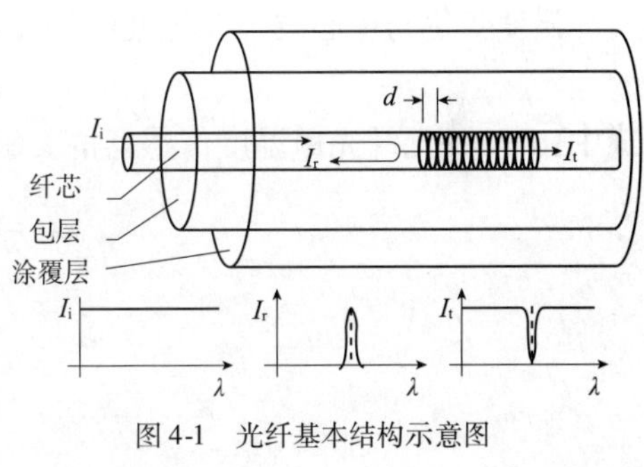

图4-1　光纤基本结构示意图

2）光纤布拉格光栅基本原理[15]

光纤布拉格光栅是最普通的一种光纤光栅，是一种性能优异的窄带反射滤波无源器件。当光波传输通过光纤布拉格光栅时，满足布拉格光纤光栅条件的光波矢将被反射回来，这样入射光栅波矢就会分成两部分：投射光波矢和反射光波矢，这就是光纤布拉格光栅的基本原理，如图4-2所示。应力（应变）和温度是最能直接显著改变光纤布拉格光栅的物理量。

当布拉格光栅受到外界应力(应变)作用时,光栅周期会发生变化,同时光弹效应会导致光栅有效折射率的变化;当布拉格光栅受外界温度影响时,热膨胀会使光栅周期发生变化,同时,热敏效应会导致光栅的有效折射率变化。基于光纤布拉格光栅原理的传感器基本上都是直接或间接地利用应变或温度改变光栅中心波长,达到测试被测物理量的目的。

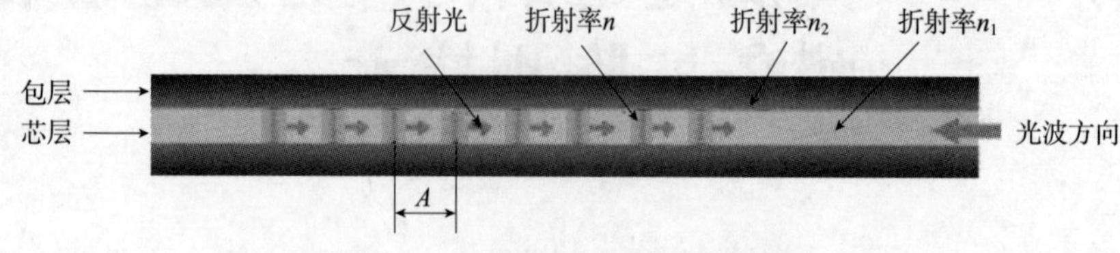

图4-2　光纤光栅传输原理示意图

应力(应变)及温度的变化引起布拉格波长的变化,轴向应变与波长变化值之间的关系为:

$$\Delta\lambda_B = \alpha_\varepsilon \varepsilon \tag{4-1}$$

式中:α_ε——光纤轴向应变下的波长变化关系的灵敏度系数。

$$\alpha_\varepsilon = \lambda_B(1-P) \tag{4-2}$$

$$P = \frac{n_{eff}^2}{2}[P_{12} - \gamma(P_{11}+P_{12})] \tag{4-3}$$

式中:P_{11}、P_{12}——弹光系数,即轴向应变分别导致纵向和横向折射率的变化;

γ——纤芯材料的泊松比;

λ_B——中心波长;

n_{eff}——纤芯有效折射率。

温度变化与中心波长变化之间的关系为:

$$\Delta\lambda_B = \alpha_T \Delta T \tag{4-4}$$

式中:α_T——光纤光栅温度传感器的灵敏度系数。

$$\alpha_T = \lambda_B\left(\alpha + \frac{1}{n_{eff}}\zeta\right)dT \tag{4-5}$$

$$\zeta = \frac{dn_{eff}}{dT} \tag{4-6}$$

$$\alpha = \frac{d\Lambda}{\Lambda\, dT} \tag{4-7}$$

式中:ζ——热光常数;

α——热膨胀系数;

Λ——光栅周期。

通过应变、温度传感器基本工作原理可以知道,由于传感器自身的特性,温度变化相对于应变(应变)变化对光纤光栅中心波长变化的影响更为明显。由于光纤光栅对应变和温度参数都敏感,在进行桥梁应变监测时,需要进行温度补偿,通常采用线性补偿方法。这种方法的依据是:在0~100℃和0%~1%应变的测量范围内,忽略应变—温度对灵敏度影响,对测量结果影响很小,把应变和温度对光栅波长的作用可以看作是独立、线性叠加的。根据上述原理,在应变光栅传感器附近放置温度光栅传感器,使其处在同一温度场下,前者同时感受应变和温度的变化，波长变化由两部分叠加而成；后者仅能感受温度的变化，波长变化由温度引起，但两传感器所感受的温度变化相同，因此，考虑温度变化的应变可用式(4-8)计算。

$$\varepsilon = [(\lambda_{\varepsilon 1} - \lambda_{\varepsilon 0}) - (\lambda_{t1} - \lambda_{t0}) \div K_{tt} \times K_{\varepsilon t}] \times K_{\varepsilon} + \varepsilon_0 \tag{4-8}$$

式中：ε——测量应变；

ε_0——初始应变，$\mu\varepsilon$；

$\lambda_{\varepsilon 1}$——应变传感器初始波长，pm；

$\lambda_{\varepsilon 0}$——应变传感器实测波长，pm；

λ_{t1}——补偿温度传感器初始波长，pm；

λ_{t0}——补偿温度传感器实测波长，pm；

$K_{\varepsilon t}$——应变传感器的温度系数，pm/℃；

K_{tt}——补偿温度传感器温度系数，pm/℃；

K_{ε}——应变传感器的应变系数，$\mu\varepsilon$/pm。

因此，在测量光栅的波长漂移中，扣除温度变化引起的波长飘移，即得应变单独作用引起的波长飘移，从而达到了温度补偿的目的。

4.1.2　光纤光栅传感器

海底隧道项目中采用的光纤光栅传感器主要分为埋入式、表面式和贴片式 3 类，分别进行海底隧道二衬应力、表面应力以及初期支护钢拱架应力监测，施工期采用离线监测，运营期采用在线实时监测。以下介绍几种传感器的基础参数。

1)埋入式应变传感器

为监测二次衬砌内部应力变化及其分布情况，海底隧道采用了光纤光栅埋入式应变传感器，具体参数及现场实物图见图 4-3。

产品图片	产品编号	GSYC-T2
	产品描述	埋入式。适用于混凝土内部的应力应变监测。可用于桥梁、隧道、矿井巷道、岩土工程、水下工程保护体、水利大坝等大型工程长期安全监测，可实现远程多点分布式实时在线网络监测
	技术参数	
	标准量程	±1 500με
	测量精度	±0.2%FS
	分 辨 率	0.5με
	波长范围	1 284~1 327nm
	标　　距	100~500mm
	连接方式	焊接

a)光纤光栅埋入式应变传感器参数

b)光纤光栅埋入式应变传感器现场图

图 4-3　光纤光栅埋入式应变传感器

2）埋入式温度传感器

为消除温度对埋入式传感器的影响，现测定二次衬砌内部温度，选择埋入式温度传感器，见图 4-4。

产品图片	产品编号	GSWC-T1
	产品描述	金属封装。表面安装式。可实现现场非电、远程、多点、分布式长期实时温度监测
	技术参数	
	标准量程	-50~+150℃
	测量精度	±0.5℃
	分辨率	0.1℃
	波长范围	1 284~1 327nm
	规格尺寸	80mm
	连接方式	FC/PC或熔接

a)光纤光栅埋入式温度传感器参数

b)光纤光栅埋入式温度传感器现场图

图 4-4　光纤光栅埋入式温度传感器

3）表面式应变传感器

为监测二次衬砌表面应力变化及其分布情况，采用光纤光栅表面式应变传感器，具体参数及现场实物图见图 4-5。

产品图片	产品编号	GSYC-T1
	产品描述	金属封装，表面安装式
	技术参数	
	标准量程	±1 000μξ
	测量精度	±0.2%FS
	分辨率	1μξ
	波长范围	1 284~1 327nm
	连接方式	熔接

a)光纤光栅表面式应变传感器参数

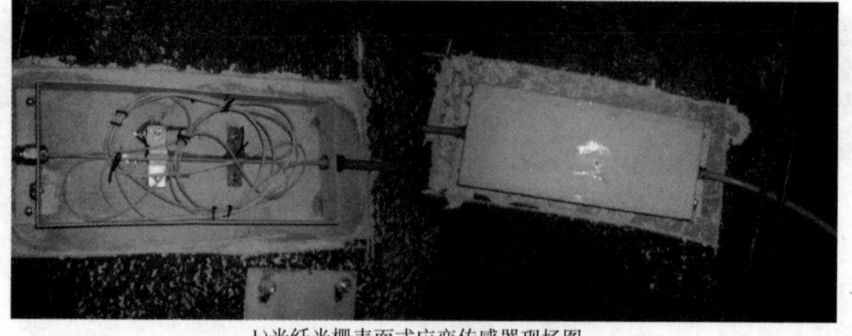

b)光纤光栅表面式应变传感器现场图

图 4-5　光纤光栅表面式应变传感器

4）表面式温度传感器

为监测二次衬砌表面温度变化及其分布情况，采用光纤光栅表面式温度传感器，具体参数见图 4-6。

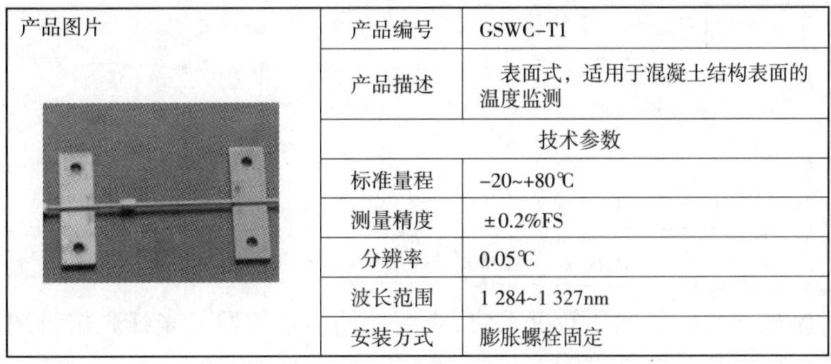

产品图片	产品编号	GSWC-T1
	产品描述	表面式，适用于混凝土结构表面的温度监测
	技术参数	
	标准量程	-20~+80℃
	测量精度	±0.2%FS
	分辨率	0.05℃
	波长范围	1 284~1 327nm
	安装方式	膨胀螺栓固定

图 4-6　光纤光栅表面式温度传感器

5）光纤光栅贴片式传感器

为监测初期支护钢支撑内力变化及其分布情况，采用光纤光栅贴片式传感器，具体参数及现场实物图见图 4-7。

产品图片	产品编号	GSYC-T2
	产品描述	贴片式，用于钢结构表面应变监测
	技术参数	
	标准量程	±1 500με
	测量精度	±0.2%FS
	分辨率	1με
	波长范围	1 284~1 327nm
	连接方式	熔接

a) 光纤光栅贴片式传感器参数

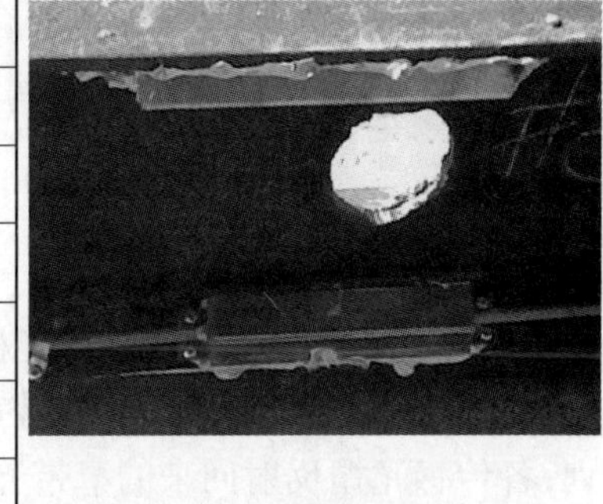

b) 光纤光栅贴片式应变传感器现场图

图 4-7　光纤光栅贴片式应变传感器

4.1.3　光纤光栅采集设备

光纤光栅解调器是 FBG 传感系统的组成之一，FBG 传感器的光信号传输至控制室后，必须解调为电信号才能达到安全监测的目的。国内外的研究表明，光信号的解调技术非常复杂，所使用的少数光器件技术含量高，且国外控制其技术转移。要实现光纤光栅解调器的产业化，对关键解调器件进行研究，突破技术瓶颈，使之国产化，降低生产成本，显得尤为重要。

1）便携式光纤光栅解调器

光纤光栅解调器的工作原理如图 4-8 所示，发光管发出的宽带光谱由传感光栅反射回来，成为几条窄带光谱，可调波长选择器和探测器在计算机的控制下进行扫描检测，测出传感光栅的特征波长，再通过计算得出温度、应变等被测参量。

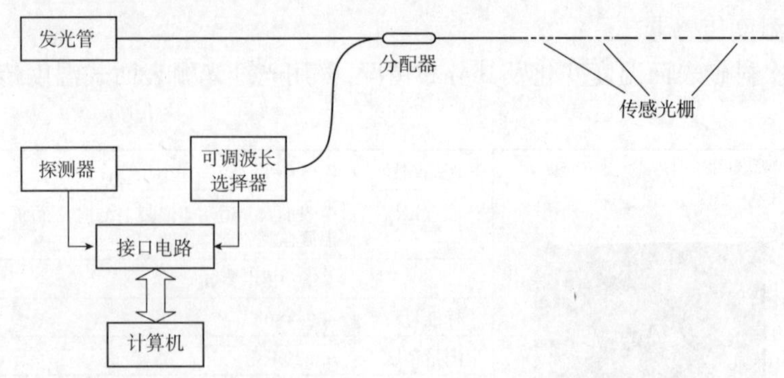

图 4-8　便携式光纤光栅解调器原理图

对施工阶段光纤光栅传感器数据采集,主要使用的是便携式光纤光栅解调器,主要是对二次混凝土内部应力和初期支护钢支撑应力进行量测,见图 4-9。

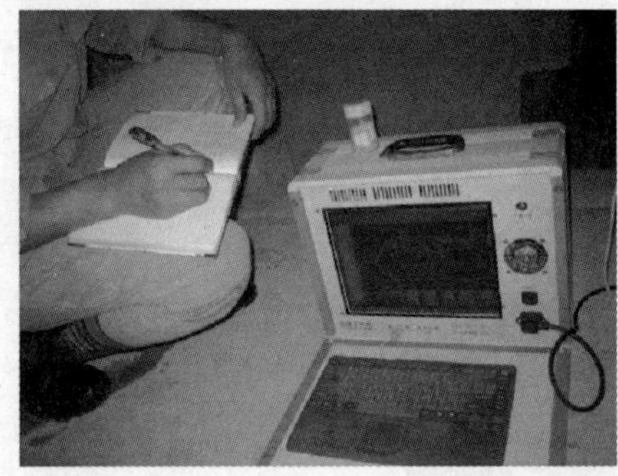

图 4-9　便携式光纤光栅解调器现场使用

2)自动化光纤光栅解调器

BGD-4M40 型自动化光纤光栅解调器的工作原理如图 4-10 所示,超发光管 SLED 发出的宽带光谱经过可调谐法布里腔(FFP)线性调制后经光纤耦合器同时进入 4 路测量光栅阵列,各传感光栅反射回来的窄带光谱,由光电探测器转换成电信号,再由 DSP 数据处理系统进行处理。波长数据通过计算机网卡传送,根据测得的波长值进行标定从而得到应变、温度等其他被测参数。

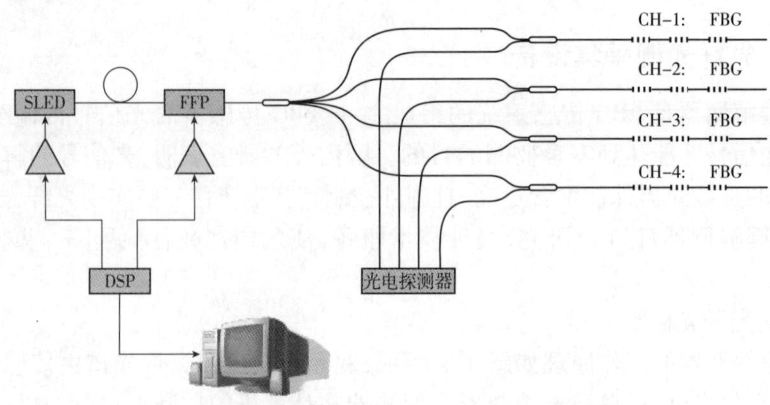

图 4-10　BGD-4M40 型自动化光纤光栅解调器原理图

BGD-4M40 系列解调器通过计算机进行数据通信以及数据处理,可以使用台式或手提式计算机。将配套的网线连接解调器与计算机。首先确认计算机与解调器的电源均已关闭,将网线的一端插入解调器背后的 LAN 口,将网线的另一端与计算机的网卡接口连接。翔安海底隧道运营期采用的光纤光栅解调器,如图 4-11 所示。

图 4-11　自动化光纤光栅解调器

将光纤光栅传感器通过标准的 PC/APC 插头插入解调器正面的光纤连接插座。插的时候注意将传感器插头上的定位销与光纤连接插座的定位槽对准,沿其水平轴线轻轻推进,以免损坏插座内的陶瓷套管,影响测量。

4.1.4　光纤光栅传感器安装

1)埋入式应力传感器安装

二次衬砌内力传感器埋设于二次衬砌内部,每个埋点有两个混凝土内力传感器,分别位于二次衬砌的内侧和外侧。在安装时,用扎丝将传感器绑扎在主筋旁,避免靠在主筋或者箍筋上,以免影响测量效果。绑扎的时候应使应变计平行与主筋的方向。

二次衬砌内力传感器通过铠装光缆相互串接,每个截面上的 16 支传感器分为 2 串(8 支/串),衬砌截面内外侧各埋设 1 串。根据施工单位施工方法先连接位于抑拱处的传感器(衬砌截面内外侧各 3 支),再连接位于拱墙处传感器(衬砌截面内外侧各 5 支),所有传感器沿主筋固定引出到隧道内电缆槽一侧的预埋箱内。

二次衬砌内力传感器的连接光纤采用不锈钢材质铠装管保护,混凝土应变计两端碳钢材质部分则采用环氧树脂涂层保护,在其金属接头密封处采用环氧树脂胶 SA-102 封装,以达到防海水腐蚀的目的,接头表面用环氧树脂涂覆。

埋入式光纤光栅传感安装示意图及现场安装如图 4-12 和图 4-13 所示。

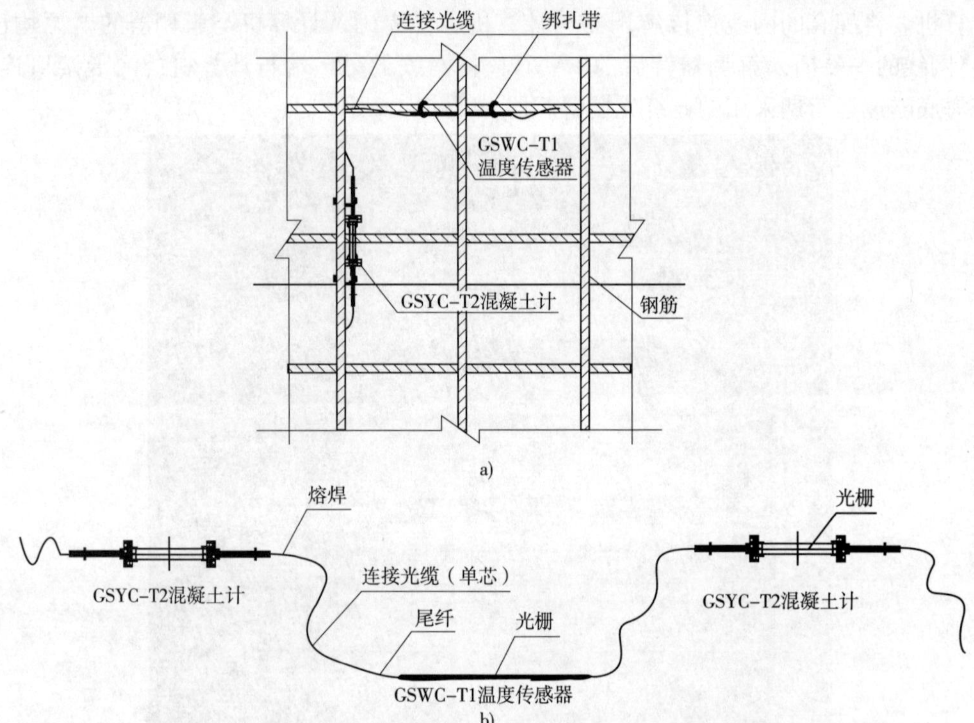

图 4-12　埋入式光纤光栅传感器安装示意图

图 4-13　埋入式光纤光栅传感器现场安装

2）贴片式应力传感器

钢支撑内力传感器在主隧道中应对称安装在工字钢翼缘内表面，打磨并清洁翼缘表面，使其表面平整光滑，用 SA-102 环氧树脂胶粘贴，再用 NQ-704 硅胶涂覆在表面增加柔韧性；保护盒焊接在设计测点位置，如图 4-14 所示。

钢支撑内力传感器通过铠装光缆连接，每个截面上的 16 支传感器分为两组（8 支/组）。通过两头出纤套入铠装保护置于防水板背后，根据不同的施工方法，把先开挖的部分所在的钢支撑的内力传感器和连接铠装光缆进行连接，预留适当长度铠装光缆，并引入本次开挖部分靠近下一部分交界处临时预埋箱内保护。待同一连接截面所有部分连接成组于拱脚处从防水板下缘引入到电缆槽一侧的预埋箱内。

在传感器与防护盒之间灌注环氧树脂，防止钢支撑内力传感器的腐蚀。

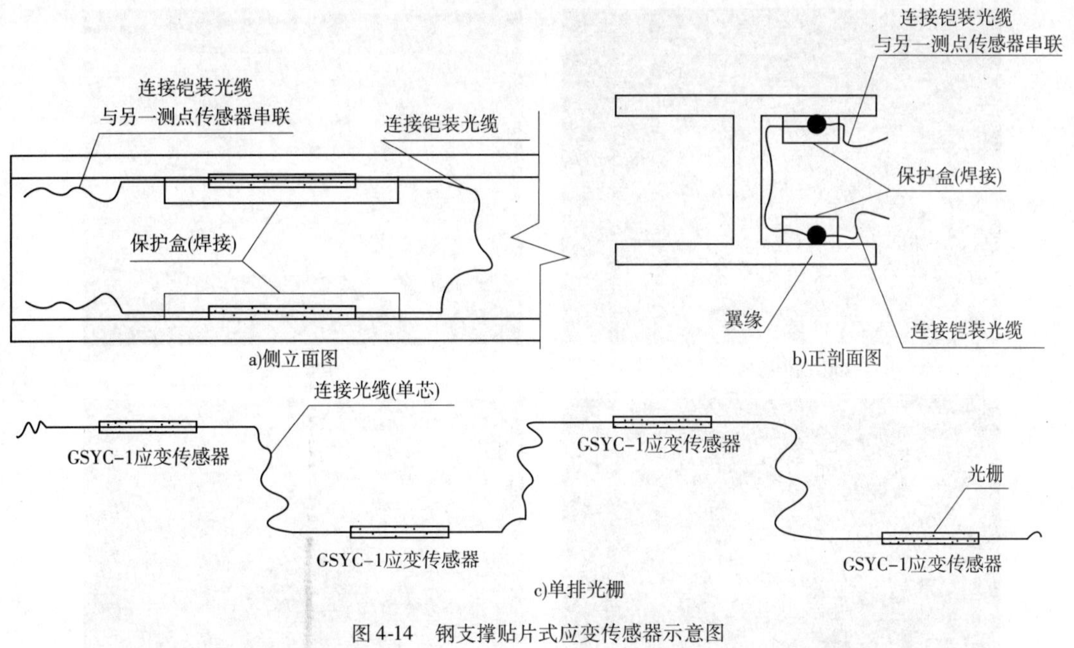

图 4-14　钢支撑贴片式应变传感器示意图

3)表面式应变传感器

二次衬砌表面应变传感器的安装是将混凝土表面打磨平整并清洁,用大筑胶粘贴并用膨胀螺栓固定,再用保护盒将其罩住保护,最后用防火涂料涂抹保护盒。二次衬砌表面传感器通过铠装光缆连接。铠装光缆通过预埋在二次衬砌混凝土内的 PVC 管引入到电缆槽一侧的预埋箱内。二次衬砌表面式应变传感器示意图及现场安装如图 4-15 和图 4-16 所示。

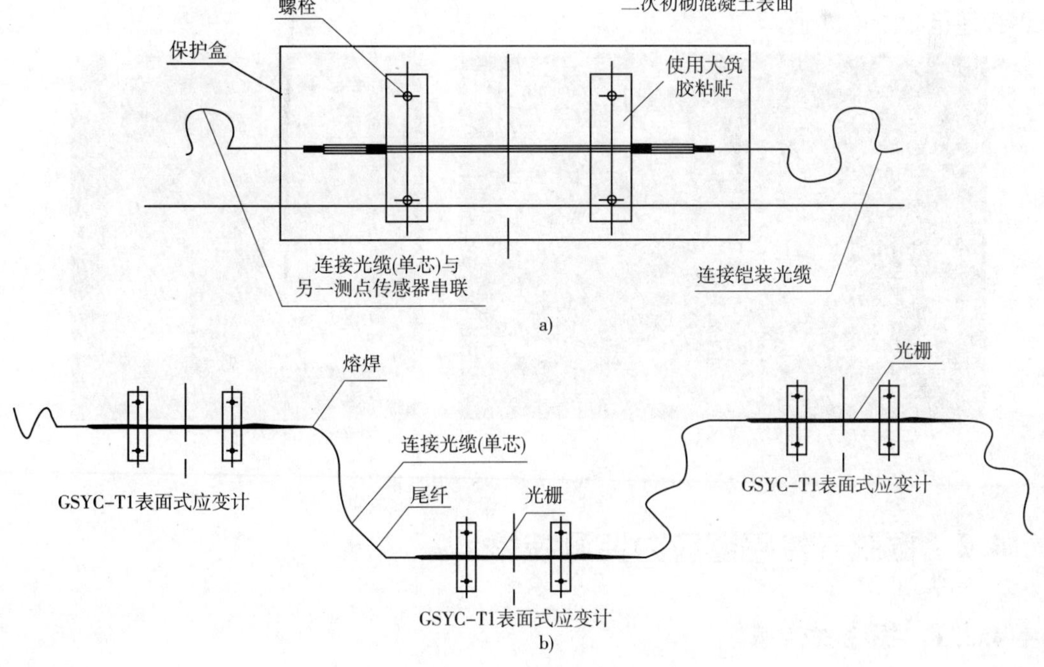

图 4-15　二次衬砌表面式应变传感器示意图

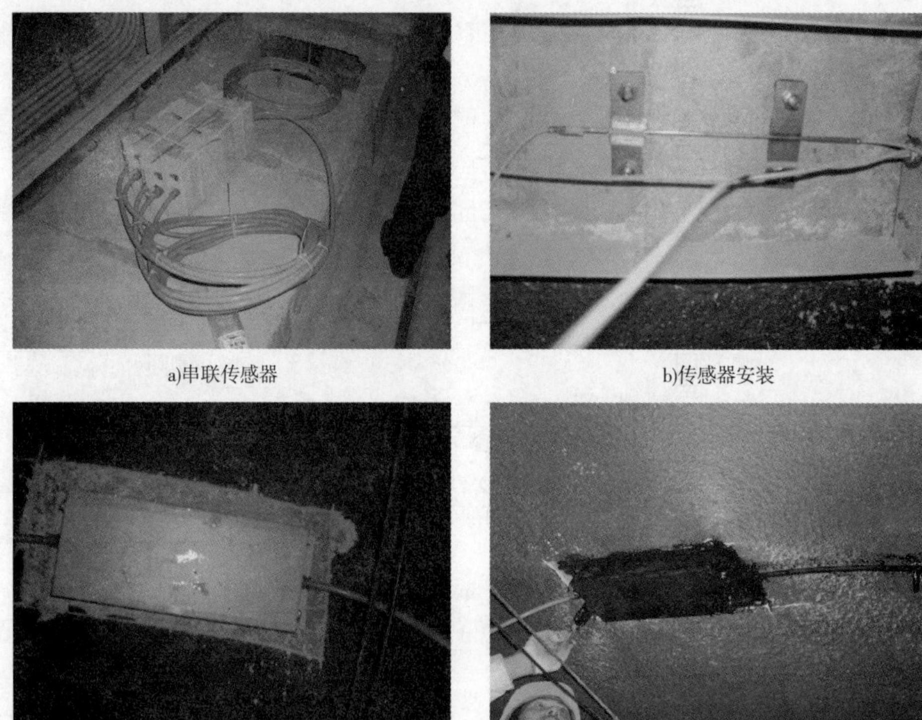

a)串联传感器　b)传感器安装

c)保护盒安装　b)涂抹防火涂料

图 4-16　二次衬砌表面式应变传感器现场安装

以上连接工艺在安装过程需注意,连接光缆不能呈直角弯折,传感器的分组采取就近原则,将相邻几个测点的光纤光栅传感器串联成组后统一引入同一侧的预埋箱内,光栅光纤传感器预埋箱如图 4-17 所示。

a)浇筑混凝土前

b)浇筑混凝土后

图 4-17　光栅光纤传感器预埋箱

4.2　振弦式传感器应力监测技术

4.2.1　振弦式传感器

海底隧道项目中采用的振弦式传感器主要有应力应变传感器、压力盒、水压计 3 类,分别进行海底隧道初期支护和二次衬砌应力、接触压力以及水压力监测，施工期采用离线监测，运营期采用在线实时监测。

1）振弦式应变传感器

对于矿山法施工的海底隧道，有时仅需要分析施工期初期支护和二次衬砌内力变化规律，例如分部开挖临时支撑应力变化规律，如果采用光纤光栅传感器则成本太高，所以选择振弦式传感器，主要包括钢筋计和混凝土应变计，前者监测钢支撑应力，后者监测初期支护或二次衬砌混凝土应变，均为短期离线监测。应力应变振弦式传感如图 4-18 所示。

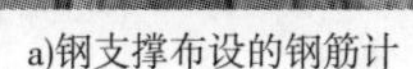
a)钢支撑布设的钢筋计

b)二次衬砌截面内外侧混凝土应变计

图 4-18　应力应变振弦式传感器

2）振弦式压力盒

TPC 型压力传感器主要用于观测围岩和初期支护以及初期支护和二次衬砌间接触压力，TPC 型振弦式压力计包括 1 个压力盒，1 根不锈钢管和 1 个装在坚固外壳中的压力传感器。施工期采用人工离线监测，运营期采用自动在线实时监测。TPC 矩形压力盒和现场图见图 4-19 和图 4-20。

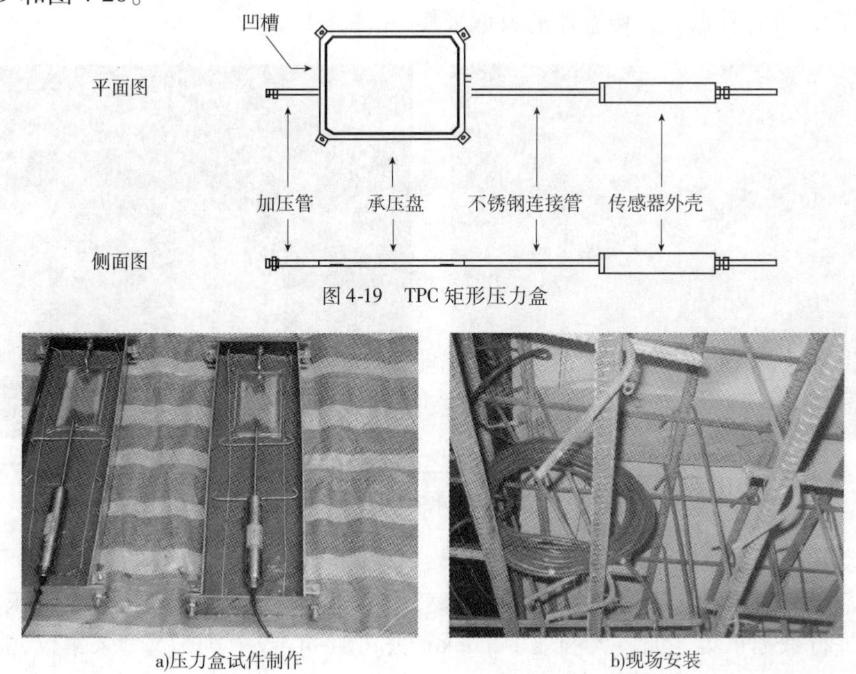

图 4-19　TPC 矩形压力盒

a)压力盒试件制作

b)现场安装

图 4-20　TPC 矩形压力盒现场图

3)振弦式渗压计

PWS 型渗压计主要用于观测围岩与初期支护间及初期支护与二次衬砌间水压力变化情况,渗压计内有压力传感器和温度电阻,其一端装有高通或低通过滤器,另一端是电缆接口,用环氧树脂密封,所有部件都由不锈钢制造而成。施工期采用人工离线监测,运营期采用自动在线实时监测,如图 4-21 所示。

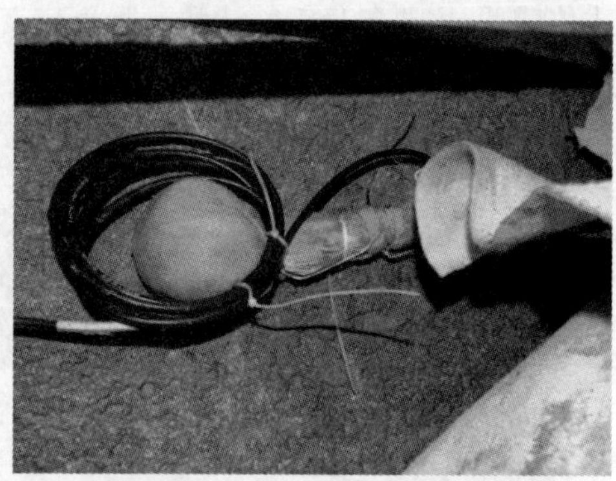

图 4-21 渗压计现场图

4.2.2 振弦式采集设备

1)便携式频率采集仪

对施工期振弦式传感器离线人工数据采集,主要使用便携式频率采集仪,对应力应变、接触压力和水压力进行数据采集。

可选用加拿大进口 MB-6TL 振弦式数据记录器和国产 YT-DSY-406 型便携式数据采集仪,适用于国内外各种振弦式传感器的数据采集,见图 4-22。

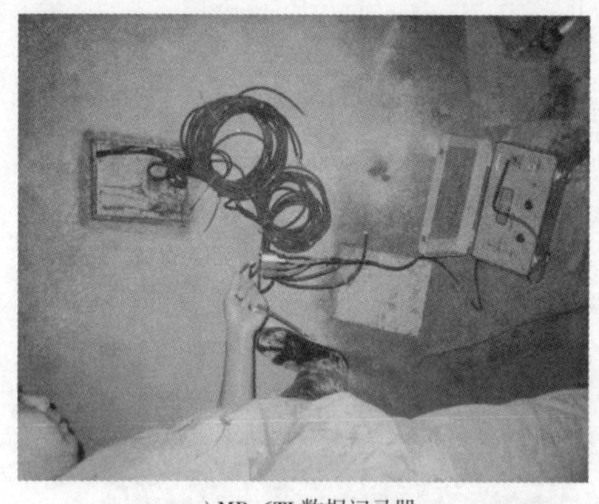

a) MB-6TL数据记录器

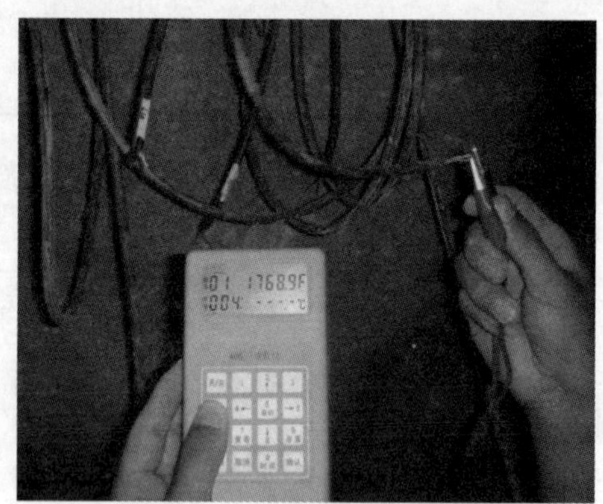

b) YT-DSY-406型便携式数据采集仪

图 4-22 便携式频率采集仪现场应用图

2)自动化数据采集仪

对运营期振弦式传感器在线实时数据采集,主要对应力应变、接触压力和水压力、二次衬砌变形进行数据采集。如澳大利亚 Datataker 公司 GeoLogger DT515 型采集仪,能实现全天候自动监测,具有很好的稳定性,见图 4-23。

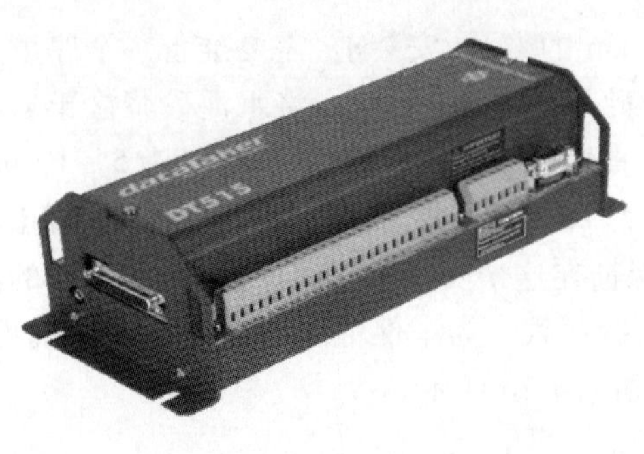

a) 采集仪

b) 现场安装

图 4-23　GeoLogger DT515 型采集仪现场实施图

4.2.3　振弦式传感器安装

1) 压力盒安装

安装压力盒的最终目的是测量土体中或结构界面上的压力,因此在安装过程中切记的要点是,尽可能减少由于安装压力计产生的压力对压力计的影响,因此,提出以下几点建议:

①根据测量的物体,确定压力计的安装位置,但是压力计的安装应尽量采用周围的材料进行覆盖,以避免干扰(如爆破等)。

②在同一个位置,可以单独安装,成对安装或是成串不同方向安装。同一位置处,相邻压力计之间的距离必须保持在压力计的压力盘直径 4 倍距离以上,这样可以避免相互影响。

③压力计的覆盖材料必须和周围的材料一致,压力盒和土体或岩石接触部位应避免突出部分或不规则的材料,否则导致压力盘上的应力不规则变化。

④压力计的安装位置不适合于有明显温度变化的地方,如暴露在阳光下或是空气较冷的环境中。对于这种情况,应尽量杜绝。

(1) 预制压力传感器混凝土模块

采用预制混凝土模块方法,预制模块的尺寸为:宽为 200mm,厚为 100mm,长度需要覆盖整个传感器,预制模块四角预留安装孔,在喷射混凝土施工前 48h 通过膨胀螺栓安装到设计位置,压力传感器混凝土模块制作如图 4-24 所示。

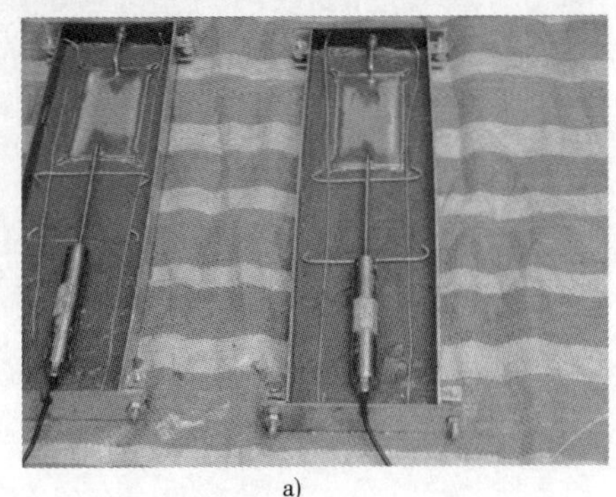

a)

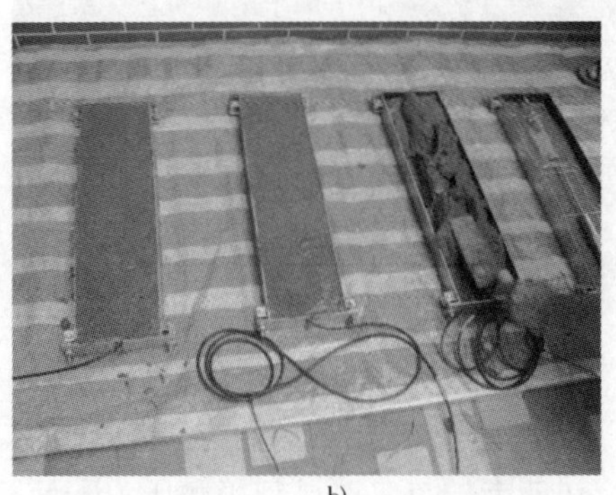

b)

图 4-24　压力传感器混凝土模块制作

(2)围岩与初期支护接触压力传感器安装

在岩石中凿长×宽×深400mm×300mm×50mm的方孔,安装前,需要准备一个厚度为±10 mm的平滑的垫层,将松动部分去掉,水泥和砂子的比例为1:2。将水泥砂浆涂于岩石表面,厚度大约为15mm,然后用压力盒进行压实,直至砂浆中的气泡排出,厚度为5~10 mm之间,最后用水泥砂浆覆盖,压力计的覆盖层厚度为10~25 mm之间。为了避免因混凝土和压力计膨胀系数的不同而引起的剪切变化,必须保证在这个安装过程中,所用水泥砂浆的温度一样。主要是垫层砂浆和覆盖层砂浆的温度保持一致。为了保证压力计位置的准确性,可以采用固定螺栓或钢筋柱进行固定,如图4-25和图4-26所示。

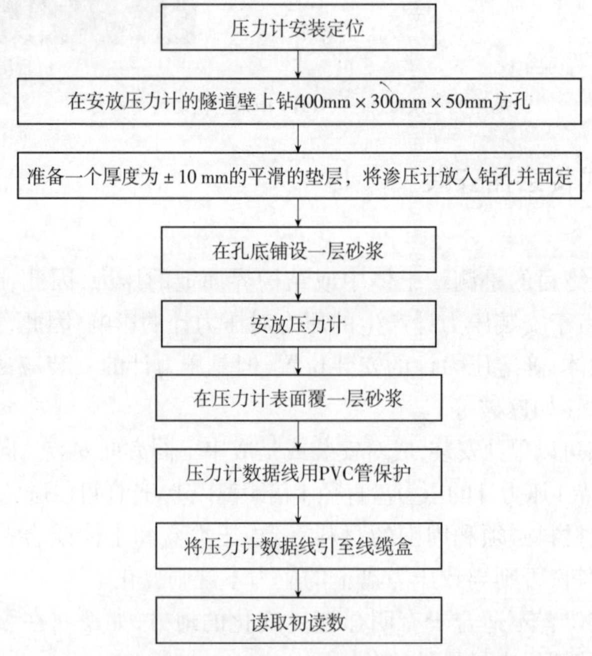

图4-25　隧道围岩与初期支护接触压力计安装工艺流程图

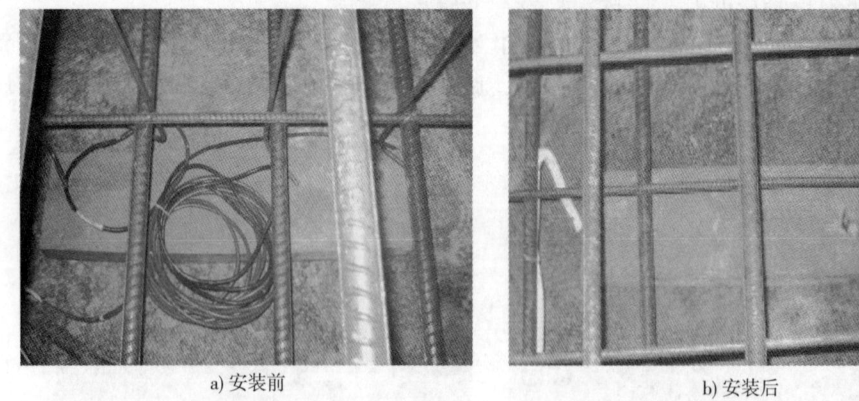

a) 安装前　　b) 安装后

图4-26　围岩与初期支护接触压力传感器安装

(3)初期支护与二次衬砌接触压力安装

上边墙及拱顶安装压力传感器时,在隧道的防水板(1)外表面上焊接另一块防水板

(2),做成口袋状,将压力传感器放入其中,再用硅胶封口并用防水胶布封住,见图 4-27。仰拱处压力传感器埋设时直接将传感器置于找平的砂浆上并固定。所有压力传感器数据电缆集中穿入 PVC 管中并从隧道一侧引出。

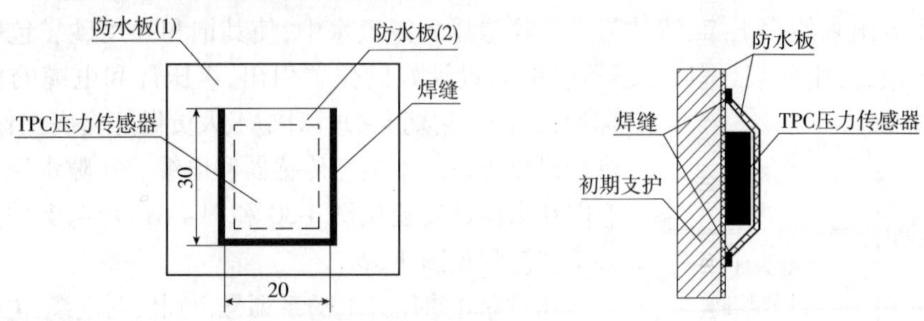

图 4-27　边墙和拱顶压力传感器安装示意图(尺寸单位:cm)

仰拱处初期支护和二次衬砌之间压力计的安装方法(图 4-28)与围岩和初期支护压力计安装方法雷同,这里就不在赘述。

图 4-28　初期支护与二次衬砌接触压力现场安装

所有数据线均由一侧引出,压力计引出线用 PVC 管保护并固定在初期支护内层钢筋网上,从防水板下缘后引至电缆管一侧的集线箱中,如图 4-29 所示。在喷射混凝土施工开始之前,必须对压力计各项指标进行检查,以便及时修复和补救。

图 4-29　接触压力监测数据采集箱

2)水压计安装

(1)围岩水压计安装

在围岩内凿孔,通常向下的钻孔凿孔深度要比渗压计安装高程低30cm。钻孔结束后,洗孔直到回流出来的水干净、清洁为止。将渗压计浸入水中,使其饱和并用砂袋包裹好之后放入孔内定位,再用砂浆封口,传感器电缆沿设计好的位置引出,渗压计和电缆的位置作好标记,在进行初期支护时对施工人员做好交底工作,确保在进行锚喷支护时不损坏传感器和电缆。孔隙水压力安装示意图和水压计安装见图4-30和图4-31,初期支护渗压计安装工艺流程见图4-32。

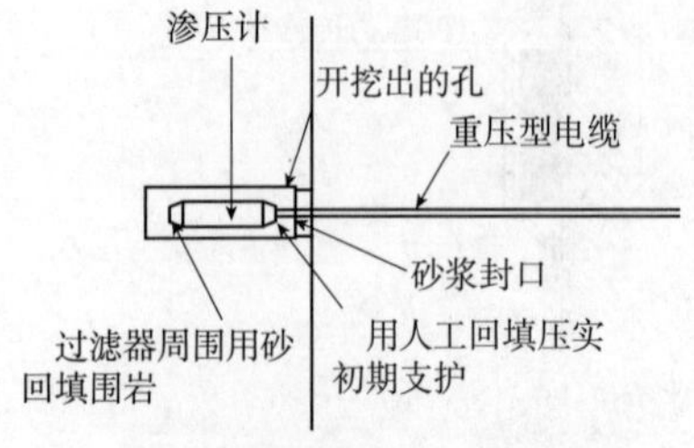

图4-30 孔隙水压计安装示意图

通过贴在渗压计上的系列号识别仪器电缆,电缆的系列号铭刻在电缆读数端的标签上。考虑传感器电缆偶然切断或者在施工损坏时要重新标上标签,故在容易出现电缆被剪断的情况处采用金属标记,按照一定的间距进行标记(其他传感器电缆也采用这样的标记方式)。

a) 水压计浸水饱和

b) 水压计透水砂包裹保护

图4-31 水压计安装

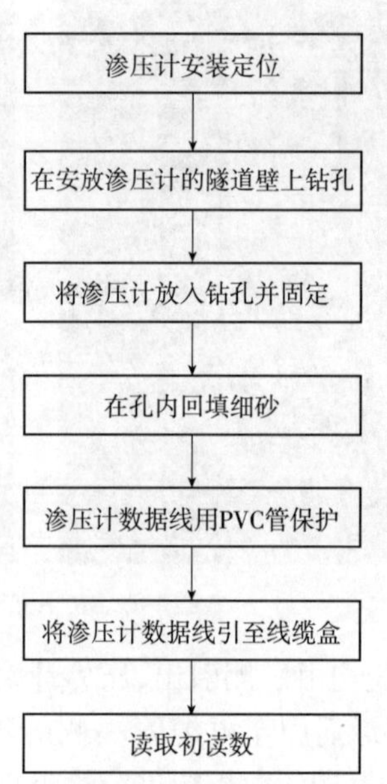

图4-32 初期支护渗压计安装工艺流程图

(2)二次衬砌间水压力

在初期支护内凿孔,因为初期支护的厚度影响,只能采用冲击钻在初期支护施工斜向钻孔或者刻槽。钻孔(或刻槽)结束后,清洗直到回流出来的水干净、清洁为止。将渗压计用砂袋包裹好之后放入孔(槽)内,再用砂浆封口或螺栓固定,传感器电缆沿设计好的位置引出,在渗压计和

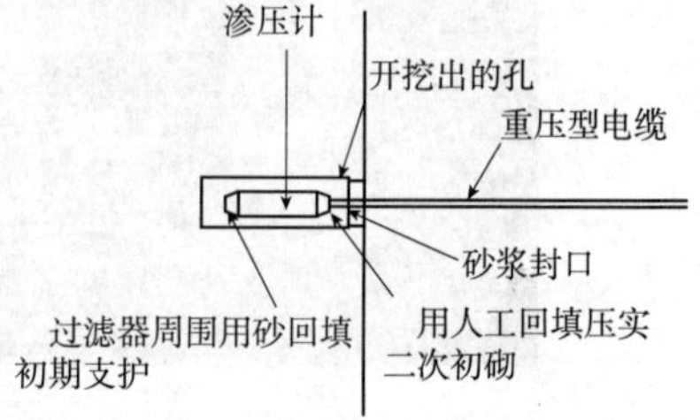

图4-33 二次衬砌水压计安装示意图

电缆的位置作好标记,做好对施工人员的交底工作,确保在防水层和二次衬砌施工时不损坏传感器和电缆。具体安装示意图和安装流程图见图 4-33 和图 4-34。

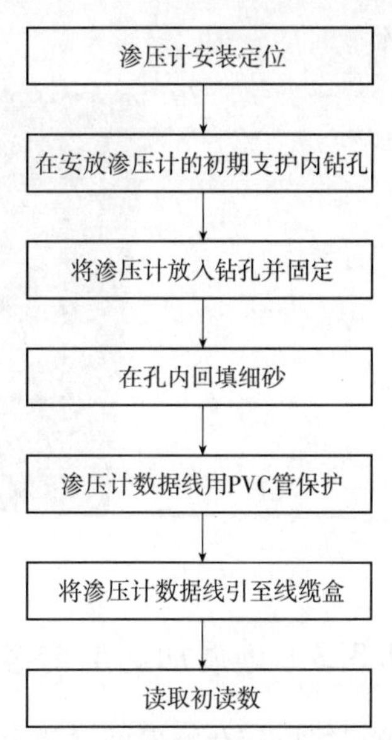

图 4-34　二次衬砌渗压计安装工艺流程图

4.3　地震加速度监测技术

4.3.1　地震加速度传感器

为了解隧道建成后运营期间振动及地震对结构的影响,在隧道周边安装三向加速度传感器,如图 4-35 所示,地震监测要求不受交通影响,不受周围环境干扰影响,数据采用光纤传输,自动集成到隧道中心控制系统中。例如瑞士 GeoSIG 公司的 AC-63 型三向加速度传感器。

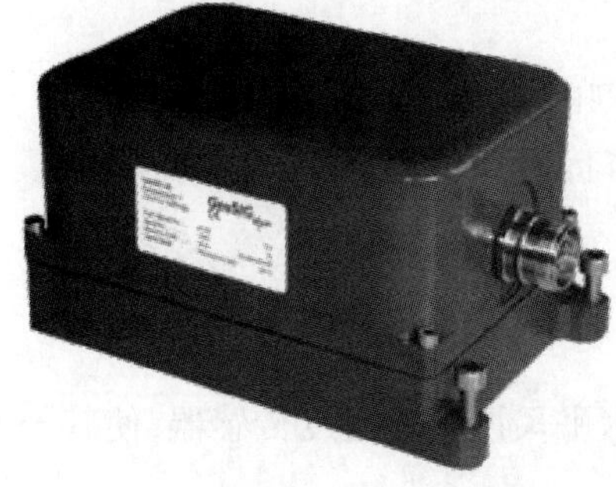

图 4-35　地震加速度传感器

AC-63 型三轴力平衡加速度传感器是以力平衡伺服加速度原理为基础,采用一个坚固的质量块悬挂系统,该系统能获得高信噪比的信号并进行温度飘移补偿,装有数字传感器的控制装置提供极好的偏移稳定性。AC-63 有一个三轴正交的密封装置,适用于要求坚固的传感器地震强震观测。AC-63 加速度传感器的技术参数如表4-1所示。

地震加速度传感器参数表　　表 4-1

量　程	±2g(标准)	±0.5g	±1g
尺寸	161mm×160mm×90mm		
质量	2.5kg		
频带宽度	从 DC 到 100Hz(200Hz 可选)		
动态范围	>120dB(18bit)		
轴	1、2、3		
轴灵敏度	<0.2%		
电源	9.2~15VDC		
工作温度	-20~70℃		
工作湿度	0~100%		

4.3.2　地震加速度采集设备

地震加速度采集选用地震加速度记录仪,例如瑞士 GeoSIG 公司 GSR-18 型数据记录仪(图 4-36),22bit 分辨率,支持 GeoDAS 数据采集程序,GeoDAS 软件通过以太网远程控制数据记录仪,实时记录地震波形和采样数据,自动对地震特性进行分析,并执行报警、硬件配置等操作。

图 4-36 GSR-18 强震记录仪

4.3.3 地震加速度传感器安装

隧道建成后在隧道的边墙安装，施工二次衬砌时在衬砌内预埋固定支座和电缆预埋管，以便在隧道建成后安装 AC-63 地震加速度传感器，然后将传感器数据线引到 GSR-18 强震记录仪中，如图 4-37 所示。

主要安装步骤为：

(1)固定加速度传感器支座并用水平尺调平。

(2)将加速度传感器放于调平后的钢支座上，同时用水平尺调平加速度传感器，使其 xy 方向平面与大地坐标系水平。

(3)安装保护箱，将强震记录仪安装于保护箱内并固定，将加速度传感器数据线引入 GSR-18 强震记录仪中。

(4)强震记录仪保护箱内放入干燥剂，以免箱内空气水分过高损坏记录仪。

4.4 结构耐久性监测技术

作为海底隧道支护体系的钢筋混凝土结构，如果受到海洋环境中氯化物的不断侵入或混凝土逐渐碳化等，就可能引起混凝土的 pH 值降低，造成钢筋表面钝化膜破坏，进而发生局部腐蚀。为了确保海底隧道建成后的长期安全运行，有必要采用合适的现场监测技术，及时了解和控制钢筋在混凝土中的腐蚀行为。因此，应用非破损检测/监测技术对海底隧道支护结构进行长期的现场跟踪监测，可以提供材料及结构性能随时间变化的完整信息，从而检测早期腐蚀，减少由于腐蚀所造成的巨大损失，避免可能发生的安全事故，因此，具有重大意义。

4.4.1 腐蚀监测传感器

为全寿命监测钢筋混凝土结构的腐蚀情况，需要采用埋入式腐蚀传感器，例如厦门大学采用丹麦 Force 公司的 Corrowatch 多探头腐蚀传感器和 ERE20 参比电极组成的腐蚀传感器与其自主研发的电化学腐蚀传感器和物理腐蚀传感器构成高低结合框架，构成合理的腐蚀监检测系统[39]。

a) 固定钢支座

b) 钢支座调平

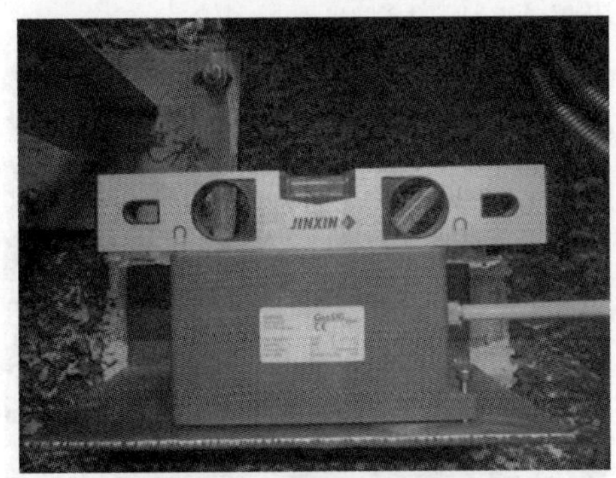

c) 加速度传感器调平

d) 加速度传感器调平

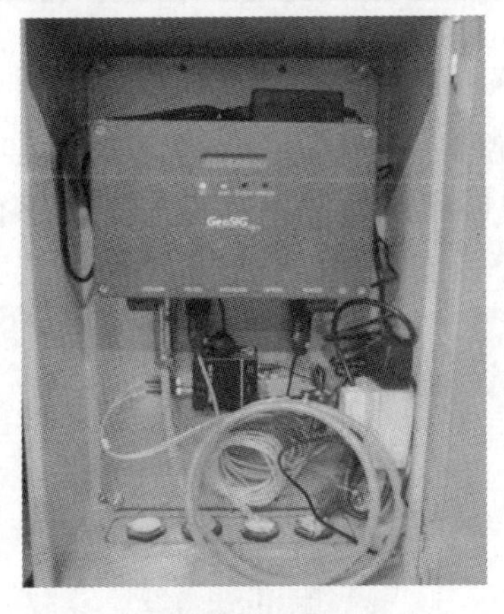

e) 保护箱和安装强震记录仪

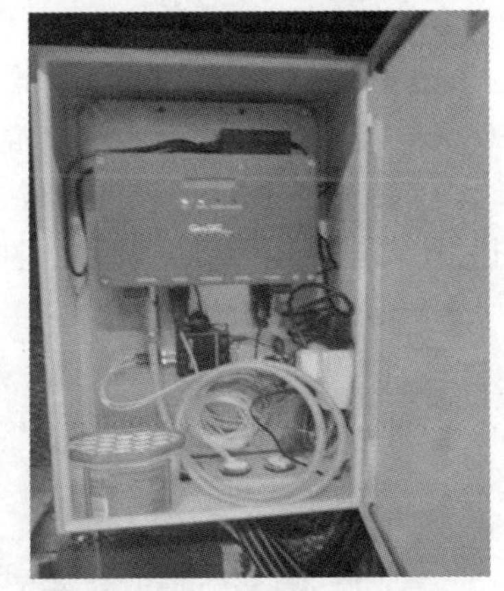

f) 放置干燥剂减小湿度

图 4-37　海底隧道加速度传感器现场安装图

1）商用电化学腐蚀传感器

采用丹麦 Force 公司的 Corrowatch 多探头腐蚀传感器和 ERE20 参比电极，见图 4-38。

2）阶梯形腐蚀传感器

配合商用电化学腐蚀传感器，厦门大学自主开发了阶梯形电化学腐蚀传感器。与现有商用传感器相比具有：固定阳极、阴极距离和面积比，克服了数据出现不稳定和不可比性的缺点[39]，见图 4-39。

a) b)

图 4-38 Corrowatch 多探头腐蚀传感器与 ERE20 参比电极

a) b)

图 4-39 阶梯形电化学腐蚀传感器

XMUCT-08 探头：XMUCT-08 钢筋混凝土结构腐蚀安全多功能监测探头由一个 pH 值探针、氯离子探针和一个参比电极构成，可同时长期跟踪监测钢筋混凝土内部化学环境（混凝土中 pH，Cl^- 等）和钢筋在混凝土中腐蚀状态及安全性（腐蚀电位，腐蚀速度），见图 4-40。

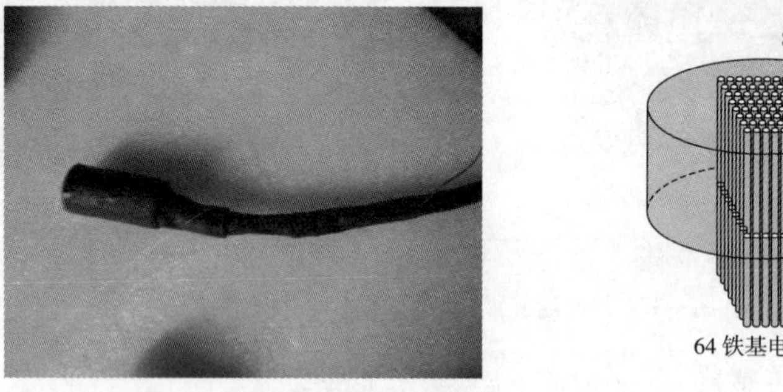

图 4-40 多功能 XMUCT-08 腐蚀探头

3）光纤光栅物理腐蚀传感器

由厦门大学自主研制，应用光纤光栅反射波长的改变，可以测量钢筋因腐蚀而产生的体积变化，将传感器埋入混凝土结构内，能实时地反映由于钢筋腐蚀而产生的体积变化，从而掌握混凝土结构中钢筋的腐蚀状况，见图 4-41。

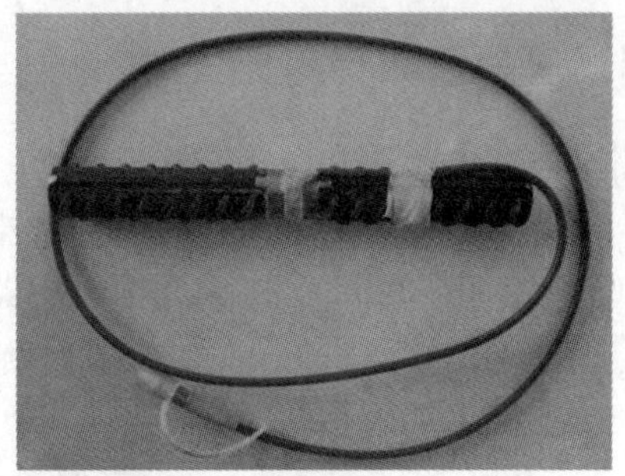

图 4-41　光纤光栅物理传感器

4.4.2　腐蚀监测采集设备

钢筋腐蚀监测周期较长,为节约成本,全寿命周期均采用离线监测,如图 4-42 和图 4-43 所示。

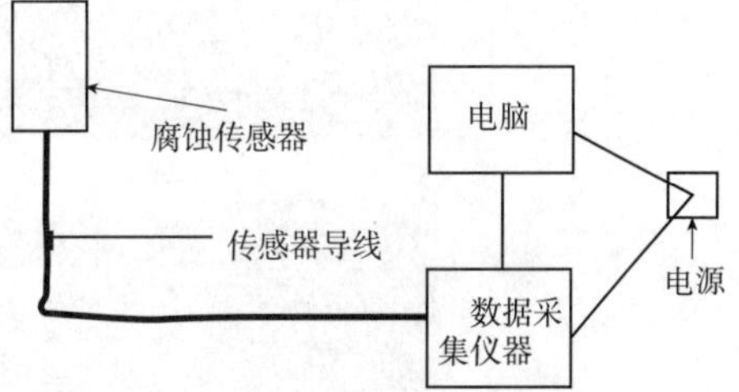

图 4-42　腐蚀监测系统数据采集示意图

(1)针对 Corrowatch 和阶梯形腐蚀传感器使用便携式数据采集系统现场监测结构的腐蚀情况,现场通过太阳能电池供电并通过 GPRS 无线方式进行数据传输。

(2)针对光纤光栅物理传感器,采用激光发生器、专用光波示波器、解调器和手提电脑连接,通过特制软件系统测试光纤光栅的波长改变。

(3)针对 XMUCT-08 多功能探头,采用定制的阵列电极测试设备,通过采集仪器连接电脑获得数据。

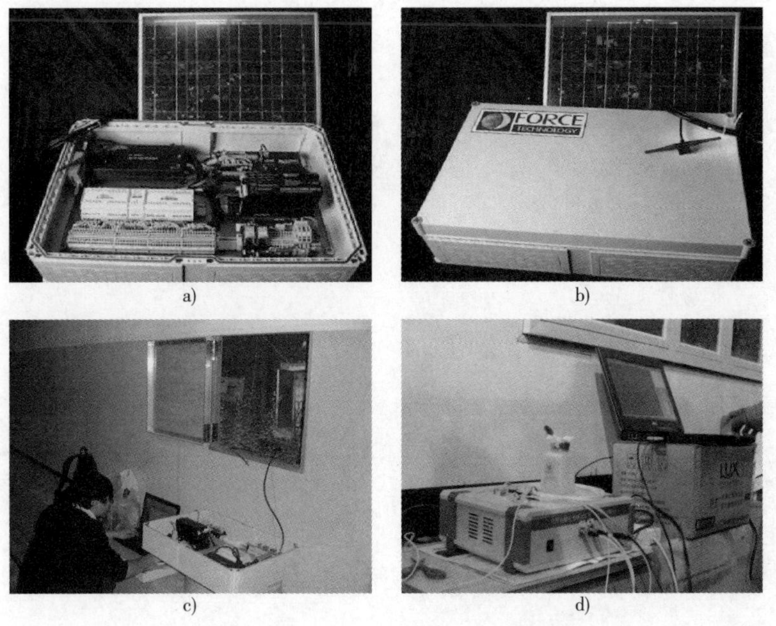

图 4-43　腐蚀数据测试系统与现场测试情况

4.4.3 腐蚀监测传感器安装

厦门翔安海底主隧道和服务隧道共计 11 处断面的混凝土二次衬砌中安装了 24 套商用 Corrowatch 多探头腐蚀传感器和 ERE20 参比电极,10 套阶梯形电化学腐蚀传感器与 ERE20 参比电极,13 套 XMUCT-08 多探头腐蚀传感器和 21 套光纤光栅物理传感器。通过检测,所有断面的传感器工作状况良好,安装与竣工见图 4-44。

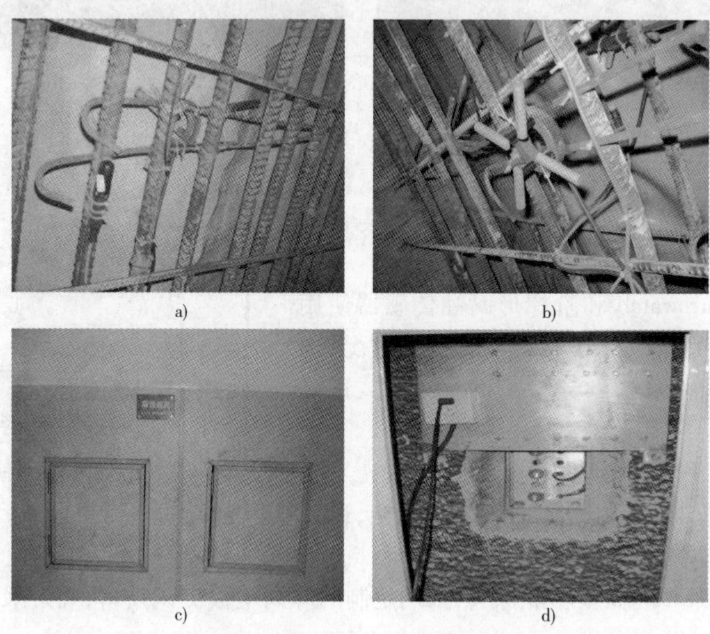

图 4-44 传感器现场安装图与竣工图

第 5 章　海底隧道全寿命安全监测控制及管理基准

5.1　海底隧道施工阶段位移和应力控制基准

隧道监控量测中最重要的是要有一个标准,以便评价设计、施工是否妥当,并根据标准进行施工管理,否则监测到的数据将毫无意义。由此可见,隧道施工过程中建立一个完整的位移控制基准是非常重要的。

5.1.1　位移控制基准

在新奥法施工中,一般认为位移是最值得推荐的测试项目。这是因为位移,特别是隧道拱顶下沉、周边位移,是围岩和支护系统力学形态变化最直接、最明显的反映,这样易于建立准则,来实现量测结果的反馈。

隧道位移控制基准的确定并不是一件容易的事情,它是由隧道所处地质条件、隧道埋深、断面形状尺寸及初期支护性状等多种因素决定的,在实际应用中,应根据工程实际经验和工程施工进展情况确定。目前围岩极限位移量一般通过理论分析、数值计算、现场量测和室内试验来确定,但现场量测的位移统计资料更可靠、更准确。将这些资料收集起来按围岩级别及施工条件、断面大小等分类整理,通过对量测数据进行回归预测并征求专家意见确定极限位移,然后与国内外有关资料相对比,做适当修改,这是一个长期不断完善、逐步提高的过程[40-41]。

根据目前国内外研究现状,隧道位移控制基准多为与隧道跨度相关的相对位移。随着大断面隧道的增多,CRD 法、CD 法和双侧壁导坑法等新的施工方法不断涌现,传统的相对位移控制基准已不能很好地满足大断面分部施工隧道的安全性判定,所以针对不同的施工法提出相应的位移控制基准具有一定的实际意义。由于关于海底隧道位移监测统计数据有限,本书主要建立了海底隧道 V 级围岩三车道公路隧道 CRD 法绝对位移控制基准,其结果适用于类似工程的信息化施工中,为设计与施工提供有效的参考依据[42]。

1)三维绝对位移控制指标确定

(1)CRD 法初期支护绝对位移变化规律

分部开挖以土质围岩三车道公路隧道 CRD 法施工为例,非接触三维位移量测结果如图 5-1 所示。

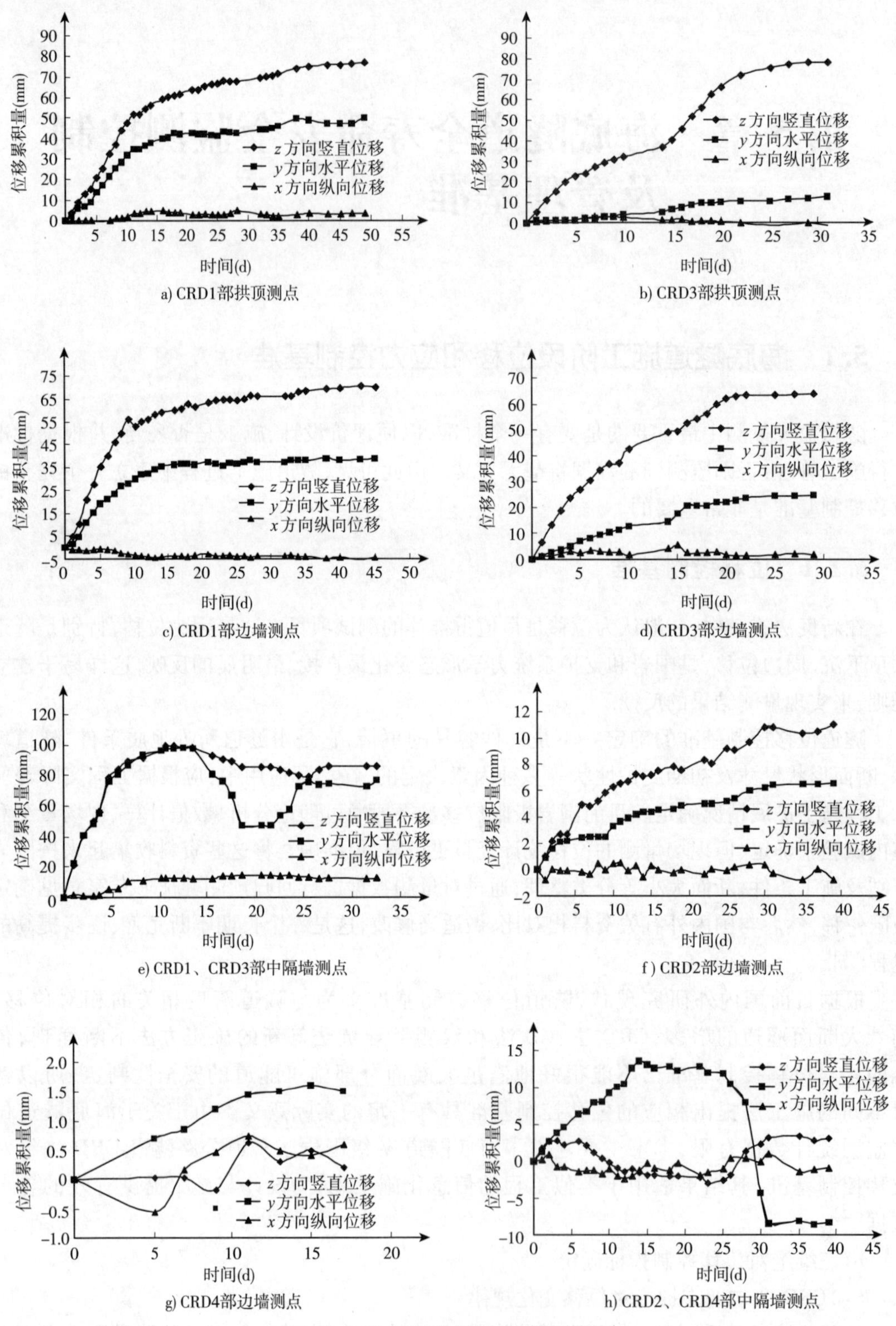

图5-1 CRD法围岩三维位移时程曲线图

由图5-1可知:CRD1、CRD3部拱顶位移累积量呈台阶式增长,其拱顶竖直位移累积量最大,对结构安全的敏感性较大,能很好地预测围岩—支护结构稳定性;由于水平横支撑的作用,各部边墙的水平位移较小,特别是CRD2、CRD4部边墙水平位移最小,对结构安全的敏感性较差;中隔墙水平位移表现为收敛—扩张,CRD1、CRD3部中隔墙即上中隔墙水平位移最大,对支护结构安全敏感性较大,CRD2、CRD4中隔墙即下中隔墙水平位移最小,对结构安全敏感性较差。

(2)位移控制指标确定

监控量测的主要目的就是判断结构的安全性,预测险情的发生。这就要求选择的量测项目对结构安全要有一定的敏感性。一方面通过一段时间监测数据的积累可以预测数据的变化趋势;另一方面监测数据应该在险情发生前表现出明显的异常,从而帮助判断险情的发生。

通过对围岩—支护结构三维位移变化规律的分析,选择对结构安全反应敏感部位的数据,确定隧道绝对位移控制基准指标,见表5-1。

绝对位移控制指标　　表5-1

工　法	竖直位移	水平位移
台阶法或全断面法	拱顶	边墙
分部开挖(CRD法)	拱顶(CRD1、CRD3)	中隔墙上

2)绝对位移控制基准建立

通过对现场86个位移监测断面进行统计分析,各分部开挖顺序为CRD1→CRD3→CRD2→CRD4,其中围岩支护结构变形正常最终趋于稳定的断面有62个,而围岩支护结构变形异常并通过加固措施后最终稳定的断面有24个。

围岩—支护结构变形正常的监测断面最终量测结果见表5-2。表5-2中的监测断面围岩级别均为V级(土质),隧道埋深小于40m,CRD1和CRD3的拱顶位移值均为围岩最终稳定的位移累积值,从隧道CRD1部开挖到最终全断面闭合的监测过程中围岩变形均正常,无险情发生。部分监测断面在边墙或中隔墙处出现环向、斜向和横向裂缝,是由于其他施工分部邻近或通过时对围岩和支护结构扰动引起的,经现场实时观察,裂缝无发展的迹象,全断面支护闭合后围岩最终趋于稳定。

(1)CRD1部拱顶位移允许值

①变形正常断面统计分析

对62个位移监控量测断面的CRD1部拱顶下沉进行统计分析,其分析结果见表5-3。

由表5-3分析可知,拱顶位移累计量小于150mm的断面数量占总断面的67.7%,150~200mm的断面数量27.4%,拱顶累积量大于200mm的断面数量比例仅为4.9%。CRD1部拱顶位移小于150mm时,出现裂缝断面的个数为0,拱顶位移量位于150~200mm之间时,出现裂缝的断面个数为7个,约占此位移区间断面总个数的42.2%,当拱顶位移量位于200~250mm之间时,出现裂缝的断面为3个,此位移区间的断面均产生裂缝。

表 5-2

翔安海底隧道 CRD 法开挖围岩变形监测信息

断面里程	围岩级别	埋深（m）	u_1（CRD1）拱顶位移（mm）	u_3（CRD3）拱顶位移（mm）	u_3/u_1	裂缝状态	最终稳定状态
ZK12+340	V	6.6	200.94	109.08	0.54	CRD1 部有环向裂缝、斜向裂缝，中隔墙有环向裂缝	已稳定
ZK12+320	V	7.2	103.9	56.85	0.55		已稳定
ZK12+300	V	7.8	53	27	0.51		已稳定
ZK12+275	V	8.9	92.57	66.6	0.72		已稳定
ZK12+250	V	10.4	85.9	73.15	0.85		已稳定
ZK12+225	V	9.8	79.9	66.32	0.83		已稳定
ZK12+200	V	10.4	61.42	57.8	0.94		已稳定
ZK12+185	V	10.8	103.15	66.52	0.64		已稳定
ZK12+170	V	11.6	106.07	67.32	0.63		已稳定
ZK12+150	V	13.5	167.1	118.8	0.71	CRD1 部监测断面附近有环向裂缝产生	已稳定
ZK12+130	V	13.6	180.6	132.2	0.73	CRD1 部有环向裂缝、斜向裂缝，中隔墙有环向裂缝	已稳定
ZK12+080	V	14.6	154.6	91.5	0.59		已稳定
ZK12+030	V	16.5	101.6	61.1	0.60		已稳定
ZK11+980	V	17.4	82.2	62.6	0.76		已稳定
ZK11+930	V	19	172.6	160.7	0.93	CRD1 部边墙有环向裂缝、横向裂缝和斜向裂缝	已稳定
ZK11+880	V	20.2	139	113	0.81		已稳定
ZK11+830	V	21.8	106	85	0.80		已稳定
ZK11+780	V	23.2	152	84	0.55		已稳定
ZK11+730	V	24.5	87.54	49.4	0.56		已稳定
ZK11+680	V	25.5	109.31	89.22	0.82		已稳定
ZK11+640	V	27.2	163.98	155.93	0.95	CRD1 部边墙出现环向裂缝、斜向裂缝、横向裂缝	已稳定

续上表

断面里程	围岩级别	埋深 (m)	u_1(CRD1)	u_3(CRD3)	u_3/u_1	裂缝状态	最终稳定状态
			拱顶位移(mm)	拱顶位移(mm)			
ZK11 +600	V	28.6	130.2	96.88	0.74		已稳定
ZK11 +570	V	29.8	57.59	58.77	1.02		已稳定
ZK6 +650	V	8.4	71.4	141.2	1.98		已稳定
ZK6 +700	V	11	144.8	60.8	0.42		已稳定
ZK6 +715	V	11.7	154.6	78	0.5		已稳定
ZK6 +780	V	13.5	176.5	61.3	0.35		已稳定
ZK6 +800	V	12.1	153.2	103.8	0.68		已稳定
ZK6 +820	V	13	169.9	71.8	0.42	CRD1 部拱腰、拱顶出现开裂	已稳定
ZK7 +00	V	17.5	112.7	94.9	0.84		已稳定
ZK7 +040	V	18.4	188.1	108.3	0.58		已稳定
YK6 +640	V	6.4	126.6	86.6	0.68		已稳定
YK6 +683	V	7.7	146.9	70.8	0.5		已稳定
YK6 +710	V	8.9	105.4	50.2	0.5		已稳定
YK6 +725	V	9.4	119.3	73	0.61		已稳定
YK6 +745	V	10.5	114.9	84.2	0.73		已稳定
YK6 +760	V	11.2	111.9	35.2	0.31		已稳定
YK6 +775	V	12.4	111.6	48.8	0.44		已稳定
YK6 +800	V	12.5	197.8	118.4	0.6		已稳定
ZK6 +960	V	16.1	221.7	108.8	0.5	CRD1 部有环向裂缝、斜向裂缝,中隔墙有环向裂缝	已稳定
YK12 +380	V	7.1	99.24	33.73	0.34		已稳定
YK12 +340	V	8.4	47.68	24.68	0.52		已稳定

续上表

断面里程	围岩级别	埋深 (m)	u_1(CRD1)	u_3(CRD3)	u_3/u_1	裂缝状态	最终稳定状态
			拱顶位移(mm)	拱顶位移(mm)			
YK12 +320	V	9.0	42.09	19.59	0.5		已稳定
YK12 +300	V	9.7	48.82	12.57	0.26		已稳定
YK12 +280	V	10.6	97.32	27.49	0.28		已稳定
YK12 +260	V	11.2	90.85	31.59	0.35		已稳定
YK12 +240	V	11.8	65.36	36.82	0.56		已稳定
YK12 +200	V	13.2	157.64	61.79	0.39		已稳定
YK12 +160	V	14.6	198.6	87.43	0.44		已稳定
YK12 +120	V	16	154.3	72	0.5		已稳定
YK12 +080	V	16.7	173.6	41.1	0.24		已稳定
YK12 +00	V	17.8	85.91	36	0.42		已稳定
YK11 +950	V	19.3	145.5	108	0.74		已稳定
YK11 +900	V	20.3	193	70	0.36	CRD1、CRD3 部中隔墙出现环向裂缝	已稳定
YK11 +850	V	21.5	224	97	0.43	CRD1 部有环向裂缝、斜向裂缝，中隔墙有环向裂缝	已稳定
YK11 +800	V	22.8	162.9	102.3	0.63	中隔墙出现裂缝，临时仰拱出现裂缝	已稳定
YK11 +750	V	24.3	84	42.97	0.51		已稳定
YK11 +730	V	25.2	64.96	29.77	0.5		已稳定
YK11 +700	V	26.5	74.96	42.52	0.57		已稳定
YK11 +640	V	28	54.54	30.72	0.56		已稳定
YK11 +600	V	29.2	89.03	47.34	0.63		已稳定
YK11 +570	V	31.1	105.77	64.46	0.61		已稳定

注：u_1 – CRD1 部拱顶最终位移量；u_3 – CRD3 部拱顶最终位移量。

CRD1 部断面拱顶位移分布情况 表5-3

拱顶位移值范围(mm)	<150	150~200	200~250	>250
断面数量(个)	42	17	3	0
占总断面数量比例(%)	67.7	27.4	4.9	0
裂缝断面数量(个)	0	7	3	0
裂缝断面数占断面数量的比例(%)	0	42.2	100	0

②变形异常断面分析

对24个变形异常或出现过险情的监测断面进行统计分析,其异常断面发生险情时的位移、最终稳定时刻的位移和位移异常反弯点处的位移值如图5-2所示。

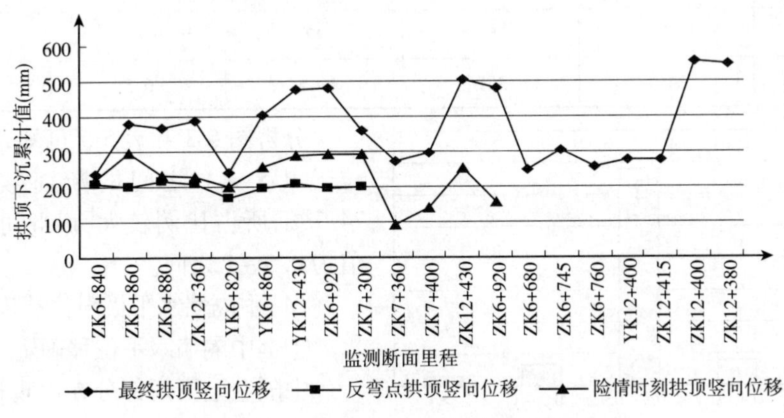

图5-2 变形异常断面CRD1部拱顶下沉位移信息

根据图5-2可知,出现位移异常反弯点时的拱顶下沉位移量约为200mm。第一次出现险情时的拱顶下沉位移量几乎均在200~300mm之间。

由此可知,当CRD1部拱顶下沉量达到200mm时,围岩—支护变形处于极限状态,如果变形继续发展,围岩—支护结构将会进入失稳状态,将发生险情。

综上所述,CRD1部拱顶位移量的允许位移值为150mm,将拱顶下沉位移量的极限位移值为200mm。

(2)CRD3部拱顶位移允许值

对现场62个位移监控量测断面的CRD3部拱顶下沉进行统计分析,其分析结果见表5-4。

CRD3 部断面拱顶位移分布情况 表5-4

拱顶位移值(mm)	<100	100~130	130~150	>150
断面数量(个)	49	9	2	2
所占比例(%)	79	14.6	3.2	3.2

分析表5-4可知,CRD3部拱顶位移量小于100mm的断面数量约占位移监测断面总个数的79%。CRD3部拱顶位移量位于100~130mm之间的断面数量约占位移监测断面总个数的14.6%。CRD3部拱顶位移量大于130mm的断面数量为4个,约占位移监测断面总个数的6.4%。

综上所述，CRD3 部拱顶位移量小于 130mm 的断面比例约占 93.6%，所以，位移量值 130mm 为 CRD3 部拱顶下沉位移允许量。

(3)CRD1、CRD3 拱顶位移比值系数确定

为确定 CRD1 部拱顶最终累计值 u_1 和 CRD3 部拱顶最终累计值 u_3 之间的关系，现引入比值系数 λ。

$$\lambda = \frac{u_3}{u_1} \tag{5-1}$$

通过对现场 62 个监测断面进行统计分析，λ 比值系数分布情况见表 5-5。

CRD1、CRD3 部拱顶下沉位移比值分布情况 表 5-5

λ	0.2 ~ 0.4	0.4 ~ 0.5	0.5 ~ 0.9	0.9 ~ 1	>1
断面个数(个)	9	5	42	4	2
所占比例(%)	14.5	8.1	67.8	6.5	3.1

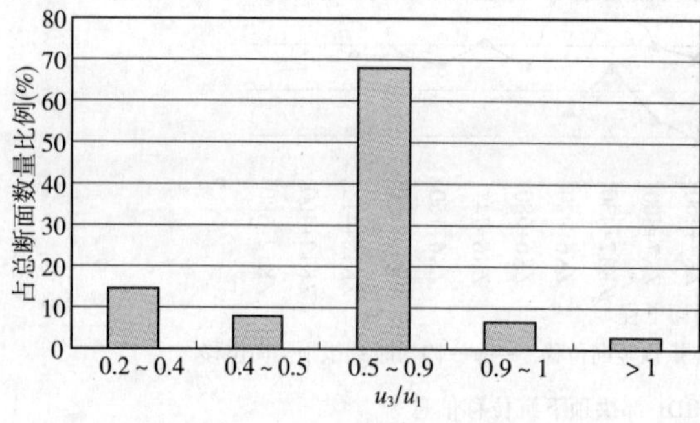

图 5-3 CRD1、CRD3 部拱顶下沉量比值分布图

分析图 5-3 和表 5-5 可知，比例系数 λ 位于 0.5 ~ 1 之间的断面数量比例为 74.2%，所占比例较大，由此可知，λ 的取值为 0.5 ~ 1 之间。

(4)中隔墙水平极限位移确定

①上中隔墙水平位移确定

中隔壁上下两部分在出现极限状态时的变形相差很大，故对中隔壁进行位移控制时，上下两部分应采用不同的控制基准。

对 62 个位移监控量测断面的 CRD1、CRD3 部中隔墙水平位移绝对值进行统计分析，其分析结果见表 5-6。

CRD1、CRD3 部中隔墙水平位移量分布情况 表 5-6

上中隔墙位移值范围(mm)	<100	100 ~ 120	>120
断面数量(个)	50	7	5
占总断面数量比例(%)	80.6	11.2	8.2
异常断面数量(个)	0	3	5
异常断面数量占断面数量比例(%)	0	42.3	100

②下中隔墙水平位移确定

对 62 个位移监控量测断面的 CRD2、CRD4 部中隔墙水平位移绝对值进行统计分析，其分析结果见表 5-7。

CRD2、CRD4 部中隔墙水平位移量分布情况 表 5-7

下中隔墙位移值范围(mm)	<10	10 ~ 15	>15
断面数量(个)	55	5	2
占总断面数量比例(%)	88.7	8.1	3.2

分析表5-7可知,下中隔墙水平位移量小于15mm的断面比例约占96.8%,所以,下中隔墙水平位移允许量可确定为15mm。

综上所述,当上中隔墙水平位移大于100mm时,支护结构进入不稳定状态,容易发生险情,故上中隔壁的容许最大变形量为100mm。由于下部中隔墙变形较小,下部中隔壁的容许最大变形量为15mm。

综上所述,对三车道公路隧道CRD法施工的位移控制基准,以CRD1、CRD3部的拱顶下沉量为主,其容许位移量见表5-8。

三车道公路隧道CRD法施工位移控制基准　　表5-8

围岩级别	埋深(m)	开挖方法	拱顶下沉量(mm)		水平位移量(mm)	
			CRD1	CRD3	中隔墙上	中隔墙下
V级	<40m	CRD法	200	130	100	15

5.1.2　应力控制基准

依据海底隧道施工阶段应力监测项目,对初期支护主要为钢支撑的应力监测、钢格栅应力监测、喷射混凝土应力监测、二次衬砌混凝土应力监测,其应力控制基准见表5-9。

海底隧道施工阶段应力监测控制基准　　表5-9

应力监测	压应力(MPa)	拉应力(MPa)
钢支撑(Q345)	345	345
钢格栅(HRB335)	335	335
喷射混凝土(C25)	12.5	1.3
二次衬砌混凝土(C50)	36.5	3.1

5.2　海底隧道运营阶段位移和应力控制基准

本节主要依据运营期长期监测项目,通过理论分析、模型试验和数值计算等手段建立了海底隧道二次衬砌位移管理基准和应力管理基准。

5.2.1　位移控制基准

1)衬砌时效性位移的理论推导[43]

厦门翔安海底隧道穿越的软弱围岩具明显的流变特性,由于岩体的流变特性,即使隧道开挖作业已经完成,引起围岩变形发展的“空间效应”不再起作用,围岩的变形由于“时间效应”的作用还会有所发展。类似围岩条件下的隧道量测表明,在二次衬砌支护施作后,围岩变形在很长一段时间内还会有所增长。例如乌鞘岭隧道在二次衬砌施工完成后,衬砌仍然发生了显著的变形,导致二次衬砌开裂严重。出现类似病害的隧道还有奥地利的陶恩(Tanern)隧道及阿尔贝格(Arlberg)隧道、日本的惠那山(Enason)隧道,以及我国的家竹管隧道和大寨岭隧道等。

由此可见,在某些情况下,二次衬砌施工后残余变形量在总变形量中占有相当大的比例,而由于残余变形所引起的作用在二次衬砌上的形变压力当然也是不可忽视的。

隧道开挖过程中围岩变形发展是由掘进面不断向前延伸所引起的“空间效应”和岩体流变特性所引起的“时间效应”两者综合决定的。樱井春辅和 M. Panat 曾提出一个反映空间效应的概念,即随时间(或掘进面延伸距离)而变化的“等效初始地应力”。可以采用这种概念,对隧道开挖引起的围岩变形全过程进行分析,在此基础上,提出根据隧道开挖过程中所测得的隧道净空变化数据来预测“残余变形量”的计算方法。

只有建立了符合工程实际的围岩流变本构模型,即应力、应变和时间三者之间的关系,才能充分、准确地描述岩石的流变特性。从而较为准确地预测由于围岩的“时间效应”而导致的衬砌位移。目前建立岩石流变本构模型主要有两种方法:经验模型理论和元件模型理论。

岩石流变经验模型与具体的试验和岩石吻合得较好,但它通常只能反映特定应力路径及状态下岩石流变的外部表现,无法对流变的内部特性及机理进行反映,通用性比较差,对特定的岩石,需要逐一总结出特定的、相适应的流变经验本构关系。

元件模型理论是采用一些基本元件来代表物体的某些性质,如用“弹簧”来模拟物体的弹性、“黏壶”模拟物体的黏滞性、“滑块”模拟物体的塑性,通过这些基本元件的组合来反映物体的黏弹塑特性。应用元件模型理论时,首先需要确定的是采用何种流变模型,然后根据流变试验结果确定流变模型所对应的相关参数。岩石流变元件模型中比较常用的有 Maxwell 模型、Kelvin 模型、Binham 模型、Burgers 模型以及西原模型等。模型理论概念直观、简单物理意义明确,容易被广大工程研究人员接受,因此得到广泛应用。鉴于以上的分析,现采用广义开尔文本构模型(也称三元件模型,如图 5-4 所示)来描述厦门翔安海底隧道围岩的流变特性对衬砌结构的影响。

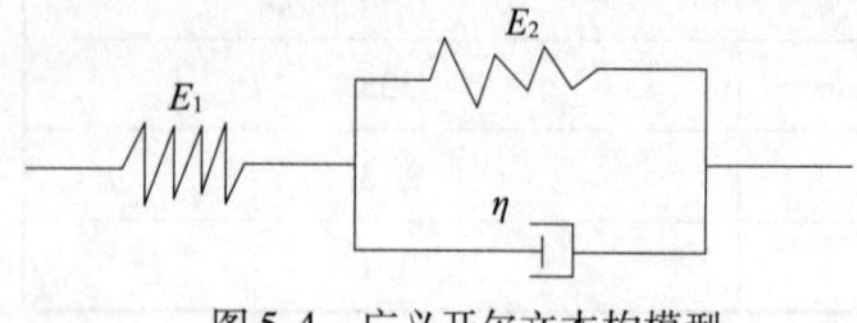

图 5-4　广义开尔文本构模型

为了克服数学上的困难,在公式推导过程中将隧道近似处理为圆形,只考虑隧道中初始地应力呈静水压力状态时的轴对称情况,当采用极坐标系统时,对于平面问题有几何方程:

$$\varepsilon_r = \frac{\partial u}{\partial r}, \varepsilon_\theta = \frac{u}{r} \tag{5-2}$$

试验表明,在岩土材料发生塑性变形时仅发生形状变化,体积变形几乎为零,因此,假定岩体体积应变为零,则:

$$\varepsilon = \frac{1}{3}(\varepsilon_r + \varepsilon_\theta + \varepsilon_z) = 0 \tag{5-3}$$

因此,

$$\frac{\partial u}{\partial r} + \frac{u}{r} = 0 \tag{5-4}$$

对式(5-4)积分得:

$$u = \frac{1}{r}A(t) \tag{5-5}$$

式中：$A(t)$——时间的函数。

将 u 代入式(5-2)，得：

$$\varepsilon_r = \frac{\partial u}{\partial r} = -\frac{1}{r^2}A(t),\varepsilon_\theta = \frac{u}{r} = \frac{1}{r^2}A(t) \tag{5-6}$$

三元件模型的状态方程为：

$$\dot{\sigma} + (E_1 + E_2)\frac{1}{\eta}\sigma = E_1\dot{\varepsilon} + \frac{E_1E_2}{\eta}\varepsilon \tag{5-7}$$

写成应力偏量形式：

$$\left.\begin{aligned} \frac{\partial}{\partial t}(\sigma_r - \overline{\sigma}) + (E_1 + E_2)\frac{1}{\eta}(\sigma_r - \overline{\sigma}) = E_1\frac{\partial}{\partial t}(\varepsilon_r - \overline{\varepsilon}) + \frac{E_1E_2}{\eta}(\varepsilon_r - \overline{\varepsilon}) \\ \frac{\partial}{\partial t}(\sigma_\theta - \overline{\sigma}) + (E_1 + E_2)\frac{1}{\eta}(\sigma_\theta - \overline{\sigma}) = E_1\frac{\partial}{\partial t}(\varepsilon_\theta - \overline{\varepsilon}) + \frac{E_1E_2}{\eta}(\varepsilon_\theta - \overline{\varepsilon}) \end{aligned}\right\} \tag{5-8}$$

考虑边界条件：当 $r\to\infty$ 时，$\sigma_r = \sigma_\theta = p,\overline{\sigma} = p$ 及轴对称条件，并将式(5-6)代入式(5-8)，得：

$$\frac{\partial}{\partial t}(\sigma_r - p) + (E_1 + E_2)\frac{1}{\eta}(\sigma_r - P) = -\frac{E_1}{r^2}\frac{\partial A(t)}{\partial t} - \frac{E_1E_2}{r^2\eta}A(t) \tag{5-9}$$

式中：　σ——应力张量分量；

$\dot{\sigma}$——应力速度张量的分量；

ε——应变张量分量；

$\dot{\varepsilon}$——应变速度张量的分量；

E_1、E_2、η——图 5-4 所示瞬时弹性模量和黏性弹性模量及黏性系数；

σ_r、σ_θ——径向应力和环向应力；

ε_r、ε_θ、ε_z——径向、环向和纵向应变；

u——径向位移；

r——点的极坐标；

$\overline{\sigma}$——平均应力。

为研究单纯由于掘进面向前延伸所引起的“空间效应”，暂时先略去岩体的黏性，即只考虑弹性介质的情况。理论分析表明，在这种情况下，隧道周边所测得的径向位移 u_{m}（或净空变化值）与掘进面距离测点所在断面距离 x 之间有如下关系：

$$u_{\mathrm{m}} = u_{\mathrm{m}\infty}(1 - \mathrm{e}^{\frac{x}{X}}) \tag{5-10}$$

式中，$u_{\mathrm{m}\infty}$ 和常数 X 见图 5-5。

实际上，当掘进面刚到达测点所在断面时，围岩就已经产生了 u_0 的位移。因此，全部的位移应为：

$$u = u_{\mathrm{m}\infty} + u_0 = (u_\infty - u_0)(1 - \mathrm{e}^{-\frac{x}{X}}) + u_0 \tag{5-11}$$

引入与位移相应的“等效初始地应力”$p(x)$，由于 u 是 x 的函数，相应地，可将等效初始地应力写成 x 的函数形式。位移与等效初始地应力之间可用如下关系表示：

$$u = \frac{1}{K_{\mathrm{g}}}p(x) \tag{5-12}$$

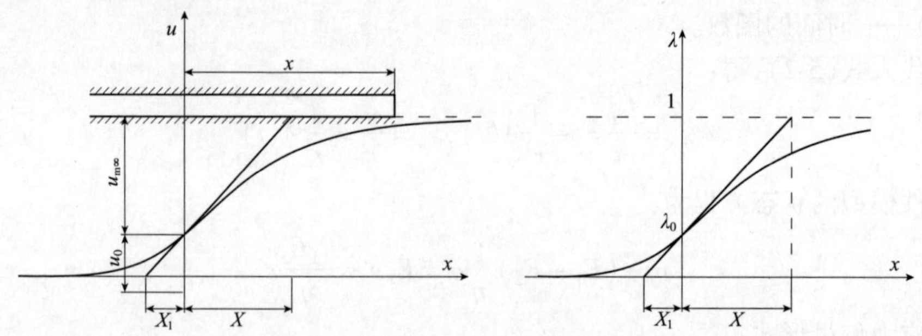

图 5-5　径向位移随掘进面推进的变化

显然，上述位移应与真实初始地应力成正比，则式(5-12)可改写为：

$$u=\frac{1}{K_g}p_0\lambda(x),p_0\lambda(x)=p(x) \tag{5-13}$$

式中：K_g——与围岩特性和隧道半径有关的常数；

p_0——真实的初始地应力；

$\lambda(x)$——x 的函数，无量纲量。

显然，若$\frac{p_0}{K_g}=u_\infty$，则 $u=u_\infty\lambda(x)$。将式(5-13)代入式(5-11)，得：

$$\lambda(x)u_\infty=(u_\infty-u_0)(1-e^{-\frac{x}{X}})+u_0 \tag{5-14}$$

将式(5-14)整理得：

$$\lambda(x)=(1-\frac{u_0}{u_\infty})(1-e^{-\frac{x}{X}})+\frac{u_0}{u_\infty} \tag{5-15}$$

令 $\lambda_0=\frac{u_0}{u_\infty}$，则式(5-15)可进一步表示为：

$$\lambda(x)=(1-\lambda_0)(1-e^{-\frac{x}{X}})+\lambda_0 \tag{5-16}$$

式中，λ_0 的值在 0.265 ~ 0.33 之间。

式(5-16)仅适用 $x>0$ 的情况，当 $x\leqslant0$ 时，从图 5-5 的对称性和连续性规律出发可得：

$$\lambda(x)=\lambda_0e^{-\frac{x}{X_1}} \tag{5-17}$$

$$X_1=\frac{\lambda_0}{1-\lambda_0}X$$

假设隧道以连续、均匀的速度向前掘进，掘进速度为 v，则可将式(5-16)和式(5-17)写成时间的函数：

$$\lambda(t)=\begin{cases}1-(1-\lambda_0)e^{-\frac{t}{T_a}},t>0\\ \lambda_0e^{-\frac{t}{T_{a1}}},t\leqslant0\end{cases} \tag{5-18}$$

$$T_a=\frac{X}{v},T_{a1}=\frac{X_1}{v}$$

显然，$T_{a1}=\frac{\lambda_0}{1-\lambda_0}T_a$。式(5-18)中取掘进面刚到达量测断面的时刻为时间零点。

然后，考虑岩体黏性的影响，引入图 5-4 的力学模型并给出二维状态方程，对于掘进面向前延伸所引起的“空间效应”和围岩黏性引起的“时间效应”，分析围岩变形的综合作用。

状态方程式(5-9)中，p 以 $p(x)=p_0\lambda(t)$ 代入(p_0 为初始地应力)，并考虑 $r=r_0$(隧道半径)和 $\sigma_r=0$ 的边界条件，对于隧道周边，可以得到：

$$p_0\frac{\mathrm{d}\lambda(t)}{\mathrm{d}t}+\frac{E_1+E_2}{\eta}p_0\lambda(t)=\frac{E_1\mathrm{d}A(t)}{r_0^2\ \mathrm{d}t}+\frac{E_1E_2}{r_0^2\eta}A(t) \tag{5-19}$$

当 $t>0$ 时，取 $\lambda(t)=1-(2-\lambda_0)\mathrm{e}^{-\frac{t}{T_a}}$，解一阶非齐次微分方程式(5-19)得：

$$A(t)=\frac{p_0{r_0}^2(1-\lambda_0)}{E_1T_a\left(\frac{E_2}{\eta}-\frac{1}{T_a}\right)}\mathrm{e}^{-\frac{t}{T_a}}+\frac{(E_1+E_2)p_0{r_0}^2}{E_1E_2}-\frac{(E_1+E_2)p_0r_0^2}{E_1\eta}\frac{1-\lambda_0}{\frac{E_2}{\eta}-\frac{1}{T_a}}\mathrm{e}^{-\frac{t}{T_a}}+C\mathrm{e}^{-\frac{E_2}{\eta}t} \tag{5-20}$$

式中：C——待定常数。

则隧道周边位移为：

$$\begin{aligned}u&=\frac{A(t)}{r_0}\\&=\frac{p_0r_0(1-\lambda_0)}{E_1T_a(\frac{E_2}{\eta}-\frac{1}{T_a})}\mathrm{e}^{-\frac{t}{T_a}}+\frac{(E_1+E_2)p_0r_0}{E_1E_2}-\frac{(E_1+E_2)p_0r_0^2}{E_1\eta}\frac{1-\lambda_0}{\frac{E_2}{\eta}-\frac{1}{T_a}}\mathrm{e}^{-\frac{t}{T_a}}+\frac{C}{r_0}\mathrm{e}^{-\frac{E_2}{\eta}t}\end{aligned} \tag{5-21}$$

由式(5-21)可知，当 $t\to+\infty$ 时，隧道周边最终位移为 $u_\infty=\frac{(E_1+E_2)p_0r_0}{E_1E_2}$，但是由于隧道还未开挖到研究断面时，就已经产生位移 u_0，因此为了求得 u_0，还应讨论 $t\leqslant0$ 的情况，即在式(5-21)中令：

$$\lambda(t)=\lambda_0\mathrm{e}^{\frac{t}{T_{a1}}}$$

对式(5-18)积分，并考虑 $t=-\infty$ 时，$A(t)=0$ 的初始条件，得：

$$A(t)=u\mathrm{e}^{\frac{(1-\lambda_0)\cdot t}{T_a\lambda_0}} \tag{5-22}$$

式中，$u=\frac{[\eta+(E_1+E_2)T_{a1}]}{E_1(E_2T_{a1}+\eta)}p_0\lambda_0r_0^2$。当 $t=0$ 时，得：

$$u_0=\frac{u}{r_0}=\frac{[\eta+(E_1+E_1)T_{a1}]}{E_1(E_2T_{a1}+\eta)}p_0\lambda_0r_0 \tag{5-23}$$

显然，初始位移与开挖速度有关。如果隧道掘进得非常缓慢，黏性变形得到充分的释放，令开挖速度 $v\to0$，则：

$T_a=\frac{X}{v}\to\infty$，$T_{a1}=\frac{\lambda_0}{1-\lambda_0}T_a=\frac{\lambda_0}{1-\lambda_0}\frac{X}{v}\to\infty$，$u_0\to\frac{E_1+E_2}{E_1E_2}p_0\lambda_0r_0$。

反之，如果隧道掘进得很快，从无穷远处瞬间掘进到了量测断面，此时黏性变形完全得不到释放，而只有弹性变形得到释放，令 $v\to\infty$，则 $T_a=\frac{X}{v}\to0$，$T_{a1}\to0$，式(5-23)中 $u_0\to\frac{p_0\lambda_0r_0}{E_1}$。因此，一般情况下，式(5-23)所表示的初始位移 u_0 显然在上述两“极端值”之间，即：

$$\frac{p_0\lambda_0 r_0}{E_1} < u_0 < \frac{p_0\lambda_0 r_0}{E_\infty} \tag{5-24}$$

式中：$E_\infty = \dfrac{E_1 E_2}{E_1 + E_2}$。

得到 u_0 以后，则隧道净空变化值为 $C = 2(u_\infty - u_0)$。

在利用上面所得的结果来计算位移时，没有考虑支护的情况或者说是将支护—围岩系统结合在一起作为一种综合介质来考虑。这对于采用锚杆和喷射混凝土作为初期支护的情况是可以的。在这种情况下，可以认为锚杆和喷射混凝土的影响已经反映在变形模量之中。

但是，为了分析二次衬砌（模注混凝土衬砌）施作后的位移情况，确定作用在衬砌上的形变压力，须考虑刚度为 K_s 的弹性圆环的存在。

根据弹性理论中的厚壁圆桶理论，将二次衬砌等效成一个弹性圆环，其刚度可按下式计算：

$$K_s = \frac{2G_s(a^2 - b^2)}{a(a^2 + b^2 - 2\mu_s a^2)} \tag{5-25}$$

式中：a、b——衬砌的外内半径；

G_s、μ_s——衬砌材料的剪切模量和泊松比。

如令状态方程式(5-9)中的：

$$\sigma_r = K_s \frac{A(t)}{r_0} - K_s u_1, p = p_0 \lambda(t) \tag{5-26}$$

式中：u_1——施作二次衬砌支护时($t = t_1$)隧道周边的径向位移。

则得到：

$$\begin{aligned} &\left(\frac{K_s}{r_0} + \frac{E_1}{r_0^2}\right)\frac{\mathrm{d}A(t)}{\mathrm{d}t} + \left(\frac{E_1 + E_2}{\eta r_0}K_s + \frac{E_1 E_2}{\eta r_0^2}\right)A(t) \\ &= \frac{E_1 + E_2}{\eta}K_s u_1 + \frac{E_1 + E_2}{\eta}P_0 + \left[P\frac{1 - \lambda_0}{T_a} - \frac{E_1 + E_2}{\eta}P_0(1 - \lambda_0)\right]\mathrm{e}^{-\frac{t}{T_a}} \end{aligned} \tag{5-27}$$

解式(5-27)的一阶非齐次微分方程得：

$$A(t) = A + B\mathrm{e}^{-\frac{t}{T_a}} + C\mathrm{e}^{-Mt} \tag{5-28}$$

式中，$A = \dfrac{r_0^2(K_s u_1 + p_0)}{K_s r_0 + E_\infty}$；$B = \dfrac{p_0(1 - \lambda_0)\left(1 - \dfrac{E_1 + E_2}{\eta}\right)}{\left[\dfrac{(E_1 + E_2)K_s}{\eta r_0} + \dfrac{E_1 E_2}{\eta r_0^2}\right]\left(M - \dfrac{1}{T_a}\right)}$；$M = \dfrac{K_s r_0(E_1 + E_2) + E_1 E_2}{(K_s r_0 + E_1)\eta}$；

C 为一定值常数。

当 $t \to +\infty$ 时，由式(5-28)可得二次衬砌最终位移为：

$$u_\infty = \left.\frac{A(t)}{r_0}\right|_{t \to +\infty} = \frac{A}{r_0} = \frac{r_0(K_s u_1 + p_0)}{K_s r_0 + E_\infty} \tag{5-29}$$

根据式(5-29)可知，引起二次衬砌形变压力的位移为 $u_\infty - u_1$，二次衬砌施作时所量测的位移为 $u_1 - u_0$。

2）海底隧道二次衬砌位移管理基准

(1)二次衬砌位移理论计算

由上节可知,已知隧道开挖前初始应力状态,估算位移监控量测前围岩及初期支护损失的位移值,换算出二次衬砌等效刚度,得出围岩的黏塑性力学参数,就可以根据施工期间监测的隧道拱顶下沉值估算二次衬砌施工后的位移值。

①围岩初始地应力

根据翔安海底隧道地质报告,采用水压致裂法对不同深度的实际地应力进行实测,其测试结果见表5-10。

翔安海底隧道地应力实测值　　表5-10

测段序号	测段深度 H(m)	最大水平主应力 S_{max}(MPa)	最小水平主应力 S_{min}(MPa)	自重应力 S_z(MPa)	侧压系数 $\lambda=S_{max}/S_z$
1	26.94	1.47	1.07	0.71	2.06
2	28.46	1.48	1.08	0.75	1.97
3	29.46	1.89	1.49	0.78	2.43
4	31.92	2.92	2.72	0.85	3.45
5	34.43	3.24	3.04	0.91	3.56
6	37.02	3.07	2.07	0.98	3.13
7	39.59	3.20	2.00	1.05	3.05
8	40.89	3.21	2.81	1.08	2.96

②围岩及衬砌力学参数

围岩物理力学参数的取值引用现场试验成果,最终取围岩的黏性力学参数见表5-11。

翔安海底隧道围岩黏性力学参数　　表5-11

位　置	E_1(kPa)	E_2(kPa)	η(kPa·h)	ν
海域	20 377.69	41 667.14	4 021 924.55	0.4
陆域	11 610.44	9 143.22	2 721 196.83	0.4

注:表中 E_1 为瞬时弹性模量,E_2 为黏性弹性模量,η 为广义开尔文黏滞系数,ν 为围岩泊松比。

由于翔安海底隧道为非圆形断面三心圆,为此计算时需要进行等代圆变换,等代圆的当量半径可以按式(5-30)进行换算。

$$r_0=\frac{\left(\frac{B}{2}\right)^2+H^2}{2H} \tag{5-30}$$

式中:B、H——隧道开挖跨度和高度,m。

对于主洞隧道,开挖跨度为16.5m,开挖高度为12.2m,代入式(5-30)得当量半径为 $r_0=8.89$m。各个监测断面对应的主洞二次衬砌参数见表5-12,隧道衬砌采用的是双面对称配筋,表中给出的是单侧每延米配筋量,表中的综合弹性模量是采用等效刚度法考虑钢筋后的换算值。

翔安海底隧道二次衬砌力学参数 表 5-12

衬砌类型	混凝土强度等级	衬砌厚度(m)	衬砌弹性模量(GPa)	配筋量(mm^2)	综合弹性模量(GPa)	泊松比
S4a	C50	0.50	34.5	1 256	35.8	0.2
S4b	C50	0.60	34.5	2 453	36.2	0.2
S5a	C50	0.55	34.5	1 900	36.0	0.2
S5b	C50	0.55	34.5	1 900	36.0	0.2
S5c	C50	0.55	34.5	1 900	36.0	0.2
S5d	C50	0.70	34.5	4 906	37.4	0.2

③二次衬砌位移理论计算

由于长期监测位移监测断面埋设于Ⅴ级围岩区段，现采用理论解析式对Ⅴ级围岩各监测断面的二次衬砌施工后的拱顶下沉值进行计算，计算结果如图 5-6 ~ 图 5-9 所示。

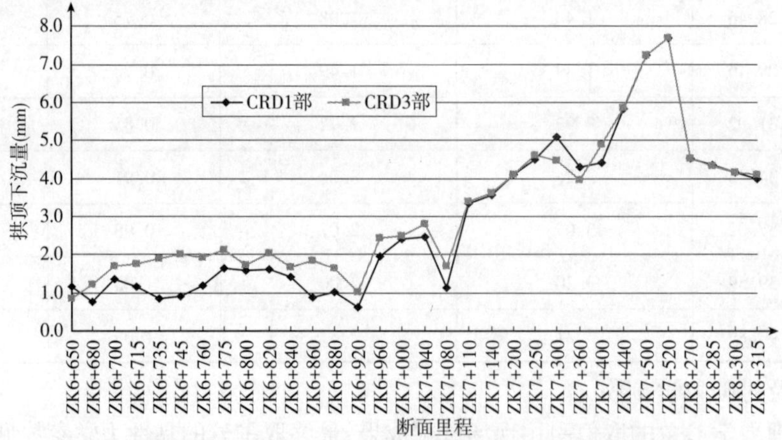

图 5-6 ZK6 +650 ~ ZK8 +315 Ⅴ级围岩区段主洞衬砌拱顶位移预测值

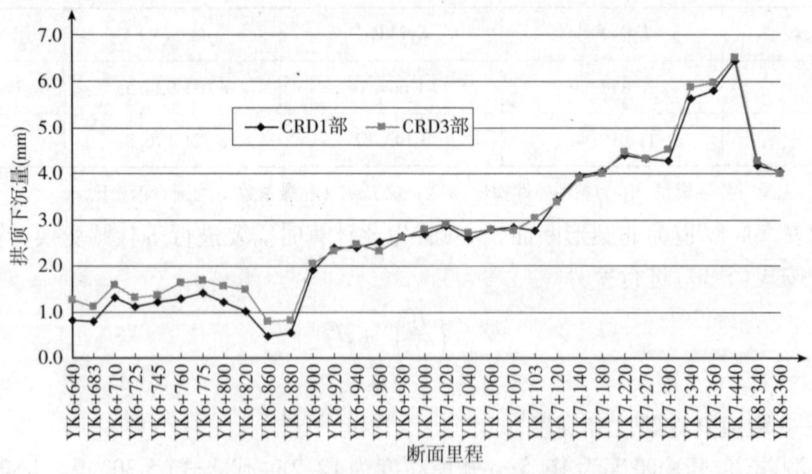

图 5-7 YK6 +640 ~ YK8 +360 Ⅴ级围岩区段主洞衬砌拱顶位移预测值

分析图 5-6 和图 5-7 可知，考虑隧道围岩流变效应时，部分断面二次衬砌施工后仍将产生一定程度的位移。Ⅴ级围岩 ZK7 +250 ~ ZK8 +315 和 YK7 +180 ~ YK7 +440 区段二次衬砌拱顶下沉值均大于 4.0mm，二次衬砌结构最大位移约 7.8mm。

分析图 5-8 和图 5-9 可知，左线隧道 V 级围岩区段二次衬砌最大位移接近 4.0mm，断面分别是 ZK11 + 730 断面和 ZK11 + 680 断面；右线隧道二次衬砌拱顶下沉最大位移值接近 6.0mm，YK11 + 800 ~ YK11 + 155 均产生较大的位移。

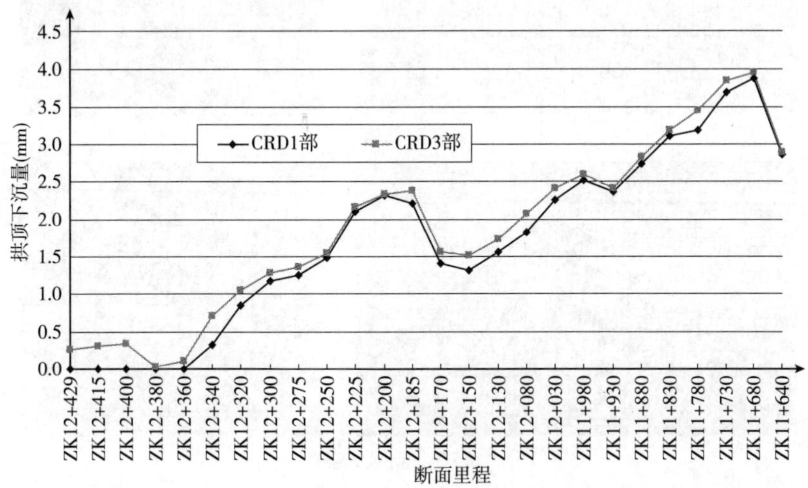

图 5-8　YK11 + 640 ~ YK12 + 429 V 级围岩区段主洞衬砌拱顶位移预测值

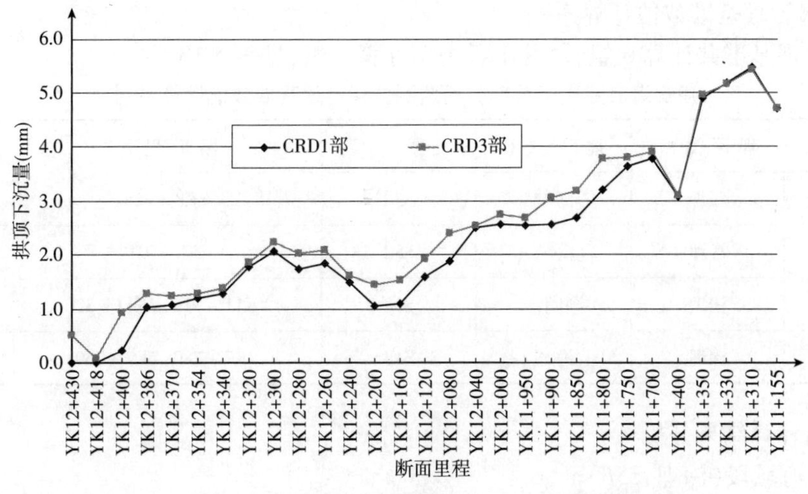

图 5-9　YK11 + 155 ~ YK12 + 430 V 级围岩主洞衬砌拱顶位移预测值

(2)二次衬砌位移数值模拟

为分析在施工过程中形成的二次应力场下，围岩对二次衬砌位移的影响，提出了位移管理基准计算值，在主洞左、右线的海域及陆域段选择了典型断面，采用有限差分程序对其进行了围岩—支护流变数值分析，预测二次衬砌变形。

①数值模型计算

a. 计算模型

本次计算模型如图 5-10 所示。

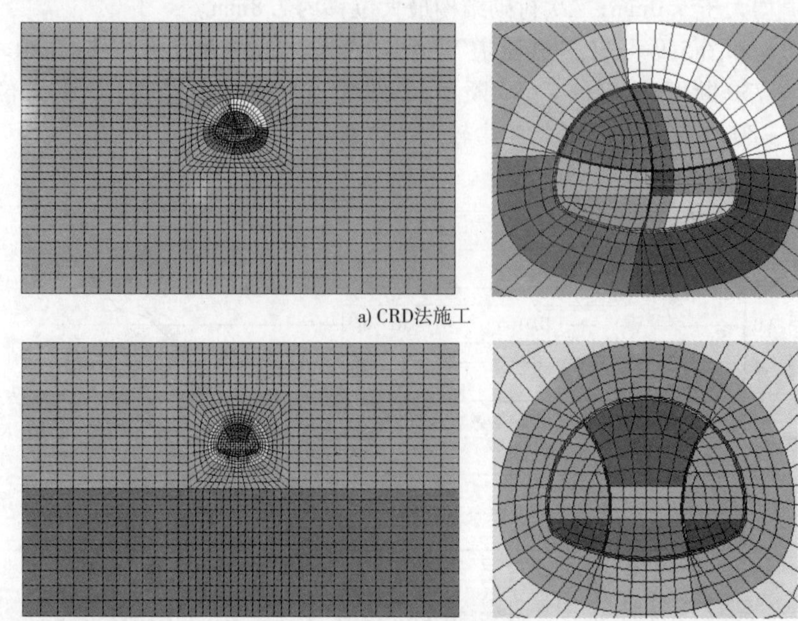

a) CRD法施工

b) 双侧壁导坑法施工

图 5-10　翔安海底隧道数值模型网格

b. 位移管理基准数值计算系列

位移管理基准共计算 6 组，每种工程类型计算 1 组，见表 5-13。

翔安海底隧道运营期长期监测位移管理基准数值计算系列　　表 5-13

围岩级别	埋深类型	地下水类型	支护类型	断面里程	计算组数
Ⅴ	深埋	海域	S5d	YK8 +425	1
	浅埋	海域	S5d	ZK8 +910	1
	浅埋	潮间带	S5c	YK11 +315，YK11 +320	2
Ⅳ	深埋	海域	S4b	YK7 +780，YK7 +760	2

②数值计算结果分析

a. Ⅴ级海域段(深埋，S5d)

对代表性断面 F1 风化槽处的长期位移监测断面 YK8 +425 进行分析，该断面采用 CRD 法施工后，在围岩压力作用下，隧道二次衬砌位移—时间关系如图 5-11 所示。

分析图 5-11 可知，海域 F1 风化深槽处，衬砌施工 5 年后，其位移基本稳定，最终衬砌拱顶下沉最大值为 4. 8mm，拱腰下沉 1. 8mm。衬砌边墙上部净空位移为 5. 8mm，衬砌中部净空位移为 3. 2mm。

b. Ⅴ级海域段(浅埋，S5d)

对代表性断面 F4 风化槽处的长期位移监测断面 ZK8 +910 进行分析，该断面采用 CRD 法施工后，在围岩压力作用下，隧道二次衬砌位移—时间关系如图 5-12 所示。

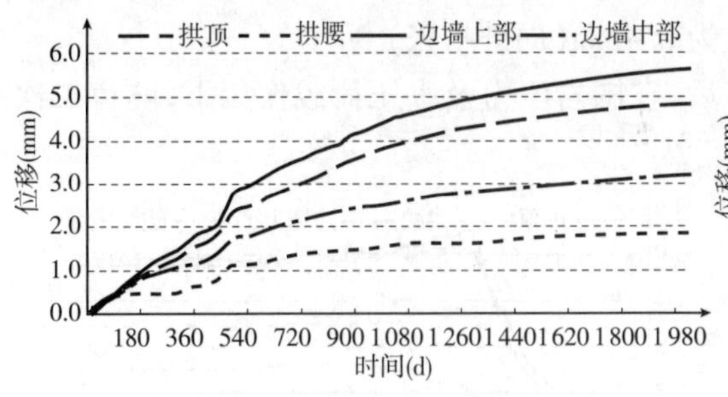

图 5-11　YK8 +425 断面衬砌位移—时间曲线

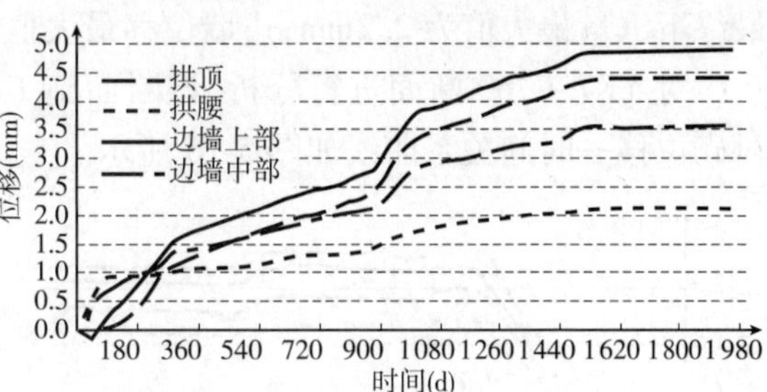

图 5-12　ZK8 +910 断面衬砌位移—时间曲线

分析图 5-12 可知，海域 F4 风化深槽处，在海水压力及围岩压力综合作用下，在衬砌施工完毕 1 523d 以后，其拱顶及边墙变形最终稳定。拱顶及拱腰下沉量分别为 4. 4mm 和 2. 1mm，边墙向两侧扩张，边墙上部最终位移为 4. 9mm，边墙中部最终位移为 3. 6mm。

c. Ⅴ级潮间带（S5c）

对 YK11 +315 断面进行分析，该断面施工后，在围岩压力作用下，隧道二次衬砌位移—时间关系如图 5-13 所示。

分析图 5-13 可知，该断面二次衬砌施工后，衬砌位移曲线表现出两个“台阶效应”。在衬砌施工后的 2. 5 年内变化较缓慢，之后 1 年变化有所增长，经过 1 260d 以后，衬砌拱部位移开始出现稳定趋势。衬砌的拱顶及拱腰下沉，边墙则向外侧扩张。最终拱顶下沉 4. 02mm，边墙最大净空位移为 4. 3mm。

对 YK11 +320 断面进行分析，该断面施工后，在围岩压力及水压力作用下，隧道二次衬砌位移—时间关系曲线如图 5-14 所示。

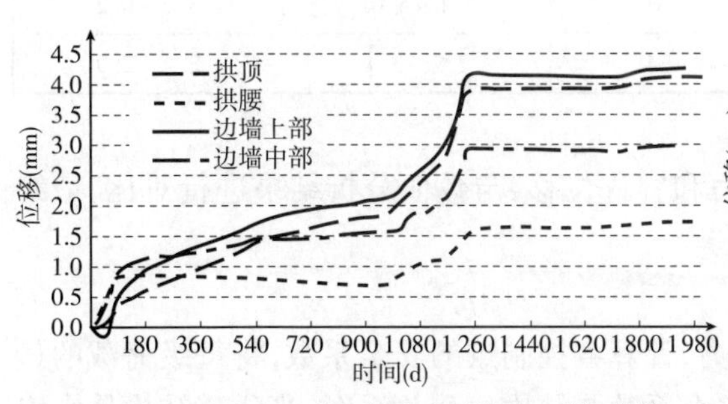

图 5-13　YK11 +315 断面衬砌边墙位移—时间曲线

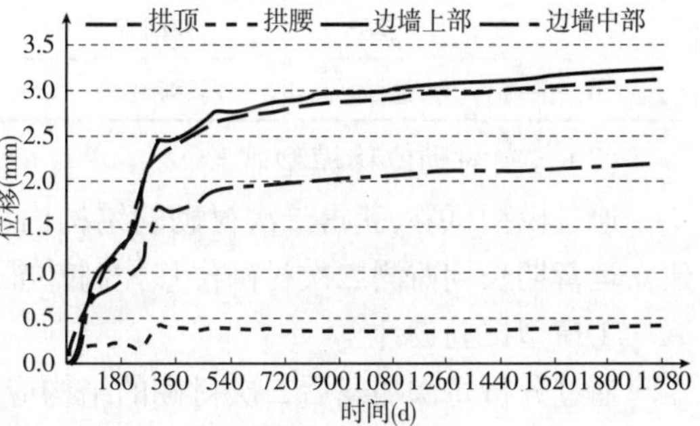

图 5-14　YK11 +320 断面衬砌位移—时间曲线

分析图 5-14 可知，该断面衬砌位移在初期发展较快，后期位移增加非常缓慢，衬砌施工 5 年后位移仍有微小幅度的增大。衬砌拱顶下沉最大值为 3. 1mm，拱腰下沉小于 0. 5mm。衬砌边墙上部净空位移为 3. 2mm，衬砌中部净空位移为 2. 2mm。

d. Ⅳ级海域段

对里程 YK7 +780 断面进行分析，该断面施工后，在围岩压力作用下，隧道二次衬砌位移—时间关系如图 5-15 所示。

分析图 5-15 可知，衬砌修建以后，由于围岩的流变特性，衬砌还将会产生一定程度的位移，其综合表现为衬砌的拱顶及拱腰下沉，边墙则向外侧扩张。在二次衬砌施工完毕 720d 后衬砌位移开始出现稳定趋势，但是最终稳定需要 4 年左右的时间。该断面二次衬砌拱顶最终下沉量最大值为2.2mm,边墙位移最大值为2.4mm(向外扩张)。

对YK7+760断面进行分析,该断面施工后,在围岩压力及水压荷载作用下,隧道二次衬砌位移—时间关系曲线如图5-16所示。

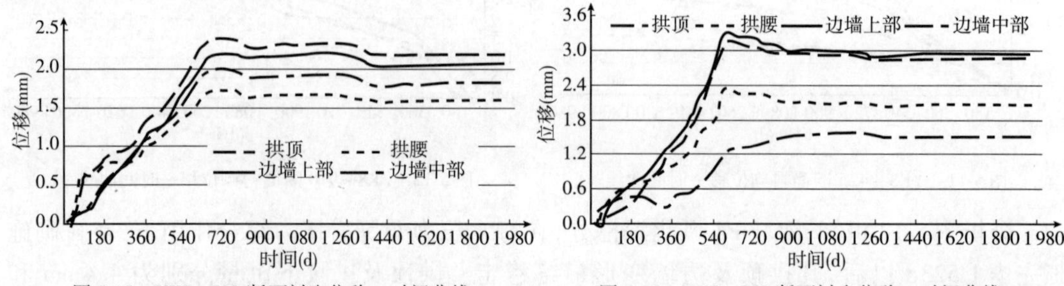

图5-15　YK7+780断面衬砌位移—时间曲线　　图5-16　YK7+760断面衬砌位移—时间曲线

分析图5-16可知,衬砌拱顶下沉最大值为3.1mm,拱腰下沉不明显。衬砌边墙上部净空位移为2.9mm,衬砌中部净空位移为2.1mm。

综上所述,通过数值计算获得各围岩区段二次衬砌可能发生的最大位移,依据长期监测位移断面的布置情况,给出部分断面的预测值位移管理基准,见表5-14。

翔安海底隧道位移监测断面管理基准计算值　　表5-14

围岩级别	埋深类型	地下水类型	支护类型	极限位移(mm)	
				拱顶	边墙
Ⅴ	深埋	海域	S5d	4.8~7.8	5.8~8.6
	浅埋	海域	S5d	4.4~6	4.9~7.4
	浅埋	潮间带	S5c	3.1~4.02	3.2~6.2
Ⅳ	深埋	海域	S4b	2.2~3.1	2.4~2.9

(3)二次衬砌位移模型试验

通过模型试验,获得二次衬砌的结构内力和容许位移,与数值分析结果进行对比,最终建立运营期长期监测二次衬砌位移控制基准。

①模型试验设计

通过分析每次加载后二次衬砌的结构应力,计算各控制点的安全系数,将每级荷载的最小安全系数与各测点的位移对应,绘出最小安全系数与结构位移关系图,当隧道结构最小安全系数为规范规定的最小值时,对应的位移即为结构的容许位移。

a. 相似常数确定

根据相似原理,各物理量的相似关系见表5-15。

各物理量的相似常数　　表5-15

物　理　量	相似关系(π项)	相 似 常 数
弹性模量、变形模量	$\pi=\frac{E}{\gamma l}$	$C_\sigma=C_E=C_\gamma\cdot C_l=30$
泊松比	$\pi=\upsilon$	$C_\upsilon=1$
重度	$\pi=\gamma$	$C_\gamma=1$

续上表

物理量	相似关系(π项)	相似常数
内摩擦角	$\pi=\varphi$	$C_\varphi=1$
黏聚力	$\pi=\frac{c}{\gamma l}$	$C_c=C_\gamma\cdot C_l=30$
线位移	$\pi=\frac{\delta}{l}$	$C_\delta=C_l=30$

图5-17 模型试验装置图

b. 模型试验装置

全部试验在专门制作的立式试验台架上进行。试验台架用两组180工字钢对其前后进行约束,使试体处于平面应变状态,整个模型槽的内表面粘一层厚3mm的聚四氟乙烯板,以减小模型槽边界效应对试验的影响。试验模型槽的尺寸为4.3m×3.7m×0.4m,试体尺寸为4.3m×1.8m×0.4m,试验装置如图5-17所示。

c. 模型试验材料

(a)围岩

本次试验主要研究二次衬砌承载力及位移基准,围岩作为传递荷载的介质,试验完成后,通过环刀取土测得围岩重度为21.7kN/m^3。

(b)模筑混凝土

模筑混凝土为C50,其参数按《公路隧道设计规范》(JTG D70—2004)取值。相似材料采用比例为水:石膏=1:1.6(模拟C50)和1:1.5(模拟C30)的石膏材料,采用预制加工、现场安装的方法模拟,模筑混凝土原型与模型力学参数对比见表5-16。

模筑混凝土原型与模型力学参数对比 表5-16

混凝土强度等级	力学性质	规范值	模型值	对应原型值
C50	单轴抗压强度(MPa)	33.5	11.2	33.6
	弹性模量(GPa)	35.5	1.19	35.7
C30	单轴抗压强度(MPa)	20	8.0	24
	弹性模量(GPa)	31	0.95	28.5

(c)钢筋

通过原型与模型的等效抗弯刚度*EI*和等效抗拉刚度*EA*完全相似的方法进行模拟。经计算,相似材料为ϕ0.6mm@1cm×1cm的钢筋参数,钢筋原型与模型力学参数对比见表5-17。

钢筋原型与模型力学参数对比 表5-17

力学参数	原型值	模型值	对应原型值
抗弯刚度(N·m^2)	2.23×10^7	1.04×10^3	2.53×10^7
抗拉刚度(N)	9.57×10^9	4.02×10^5	1.09×10^{10}

模型制作如图 5-18 所示。

图 5-18　模型制作

d. 试验测试系统

(a)位移量测

在洞室周边典型位置(拱顶、拱腰、边墙、仰拱处)布置测点,用千分之一精度的差动变压器式位移计进行量测,测点布置图如图 5-19 和图 5-20 所示。

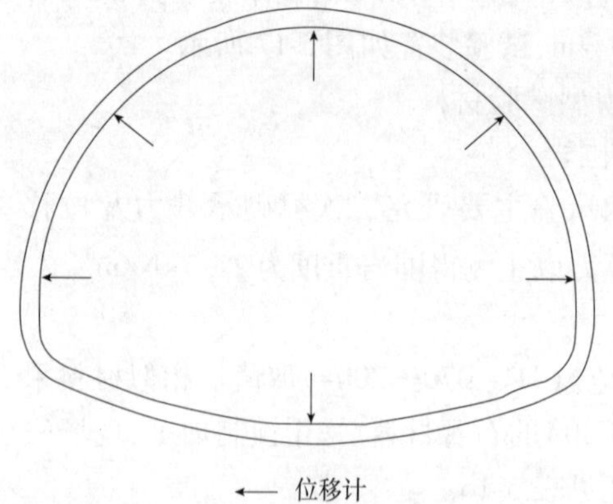

图 5-19　位移量测点布置图

图 5-20　模型试验测试系统

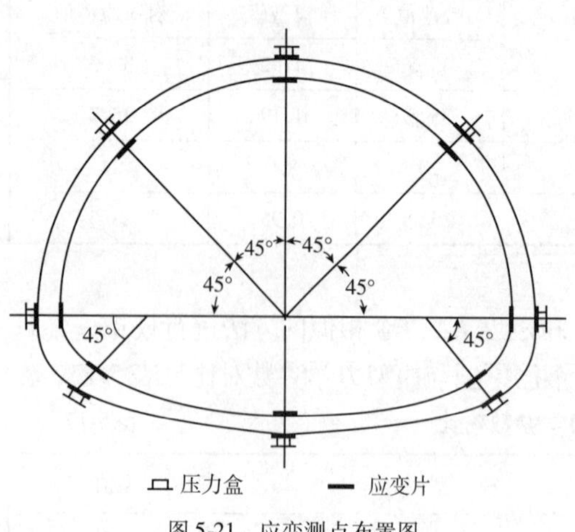

图 5-21　应变测点布置图

(b)二次衬砌应力量测

采用在衬砌内、外侧对称布设环向电阻应变片,加载过程中,读取内外侧应变值,以此获得内外侧的应变后计算出二次衬砌的截面内力,测点布置如图 5-21 所示。

e. 试验过程

试验采用内加载法,即预先埋设二次衬砌模型,层层填土并夯实,然后安装加载系统,开挖并埋置位移计后,逐级加载,直至模型破坏,如图 5-22 所示。

f. 试验系列

依据运营期长期监测断面的分布情况,本问题研究的模型试验主要进行了 4 组,见表 5-18。

图 5-22　模型破坏裂缝图

位移管理基准模型试验系列　　表 5-18

序号	围岩级别	地下水类型	衬砌类型	配筋	混凝土类型
1	Ⅲ	海域	S3b	无	C50,厚 60cm
2	Ⅳ	海域	S4b	ϕ22@ 30 × 20	C50,厚 60cm
3	Ⅴ	潮间带	S5c	ϕ22@ 30 × 20	C30,厚 55cm
4		海域	S5d	Φ25@ 30 × 10	C50,厚 70cm

②模型试验结果分析

a. S5d 型衬砌结果分析

二次衬砌最小安全系数随位移变化规律见表 5-19 和图 5-23。

最小安全系数随洞周位移变化规律　　表 5-19

荷载(kN) \ 位置	拱顶(mm)	左拱腰(mm)	左拱脚(mm)	仰拱(mm)	右拱脚(mm)	右拱腰(mm)	最小安全系数	拉/压	位置
10	0. 83	0. 72	-0. 17	-0. 72	-0. 11	0. 72	10. 80	拉	拱部
20	3. 17	2. 61	-0. 72	-1. 11	-1. 11	2. 61	8. 26	拉	拱部
30	6. 11	5. 08	-1. 72	-1. 56	-3. 06	5. 05	5. 26	拉	拱部
50	9. 54	7. 02	-4. 39	-2. 28	-5. 39	6. 47	2. 92	拉	拱部
80	11. 83	8. 53	-6. 44	-3. 00	-7. 72	8. 13	1. 16	拉	拱部

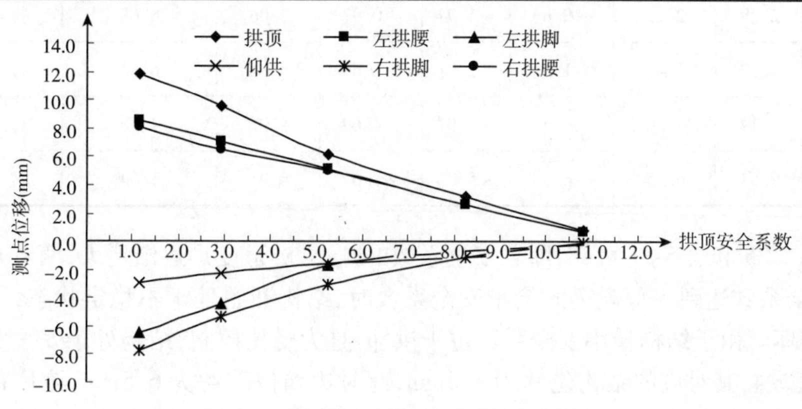

图 5-23　最小安全系数随洞周位移变化规律

分析图 5-23 和表 5-19 可知，随着安全系数的减小，隧道变形逐渐增大，两者几乎呈线性变化，当安全系数达到规范规定的最小安全系数时，结构开始处于不稳定状态，导致结构产生裂缝并破坏。由于结构最小安全系数位于拱部，且为受拉控制，结构处于安全状态的最小安全系数为 2.4，其对应的结构位移为 10.2mm，此时边墙位移约 7.4mm，该位移即为允许位移值。

当结构处于临界安全状态，即最小安全系数为 2.4 时，对应的轴力、弯矩、安全系数以及变形见表 5-20 和图 5-24。

最小安全系数 $K=2.4$ 时结构内力表 表 5-20

内力 \ 位置	仰拱	左拱脚	左边墙	左拱腰	拱顶	右拱腰	右边墙	右拱脚
轴力(kN)	−7 050.1	−4 357.6	−4 158.9	−3 666.3	−5 687.9	−3 015.1	−3 804.7	−5 058.5
弯矩(kN·m)	1 463.6	−1 277.88	−518.2	213.3	1 796.93	161.3	−774.86	−1 151.34

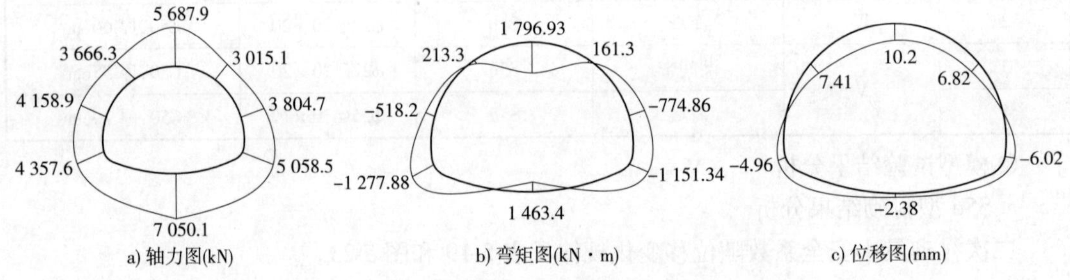

图 5-24 最小安全系数 $K=2.4$ 时结构内力及位移示意图

b. S5c 型衬砌结果分析

二次衬砌最小安全系数随位移变化规律见表 5-21 和图 5-25。

最小安全系数随洞周位移变化规律 表 5-21

位置加载(kN)	拱顶(mm)	左拱腰(mm)	左拱脚(mm)	仰拱(mm)	右拱脚(mm)	右拱腰(mm)	最小安全系数	拉/压	位置
10	0.75	0.63	−0.15	−1.26	−0.10	0.63	10.20	拉	拱部
20	2.69	2.27	−0.63	−1.94	−0.97	2.06	8.68	拉	拱部
30	4.53	3.46	−1.50	−2.71	−2.66	3.38	6.34	拉	拱部
40	6.14	4.66	−4.30	−3.97	−4.69	4.96	4.56	拉	拱部
55	9.61	6.15	−6.56	−5.23	−7.67	6.91	1.64	拉	拱部

分析图 5-25 和表 5-21 可知，随着安全系数的减小，隧道变形逐渐增大，两者几乎呈线性变化，当安全系数达到规范规定的最小安全系数时，结构开始处于不稳定状态，导致结构产生裂缝并破坏。由于结构最小安全系数位于拱部，且为受拉控制，结构处于安全状态的最小安全系数为 2.4，其对应的结构位移为 8.6mm，此时边墙位移约为 6.5mm，该位移即为允许位移值。

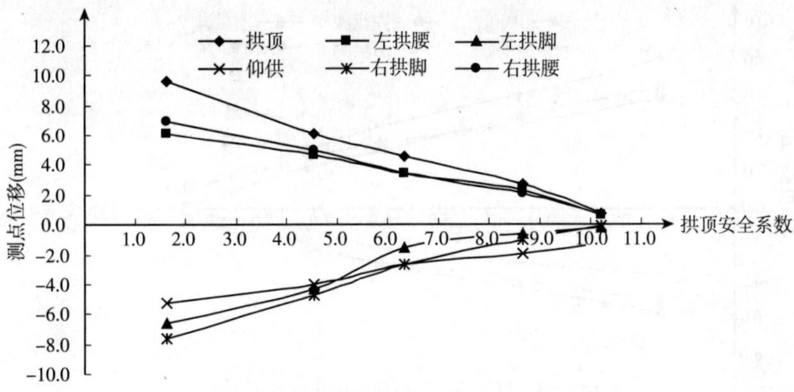

图 5-25 最小安全系数随洞周位移变化规律

当结构处于临界安全状态,即最小安全系数为 2.4 时,对应的轴力、弯矩、安全系数以及变形见表 5-22 和图 5-26。

最小安全系数 $K=2.4$ 时结构内力表 表 5-22

位置 内力	仰拱	左拱脚	左边墙	左拱腰	拱顶	右拱腰	右边墙	右拱脚
轴力(kN)	-6 934.3	-4 731.5	-4 145.0	-3 794.8	-4 225.9	-4 245.5	-3 839.2	-4 473.3
弯矩(kN·m)	1 125.3	-1 008.6	-510.65	257.5	1 237.44	367.4	-690.48	-926.8

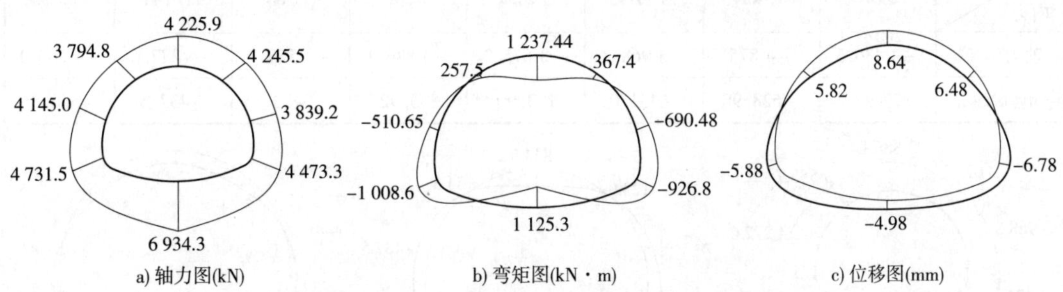

图 5-26 最小安全系数 $K=2.4$ 时结构内力及位移示意图

c. S4b 型衬砌结果分析

二次衬砌最小安全系数随位移变化规律见表 5-23 和图 5-27。

最小安全系数随洞周位移变化规律 表 5-23

位置 荷载(kN)	拱顶(mm)	左拱腰(mm)	左拱脚(mm)	仰拱(mm)	右拱脚(mm)	右拱腰(mm)	最小安全系数	拉/压	位 置
5	1.34	1.08	-0.74	-0.33	-0.56	0.20	9.26	拉	拱部
10	3.26	2.81	-2.18	-1.09	-1.81	2.19	7.22	拉	拱部
20	4.51	3.60	-2.93	-2.09	-3.01	3.16	5.96	拉	拱部
30	6.16	4.55	-3.89	-2.93	-4.32	4.98	3.68	拉	拱部
47.5	8.14	5.99	-5.08	-3.56	-5.64	6.60	1.28	拉	拱部

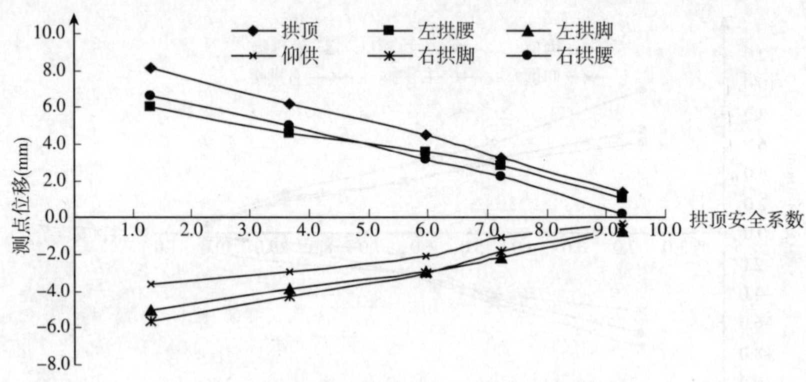

图 5-27　最小安全系数随洞周位移变化规律

分析图 5-27 和表 5-23 可知，随着安全系数的减小，隧道变形逐渐增大，两者几乎呈线性变化，当安全系数达到规范规定的最小安全系数时，结构开始处于不稳定状态，导致结构产生裂缝并破坏。由于结构最小安全系数位于拱部，且为受拉控制，结构处于安全状态的最小安全系数为 2.4，其对应的结构位移为 7.22mm，此时边墙位移约为 5.7mm，该位移即为允许位移值。

当结构处于临界安全状态，即最小安全系数为 2.4 时，对应的轴力、弯矩、安全系数以及变形见表 5-24 和图 5-28。

最小安全系数 $K=2.4$ 时结构内力表　　表 5-24

内力＼位置	仰拱	左拱脚	左边墙	左拱腰	拱顶	右拱腰	右边墙	右拱脚
轴力(kN)	−4 436.5	−4 875	−3 968.8	−3 675.3	−3 886.1	−3 555.7	−4 277.6	−4 203.1
弯矩(kN·m)	774.3	−628.96	−431.0	123.90	843.92	34.3	−437.5	−580.56

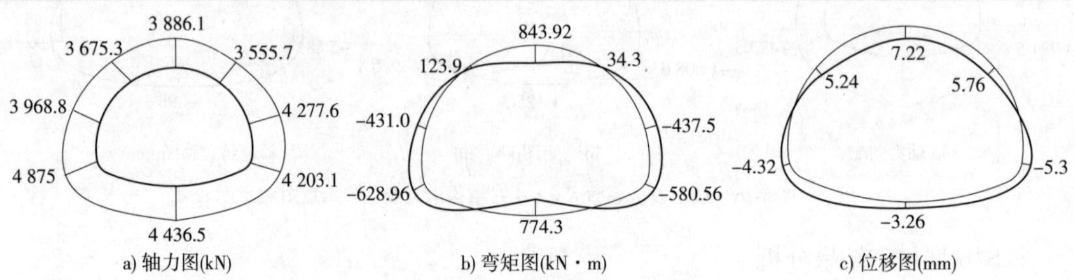

图 5-28　最小安全系数 $K=2.4$ 时结构内力及位移示意图

d. S3b 型衬砌结果分析

二次衬砌最小安全系数随位移变化规律见表 5-25 和图 5-29。

最小安全系数随洞周位移变化规律　　表 5-25

荷载(kN)＼位置	拱顶(mm)	左拱腰(mm)	左拱脚(mm)	仰拱(mm)	右拱脚(mm)	右拱腰(mm)	最小安全系数	拉/压	位　置
5	0.46	0.31	−0.13	0.07	−0.16	0.13	13.60	拉	拱部
10	1.94	1.35	−1.17	0.56	−0.86	1.47	8.99	拉	拱部
20	3.91	3.32	−3.17	1.53	−2.89	3.13	4.88	拉	拱部
30	6.46	4.66	−5.05	2.16	−4.67	4.10	1.78	拉	拱部

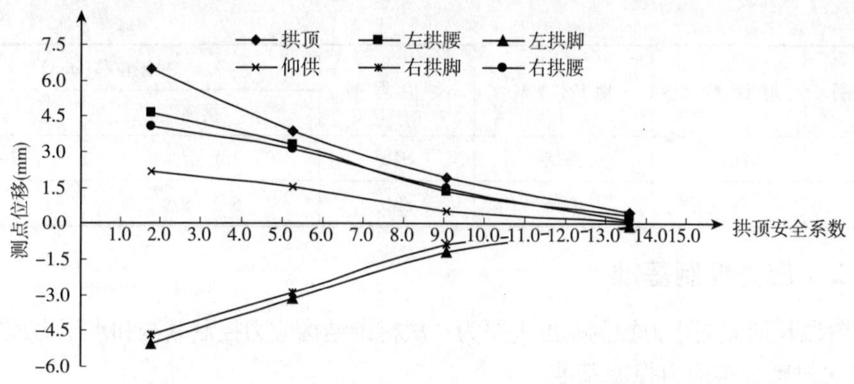

图 5-29 最小安全系数随洞周位移变化规律

分析图 5-29 和表 5-25 可知，随着安全系数的减小，隧道变形逐渐增大，两者几乎呈线性变化，当安全系数达到规范规定的最小安全系数时，结构开始处于不稳定状态，导致结构产生裂缝并破坏。由于结构最小安全系数位于拱部，且为受拉控制，结构处于安全状态的最小安全系数为 3.6，其对应的结构位移为 5.2mm，此时边墙位移约为 4mm，该位移即为允许位移值。

当结构处于临界安全状态，即最小安全系数为 2.4 时，对应的轴力、弯矩、安全系数以及变形见表 5-26 和图 5-30。

最小安全系数 $K=2.4$ 时结构内力表 表 5-26

内力 \ 位置	仰拱	左拱脚	左边墙	左拱腰	拱顶	右拱腰	右边墙	右拱脚
轴力(kN)	-2 207.44	-2 099.44	-2 063.92	-1 375.36	-2 040.64	-1 495.2	-2 102.88	-2 407.2
弯矩(kN·m)	317.563	-398.8	-279.8	130.1	408.36	81.0	-258.4	-354.8

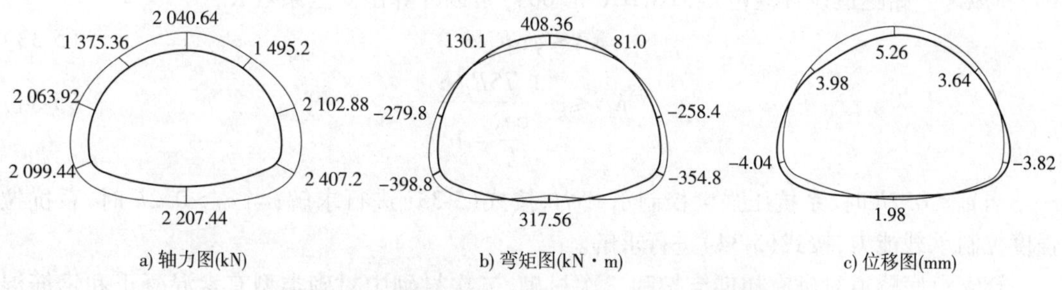

图 5-30 最小安全系数 $K=2.4$ 时结构内力及位移示意图

(4)翔安海底隧道二次衬砌位移管理基准确定

通过理论分析、数值分析和模型试验对二次衬砌的位移进行研究，最终获得适合于翔安海底隧道的位移安全管理基准，见表 5-27。

翔安海底隧道二次衬砌位移安全管理基准 表 5-27

围岩级别	埋深类型	地下水类型	支护类型	极限位移(mm)	
				拱顶	边墙
V	深埋	海域	S5d	5~10.8	6~7.4
	浅埋	潮间带	S5c	4.0~8.6	5~6.5

续上表

围岩级别	埋深类型	地下水类型	支护类型	极限位移(mm)	
				拱顶	边墙
Ⅳ	深埋	海域	S4b	3.1~7.2	3~5.7
Ⅲ	深埋	海域	S3b	5.2~8.9	4~5.3

5.2.2 应力控制基准

运营阶段长期监测应力控制基准主要为二次衬砌结构应力控制基准和水压力控制基准。

1)二次衬砌结构应力控制基准

翔安海底隧道混凝土强度等级为 C50,依据《公路隧道设计规范》(JTG D70—2004),其对应的抗压极限强度为 36.5MPa,对应的抗拉极限强度为 3.1MPa。

长期进行系统应力监测时,在获得了二次衬砌内侧和外侧的应力后,可以按下列公式计算出二次衬砌的内力:

$$N=\frac{\sigma_1+\sigma_2}{2A} \tag{5-31}$$

$$M=\frac{(\sigma_1-\sigma_2)bh^2}{12} \tag{5-32}$$

式中:b——衬砌截面宽度,取 1m;

h——衬砌截面厚度;

σ_1——外侧压应力;

σ_2——内侧压应力。

依据《公路隧道设计规范》(JTG D70—2004)可以计算出安全系数 K。

$$KN\leqslant\varphi\alpha R_a bh \tag{5-33}$$

$$KN\leqslant\varphi\frac{1.75R_l bh}{\frac{6e_0}{h}-1} \tag{5-34}$$

当 $e_0\leqslant 0.2h$ 时,系抗压强度控制承载力,按式(5-33)进行求解;当 $e_0>0.2h$ 时,系抗拉强度控制承载能力,按式(5-34)进行求解。

翔安海底隧道衬砌有初期支护和二次衬砌,二次衬砌中衬砌类型有素混凝土和钢筋混凝土,支护结构安全状态应根据表 5-28 判定。

衬砌结构安全判定基准 表 5-28

衬砌类型	荷载组合 / 破坏原因	永久荷载+基本可变荷载	永久荷载+基本可变荷载+其他可变荷载
素混凝土	混凝土达到极限抗压强度	2.4	2.0
	混凝土达到极限抗拉强度	3.6	3.0
钢筋混凝土	钢筋达到计算强度或混凝土达到极限抗压或抗剪强度	2.0	1.7
	混凝土达到极限抗拉强度	2.4	2.0

2)水压力控制基准

依据运营期长期监测水压力断面布置情况,在围岩压力不变的情况下,改变水压力,分析二次衬砌结构力学特征及其安全性,建立监测断面处的水压力管理基准。

(1)数值计算概况

①计算模型

本次主要采用有限元荷载—结构模型计算,计算模型和控制点分布如图 5-31 所示。

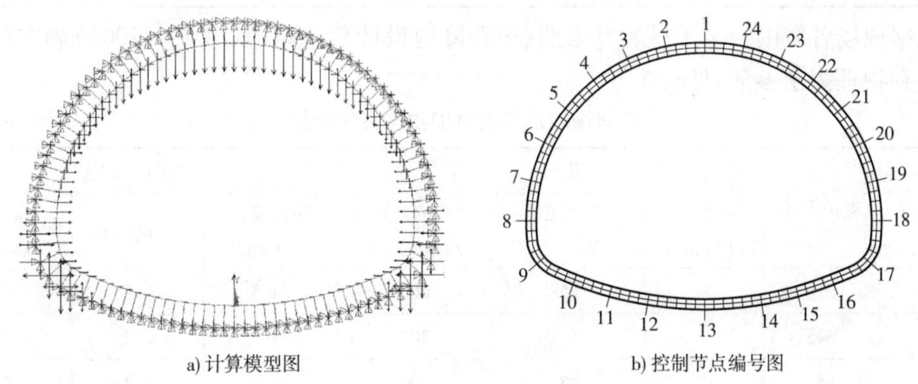

a) 计算模型图　　b) 控制节点编号图

图 5-31　主隧道计算模型及控制点图

根据现场工程围岩地质条件、隧道埋深、结构尺寸等因素,确定荷载分布形式,本次采用水土分算的荷载形式,如图 5-32 所示。

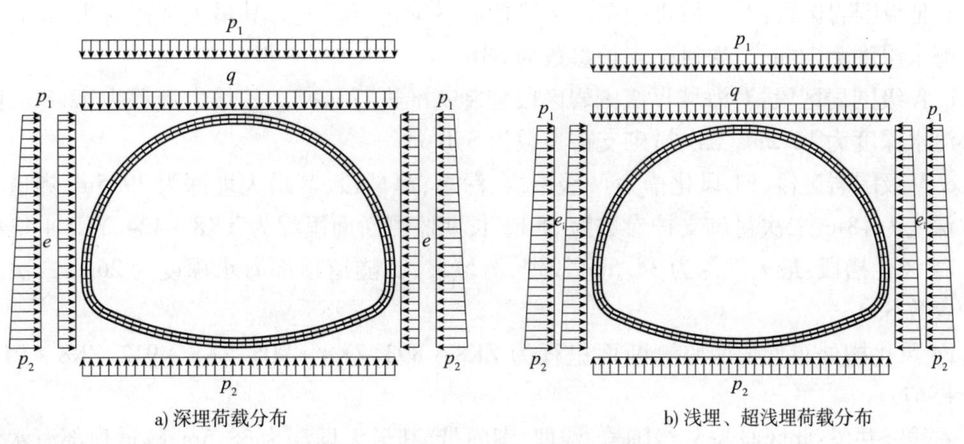

a) 深埋荷载分布　　b) 浅埋、超浅埋荷载分布

图 5-32　主隧道荷载分布模式示意图

②计算参数

二次衬砌结构所用混凝土强度等级为 C50,钢筋混凝土的重度取为 $25kN/m^3$。钢筋的抗拉或抗压计算强度和弹性模量分别为 260MPa 和 210GPa。

各级围岩对应的二次衬砌支护参数见表 5-29。

行车洞二次衬砌支护参数 表5-29

围岩级别	地下水类型	支护类型	衬砌厚度(mm)	混凝土强度等级	实际配筋量(mm^2)
Ⅲ	海域	S3b	600	C50	无
Ⅳ	海域	S4b	600	C50	2 454
Ⅴ	潮间带	S5c	550	C50	1 900
	海域	S5d	700	C50	4 906.3
	海域	S5d	400	C50	4 906.3

依据现场各级围岩土工试验并参照《公路隧道设计规范》(JTG D70—2004)确定围岩和二次衬砌物理力学参数,见表5-30。

各级围岩及二次衬砌物理力学参数 表5-30

围岩级别	支护形式	围岩			二次衬砌支护		
		重度γ (kN/m^3)	计算摩擦角 ϕ_c(°)	弹性抗力系数 k(MPa/m)	弹性模量 E(GPa)	泊松比ν	重度γ (kN/m^3)
Ⅲ	S3b	24	65	600	34.5	0.2	25
Ⅳ	S4b	22	50	300	34.5	0.2	25
Ⅴ	S5c	19	48	200	34.5	0.2	25
	S5b	20	40	180	34.5	0.2	25
	S5d	19	43	150	34.5	0.2	25

③计算系列

a. Ⅲ级围岩区段:对海域Ⅲ级围岩区段控制基准进行研究。其最大埋深为43.2m,隧道顶部海水深度为16m,二次衬砌支护参数为S3b。

b. Ⅳ级围岩区段:对海域Ⅳ级围岩区段控制基准进行研究。其最大埋深为42.2m,隧道顶部海水深度为12.2m,二次衬砌支护参数为S4b。

c. Ⅴ级围岩区段,F1风化槽为Ⅴ级围岩,深埋,海域段,其最大埋深为39.5m,隧道顶部海水深度为18m,二次衬砌支护参数为S5d。长期监测断面里程为YK8+424、YK8+434。

F4风化槽段:最大埋深为34.5m,浅埋,海域段,其隧道顶部海水深度为26m,二次衬砌支护参数S5d。

F4风化槽处布置长期监测断面里程为ZK8+893、ZK8+905、ZK8+912、ZK8+918和ZK8+967。

右线竖井段:此区段为Ⅴ级围岩,浅埋,潮间带,其最大埋深为38.5m,隧道顶部海水深度为2m,二次衬砌支护参数为S5c。长期监测断面为YK11+290、YK11+310和YK11+315。

各区段在不同水压作用下,二次衬砌结构能承受的最大水压力见表5-31。

不同水压条件下围岩极限压力和位移计算工况 表5-31

围岩级别	支护参数	工况(组)	工况1	工况2	工况3	工况4	工况5	工况6
Ⅲ	S3b	水压荷载	0	$0.2p_1$	$0.4p_1$	$0.6p_1$	$0.8p_1$	p_1
Ⅳ	S4b	水压荷载	0	$0.2p_2$	$0.4p_2$	$0.6p_2$	$0.8p_2$	p_2

续上表

围岩级别	支护参数	工况(组)	工况 1	工况 2	工况 3	工况 4	工况 5	工况 6
V	S5c	水压荷载	0	0.2 p_3	0.4 p_3	0.6 p_3	0.8 p_3	p_3
	S5d	水压荷载	0	0.2 p_4	0.4 p_4	0.6 p_4	0.8 p_4	p_4
	S5d	水压荷载	0	0.2 p_5	0.4 p_5	0.6 p_5	0.8 p_5	p_5

注:p 为相应位置最大静水压力。

(2)水压对结构安全性影响分析

①V 级深埋海域段(S5d)

在最大围岩压力作用情况下,不同水压力对结构的影响规律见表 5-32、表 5-33 和图 5-33 ~ 图 5-35。

不同水压力作用情况下二次衬砌的安全系数　　表 5-32

衬砌类型	水压力大小(kPa)	拱顶		拱腰		边墙	
		安全系数	拉/压	安全系数	拉/压	安全系数	拉/压
S5d(深埋)	575	2.581	拉	2.177	压	2.501	压
	460	2.91	拉	2.371	压	2.953	压
	345	3.34	拉	2.607	压	3.047	压
	230	3.907	拉	2.909	压	3.458	压
	115	4.422	拉	3.305	压	4.046	压
	0	4.317	拉	3.838	拉	4.859	压

不同水压力作用情况下二次衬砌的内力　　表 5-33

衬砌类型	水压力大小(kPa)	拱顶		拱腰		边墙	
		弯矩(kN·m)	轴力(kN)	弯矩(kN·m)	轴力(kN)	弯矩(kN·m)	轴力(kN)
S5d(深埋)	575	988.17	6 815.8	611.61	-9 677.90	-6.456 5	-9 929.4
	460	952.33	5 827.4	648.56	-8 642.3	58.132	-8 895.9
	345	912.3	4 842.1	675.64	-7 610.3	104.99	-7 865.2
	230	858.27	3 868	689.06	-6 583	124.95	-6 838.1
	115	792.07	2 903.8	688.56	-5 560.6	117.12	-5 814.5
	0	716.11	1 947.9	679.37	-4 541.3	111.19	-4 803.1

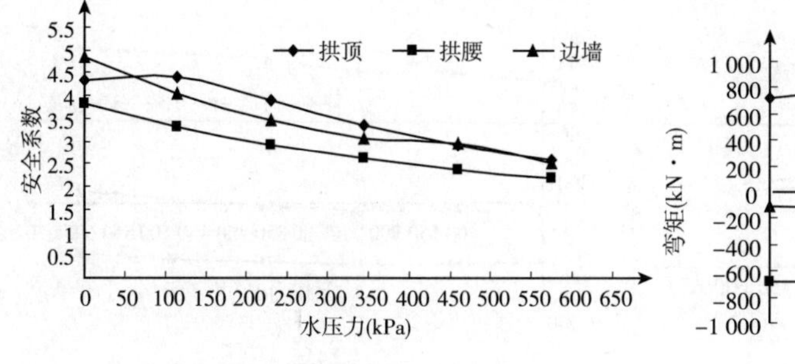

图 5-33　安全系数随水压力分布规律

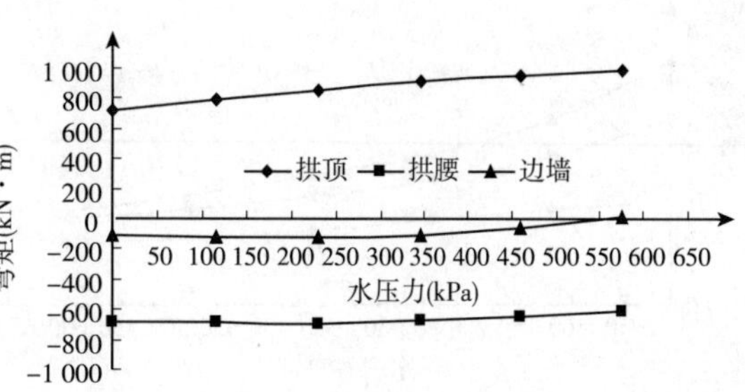

图 5-34　弯矩随水压力分布规律

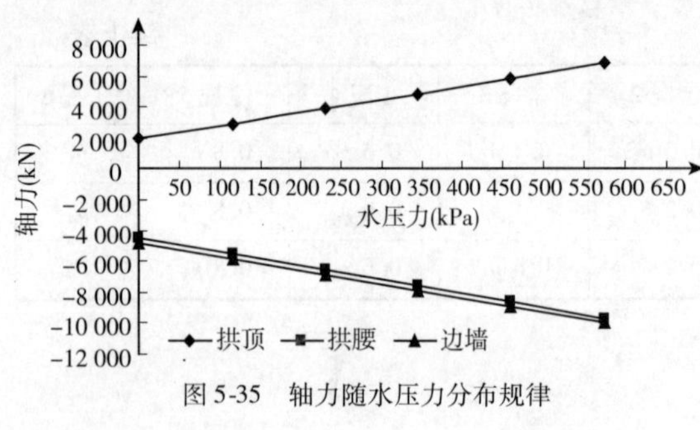

图5-35　轴力随水压力分布规律

分析表5-32～表5-33和图5-33～图5-35可知，结构安全系数随水压力的增加而减小，拱腰处安全系数最小，拱顶为受拉控制，而边墙和拱腰为受压控制。轴力和弯矩随着水压力的增加而增大，拱顶处内侧受拉，拱腰和边墙处外侧受拉。轴力均为负，截面均受压。当水压力达到575kPa时，结构安全系数达到允许值2.0，可见水压应控制在575kPa范围以内。

②V级浅埋海域段(S5d)

在最大围岩压力作用情况下，不同水压力对结构的影响规律见表5-34、表5-35和图5-36～图5-38。

不同水压力作用下二次衬砌的安全系数　　表5-34

衬砌类型	水压力大小(kPa)	拱顶		拱腰		边墙	
		安全系数	拉/压	安全系数	拉/压	安全系数	拉/压
S5d(浅埋)	605	1.97	拉	2.85	压	3.11	压
	484	2.17	拉	3.16	压	3.65	压
	363	2.42	拉	3.57	压	4.26	压
	242	2.78	拉	4.12	压	4.99	压
	121	3.13	拉	4.91	拉	6.15	压
	0	3.42	拉	6.13	拉	8.1	压

不同水压力作用下二次衬砌的内力　　表5-35

衬砌类型	水压力大小(kPa)	拱顶		拱腰		边墙	
		弯矩(kN·m)	轴力(kN)	弯矩(kN·m)	轴力(kN)	弯矩(kN·m)	轴力(kN)
S5d(浅埋)	605	1 317	-8 820.7	-432.38	-7 485.00	96.544	-7 717.3
	484	1 274.4	-7 784.9	-473.27	-6 498.1	28.182	-6 732.3
	363	1 224.7	-6 754.9	-508.7	-5 513.1	-29.304	-5 748.8
	242	1 115.6	-5 732.6	-525.43	-4 535	-72.436	-4 773.1
	121	1 097	-4 718.3	-524.57	-3 563	-83.789	-3 802.3
	0	1 021.8	-3 709.1	-509.23	-2 596	-80.134	-2 836.7

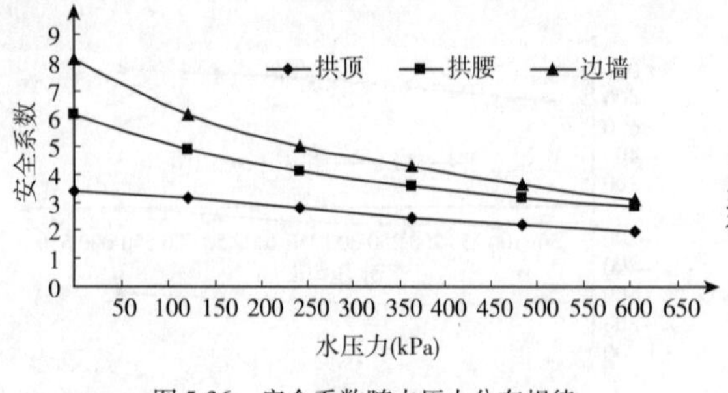

图5-36　安全系数随水压力分布规律

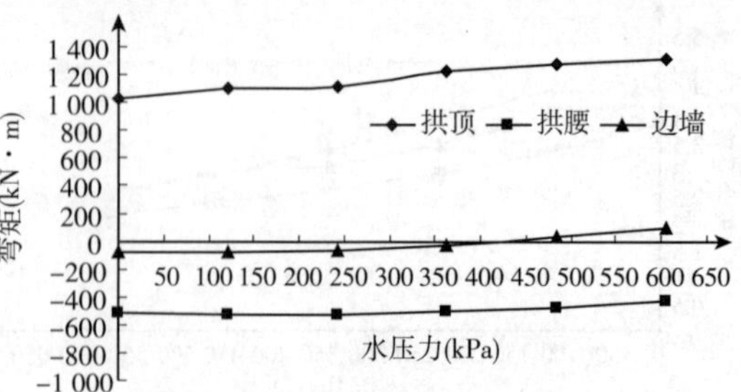

图5-37　弯矩随水压力分布规律

分析表5-34、表5-35和图5-36～图5-38可知,结构安全系数随着水压力的增加而减小,拱顶处安全系数最小,且为受拉控制,在最大静水压力作用下,安全系数约为1.97,已经小于结构允许安全系数2.4,不满足要求。结构拱腰处,在静水压力小于0.2p(p表示最大静水压力)时,截面为受拉控制,大于0.2p时转为受压控制。轴力和弯矩随着水压力的增加而增大,拱顶处内侧受拉,拱腰处外侧受拉,边墙处在水压达到450kPa时,由外侧受拉转换为内侧受拉,截面均受压。水压力达到363kPa时,结构安全系数达到允许值2.4,可见水压力应控制在363kPa范围以内。

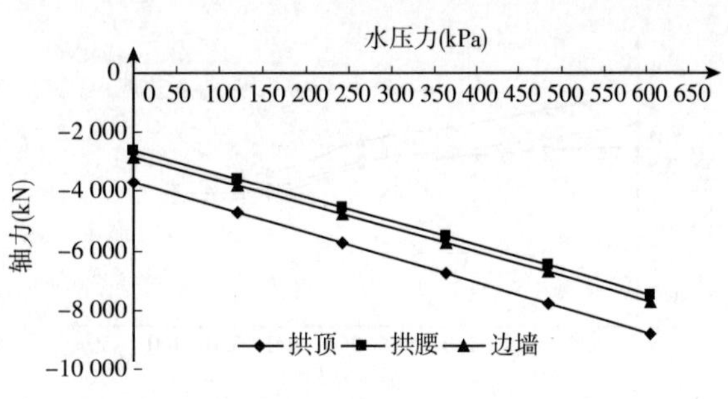

图5-38 轴力随水压力分布规律

③V级浅埋潮间带(S5c)

在最大围岩压力作用情况下,不同水压力对结构的影响规律见表5-36、表5-37和图5-39～图5-41。

不同水压力作用下二次衬砌的安全系数 表5-36

衬砌类型	水压力大小(kPa)	拱顶		拱腰		边墙	
		安全系数	拉/压	安全系数	拉/压	安全系数	拉/压
S5c(浅埋)	395	1.91	拉	2.01	压	2.19	压
	316	2.03	拉	2.12	压	2.37	压
	237	2.46	拉	2.55	压	2.86	压
	158	2.62	拉	2.71	压	3.07	压
	79	2.73	拉	2.90	压	3.34	压
	0	2.78	拉	3.13	拉	3.68	压

不同水压力作用下二次衬砌的内力 表5-37

衬砌类型	水压力大小(kPa)	拱顶		拱腰		边墙	
		弯矩(kN·m)	轴力(kN)	弯矩(kN·m)	轴力(kN)	弯矩(kN·m)	轴力(kN)
S5c(浅埋)	395	995.3	-7 544.8	-600.63	-8 388.80	284.94	-8 613.2
	316	969.71	-6 870.1	-606.74	-7 712.1	241.08	-7 941.2
	237	936.86	-6 200.6	-604.7	-7 038.6	220.34	-7 270.6
	158	901.57	-5 532.7	-600.3	-6 366.1	210.47	-6 600
	79	860.96	-4 869.6	-587.14	-5 696.5	194.22	-5 934.3
	0	820.36	-4 206.4	-573.99	-5 026.9	177.96	-5 268.6

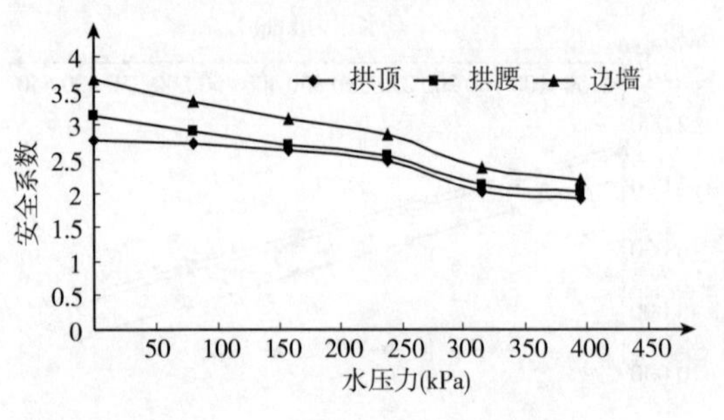

图 5-39　安全系数随水压力分布规律

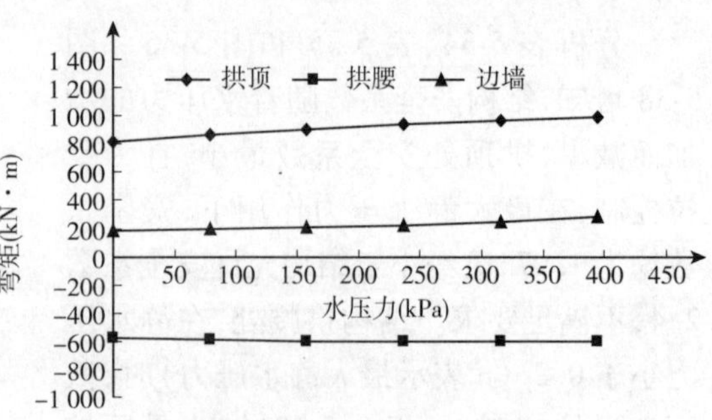

图 5-40　弯矩随水压力分布规律

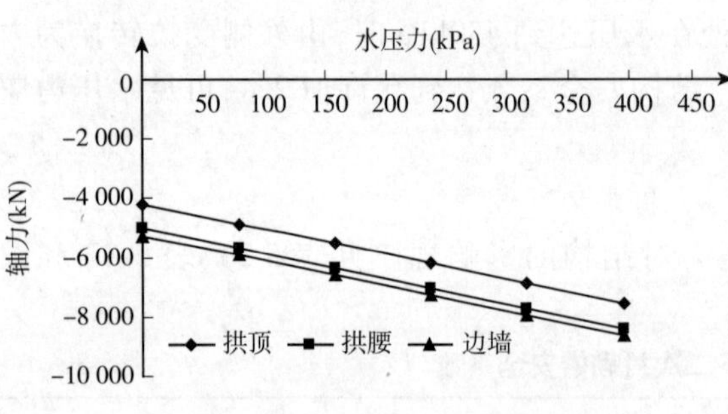

图 5-41　轴力随水压力分布规律

分析表 5-36、表 5-37 和图 5-39 ~ 图 5-41 可知，结构安全系数随着水压力的增加而减小，拱顶处安全系数最小，且为受拉控制，在最大静水压力作用时，安全系数约为 1.9，已经小于结构允许安全系数 2.4。轴力和弯矩随着水压力的增加而增大，拱顶和边墙处内侧受拉，拱腰处外侧受拉。当水压力达到 237kPa 时，结构安全系数达到允许值 2.4，可见水压应控制在 237kPa 范围以内。

④Ⅳ级深埋海域段（S4b）

在最大围岩压力作用下，不同水压力对结构的影响规律见表 5-38、表 5-39 和图 5-42 ~ 图 5-44。

不同水压力作用下二次衬砌的安全系数　表 5-38

衬砌类型	水压力大小（kPa）	拱顶		拱腰		边墙	
		安全系数	拉/压	安全系数	拉/压	安全系数	拉/压
S4b（深埋）	542	2.64	拉	2.84	压	2.59	压
	433.6	2.99	拉	3.22	压	3.09	压
	325.2	3.58	拉	3.73	压	3.81	压
	216.8	4.41	拉	4.49	压	4.93	压
	108.4	5.39	拉	5.72	压	6.74	压
	0	5.19	拉	8.17	拉	10.06	压

不同水压力作用下二次衬砌的内力　表 5-39

衬砌类型	水压力大小（kPa）	拱顶		拱腰		边墙	
		弯矩（kN·m）	轴力（kN）	弯矩（kN·m）	轴力（kN）	弯矩（kN·m）	轴力（kN）
S4b（深埋）	542	995.3	-7 544.8	-600.63	-8 388.80	284.94	-8 613.2
	433.6	969.71	-6 870.1	-606.74	-7 712.1	241.08	-7 941.2
	325.2	936.86	-6 200.6	-604.7	-7 038.6	220.34	-7 270.6
	216.8	901.57	-5 532.7	-600.3	-6 366.1	210.47	-6 600
	108.4	860.96	-4 869.6	-587.14	-5 696.5	194.22	-5 934.3
	0	820.36	-4 206.4	-573.99	-5 026.9	177.96	-5 268.6

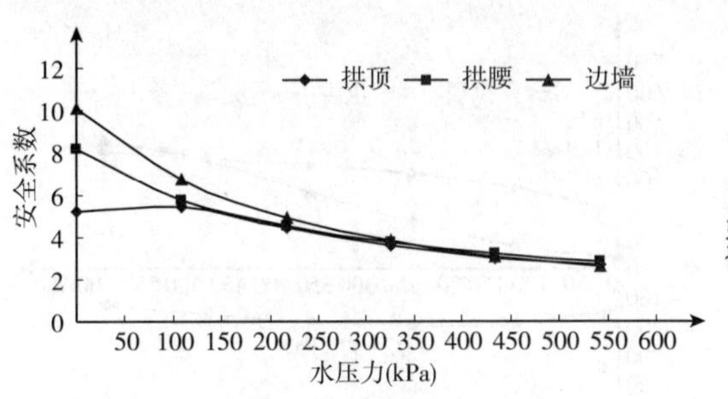

图 5-42　安全系数随水压力分布规律

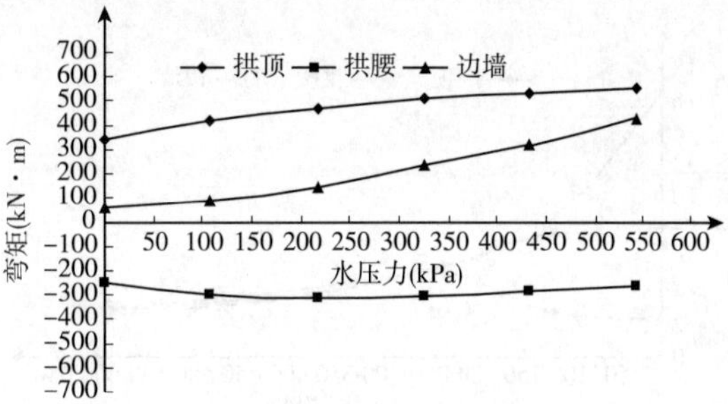

图 5-43　弯矩随水压力分布规律

分析表 5-38,表 5-39 和图 5-42 ~ 图 5-44 可知,结构安全系数随水压力的增加而减小,边墙处安全系数最小,且为受拉控制,在最大静水压力作用时,安全系数约为 2.6,满足结构允许安全系数 2.4 要求。轴力和弯矩随着水压力的增加而增大,拱顶和边墙处内侧受拉,拱腰处外侧受拉。当水压力达到 542kPa 时,结构安全系数达到允许值 2.4,可见水压力应控制在 542kPa 范围以内。

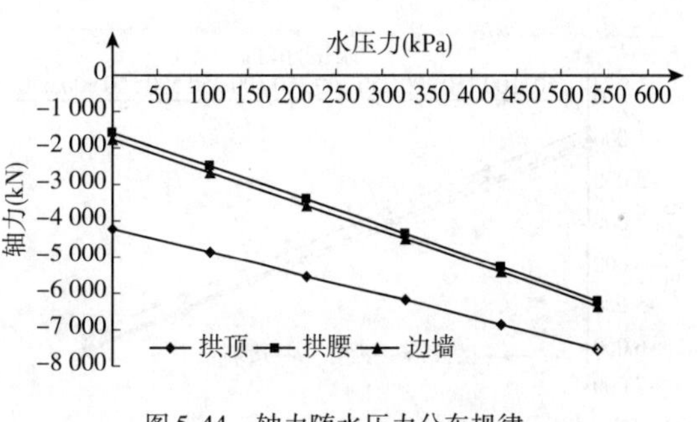

图 5-44　轴力随水压力分布规律

⑤Ⅲ级深埋海域段(S3b)

在最大围岩压力作用下,不同水压力对结构的影响规律见表 5-40、表 5-41 和图 5-45 ~ 图 5-47。

不同水压力作用下二次衬砌的安全系数　　表 5-40

衬砌类型	水压力大小(kPa)	拱顶		拱腰		边墙	
		安全系数	拉/压	安全系数	拉/压	安全系数	拉/压
S3b(深埋)	592	2.88	拉	3.13	压	2.68	压
	473.6	3.39	拉	3.66	压	3.20	压
	355.2	4.12	拉	4.43	压	4.10	压
	236.8	5.22	拉	5.61	压	5.64	压
	118.4	2.70	拉	7.71	压	8.71	压
	0	2.32	拉	7.01	拉	16.55	压

不同水压力作用下二次衬砌的内力　　表 5-41

衬砌类型	水压力大小(kPa)	拱顶		拱腰		边墙	
		弯矩(kN·m)	轴力(kN)	弯矩(kN·m)	轴力(kN)	弯矩(kN·m)	轴力(kN)
S3b(深埋)	592	394.27	-5 677.8	-130.73	-5 988	433.31	-6 078.7
	473.6	375.93	-4 657.9	-159.46	-4 970.4	365.87	-5 064.1
	355.2	353.08	-3 642.2	-182.38	-3 955.7	258.31	-4 059.7
	236.8	321.69	-2 633.1	-194.49	-2 945	156.67	-3 060.2
	118.4	276.27	-1 634.4	-1 89.94	-1 940.6	74.681	-2 067.1
	0	197.47	-662.65	-138.74	-952.88	38.541	-1 090.9

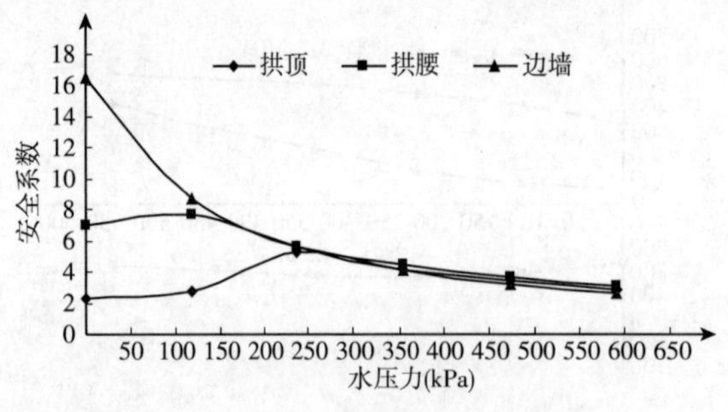

图 5-45　安全系数随水压力分布规律

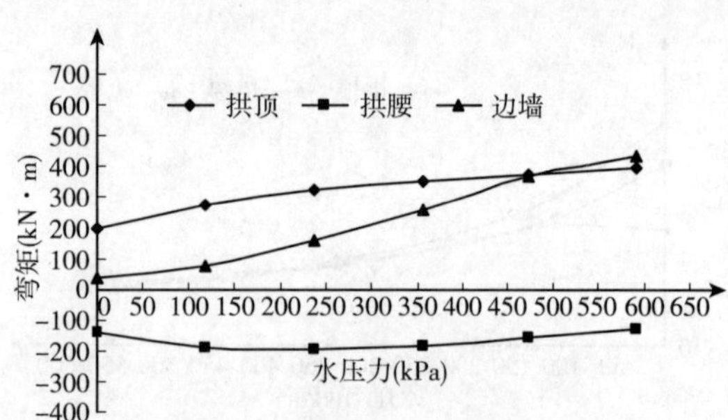

图 5-46　弯矩随水压力分布规律

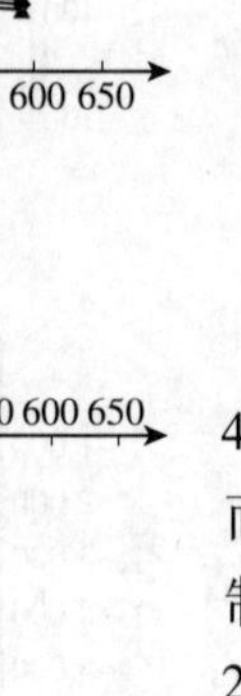

图 5-47　轴力随水压力分布规律

分析表 5-40、表 5-41 和图 5-45 ~ 图 5-47 可知，结构安全系数随着水压力的增加而减小，边墙处安全系数最小，且为受压控制，在最大静水压力作用时，安全系数约为 2.7，小于素混凝土结构允许安全系数 3.6 的要求。轴力和弯矩随着水压力的增加而增大，拱顶和边墙处内侧受拉，拱腰处外侧受拉。当水压力达到 463kPa 时，结构安全系数达到允许值 3.6，可见水压应控制在 463kPa 范围以内。

(3)海底隧道二次衬砌水压力管理基准确定

对各水压力工况进行分析，获得翔安海底隧道不同围岩级别和支护类型条件下的水压力控制基准，见表 5-42。

翔安海底隧道水压力控制基准　　表 5-42

围岩级别	埋深类型	地下水类型	支护类型	临界水压力(kPa)	换算水头(m)
Ⅴ	深埋	海域	S5d	575	57.5
	浅埋	海域	S5d	363	36.3
	深埋	潮间带	S5c	237	23.7
Ⅳ	深埋	海域	S4b	542	54.2
Ⅲ	深埋	海域	S3b	463	46.3

5.3　海底隧道施工阶段安全管理基准

目前，隧道围岩稳定性判据没有一个统一的标准，这主要是因为实际工程所遇到的情况实在太复杂。岩体性质、洞室大小和形状、受力情况(包括覆盖层厚度和岩体初始应力的大小)，乃至施工方法等都会对它产生影响，而这些因素的组合情况又是人们难以预测的。一些国家的有关部门都在进行这方面的总结工作，并为了适应某种需要提出了一些相应的规定。目前隧道施工监测动态以位移为依据的判别分别是容许极限位移量、位移变化率、位移加速度和变形速率比值判别。

根据现场的实践经验,仅仅采用某一个判据对围岩进行稳定性判断具有一定的缺陷,例如有些隧道周边位移超出位移控制基准值,但支护结构没有产生裂缝以及破坏,有时变形速率很大,超出变形速率预警值,但是隧道周边位移还远小于控制基准值,也未发生结构破坏;有的工程(特别是浅埋工程)尚未达到容许值,但支护结构已经有裂缝出现,且发展较快,却发生了失稳与坍塌事故。总之,对隧道一支护结构稳定性进行判断,提出施工阶段隧道稳定性管理基准应该定量与定性综合分析。定量分析主要是通过隧道周边位移量、变形速率、变形加速度;定性分析主要观察围岩支护结构裂缝产生的情况和地下水对围岩的影响情况[44]。

5.3.1　安全性判定指标

采用定量与定性综合分析方法,判定隧道初期支护安全性,从而提出海底隧道施工阶段安全管理基准。

1)定量指标

(1)周边位移

隧道结构位移的发生和发展是隧道结构力学行为动态的综合反映,不管隧道的作用机理如何复杂,其经受各种作用后的反应可以通过周边位移来体现。通过周边位移观测以了解隧道的力学动态是比较直观也易于实施的办法,隧道的稳定性也应该从周边位移变化和发展得到体现。表面位移作为预测与预报的基本物理量,不仅量测较方便,更重要的是量测数据可靠,内涵丰富。通过位移分析不仅可以预测系统稳定性的未来发展趋势,对于设有支护的地下工程,还能通过反演求得其他许多有价值的力学量,如荷载、应力、安全度等。这样,由位移预测就可以发展为荷载、结构应力和安全度的预测,进而实现结构参数的全面优化。

隧道稳定性判别,可根据隧道施工实测位移 u 与隧道极限位移 u_0 之间建立判别准则,即 $u < u_0$ 时,隧道稳定;$u > u_0$ 时,隧道不稳定。

为确保施工安全,在现行规范关于隧道位移管理基准的基础上将隧道施工危险等级分为 4 级,见表 5-43。

公路隧道位移安全管理基准　　表 5-43

危险等级	管理位移	管理等级
不稳定	$u > u_0$	Ⅰ
险情	$2u_0/3 < u \leqslant u_0$	
异常	$u_0/3 \leqslant u \leqslant 2u_0/3$	Ⅱ
正常	$u < u_0/3$	Ⅲ

(2)围岩变形速率

围岩变形速率是指隧道周壁单位时刻位移变化量。

$$v_n=\frac{\Delta u}{\Delta t}=\frac{u_n-u_i}{t_n-t_i} \tag{5-35}$$

式中：v_n——t_n时刻围岩变形速率，mm/d；

t_n、t_i——均为量测时间，d；

u_n、u_i——均为 t_n、t_i时刻位移累计值，mm。

围岩容许变形速率 v 需要根据当前围岩位移累计值 u 和位移控制基准 u_0 以及由当前围岩位移累计值变化到位移控制基准的时间 t 来确定。

$$u+t\cdot v>u_0 \tag{5-36}$$

假定某时刻围岩位移累计值为 u，围岩变形速率为 v，此断面位移控制基准值为 u_0，在施工现场，当监测断面被发现变形异常时，往往需要采取加固措施，在材料和加固方案确定的情况下，采取加固措施需要的时间一般为 3～5d，为确保安全，取 5d 计算，此时：

$$u+5\cdot v>u_0 \tag{5-37}$$

根据表 5-43 和上述要求，在不同的绝对位移管理区间，变形速率大小控制如下。

①累计位移在Ⅰ级管理等级时，变形速率大小控制

此时，$u>\frac{2}{3}u_0$。

当 $u+5\cdot v>u_0$ 时，隧道处于不稳定状态，此时变形速率为：

$$v>\frac{u_0-u}{5} \tag{5-38}$$

②累计位移在Ⅱ级管理等级时，变形速率大小控制

此时，$\frac{2}{3}u_0\geqslant u\geqslant\frac{1}{3}u_0$。

a. 当 $u+5\cdot v>u_0$ 时，隧道处于不稳定状态，此时变形速率为：

$$v>\frac{u_0-u}{5} \tag{5-39}$$

b. 当 $u_0\geqslant u+5\cdot v>\frac{2}{3}u_0$ 时，隧道可能发生险情，此时变形速率为：

$$\frac{u_0-u}{5}\geqslant v>\frac{2}{15}u_0-\frac{1}{5}u \tag{5-40}$$

③累计位移在Ⅲ级管理等级时，变形速率大小控制

此时，$u<\frac{1}{3}u_0$。

a. 当 $u+5\cdot v>u_0$ 时，隧道处于不稳定状态，此时变形速率为：

$$v>\frac{u_0-u}{5} \tag{5-41}$$

b. 当 $u_0\geqslant u+5\cdot v>\frac{2}{3}u_0$ 时，隧道可能发生险情，此时变形速率为：

$$\frac{u_0-u}{5}\geqslant v>\frac{2}{15}u_0-\frac{1}{5}u \tag{5-42}$$

c. 当$\frac{2}{3}u_0 \geqslant u + 5 \cdot v \geqslant \frac{1}{3}u_0$ 时，隧道可能发生变形异常，此时变形速率为：

$$\frac{2}{15}u_0 - \frac{1}{5}u \geqslant v \geqslant \frac{1}{15}u_0 - \frac{1}{5}u \tag{5-43}$$

d. 当 $u + 5v < \frac{1}{3}u_0$ 时，隧道变形正常，此时变形速率为：

$$v < \frac{1}{15}u_0 - \frac{1}{5}u \tag{5-44}$$

(3)围岩变形加速度

围岩变形加速度是指隧道周壁单位时刻变形速率变化量。

$$a_n = \frac{\Delta v}{\Delta t} = \frac{v_n - v_i}{t_n - t_i} \tag{5-45}$$

式中：a_n——t_n时刻围岩变形加速度，mm/d²；

t_n、t_i——均为量测时间，d；

v_n、v_i——均为 t_n、t_i时刻变形速率，mm/d。

根据围岩变形规律，变形加速度大于零，围岩加速变形；变形加速度小于零，围岩减速变形。

在围岩不失稳的情况下，只有在开挖工作面通过量测断面前与通过后的极短时间内变形是加速的；另外在已掘进的地段，量测断面附近再次受到施工扰动时，也会出现短时间的加速，但只要扰动停止，变形就变为减速，以上两种情况下的加速属于正常加速，其他情况属于异常加速，异常加速是围岩失稳的征兆。如果异常加速连续发展，表明围岩与支护体系处于失稳的征兆很明显了，这时需采取紧急处理措施。

当变形加速度 $a > 0$ 时，维持判定危险等级不变；当变形加速度 $a < 0$ 时，可在原有绝对位移控制基准和变形速率允许值确定的危险等级的基础上降低一个等级。

2)定性指标

(1)支护结构裂缝状态

隧道失稳破坏时，隧道初期支护会产生不同程度的裂缝，主要有环向裂缝、纵向裂缝和斜向裂缝，其中环向和纵向裂缝对隧道整体结构的承载能力和稳定性影响较大。当监测断面出现裂缝时，应即时分析裂缝的形式和产生的原因，观察裂缝的发展状态，必要时应加强支护，确保围岩的稳定性。

①裂缝形式：环向裂缝、纵向裂缝和斜向裂缝，其中环向和纵向裂缝对隧道结构的承载能力和稳定性影响较大，见图 5-48。

②裂缝特性：裂缝长度、裂缝宽度、裂缝数量。

③裂缝发展状态：裂缝停止发展，裂缝继续发展。

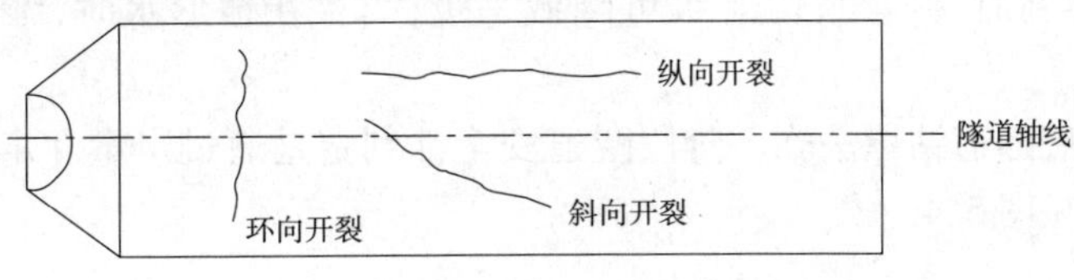

图 5-48　隧道初期支护裂缝示意图

当支护结构无裂缝产生或裂缝停止发展,判定危险等级可降低一级;当支护结构产生裂缝且裂缝继续发展,维持判定危险等级不变。

(2)地下水状态

地下水对隧道的影响体现在两方面:

①影响了土的物理力学指标,主要表现为土体重度增大,使得洞室围岩轴向应力、剪应力、塑性区半径相应增加,而围岩抗剪强度降低,使围岩的自稳能力变差。

②影响了洞室开挖后土层中的应力状态,土质围岩中有水时,洞室开挖破坏了原来水的储存环境及水力路径,在洞室完成后重新形成的水力路径,在这个过程中,由于水的影响必然导致洞室周围压力状态与设计时有很大不同。综上所述,地下水的存在是隧道发生变形的主要原因之一。

隧道调查资料表明,地下水对不同类别隧道围岩的影响程度存在明显差异:对由硬岩组成的Ⅰ、Ⅱ级围岩,地下水对隧道稳定性影响甚微,一般可忽略不计;而对于Ⅲ级以上围岩,地下水对隧道围岩稳定性的影响较大,地下水的存在将使围岩类别降低1~2级。地下水的存在及活动使它在隧道周围产生力学的、物理和化学的作用几乎总是不利于洞室的稳定。这种不利的作用大致体现在4个方面:

a. 由于洞室开挖形成了新的自由面,对有一定透水能力的围岩来讲,附近的地下水有了新的排泄通道,因此在洞周会产生渗压梯度。这属于一种指向洞内,而且经常是不对称的附加体积力,增加了周围岩石向洞内运动的推动力。

b. 润滑作用。处于岩体中的地下水,在岩体的不连续面边界(如坚硬岩石中的裂隙面、节理面和断层面等结构面)上产生润滑作用,使不连续面上的摩阻力减小和作用在不连续面上的剪应力效应增强,结果沿不连续面诱发岩体的剪切运动。地下水对岩体产生的润滑作用反映在力学上,就是使岩体的摩擦角减小,即抗剪强度减小。

c. 软化作用。由于地下水的活动,增加了围岩中的含水率和饱和度,大大降低了某些岩石的变形模量和强度,有时还引起剧烈的膨胀(如泥岩),使某些岩石屈服点下降,黏性增加,使裂隙面的摩擦因数降低和黏聚力值减少,因此加剧了围岩的破坏和变形。

d. 泥化作用。在地下水的通道上,由于溶解、搬运或某些矿物成分的化学分解以及与其他因素综合引起的物理、化学变化等,围岩的强度状况通常会进一步恶化。

地下水对围岩变形及稳定性的影响作用不容忽视,在围岩稳定判别时,要考虑地下水的存在是非常必要的,施工中对富水区段应做好防排水处理。

根据出水状态可将地下水定性的分为三个级别:

a. 潮湿或点滴状出水。

b. 水压或水量较小,线状出水。

c. 水压或水量较大,股状出水。

当无地下水存在时,判定危险等级可降低一级;当存在地形水时,维持判定危险等级不变。

综上所述,海底隧道钻爆法施工阶段隧道安全性判定是通过定量和定性综合判定其安全性,判定流程图见图5-49。

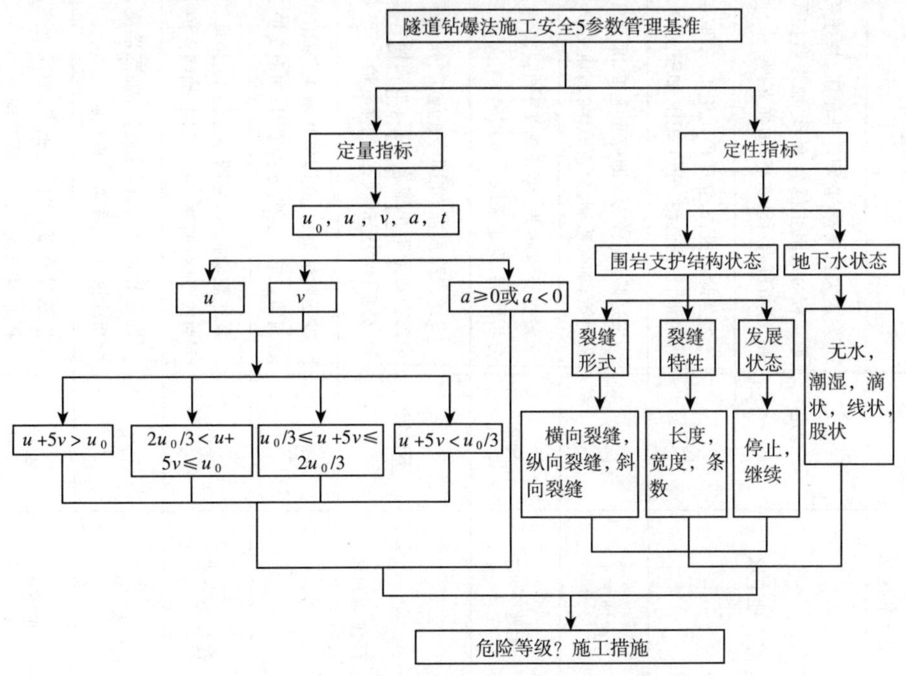

图 5-49　海底隧道钻爆法施工阶段隧道安全性判定流程图

5.3.2　施工阶段安全管理基准

根据定量和定性指标，综合确定海底隧道钻爆法施工安全 5 参数判定方法，见表 5-44。

5.3.3　异常、险情和失稳报告编写

当位移监测断面安全性判定为失稳时，监控量测小组应及时提交围岩变形失稳报告，通知业主、施工和监理单位等有关单位进行现场专家诊断，分析围岩—初期支护结构处于失稳的原因，停止施工，采取有效的措施增强支护结构的安全性，编写异常报告、险情报告和失稳报告应包括如下内容。

(1)断面概况：施工方法、开挖时间、位移或应力测点埋设情况（埋深位置、埋设时间）、变形初测时间、位移监测结果等，需要时可用示意图说明。

(2)数据分析：断面拱顶位移、变形速率、变形加速度时程曲线图，对其数据进行详细分析；边墙位移、变形速率、变形加速度时程曲线图，对其监测数据进行详细分析。

(3)围岩支护状态描述：定性描述监测断面位置处及其附近裂缝和地下水状态，描述裂缝的位置、数量、宽度、长度及其发展状态，地下水状态等情况。

(4)根据公路隧道施工阶段安全管理基准，对围岩支护结构进行危险等级初步分析。

(5)提出初步建议以及采取的施工措施。

(6)附图：支护结构异常变形状态图，支护结构裂缝状态图等。

海底隧道钻爆法施工安全5参数管理基准　　表5-44

判定指标					危险等级	施工措施
位移控制基准	变形速率(mm/d)	变形加速度(mm/d^2)	初期支护状态	地下水状态		
$u>2u_0/3$	$v>\frac{u_0-u}{5}$	$a>0$	有裂缝产生且继续发展	存在地下水	不稳定	发送失稳报告,立即停止施工,快速采取工程对策阻止围岩变形,加强监控量测,分析围岩运动状态,加强支护
		$a<0$			险情	发送险情报告,立即停止施工,采取工程对策,加强监测,分析原因,加强支护
	$v\leqslant\frac{u_0-u}{5}$	$a\geqslant0$	有裂缝产生且继续发展	存在地下水	险情	发送险情报告,立即停止施工,采取工程对策,加强监测,分析原因,加强支护
		$a<0$	无裂缝	无地下水	异常	发送异常报告,停止施工,加强监测,分析原因,确定采取工程措施
$u_0/3\leqslant u\leqslant2u_0/3$	$v>\frac{u_0-u}{5}$	$a\geqslant0$	有裂缝产生且继续发展	存在地下水	不稳定	发送失稳报告,立即停止施工,快速采取工程对策阻止围岩变形,加强监控量测,分析围岩运动状态,加强支护
		$a<0$			险情	发送险情报告,立即停止施工,采取工程对策,加强监测,分析原因,加强支护
	$\frac{u_0-u}{5}\geqslant v>\frac{2}{15}u_0-\frac{1}{5}u$	$a\geqslant0$	有裂缝产生且继续发展	存在地下水	险情	发送险情报告,立即停止施工,采取工程对策,加强监测,分析原因,加强支护
		$a<0$	无裂缝	无地下水	异常	发送异常报告,停止施工,加强监测,分析原因,确定采取工程措施
	$v\leqslant\frac{2}{15}u_0-\frac{1}{5}u$	$a\geqslant0$	无裂缝	无地下水	异常	发送异常报告,停止施工,加强监测,分析原因,确定采取工程措施
		$a<0$	无裂缝	无地下水	正常	正常施工,正常监测

续上表

判定指标					危险等级	施工措施
位移控制基准	变形速率(mm/d)	变形加速度(mm/d^2)	初期支护状态	地下水状态		
$u < u_0/3$	$v > \frac{u_0 - u}{5}$	$a \geqslant 0$	有裂缝产生且继续发展	存在地下水	不稳定	发送失稳报告,立即停止施工,快速采取工程对策阻止围岩变形,加强监控量测,分析围岩运动状态,加强支护
		$a < 0$			险情	发送险情报告,立即停止施工,采取工程对策,加强监测,分析原因,加强支护
	$\frac{u_0 - u}{5} \geqslant v > \frac{2}{15}u_0 - \frac{1}{5}u$	$a \geqslant 0$	有裂缝产生且继续发展	存在地下水	险情	发送险情报告,立即停止施工,采取工程对策,加强监测,分析原因,加强支护
		$a < 0$	无裂缝	无地下水	异常	发送异常报告,停止施工,加强监测,分析原因,确定采取工程措施
	$\frac{2}{15}u_0 - \frac{1}{5}u \geqslant v \geqslant \frac{1}{15}u_0 - \frac{1}{5}u$	$a \geqslant 0$	无裂缝	无地下水	异常	发送异常报告,停止施工,加强监测,分析原因,确定采取工程措施
		$a < 0$	无裂缝	无地下水	正常	正常施工,正常监测
	$v < \frac{1}{15}u_0 - \frac{1}{5}u$	$a \geqslant 0$	无裂缝	无地下水	异常	发送异常报告,停止施工,加强监测,分析原因,确定采取工程措施
		$a < 0$	无裂缝	无地下水	正常	正常施工,正常监测

注:u - 实测隧道周边位移值,以拱顶位移为主要依据;u_0 - 绝对位移控制基准值;v - 实测隧道周边围岩变形速率,以拱顶处变形速率作为主要依据。

5.4 海底隧道运营阶段安全管理基准

5.4.1 安全判定指标

根据海底隧道长期监测内容以及海底隧道运营阶段安全控制基准,确定运营阶段衬砌结构安全判定指标,主要为二次衬砌位移、二次衬砌应力、二次衬砌水压力。

5.4.2 海底隧道运营阶段安全管理基准

参照相应的公路隧道、水工隧道设计规范工程风险管理中较为常用的三级风险管理体系,海底隧道运营阶段安全管理也被分为四级管理水平:应急管理阶段、预警阶段、报警阶段和正常阶段。安全控制基准采用三项控制基准:位移控制基准、水压力控制基准、应力控制基准,如果任意项监测数据满足某危险等级,则可确定对应危险等级的管理等级。由此确定海底隧道运营阶段安全管理基准,见表5-45。

公路隧道位移安全管理基准 表5-45

位移控制基准	水压力控制基准	应力控制基准	危险等级	管理等级	维修养护措施
$u>u_0$	$p>p_n$	$\sigma>\sigma_0$	不安全	Ⅰ	专项检查
$2u_0/3<u\leqslant u_0$	$2p_n/3<p\leqslant p_n$	$2\sigma_0/3<\sigma\leqslant\sigma_0$	危险		
$u_0/3\leqslant u\leqslant 2u_0/3$	$p_n/3\leqslant p\leqslant 2p_n/3$	$\sigma_0/3\leqslant\sigma\leqslant 2\sigma_0/3$	较安全	Ⅱ	临时检查
$u<u_0/3$	$p<p_n/3$	$\sigma<\sigma_0/3$	安全	Ⅲ	定期检查

注:u-实测隧道周边位移值,以拱顶位移为主要依据;u_0-地层变形控制基准值;p-该隧道区段的实测水压力;p_n-各围岩级别对应的各临界水压力;σ-衬砌支护实测应力值;σ_0-不同混凝土强度等级对应的应力控制基准。

5.5 海底隧道腐蚀及地震监测管理基准

5.5.1 腐蚀监测管理基准

(1)针对Corrowatch和阶梯形腐蚀传感器,测试得到阴极和阳极之间宏电流密度值、阳极与参比电极之间的电压值。当限定宏电流密度值小于1 μA/cm^2,参比电压在-500~250mV之间时,表示传感器探头没有钝化,即没有腐蚀;测试数据没有在这个范围内,判断传感器探头有可能被腐蚀,表面开始钝化。

(2)针对光纤光栅物理传感器。通过将预留的光纤接头接入连接器,经由光谱仪射入激光,读取传感器的光栅中心波长。每个传感器中心波长的变化量换算钢筋的体积变化,与原始数据比较,从而评价钢筋的腐蚀程度。

对于翔安海底隧道二次衬砌中所使用的钢筋,其直径为25mm,因此,腐蚀评价标准为:

$\Delta\lambda_b$ 为0~3nm时,腐蚀率为0~0.5%,腐蚀程度:轻微;

$\Delta\lambda_b$ 为4~6nm时,腐蚀率为0.5%~1%,腐蚀程度:中度;

$\Delta\lambda_b$ 为 7 ~ 9nm 时，腐蚀率为 1% ~ 1.5%，腐蚀程度：严重。

(3) 针对 XMUCT-08 多功能探头。采用专用的阵列电极测试设备，测量出每个电极的电位和电流，再通过公式换算获得腐蚀电位、腐蚀电流密度、pH 值和氯离子浓度。所得数据与国家或国际标准比较，具体判断标准如表 5-46、表 5-47 所示。如数值在一定范围内，即说明混凝土环境安全，钢筋没有被腐蚀；若超过一定阈值，说明混凝土环境易于发生钢筋锈蚀，腐蚀电流密度可换算成钢筋的腐蚀速度。

腐蚀电位判断钢筋腐蚀状态的判据　　表 5-46

腐蚀电位（相对于 MnO_2）	腐 蚀 可 能	腐蚀电位（相对于 MnO_2）	腐 蚀 可 能
> -0.25V	<10%	< -0.4V	>90%
-0.25 ~ -0.4V	不确定		

腐蚀电流密度判断钢筋腐蚀速度的判据　　表 5-47

腐蚀电流密度	腐 蚀 速 度
i_{corr} < 0.1μA/cm² (1.2μm/年)	钝化或极低的腐蚀速度
0.1μA/cm² ≤ i_{corr} < 1μA/cm² (11.7μm/年)	中等腐蚀速度
1μA/cm² ≤ i_{corr} < 10μA/cm² (116.8μm/年)	高腐蚀速度
10μA/cm² ≤ i_{corr} < 100μA/cm² (1167.5μm/年)	很高的腐蚀速度

5.5.2　地震监测管理基准

根据设计文件，翔安海底隧道设防地震峰值加速度为 0.15g，因此，在长期监测中，当地震峰值加速度大于 0.15g 时，应立即进行结构损伤检查。

5.6　海底隧道二次衬砌施作时机管理基准

二次衬砌施作时机是保证二次衬砌长期稳定的关键，其施工时机关系到二次衬砌承载力的发挥、衬砌结构开裂和渗漏水等情况。如果二次衬砌施作过早，则不利于地应力的释放和充分发挥围岩的自稳能力，从而导致其承受较大的围岩压力，当承受的荷载超过其极限荷载时，二次衬砌发生破坏；如果二次衬砌施作过晚，则围岩及初期支护变形不断增加，当超过其极限位移时，导致塌方等事故发生，所以合理确定二次衬砌施作时机是保证隧道工程施工阶段和长期运营阶段即全寿命期安全性的关键。

二次衬砌施作时机与地质因素和工程因素有关，不同的地质条件（硬岩、软岩）、不同断面尺寸、不同开挖方法、不同支护参数，其二次衬砌施作时机可能不同。例如对于软岩大变形隧道，应提前施作二次衬砌，让其承受因初期支护不足而产生的部分荷载，这对保护围岩、充分发挥围岩的自稳能力是有利的。

目前，以围岩及初期支护变形速率大小作为二次衬砌施作时机在规范中已有规定：

(1)《铁路隧道施工规范》（TB 10204—2002）规定，二次衬砌应在围岩和初期支护变形基本稳定后施作，当拱脚水平相对收敛变化速率小于 0.2mm/d、拱顶沉降小于 0.15mm/d 时，即可施作二次衬砌。

(2)《铁路工程设计技术手册　隧道》规定,二次衬砌应在围岩和初期支护变形基本稳定后施作,当拱脚以上 1m 和边墙中部附近的位移速率在 0.1 ~0.2mm/d 之间,或拱顶下沉速率在 0.07 ~0.15mm/d 之间时,即可施作二次衬砌。

虽然国内相关规范在围岩及初期支护基本稳定速率等方面对二次衬砌的施作时机有量值规定,但对关于二次衬砌施作时机理论计算方法研究较少,缺少具体的理论计算依据。

5.6.1　判定指标

本节以围岩及初期支护结构基本稳定变形速率为二次衬砌施作时机判定指标。

基本稳定变形速率为当围岩及初期支护变形速率值达到可以进行二次衬砌施作时的最大变形速率值。

5.6.2　基本稳定变形速率确定方法

依据围岩及初期支护实测变形数据,通过回归预测和数值分析相结合的方法确定基本稳定变形速率值。

1)整理位移监测数据

根据现场位移监测数据依据围岩条件、隧道埋深、周边环境、断面大小、施工方法、支护结构的特性进行整理分析,将具有相同工程条件的断面位移监测数据归为一类,剔除错误数据后,提取围岩及初期支护位移值和整个断面闭合后的变形速率值。

2)围岩及初期支护变形规律确定

依据现场实测位移数据,通过回归分析的方法确定围岩及初期支护变形规律,并预测位移最终值。

为更能精确预测围岩变形最终值,本次主要选择具有收敛特性的指数函数进行回归分析。

$$u(t) = ae^{-b/t} \tag{5-46}$$

$$u(t) = a(1 - e^{-bt}) \tag{5-47}$$

式中:a、b——回归常数;

t—量测时间,d;

u——位移累积值,mm。

通过对回归模型进行求解,最终确定此隧道工程条件下的回归方程 $u(t)$ 中的各参数 a、b 的值。令预测位移最终值为 u_{max},取 $t=\infty$时,

$$u_{max} = a \tag{5-48}$$

3)围岩及初期支护变形速率变化规律确定

依据现场实测围岩及初期支护变形速率数据,通过回归分析的方法确定围岩及初期支护闭合后变形速率变化规律。根据围岩支护结构作用机理,围岩变形速率呈递减趋势。选择对数函数、Boltzmann 函数、Hill 模型三种方法分析。

(1)对数函数

$$v = -a\ln t + b \tag{5-49}$$

式中:a、b——拟合常数;

t——初期支护闭合后的量测时间,d;

v——初期支护闭合后的变形速率，mm/d。

(2) Boltzmann 函数

$$v = A_2 + \frac{A_1 - A_2}{1 + \exp\left(\frac{t - t_0}{t_x}\right)} \tag{5-50}$$

式中：A_1、A_2、t_0、t_x——拟合常数。

(3) Hill 模型

$$v = A_{\max}\frac{t^n}{t^n + k^n} \tag{5-51}$$

式中：$A_{\max}$、n、k——拟合常数。

4) 二次衬砌允许变形值确定

假定二次衬砌和初期支护全面紧密接触，初期支护与二次衬砌结构变形一致，隧道结构无明显偏压力作用，钢筋混凝土按28d后强度计算，根据围岩及初期支护变形规律确定二次衬砌的变形量值。

(1) 初步确定二次衬砌变形量值

围岩及初期支护位移拟合方程中，假如某时刻 t 二次衬砌施作完毕，依据变形一致假定，t 时刻后初期支护的变形量值等于二次衬砌的变形量值 Δu，由于初期支护的最终极限位移值为 $u_{\max}$，则：

$$\Delta u = u_{\max} - u(t) \tag{5-52}$$

式中：Δu——二次衬砌变形量，即水平或竖直变形量；

$u_{\max}$——围岩及初期支护极限位移值；

$u(t)$——围岩及初期支护 t 时刻的位移值。

由围岩及初期支护结构变形规律，现主要以拱顶下沉竖直位移和边墙水平位移为主要控制指标。

(2) 数值分析

采用有限元荷载—结构模型进行数值分析，以二次衬砌变形量值为已知位移荷载反求其内力和结构安全系数，当二次衬砌上某控制点的安全系数等于或接近规范规定的最小安全系数时，对应的结构位移即为允许位移，最终确定二次衬砌允许位移值。

①位移荷载确定

计算时，施加位移的量值即位移荷载是通过对初步确定的二次衬砌位移变形量等按比例放大或缩小确定的。

假定计算模型中某节点位移边界 u_x 为水平方向位移，u_y 为竖直方向位移，其量值为：

$$\begin{aligned} u_x &= \delta \cdot \Delta u_x \\ u_y &= \delta \cdot \Delta u_y \end{aligned} \tag{5-53}$$

式中：δ——比例系数；

Δu_x——二次衬砌水平变形量值；

Δu_y——二次衬砌竖直变形量值。

②安全系数求解

由有限元荷载—结构模型求得二次衬砌内力后，采用破损阶段法验算钢筋混凝土构件截面强度计算公式求解安全系数值，计算式中构件和材料参数取值均为二次衬砌实际工程设计参数。

③极限位移确定

位移边界确定后，进行二次衬砌内力计算，根据计算内力结果求结构安全系数，当求得的安全系数远大于或小于规定的最小系数时，重新调整比例系数和位移边界条件进行计算，最终当安全系数接近或等于规定的最小安全系数时，此时边界条件对应的位移量值即为二次衬砌允许变形量 Δu_{max}。

5）基本稳定速率确定

假定从隧道掌子面开挖到围岩及初期支护变形速率达到可进行二次衬砌施作时的基本稳定速率时间为 t_s，从隧道掌子面开挖到初期支护封闭时的时间作为为初期支护封闭时间 t_f。

当二次衬砌变形允许值 Δu_{max} 确定后，代入式(5-52)中求得围岩及初期支护变形值 $u(t_s)$，将 $u(t_s)$ 代入围岩及初期支护变形拟合方程中，求解获得可进行二次衬砌施作的最早时间 t_s 值。

初期支护封闭到可进行二次衬砌施作的时间为 t_{sf}：

$$t_{sf} = t_s - t_f \tag{5-54}$$

将由式(5-54)获得的时间 t_{sf} 代入变形速率拟合方程求解，即可获得围岩基本稳定变形速率 v。

初期支护基本稳定变形速率确定方法流程图见图 5-50。

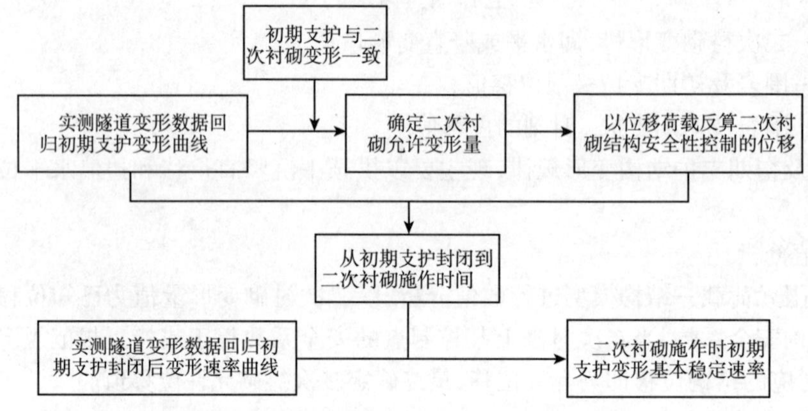

图 5-50　初期支护基本稳定变形速率确定方法流程图

5.6.3　二次衬砌施作时机管理基准

本节以围岩及初期支护基本稳定速率作为二次衬砌施作时机判定指标，同时通过现场位移实测数据回归分析和数值分析相结合，依据上节提出的基本稳定速率确定方法，通过回归分析和数值分析结合，最终确定大断面隧道深埋围岩及初期支护基本稳定变形速率。

通过对翔安海底隧道 V 级围岩试验段的监测数据进行分析，确定可进行二次衬砌施作时的围岩及初期支护最大变形速率值。

1）围岩及初期支护变形规律

通过对位移监测断面进行回归分析，确定其围岩及初期支护变化规律，见图 5-51 和式

(5-55)。

$$u(t)=57.024(1-e^{-0.134\cdot t}) \tag{5-55}$$

拟合相关系数 $r=0.95$,拟合度较高。

由于左右边墙实际量测水平位移量值几乎相同,现对边墙水平位移进行对称处理,其拟合结果见图 5-52 和式(5-56)。

$$u(t)=8.016(1-e^{-0.147\cdot t}) \tag{5-56}$$

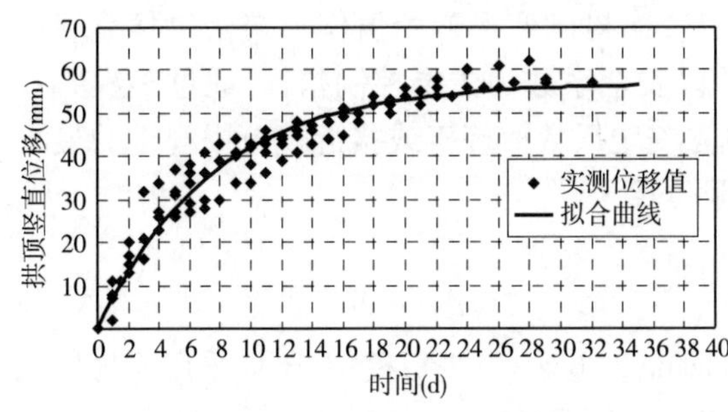

图 5-51　深埋段拱顶下沉时程曲线图

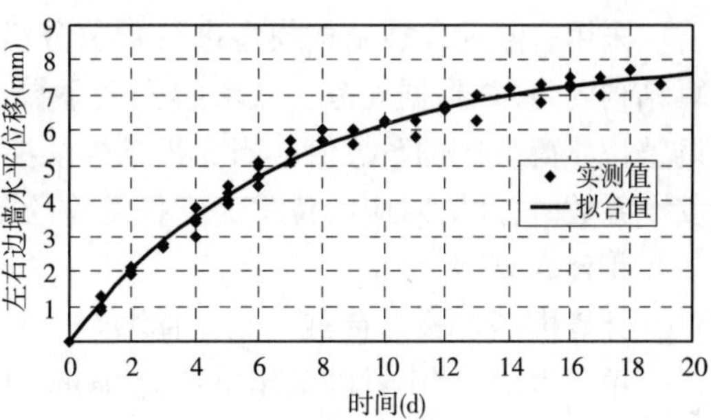

图 5-52　深埋段左右边墙水平位移时程曲线图

拟合相关系数 $r=0.98$,拟合度较高。

根据拟合方程(5-55)和方程(5-56)可得,拱顶竖直位移 u_y 和边墙水平位移 u_x 极限值 u_{max} 分别为:

$$u_{ymax}=57.024\ \text{mm},u_{xmax}=8.016\ \text{mm}$$

2)初期支护闭合后变形速率变化规律

对初期支护闭合后的围岩变形速率进行回归分析,确定变形速率规律。拱顶竖直位移变形速率规律见图 5-53 和式(5-57);边墙水平位移变形速率规律见图 5-54 和式(5-58)。

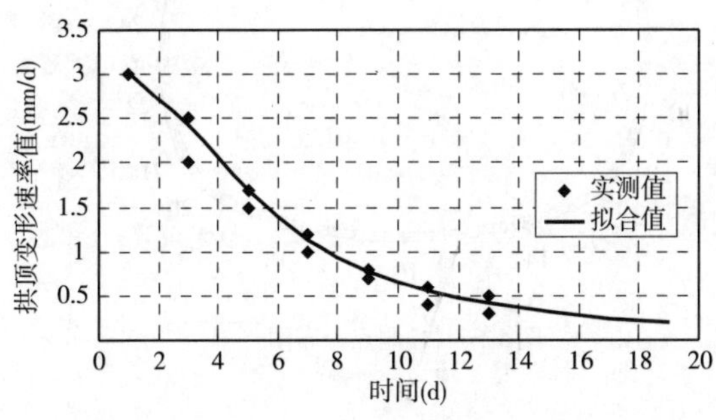

图 5-53　初期支护闭合后拱顶下沉变形速率变化规律

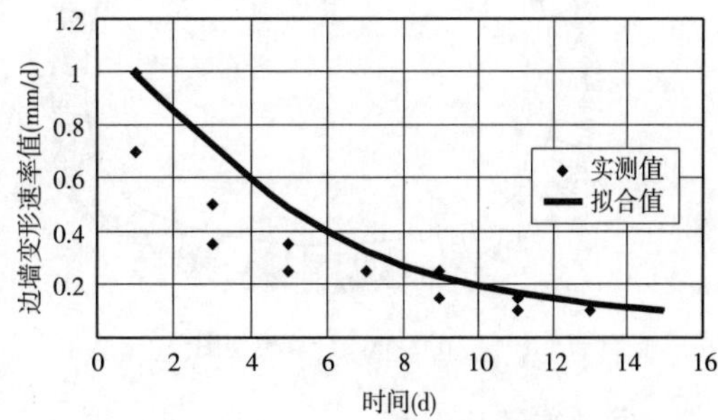

图 5-54　初期支护闭合后边墙绝对收敛变化规律

$$v=3.11\cdot\frac{t^{-2.15}}{5.42^{-2.15}+t^{-2.15}}=\frac{3.11}{1+0.03\cdot t^{2.15}} \tag{5-57}$$

$$v=1.05\cdot\frac{t^{-1.88}}{4.62^{-1.88}+t^{-1.88}}=\frac{1.05}{1+0.06\cdot t^{1.88}} \tag{5-58}$$

3)二次衬砌允许位移确定

(1)确定二次衬砌变形初始值

根据现场工程实际情况,从掌子面开挖到初期支护闭合,拱顶位移量测时间平均为 17d,边墙位移量测时间平均为 9d,假定初期支护闭合后立即施作二次衬砌,确定二次衬砌的变形值。

根据式(5-52)和方程(5-57),确定拱顶竖直变形值:

$$\Delta u_y = u_{ymax} - u(17) = 5.84\text{mm}$$

根据式(5-52)和方程(5-58),确定边墙水平变形值:

$$\Delta u_x = u_{xmax} - u(9) = 2.13\text{mm}$$

(2)允许位移确定

采用有限元荷载结构模型进行数值分析,以二次衬砌变形初始值作为初始位移荷载计算结构内力,并根据规范公式求解安全系数,并以安全系数为主要控制指标,通过多次验算调整位移荷载比例系数值。当支护结构某控制点安全系数值等于或接近规范中规定的最小安全系数时,此时对应的位移为支护结构的极限位移。

①计算模型

计算模型:Ansys 荷载—结构模型。

单元类型:二次衬砌采用梁单元 beam 2D elastic 3(beam3)进行模拟,土体采用连杆单元 link10 进行模拟,且认为土体不抗拉,连杆 link10 只承受压力。

约束条件:周围土体节点以固端约束。

计算模型总计 160 个节点,80 个 beam 单元,80 个 link 单元,模型图如图 5-55 所示,控制节点分布如图 5-56 所示。

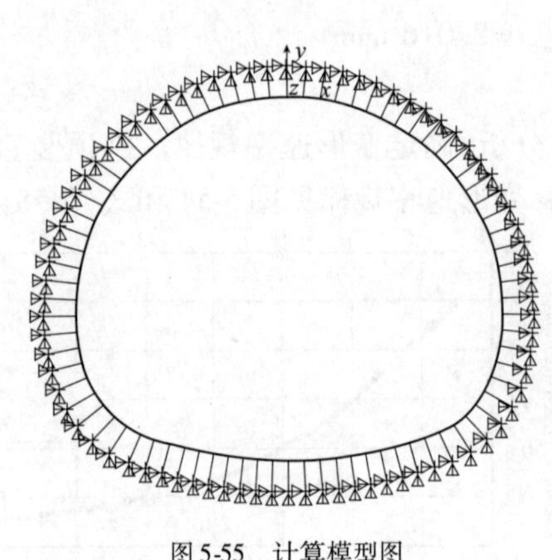

图 5-55 计算模型图

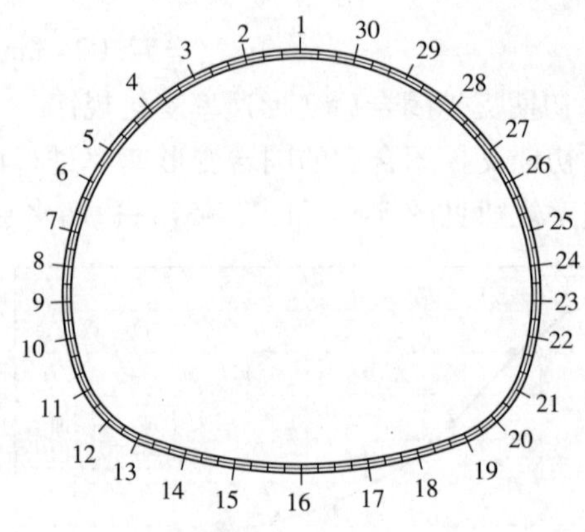

图 5-56 控制点分布图

②计算结果分析

以安全系数为控制指标,通过多次试算后最终获得的二次衬砌内力、安全系数和位移分布图,见表 5-48 和图 5-57。

内力及安全系数 表 5-48

控制点号	弯矩(kN·m)	轴力(kN)	安全系数	控制点号	弯矩(kN·m)	轴力(kN)	安全系数
1	113.0	-132	2.4	16	16.4	-294	5.8
2	33.6	-145	35.6	17	24.4	-291	7.3
3	-23.4	-159	31.2	18	23.1	-288	7.2
4	-50.8	-173	12.0	19	-28.6	-291	8.4

续上表

控制点号	弯矩(kN·m)	轴力(kN)	安全系数	控制点号	弯矩(kN·m)	轴力(kN)	安全系数
5	-48.5	-186	16.2	20	-63.3	-293	28.1
6	-43.6	-196	33.5	21	-68.5	-281	13.8
7	-6.1	-206	7.0	22	25.6	-243	10.8
8	54.8	-209	14.2	23	146.0	-215	2.0
9	148.0	-221	2.0	24	53.7	-215	16.7
10	26.9	-250	10.8	25	-6.6	-210	6.9
11	-68.5	-284	14.7	26	-43.5	-196	34.5
12	-65.1	-290	21.4	27	-48.3	-186	16.6
13	-32.2	-284	10.1	28	-50.6	-172	11.9
14	19.7	-287	6.6	29	-23.2	-157	32.5
15	22.7	-292	6.9	30	33.6	-142	32.2

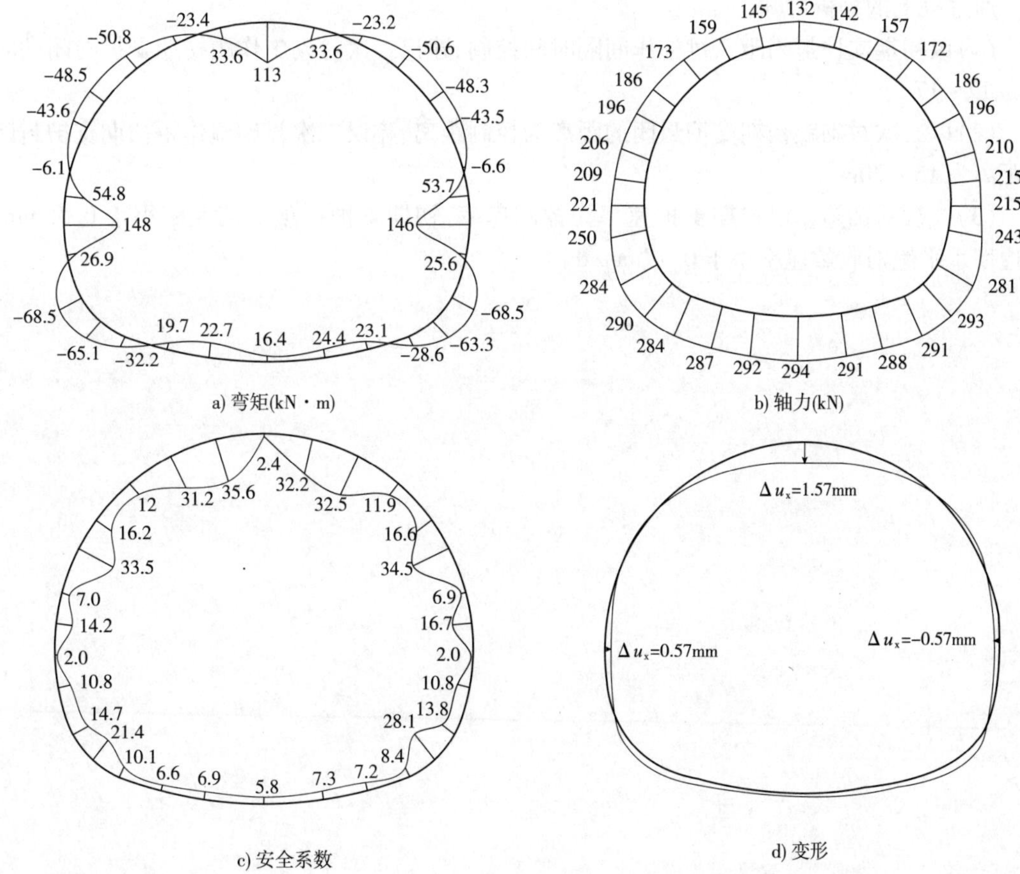

图 5-57　内力、位移和安全系数分布图

根据图5-57和表5-48可知，当拱顶竖直位移为1.57mm和边墙水平位移为0.57mm时，边墙处的安全系数最小约为2.0，拱顶处安全系数约为2.4。

拱顶竖直位移允许值 $\Delta u_{max}=1.57mm$；

边墙水平位移允许值 $\Delta u_{max}=0.57mm$。

4）二次衬砌施作时机确定

将二次衬砌允许位移值代入公式（5-52）即可求得可进行二次衬砌施作的初期支护变形累计值。

拱顶竖直位移累积值 $u(t_s)=u_{max}-\Delta u_{max}=55.45$ mm。

将 $u(t_s)$ 代入拱顶竖直位移方程（5-55）中，求解得二次衬砌施作时间 $t_s=28d$。

已知初期支护封闭时间 $t_f=17d$，根据公式（5-54）可得初期支护封闭到二次衬砌施作的时间间隔 t_{sf} 为11d。

将 $t_{sf}=11d$ 代入初期支护封闭后的拱顶和边墙变形速率式（5-57）和式（5-58），可得拱顶基本稳定变形速率值为 $v=0.55mm/d$，边墙基本稳定变形速率值为 $v=0.17mm/d$。

综上所述，对于浅埋全风化花岗岩海底隧道，当拱顶下沉变形速率值小于0.55mm/d，边墙水平绝对收敛速率值小于0.17mm/d时，即可进行二次衬砌施作。

通过以上的分析可知：

（1）以初期支护封闭距二衬施作间隔时间控制，建议二次衬砌施作距初期支护封闭的时间为12～17d。

（2）以二次衬砌距初期支护封闭的距离为控制距离，建议二次衬砌施作距初期支护封闭的距离为15～20m。

（3）二次衬砌施作以初期支护速率为控制速率，初期支护拱顶下沉速率小于0.55mm/d，边墙水平绝对收敛速率小于0.17mm/d。

第6章　海底隧道全寿命安全监测信息分析与反馈

在海底隧道修建过程中,必须先通过监控量测获得围岩及支护结构变形和应力信息,然后对其进行预测和信息反馈,并依据相应的控制基准和管理基准确定施工对策,以调整开挖和支护速率以及支护强度,严重时应变更初始设计,并对支护参数进行有效的优化,实现隧道的安全优质施工。

6.1　海底隧道位移和应力监测分析技术

6.1.1　一般回归分析技术

地下工程的测试数据通常是随时间变化的,测量数据随时间变化的规律称为时态曲线。整理测试数据通常是根据量测记录绘制时态曲线,以及被测量与距离之间的关系曲线。回归分析是对一系列具有内在规律的测试数据进行处理,通过处理和计算得到两个变量之间的函数式关系。用这个函数式作出的曲线能代表测试数据的散点分布,并能推算出应变量的极限值。研究步骤如下:

(1)收集现场的实测数据。

(2)对监测数据进行处理。数据处理包括原始数据整理、错误数据的去除、画出测点的拱顶下沉曲线、选择变化规律较明显的曲线进行研究、回归分析。

回归分析是一种应用极为广泛的数量分析方法。它用于分析事物之间的统计关系,侧重变量之间数量变化规律,并通过回归方程的形式描述和反映这种关系,准确把握变量受其他一个或多个变量影响的程度,进而为控制和预测提供依据。

在样本量无法达到预期的数量时,多采用函数拟合的方式得到回归线。函数拟合的基本思路是,首先通过散点图观察变量之间的统计关系,得到回归线形状(线性关系或非线性关系)的感性认知,并确定能够反映和拟合这种认知且最简捷的数学函数(线性函数或非线性函数),即回归模型;然后,利用样本数据在一定的统计拟合准则下,估计出回归模型中的各个参数,得到一个准确的回归方程;最后,回归方程中的参数是在样本数据的基础上得到的。由于抽样随机性的存在,估计出的方程未必是事物总体间数量关系的真实体现,因此需要对回归方程进行各种检验,判断该方程是否真实地反映了事物总体间的统计关系,能否用于预测,并最终得到回归线的近似线。

回归分析的一般步骤是:

(1)确定回归方程中的解释变量和被解释变量。

(2)确定回归模型。

(3)建立回归方程。

(4)对回归方程做各种检验。

(5)利用回归方程进行预测。

对于非线性关系,通常无法直接通过线性回归来分析,无法直接建立线性模型。变量之间的非线性可以划分本质线性关系和本质非线性关系。所谓本质线性关系是指变量关系形式上虽然呈非线性关系,但可通过变量变换转化为线性关系,并可最终通过线性回归分析建立线性模型。

经过对大量测试数据散点图的分析发现测试数据基本上满足以下公式所列的几种非线性函数回归模型,参考《锚杆喷射混凝土支护技术规范》(GB 50086—2001)。采用回归分析时,测试数据散点分布规律可采用下列函数式之一:

(1)对数函数,例如:

$$u = a \cdot \lg(1 + t) \tag{6-1}$$

$$u = a + b/\lg(1 + t) \tag{6-2}$$

(2)指数函数,例如:

$$u = a\mathrm{e}^{-b/t} \tag{6-3}$$

$$u = a(1 - \mathrm{e}^{-bt}) \tag{6-4}$$

(3)双曲函数,例如:

$$u = t/a + bt \tag{6-5}$$

$$u = a[1 - 1/(1 + bt)^2] \tag{6-6}$$

式中:a、b——回归常数;

t——初读数后的时间,d;

u——位移值,mm。

6.1.2 分段非线性拟合技术

由于分部开挖围岩变形随时间成台阶状增长,一次整体回归的相关系数和预测最终值无法满足预测精度要求,提出采用分段非线性拟合[45-46]的方法。

1)回归函数的构建

图6-1为分部开挖的洞周壁围岩变形曲线图,设曲线上第 i 个位移反弯点处的时刻为 t_i,以 t_i 时刻为分界点将曲线分为前后两段,不同的分部开挖方法其反弯点的个数不同,令第一个位移反弯点处时刻为 t_1,则第 $n-1$ 个位移反弯点处的时刻为 t_{n-1},t_n 为围岩位移曲线最终时刻。根据反弯点的个数将曲线分为 n 段,令第一阶段为$(0,t_1)$,则第 n 阶段为(t_{n-1},t_n)。位移反弯点 t_i 时刻对应的位移既为第 i 阶段的最终位移,又为 $i+1$ 阶段的起始位移,所以分段

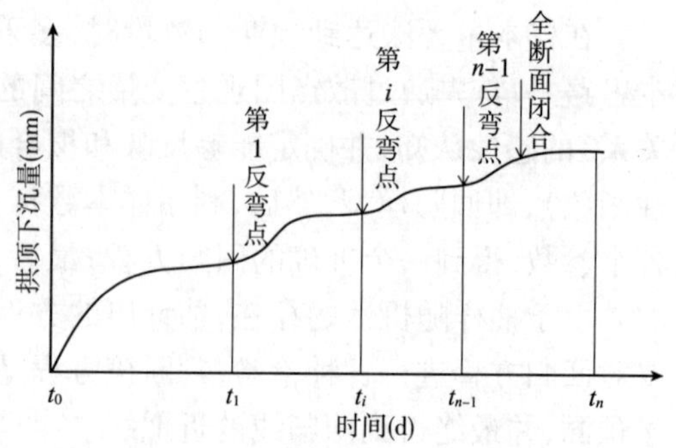

图6-1 分部开挖围岩变形曲线图

拟合时必须确保前后拟合函数的连续性。由于每一段的变形曲线与全断面法的变形曲线相似,所以在传统指数函数、对数函数位移拟合函数的基础上进行构建,以满足拟合函数的要求。

(1)第一阶段$(0,t_1)$量测时间段

围岩位移拟合函数可参考《锚杆喷射混凝土支护技术规范》(GB 50086—2001)中几种非线性函数回归模型。采用回归分析时,测试数据散点分布规律可采用下列函数式之一。

①对数函数,例如:

$$u^{(1)}(t) = a \cdot \lg(1+t) \tag{6-7}$$

$$u^{(1)}(t) = a + b/\lg(1+t) \tag{6-8}$$

②指数函数,例如:

$$u^{(1)}(t) = a\mathrm{e}^{-b/t} \tag{6-9}$$

$$u^{(1)}(t) = a(1-\mathrm{e}^{-bt}) \tag{6-10}$$

③双曲函数,例如:

$$u^{(1)}(t) = t/a + bt \tag{6-11}$$

$$u^{(1)}(t) = a\left[1 - \frac{1}{(1+bt)^2}\right] \tag{6-12}$$

(2)第 $i+1$ 阶段即(t_i,t_{i+1})变形时间段

围岩位移变形拟合函数可采用以下几种:

①指数函数:

$$u^{(i+1)}(t) = u^{(i)}(t_i) + a \cdot [1 - \mathrm{e}^{-b(t-t_i)}](i = 1,2,3,\cdots) \tag{6-13}$$

或

$$\begin{cases} u^{(i+1)}(t) = u^{(i)}(t_i) + a \cdot \mathrm{e}^{-b/(t-t_i)}, t > t_i \\ u^{(i+1)}(t) = u^{(i)}(t_i), t = t_i \end{cases} \tag{6-14}$$

②对数函数:

$$u^{(i+1)}(t) = u^{(i)}(t_i) + a \cdot \ln(t - t_i + 1) \tag{6-15}$$

式中:$u^{(i)}(t_i)$——第 i 阶段的拟合函数 t_i时刻的位移值,当 $t=t_i$时,此时对应的位移值为第 i 阶段拟合曲线的末值,同时也为 $i+1$ 阶段的初值;

a、b——回归常数;

t——量测时间,d;

u——位移累计值,mm。

分段拟合函数 $u(t)$确定后,由于它们通常为指数函数、对数函数或双曲函数,它们都属于非线性拟合函数,这需要求非线性方程组:$\frac{\partial u}{\partial a}=0,\frac{\partial u}{\partial b}=0$,所以属于非线性最小二乘拟合问题。

2)分段非线性拟合应用

CRD 法的围岩变形规律,其开挖顺序为 CRD1→CRD3→CRD2→CRD4,对 CRD1 部拱顶下沉数据采用分段指数函数进行拟合,分四个阶段进行拟合,其拟合结果见图 6-2 和表 6-1。

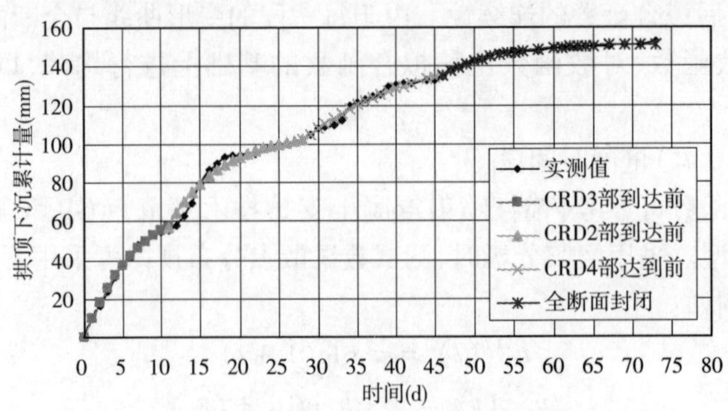

图 6-2 CRD1 部拱顶下沉分段拟合曲线图

CRD1 部拱顶下沉分段拟合结果 表 6-1

时间段	函数模型	拟合函数	相关系数 r
$t \leqslant t_1$	$u^1 = a(1 - e^{-bt})$	$u = 70.317(1 - e^{-0.152t})$	0.99
$t_1 \leqslant t \leqslant t_2$	$u^2 = u^1(t_1) + a[1 - e^{-b(t-t_1)}]$	$u = 57.08 + 48.507[1 - e^{-0.153(t-11)}]$	0.95
$t_2 \leqslant t \leqslant t_3$	$u^3 = u^2(t_2) + a[1 - e^{-b(t-t_2)}]$	$u = 101.98 + 46.768[1 - e^{-0.07(t-28)}]$	0.98
$t_3 \leqslant t$	$u^4 = u^3(t_3) + a[1 - e^{-b(t-t_3)}]$	$u = 135.43 + 15.924[1 - e^{-0.149(t-46)}]$	0.98

注:$t_1 = 11d, t_2 = 28d, t_3 = 46\text{d}$。

综上所述,对分部开挖(台阶法、CRD 法、CD 法和双侧壁导坑法)的围岩位移累积量采用分段非线性拟合,能更加精确位移预测最终值。

6.1.3 其他分析技术

1)神经网络预测技术[47]

近年来迅速发展的人工神经网络(artificial neural networks, ANN)方法为这一问题的解决提供了新的途径。利用神经网络模型强大的自学习、自适应及非线性映射能力,可自动构建具有强非线性关系的围岩时程变形模型。已有学者提出采用 BP 神经网络方法来对围岩变形时程曲线进行拟合和预测。BP 网络在处理复杂的非线性函数逼近问题时,尽管理论上是可行的,但是其学习效率低、收敛速度慢、易陷于局部极小状态,并且网络的泛化及适应能力都较差。径向基函数(radial basis function, RBF)神经网络是 Moody 和 Darken 根据人脑的局部调节和交叠感受这一特点提出的一种前馈式神经网络。该网络既有生物背景又符合逼近理论,当中心点集选择适当时,很少的神经元就可获得很好的逼近效果,它还具有唯一最佳逼近点的优点,采用保证全局收敛的线性优化算法,因而大大提高了网络的训练速度。

鉴于 RBF 神经网络的这些优良性能,研究提出了采用 RBF 神经网络方法,根据隧道监控量测所得到的信息,对连拱隧道施工围岩变形进行预测,进而为隧道施工提供依据。通过实例研究,验证了该方法的可行性与有效性。

(1)RBF 神经网络基本原理

一个典型的 RBF 神经网络包括两层,即隐层(或径向基层)和输出层。图 6-3 是径向基

函数网络的结构图。图中所示的网络输入维数为R,隐层神经元个数为S^1,输出层神经元个数为S^2,隐层神经元采用径向基函数作为传递函数[radbas(·)],输出层传递函数为线性函数[purelin(·)]。一般径向基函数最常用的是高斯函数,那么输入$X_k=(x_1,x_2,\cdots,x_R)$(为第k个输入样本)与隐含层输出A^1之间的关系可用式(6-16)和式(6-17)表示。

$$a_i^1 = \mathrm{e}^{-(\| w_i^1 - X_k \| b_i^1)^2} \tag{6-16}$$

$$A^1 = (a_i^1)_{S^1 \times 1},\ i = 1,2,\cdots,S^1 \tag{6-17}$$

式中:a_i^1——第i个隐层神经元的输出;

b_i^1——第i个隐层神经元的域值;

w_i^1——$w_i^1=(w_{i,1}^1,w_{i,2}^1,\cdots,w_{i,R}^1)_{1\times R}$,是高斯基函数的中心值(也是网络的权重);

$\|\cdot\|$——欧几里得距离范数。

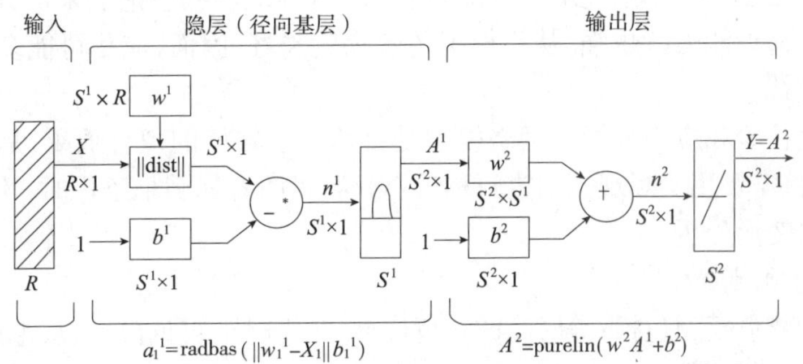

图6-3　RBF神经网络结构图

那么隐含层输出A^1与输出层$Y_k=(y_1,y_2,\cdots,y_{S^2})$(为第$k$个输入样本)之间为线性关系,可由下式表示:

$$y_j = a_j^2 = \sum_{i=1}^{S^1} w_{i,j}^2 a_i^1 + b_j^2,\ j = 1,2,\cdots,S^2 \tag{6-18}$$

式中:$w_{i,j}^2$——第i个隐层神经元与第j个输出单元的连接权重;

b_j^2——第j个输出神经元的域值。

由式(6-18)可知,隐层单元中的基函数对输入信号将在局部产生响应,也就是说,当输入信号靠近核函数的中央范围时,隐层节点将产生较大的输出值。节点的输出范围在(0,1)之间,且输入样本越靠近节点的中心,输出值越大。由此可见,这种网络具有局部逼近能力,所以径向基函数神经网络也称为局部感知场网络。

RBF网络的训练过程主要是:

①确定隐含层节点个数,即选择多个基函数。

②选取合适的基函数中心矢量w_i^1。

③确定隐含层到输出层的连接权值$w_{i,j}^2$。隐含层到输出层之间的权值可以通过least-mean-square算法(LMS)或者其他线性优化算法进行。文中选用orthogonal-least-squares(OLS)算法,可以在计算连接权的同时,自适应地确定隐层节点数目。

从理论上而言,RBF网络和BP网络一样可近似看作任何连续的非线性函数。两者的差别在于使用不同的作用函数,BP网络中的隐层节点使用的是Sigmoid函数,其函数值在输入空间中无限大的范围内为非零值,而 RBF 网络中的作用函数则是局部的。RBF 网络与 BP 网络相比,不但在理论上是前向网络中的最优网络,并且由于该网络输出层是对隐层的线性加权,避免了像反向传播那样冗长的计算,因而具有较高的运算速度。

(2)基于 RBF 神经网络的围岩变形预测的步骤

围岩变形预测的前提是要建立围岩变形时程曲线的数学模型,即建立开挖时间 t 与围岩变形量 y 之间的关系。这里,两者的关系是通过 RBF 神经网络建立的。具体地,利用 RBF 神经网络进行连拱隧道施工期围岩变形预测的步骤如下。

①训练样本初始化。

为了消除不同量纲的影响以及得到更好的网络训练效果,对多组训练样本(y,t)进行初始化,将样本都转化为(0,1)区间的值。

②建立 RBF 神经网络模型,并根据训练样本进行训练。从理论上来讲,训练样本越多,则网络的非线性逼近能力就越强,从而模拟的效果就越好,因而,应尽可能多地选择训练样本对网络进行训练。

③网络模型检验和应用分析。网络模型是否达到了较好的拟合效果,是否符合围岩变形客观发展趋势,需要用实际观测值进行检验。只有当两者都满足条件时,才可以利用该网络模型进行围岩变形分析。

2)灰色理论预测技术[48]

目前已有的灰色模型包括:等时距的灰色模型、非等时距灰色模型、灰色加权模型、灰色优化模型、Verhulst 模型等。

在灰色模拟预测中,应用最广泛的是灰色 GM(1,1)模型。由于创建 GM(1,1)模型时,引入了等时距概念,因而使用 GM(1,1)模型的前提条件是建模序列必须满足等时距(或等间距)的要求。在岩土工程领域,往往存在非等间距的监测时序问题。曾有学者将非等间距序列先作等间距处理后再使用 GM(1,1)模型,处理结果往往表现出较大的近似性;或从 GM(1,1)模型建模原理出发,直接采用非等间距序列建立非等间距 GM(1,1)模型,虽然精度较高,但计算复杂。基于优化灰色模型背景值 $z^{(1)}(k+1)$ 构建的 GM(1,1)灰色优化模型,不仅表达形式简洁、计算简单、适应性强,而且克服了传统 GM(1,1)模型对高增长数据序列模拟精度不高及对非等间距序列适用性差的弱点,对提高传统 GM(1,1)模型的精度及其适应性,具有非常重要的理论价值和实践意义。

灰色优化模型是一种为降低误差,提高模拟预测精度而提出的新型灰色理论模型,其基本原理在此不再赘述。对一个系统来说,随时间的推移,未来的一些扰动因素将不断地进入系统而对系统施加影响,而灰色模型对后期不断加入的数据反映较弱,因此其远期预测能力较差。为解决这一问题,采用等维信息优化模型来改善这种情况,本书称之为“改进后的灰色优化模型”。

处理方法是以灰色优化模型为基础,把工程中不断监测到新的位移值加到已知序列之后,同时去掉原来的数据,保持数列等维,接着再建立灰色优化模型,预测下一个值。如此逐步预测、依次递补,直到完成预测目标或达到要求预测的精度为止。其中灰色模型背景值可适应出现等间距和非等间距,以及低或高增长数列的需要;数据维数的选取采取试算的办法,使预测值的误差满足需求。

(1)GM(1,1)模型建模机理

设原始数据列 $X^{(0)}=(x^{(0)}(1),x^{(0)}(2),\cdots,x^{(0)}(n))$，其中 $x^{(0)}(k)\geqslant 0,k=1,2,\cdots,n$，$X^{(0)}$ 的一次累加(1-AGO)序列 $X^{(1)}=(x^{(1)}(1),x^{(1)}(2),\cdots,x^{(1)}(n))$，$X^{(1)}$ 的紧邻均值生成序列 $Z^{(1)}=(z^{(1)}(2),z^{(1)}(3),\cdots,z^{(1)}(n))$，其中：

$$z^{(1)}(k+1)=0.5x^{(1)}(k)+0.5x^{(1)}(k+1);k=1,2,\cdots,n-1 \tag{6-19}$$

若 $\hat{\boldsymbol{a}}=(a,b)^{\mathrm{T}}$ 为参数列，且：

$$\boldsymbol{B}=\begin{bmatrix}-z^{(1)}(2) & 1\\ -z^{(1)}(3) & 1\\ \vdots & \\ -z^{(1)}(n) & 1\end{bmatrix}\quad \boldsymbol{Y}=\begin{bmatrix}x^{(0)}(2)\\ x^{(0)}(3)\\ \vdots\\ x^{(0)}(n)\end{bmatrix} \tag{6-20}$$

则 GM(1,1)灰色微分方程 $x^{(0)}(k)+az^{(1)}(k)=b$ 的最小二乘估计参数列满足：

$$\hat{\boldsymbol{a}}=(\boldsymbol{B}^{\mathrm{T}}\boldsymbol{B})^{-1}\boldsymbol{B}^{\mathrm{T}}\boldsymbol{Y}$$

其白化方程为：

$$\frac{\mathrm{d}x^{(1)}}{\mathrm{d}t}+ax^{(1)}(t)=b \tag{6-21}$$

对应 GM(1,1)灰色微分方程的时间响应序列为：

$$\hat{x}^{(1)}(k+1)=\left[x^{(0)}(1)-\frac{b}{a}\right]\mathrm{e}^{-ak}+\frac{b}{a};k=1,2,\cdots,n \tag{6-22}$$

则其原始序列的模拟预测值为：

$$\hat{x}^{(0)}(k+1)=x^{(1)}(k+1)-x^{(1)}(k)=\left[x^{(0)}(1)-\frac{b}{a}\right](\mathrm{e}^{-a}-1)\mathrm{e}^{-a(k-1)};k=1,2,\cdots,n \tag{6-23}$$

由上述建模过程可以看出，拟合和预测精度取决于常数 a 和 b，而 a 和 b 的求解依赖于背景值 $z^{(1)}(k+1)$ 的构造形式。用均值生成 $z^{(1)}(k+1)$ 代替背景值，当时间间隔很小，序列数据变化平缓时，这样构造的 $z^{(1)}(k+1)$ 是合适的，模型偏差较小；但当序列数据变化急剧时，以均值生成构造出来的 $z^{(1)}(k+1)$ 往往会产生较大的滞后误差，模型偏差较大。

(2)灰色优化模型

从公式(6-19)可以看出，$z^{(1)}(k+1)$ 是 $x^{(1)}(k)$ 与 $x^{(1)}(k+1)$ 的平均值，可以看作是 $[k,k+1]$ 区间上梯形 $abcd$ 的面积(图 6-4)。因 GM(1,1)模型拟合曲线是指数曲线，在 $[k,k+1]$ 区间上指数曲线 $x^{(1)}(t)$ 对应的曲线面积总是小于梯形 $abcd$ 的面积。序列数据变化越大，模型误差 ΔS 越大。因此，可以把 $[k,k+1]$ 区间划分成 n 个小区间，消减数据序列的变化速度，用 n 个小区间的梯形面积代替实际的曲线面积，提高背景值 $z^{(1)}(k+1)$ 的精度。从理论上分析，应该存在一个最优的 n 值(可以不是整数)使得这 n

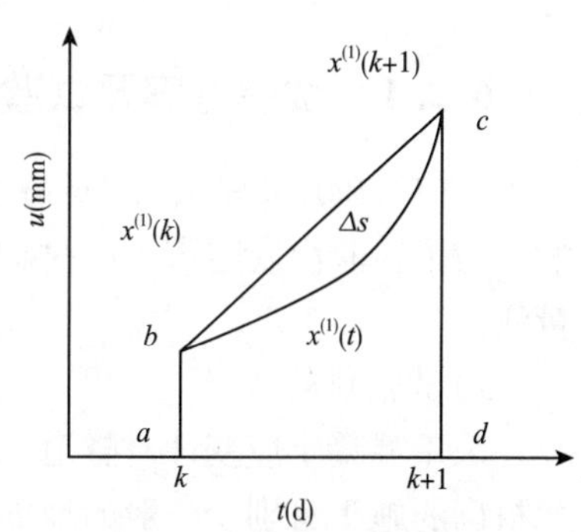

图 6-4　$z^{(1)}(k+1)$ 构造示意图

个小区间的面积和等于或非常接近于实际指数曲线在[$k,k+1$]区间上对应的面积,以与此对应的 n 个小区间的面积之和作为 $z^{(1)}(k+1)$,使 GM(1,1)模型偏差最小,模拟和预测精度最高。以优化 $z^{(1)}(k+1)$ 为基础构建的灰色优化模型,既能适用于低增长序列,又能适用于高增长序列,提高了 GM(1,1)模型的精度和适应性。从灰色优化模型的建模机理可以看出,背景值 $z^{(1)}(k+1)$ 与 n 值直接相关,n 值的变化与数据序列有关。所以 GM(1,1)灰色优化模型 $z^{(1)}(k+1)$ 值不受数据序列间距大小的影响或影响较弱,可用于非等间距隧道围岩位移的模拟预测。

一般地,n 等分区间[$k,k+1$]时,n 个小区间面积之和为:

$$S_n = \frac{1}{2n}[(n+1)x^{(1)}(k) + (n-1)x^{(1)}(k+1)] \tag{6-24}$$

令:

$$z_n^{(1)}(k+1) = S_n = \frac{1}{2n}[(n+1)x^{(1)}(k) + (n-1)x^{(1)}(k+1)];n = 2,3,\cdots,N \tag{6-25}$$

则:

$$\lim_{n\to\infty} z_n^{(1)}(k+1) = \frac{1}{2}[x^{(1)}(k) + x^{(1)}(k+1)] \tag{6-26}$$

可以看出,n 值的确定是建立灰色优化模型的关键。文献[S1]构造了一个确定等分数 n 的经验公式,即:

$$n = \left(\sum_{i=2}^{N} R_i\right)^{\frac{1}{N-1}} + N - 1 \tag{6-27}$$

式中:N——序列长度(原始建模数据个数)。

$$R_i = \frac{x^{(1)}(i)}{x^{(1)}(i-1)};i = 2,3,\cdots,N \tag{6-28}$$

显然,n 值与建模序列长度 N 和 1-AGO 序列 $x^{(1)}(k)$ 有关。

6.2 海底隧道衬砌无结构应力试验

6.2.1 试验方案及试验仪器

二次衬砌质量的好坏,对隧道长期稳定、使用功能的正常发挥以及外观美均有很大影响。为了检验海底隧道二次衬砌的可靠性以及衬砌设计的合理性,对二次衬砌进行了监控量测。

1)试验目的

采用混凝土应变计对隧道二次衬砌进行安全监测是监控量测常用的方法,但是隧道二次衬砌的施工有别于一般的地面构筑物,衬砌采用模板台车及高压输送泵进行浇筑,用插入式振捣棒进行振捣。由于这些不可避免的施工因素的干扰及混凝土自身存在的收缩徐变等因素,导致埋入式混凝土应变计往往不能直接反映结构的真实受力状态。特别是高性能混凝土前期徐变量较大,后期徐变量较小。为了能通过埋入式混凝土应变计的量测反映海底隧道二次衬砌的真实受力状态,需要对这些干扰因素进行研究。根据上述要求,试验目的主要有以下几点:

(1)希望通过无应力计测试出混凝土非应力应变,扣除这部分变形,从而求得应力应变。

原型埋设的无应力计由圆形或锥形的双层套筒制成,筒内混凝土不受外力作用,将应变计埋设在筒内就可以测出无应力计的变形,这种方法在 1931 年前苏联第聂伯河大坝进行观测时开始使用,至今仍被认为是观测混凝土无应力计变形的基本方法。

混凝土的应力应变应为总应变与自由体积变形的代数和。

$$\varepsilon = \varepsilon_m - \varepsilon_0 \tag{6-29}$$

式中:ε_m——混凝土总应变,由常规应变计测得;

ε_0——混凝土自由体积变形,由无应力计测得。

(2)监测高强度等级、耐腐蚀混凝土温度变化情况,包括入仓温度、水化热升温以及最高温度。从温度变化曲线中得出监测基准时刻。

(3)对包裹混凝土应变计和常规弦式应变计测试混凝土应变的效果进行对比。

2)试验方案

(1)在二次衬砌进行浇筑前,在拱顶、左右拱腰、左右边墙埋设无应力计,测试混凝土自由体积变形,对同一位置的混凝土应变计进行修正,以求得衬砌真实应力状态。

(2)在衬砌拱顶、拱腰、边墙埋设带温度的混凝土应变计,测试浇筑温度。

(3)在衬砌同一位置埋设常规混凝土应变计和包裹混凝土应变计,比较两者的测试效果。

(4)在二次衬砌浇筑时,同时在衬砌旁测试自制试块的混凝土自由体积变形,与衬砌内无应力计进行对比。

3)测试仪器

(1)无应力计。混凝土由于温度、湿度以及水泥水化作用等原因产生“自由体积变形”,实测混凝土自由体积变形的仪器称为无应力应变计,简称“无应力计”(图 6-5)。用锥形双层套筒,使埋设在内筒中的混凝土应变计不受筒外混凝土荷载变形的影响,而筒口又和大体积混凝土连成一体,使筒内与筒外保持相同的温湿度。这样内筒混凝土产生的变形,只是由于温度、湿度和自身原因引起的,而非应力作用的结果。因此,内筒测得的应变即为自由体积变形造成的非应力应变,或称自由应变。

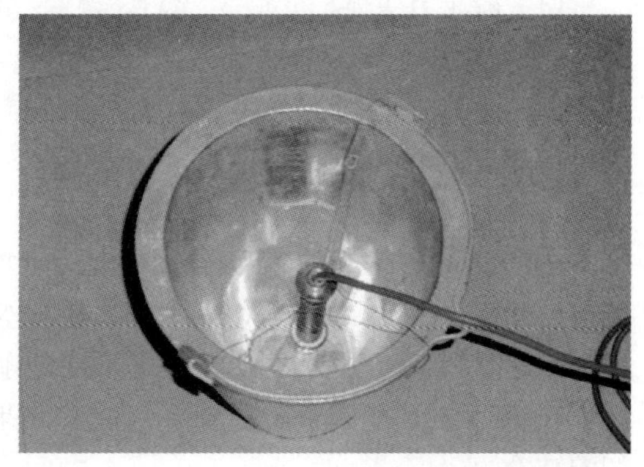

图 6-5　无应力计图

(2)混凝土应变计。为了比较不同类型的混凝土应变计的测量效果,试验过程中采用了两种进入式应变计,即常规振弦式混凝土应变计和包裹振弦式混凝土应变计,如图 6-6 所示。

a) 包裹混凝土应变计

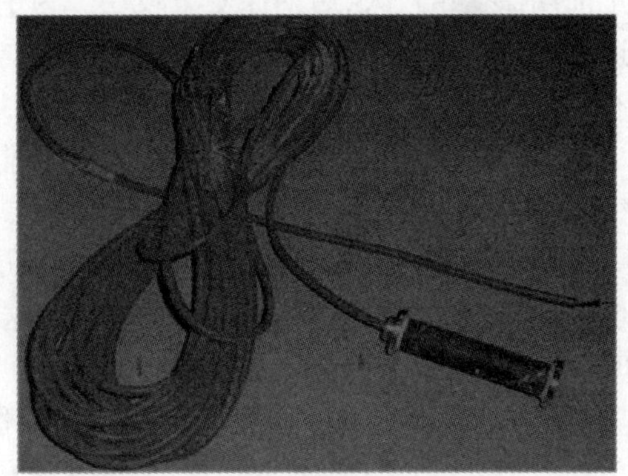
b) 常规混凝土应变计

图 6-6　应变计

图 6-7　数据采集仪

(3)数据采集仪器。本次试验数据采集选用 YT-DSY-406 型便携式数据采集仪。该仪器适用于国内外各种振弦式传感器的数据采集,并支持多种温度传感器的测量,是一款多功能高智能型仪器。通过设置能直接显示出所测到的物理量;连接通信电缆可把采集到的实时数据或历史数据上传到计算机,以便对数据进一步进行处理;利用转换口可对接入 32 点、64 点数据采集箱进行多传感器的无人自动数据的采集,如图 6-7 所示。

4)现场测点布置

根据本试验的研究目的,结合厦门海底隧道二次衬砌施工情况,在现场主洞隧道的左右线及服务隧道各选择了一个试验断面,分别为主洞左线 ZK7 + 100 断面、右线 YK6 + 980 断面及服务隧道 NK7 + 140 断面。各个断面测点布置情况如图 6-8 所示。

6.2.2　混凝土自由体积变形试验结果分析

1)混凝土自生体积变形

(1)自生体积变形的概念

无应力计所测得的是不受外力(如围岩压力、水压、自重等)作用的自由体积变形。关于混凝土自由体积变形的含义,通常认为是由自由温度变形和混凝土自生体积变形组成。

自 1958 年以来,我国陆续开展了混凝土坝的应力应变观测,1964 年提出的柘溪大坝实测应力分析结果,得出了无应力计变形对坝体应力状态影响很大的结论。根据国内外一些大坝的观测和试验结果,发现在湿度不变的前提下,混凝土自生体积变形有单调增长的趋势,由于实际的影响因素非常复杂,对这些结果产生的原因和包含的内容至今还不能得出确切的结论。

关于混凝土自生体积变形的定义有不同说法,部分文献在定义时称它是"在自由状态下的混凝土除了由温度变化而引起体积变化以外的体积变化"，"它是由化学及物理两种原因所造成的"。部分文献指出"在恒温、绝湿条件下，由胶凝材料的水化作用所引起的体积变形称为自生体积变形。它主要取决于水泥品种、水泥用量及掺用混合材料的种类。"事实上，影响混凝土自生体积变形的因素很复杂，仅混凝土的纯化学反应至少会引起三种体积变形，即水泥水化所产生的固相体积增大、水化时液相体积的减少和可能的混凝土碱骨料反应产生的体积膨胀，其中液相体积的变化尤为复杂。

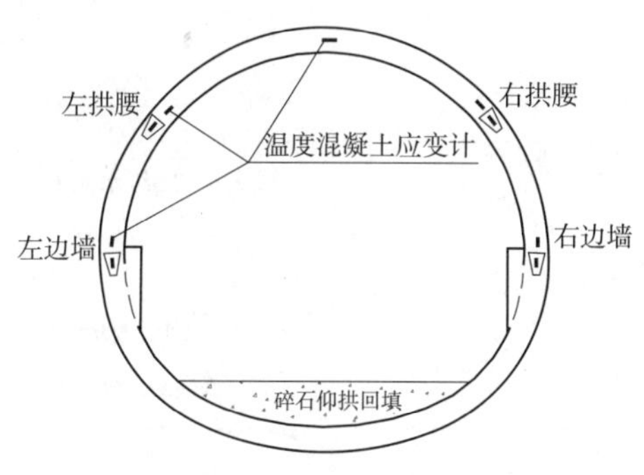

a) 服务洞NK7+140断面

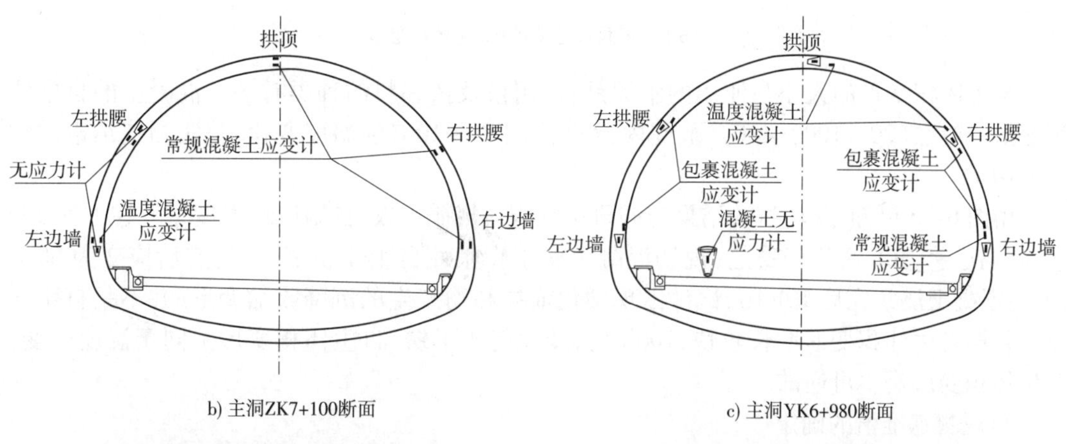

b) 主洞ZK7+100断面　　c) 主洞YK6+980断面

d) 无应力计安装

e)自制试块

图 6-8　试验断面测点布置及安装

(2)自生体积变形规律研究

部分文献指出用普通硅酸盐水泥拌制的混凝土的自生体积变形都是收缩,而用矿渣水泥拌制的混凝土的自生体积变形早期为膨胀,如图 6-9 所示。硅酸盐水泥混凝土的自生体积变形随着粉煤灰掺量的增加而明显减少。由于现场混凝土掺入了大量的粉煤灰和矿渣粉,所以推测现场测出的自生体积变形早期应该为膨胀型,与实测值结论一致(图 6-10)。膨胀性自生体积变形对混凝土结构在降温过程中的拉应力能产生一定的补偿作用,能改善混凝土的抗裂性能。

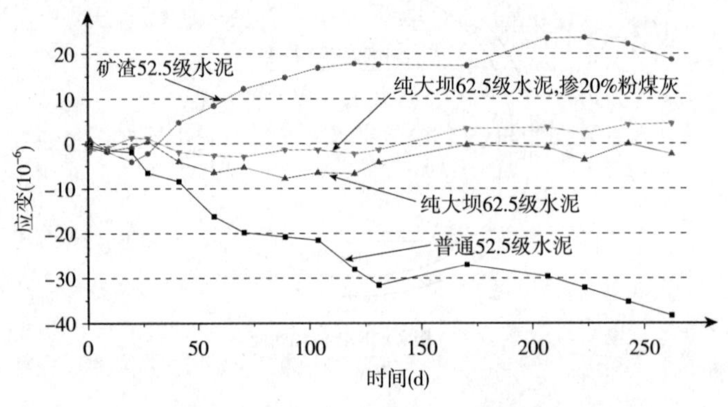

图 6-9　不同水泥混凝土自生体积变形

自生体积变形的大小与使用的水泥品种、用量及掺和料的种类有关。混凝土的自生体积变形一般在$(20 \sim 100) \times 10^{-6}$范围内,约相当于 2 ~ 10℃的温度变化,与实测值结论一致(图 6-10)。

由图 6-10 可知:现场试验结果与调研试验资料规律一致;自制试块温度上升在 10℃,升温、降温迅速,50h 后趋于稳定;现场混凝土属于膨胀性自生体积变形,稳定后应变为 60×10^{-6};混凝土浇筑完后 10h 内,试件出现硬化前拌和物产生的沉降收缩变形,并不是自生变形。初期自生体积变形增长较快,100h 后,变化趋于平缓;自生体积变形不同于温度应变,自生体积变形是不可逆的。

2)观测基准值的确定

对内部监测仪器而言,基准时刻的选择是个很重要的问题,在对现场测试数据进行整理时,发现初始值的选取对计算结果影响很大。按照内观测仪的特点,无论是无应力计还是应变计,均应将其和混凝土开始共同变形的时刻作为观测值的零点。提供了内部观测仪器基准时间选择的方法,即以混凝土的终凝时间作为基准时间。当混凝土达到终凝时,混凝土体系的结构已基本稳定,并具有一定的强度和刚度。

从水泥水化和硬化时温度的变化情形看,初期放热较少,然后急剧上升,达到一定时间后,放热速率减缓。这种放热特性,反映出水泥水化的两个阶段,急剧上升的时刻是初凝时刻,而放热速率减缓的时刻是水泥浆的终凝时刻。在混凝土浇筑过程中温度变化虽然很复杂,但是从实测温度过程线中(图 6-11),仍可看到这个特征的变化点,陡变段的终点所对应的时刻就是混凝土的终凝时刻。此外通过现场调研,得出现场所用 C45 耐腐蚀高性能混凝土的终凝时间在 12h 左右。因此在实际数据采集时把浇筑完成后 12h 作为应变计观测的基准时刻。

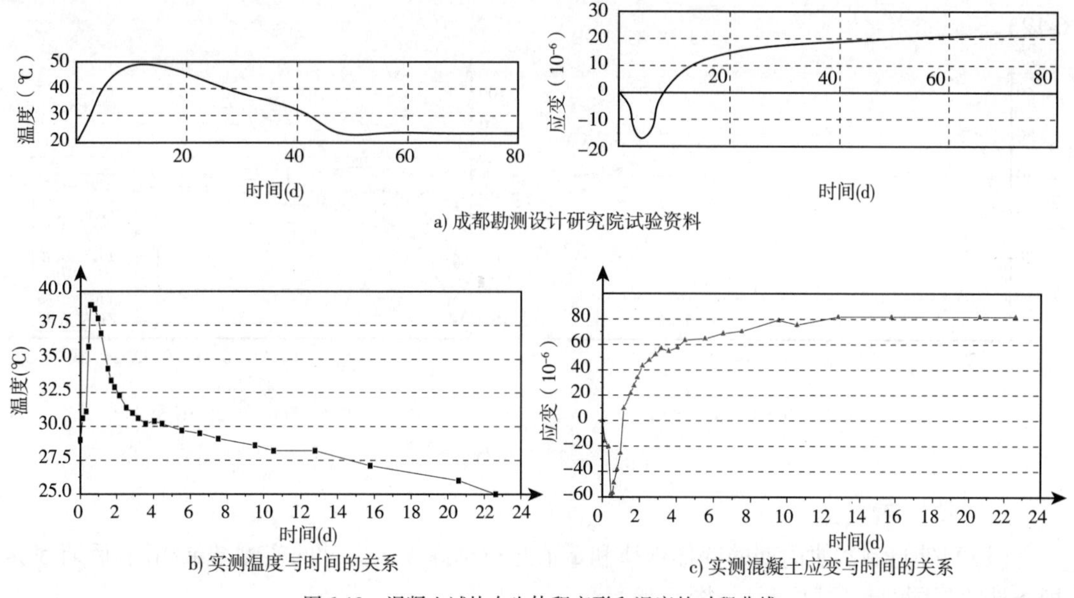

图6-10 混凝土试块自生体积变形和温度的时程曲线

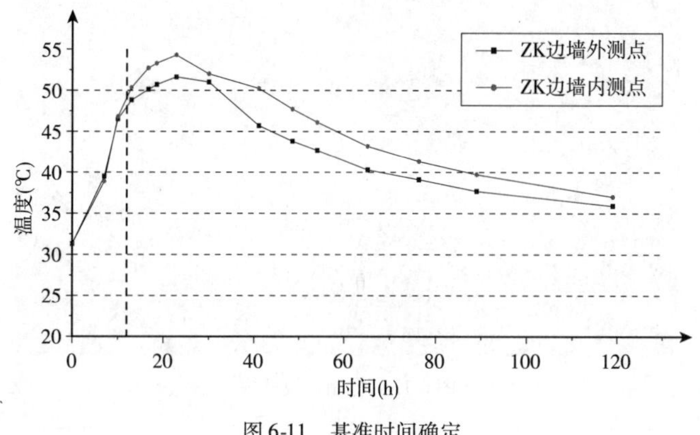

图6-11 基准时间确定

3)主隧道自由体积变形

工程中采用的计算应力应变的方法有两种:一种是在工作应变计组临近处埋设无应力计,只要从工作应变计的变形中,直接按点扣除无应力计实测变形,即可求得应力应变。另外一种是几个工作应变计组共用一个无应力计,这时需要先从无应力计观测资料中分析出自生体积变形 ε_g,然后按照各应变计的实际温度变化,扣除温度变形和自生体积变形 ε_g。这种算法对于自生体积变形 ε_g 的精度要求很高,事实上,混凝土的自生体积变形是十分复杂的,在利用无应力计观测资料计算自生体积变形时,也是基于混凝土内的湿度变化不大、忽略湿度变化引起的变形,而实际上混凝土内湿度的变化情况是不确定的。因此计算采用第一种算法。

试验在主隧道的左右线分别布置了测试断面,并在衬砌的几个控制点分别布置无应力计。参照《混凝土坝安全监测技术规范》(DL/T 5178—2003),仪器埋设后24h内每4h测量一次，以后每天8h测量一次至最高温升，而后逐渐降低测量频率。测试结果比较理想（图6-12）。

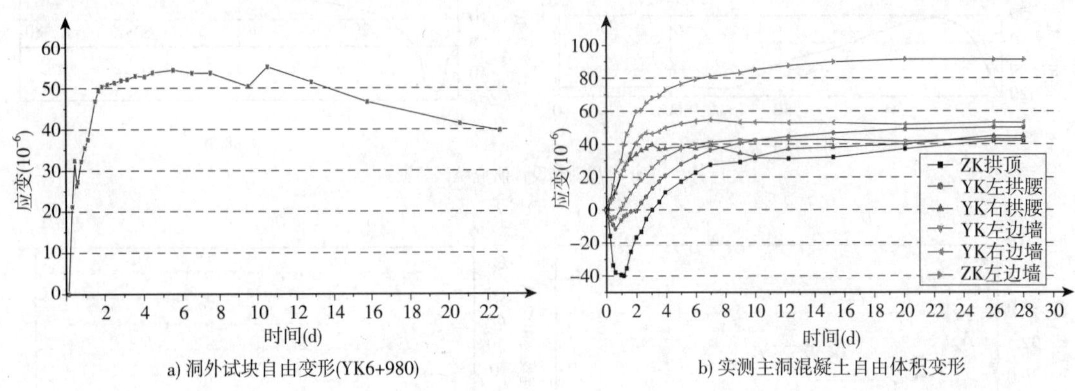

a) 洞外试块自由变形(YK6+980)　　b) 实测主洞混凝土自由体积变形

图6-12　测试结果

由图6-12看出：

（1）洞外自制试块前期的变形规律和量值与衬砌内无应力计的实测结果相同，后期因养护条件的不同，自制试块开裂（图6-13）。

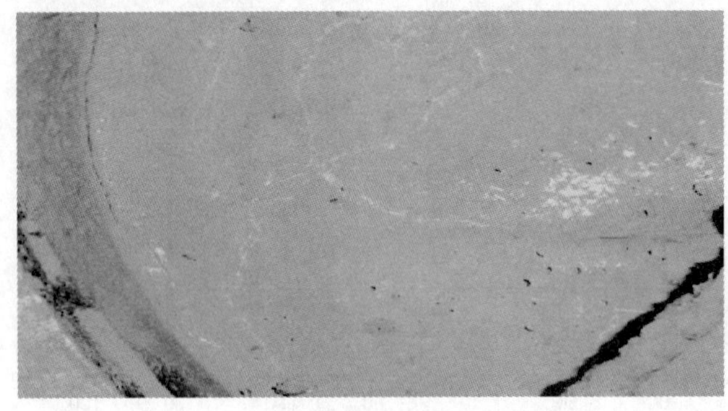

图6-13　自制试块开裂

（2）主隧道自由体积变形，在浇筑完成后的4d内增长很快，大约一周后趋于稳定。

（3）除ZK左边墙测点离散较大外，多数测点应变在$(40\sim60)\times10^{-6}$之间。

4）服务隧道自由体积变形

服务隧道二次衬砌的设计与主隧道不同，为了得到服务隧道二次衬砌的真实应力，在服务隧道埋设了两个试验断面，测试了5支无应力计。测试频率同主隧道，测试混凝土自由体积变形结果规律性良好，如图6-14所示。

由图6-14可知：

（1）5处不同位置的无应力测试结果规律一致，在二次衬砌浇筑完成后8d内自由体积变形变化剧烈，12d后开始收敛。

（2）由于现场二次衬砌的实际浇筑厚度受初期变形影响很大，与设计厚度相差较大，同时，由于混凝土本身材料的特殊性，测试结果存在一定的离散性，稳定后的应变值在$(38\sim70)\times10^{-6}$之间。

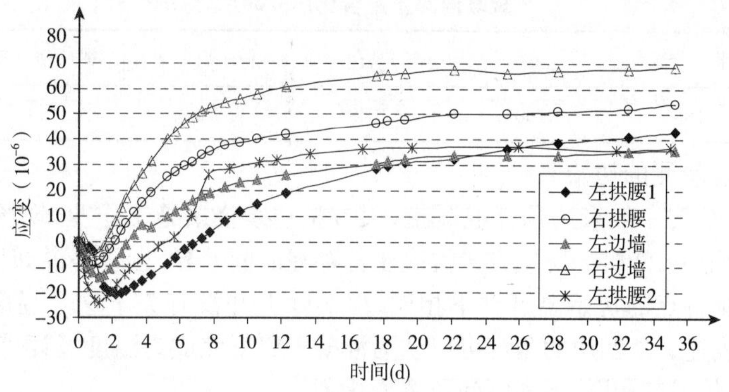

图6-14　服务隧道混凝土自由体积变形

5)自由体积变形回归分析

由于不可能在每个应变计旁都布置无应力计进行修正,这样对衬砌受力会造成影响,洞外混凝土自制试块又和实际的混凝土衬砌存在差异。对试验断面的无应力计测试结果进行平均处理,然后利用回归原理对试验断面无应力计的测试结果进行回归分析,利用回归后的函数对其他测试断面的二次衬砌应变量测数据进行处理,如图6-15所示。

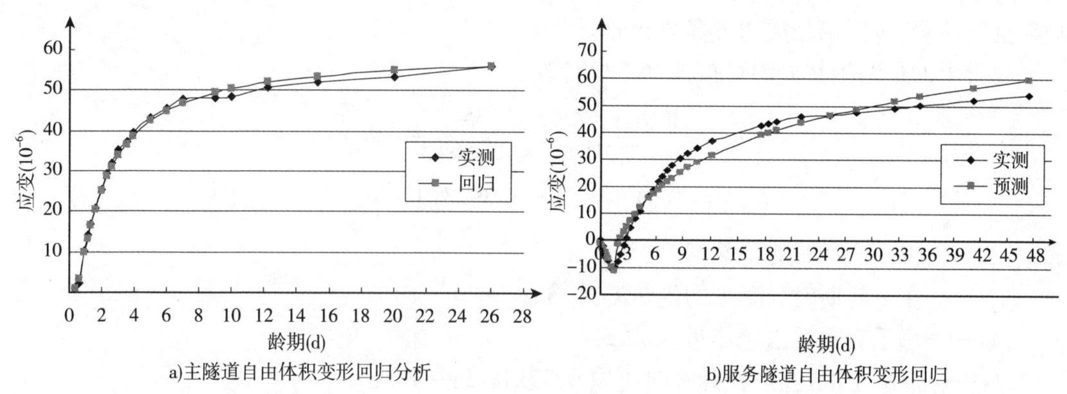

图6-15　试验结果回归分析

指数函数回归结果:

$$y = 59.846e^{\frac{-1.713}{x}} \quad (r^2 = 0.9967) \tag{6-30}$$

回归结果:

$$y = \begin{cases} -1.099 - 6.98x, x \leqslant 1.5 \\ -15.745 + 44.524\lg x, x > 1.5 \end{cases} \tag{6-31}$$

6.2.3　混凝土水化热监测结果分析

为了监测高强度等级、耐腐蚀混凝土温度变化情况,包括入仓温度、水化热升温以及最高温升,埋设了测温计,对混凝土浇筑过程中温度变化进行了监测。

1)混凝土配合比

现场混凝土为C45高性能混凝土,配合比如表6-2所示。

现场混凝土配合比(kg/m^3)　　表 6-2

水	水　泥	砂	石	粉煤灰	矿渣粉	外加剂
168	257	700	1049	70	140	3.9

(1)关于温度量测的初始值

现浇混凝土结构一般采用预拌混凝土,大方量连续浇筑施工作业,现场一般在 6 ~ 10h 内浇筑完毕。理论上,浇筑的每立方米混凝土都存在时间差异,也就是说如果以浇捣结束为 $t=0$ 时刻计算,则各点的初始温度都不相同,而实际上并没有关于这个温度的精确量测数据,或理论解析表述。从实用的角度可以认为混凝土终凝完成为温度场计算的初始时刻,并且整个结构的初始温度相同,不随空间位置变化。

$$T(x,y,z,t)\big|_{t=0} = T_0 \tag{6-32}$$

式中:T_0——现浇混凝土结构的初始温度,在缺乏量测数据时,可以取为混凝土的浇筑温度。

(2)绝热升温

混凝土在浇筑以后,由于水泥的水化热,温度将逐渐上升,但通过浇筑层面将散失一部分热量,因此,浇筑层内部的温度升高值将低于混凝土的绝热温升。一般情况下,混凝土浇筑层的厚度远小于其平面尺寸,因此可以简化成单向散热问题进行计算。假定基岩绝热,内侧与空气接触,按照第三类边界条件处理。

混凝土的最终绝热升温可按式(6-33)计算:

$$T_h = \frac{WQ}{c\rho} = \frac{257 \times 335}{0.97 \times 23\,564} = 39.3 \tag{6-33}$$

$$T_{(\tau)} = T_h(1 - e^{-m\tau}) = 39.3(1 - e^{-m\tau}) \tag{6-34}$$

式中:T_h——混凝土的最终绝热温升,℃;

$T_{(\tau)}$——在 τ 龄期时混凝土的绝热温升,℃;

Q——每千克水泥水化热量,kJ/kg;

c——混凝土的比热,在计算时可取 0.97kJ/(kg·K);

ρ——混凝土的重度;

τ——龄期,d;

m——常数,随水泥品种、比表面及浇筑温度不同而不同,根据试验资料取 $0.384d^{-1}$。

由图 6-16 所示混凝土绝热升温曲线可知,混凝土的绝热温升接近 40℃。

(3)混凝土内部温度

大体积混凝土内的实际温度是一个“由低到高,又由高变低”的变化曲线(图 6-17),即混凝土从浇筑完毕后,由于水泥水化热的影响,混凝土内部温度不断上升,然后通过天然或者人工冷却,温度又逐渐下降。待水泥水化热大致散发完毕后,混凝土的温度才与环境温度相接近,此时称为稳定温度。

混凝土浇筑后的实际温升,由于结构物的边界条件比较复杂,要严格解出精确答案非常困难,且在工程实际上也无必要。在实际应用中有两种比较简便的方法来确定混凝土的内部温度。一种是计算法,一种是图解法,这里采用计算法。

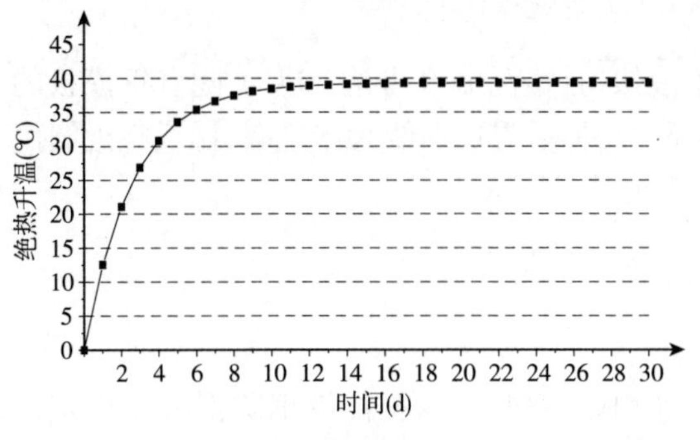

图 6-16　混凝土绝热升温曲线

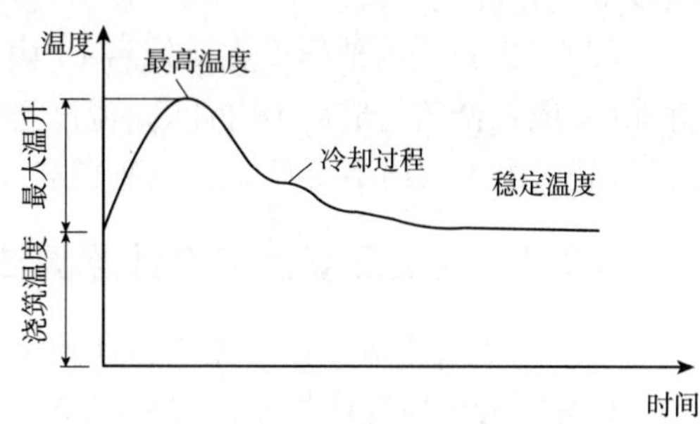

图 6-17　混凝土温度变化曲线

为了简化计算，假定混凝土的块体厚度远比平面尺寸小，它的热量只能从表面传导，而四周视为绝热状态，块体内有内热源，其绝热温升为 $T_h(1-e^{-m\tau})$，边界温度为零(以外界气温作为基础温度，并假定浇筑温度等于外界温度)，此时混凝土内部各点温度可用下式计算：

$$T = T_h\left[\frac{\cos(h-x)\sqrt{m/a}}{\cosh\sqrt{m/a}} - 1\right]e^{-m\tau} - 4\frac{mT_h}{\pi}\sum_{n=1,3,5\cdots}^{\infty}\frac{e^{-an^2\pi^2\tau/4h^2}}{n\left(\frac{an^2\pi^2}{4h^2}-m\right)}\sin\frac{n\pi x}{2h} \tag{6-35}$$

式中：T_h——混凝土的最终绝热温升，℃；

h——混凝土块体的厚度，m；

a——混凝土导温系数，m^2/h，实际计算中取 0.10m^2/d；

τ——龄期，d。

由式(6-35)，可以沿 x 轴方向，求出块体厚度内任意一点的混凝土水化热产生的温升，再加上浇筑温度后，才是混凝土内部的实际温度。

2)混凝土水化热温升解析解与实测值

由式(6-35)计算出主隧道测点的温度与龄期关系如图 6-18 所示。

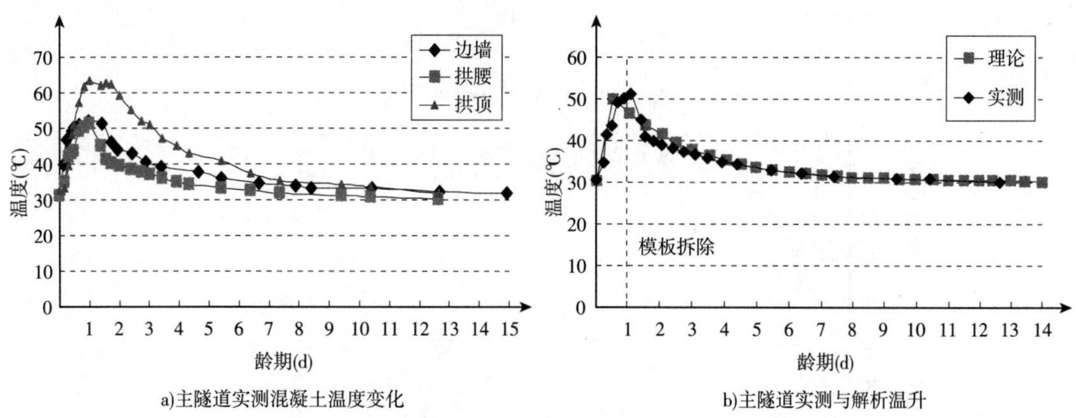

a)主隧道实测混凝土温度变化　　b)主隧道实测与解析温升

图 6-18　混凝土温度变化

由图 6-18 得出：

(1)除拱顶测点实测值与解析解差异较大外，边墙和拱腰测点结果一致。拱顶位置由于现场实际浇筑厚度远远超过设计厚度，所以浇筑过程中温升值高达 32℃，与边墙和拱腰位置温度值差异较大。

(2)二次衬砌内部温度在浇筑后 1d 内升温最快,且最高温升可达 20℃。随着钢模板的拆除(一般在浇筑完成后 1d 拆除),温度迅速下降,一周后温度曲线趋于平缓,温度接近洞内环境温度,由于洞内不受日照及风速影响,所以温度波动不大。

6.2.4 包裹混凝土应变计监测结果分析

1)包裹混凝土应变计与无应力计测试结果比较

包裹混凝土应变计指在常规混凝土应变计外用砂浆包裹,这样能够消除混凝土浇筑振捣过程中对应变计的影响,对其测试效果与无应力计进行了对比,如图 6-19 所示。测试结果表明,包裹混凝土的作用不能等同于无应力计。采用它只能消除浇筑振捣过程中的影响,不能测试出混凝土非应力应变。

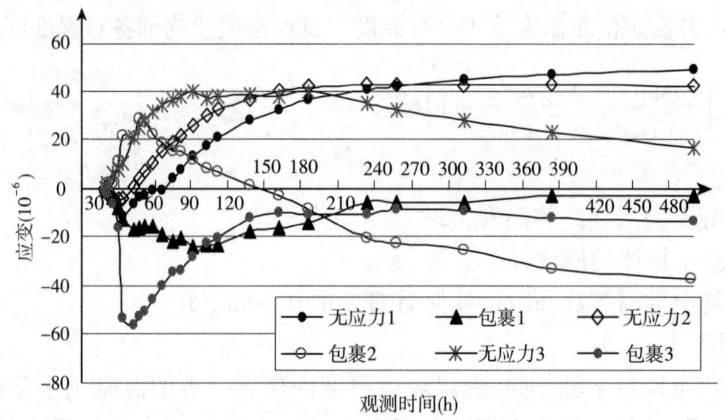

图 6-19 包裹混凝土应变计与无应力计测试结果比较

2)包裹混凝土应变计与常规应变计测试结果比较(图 6-20)

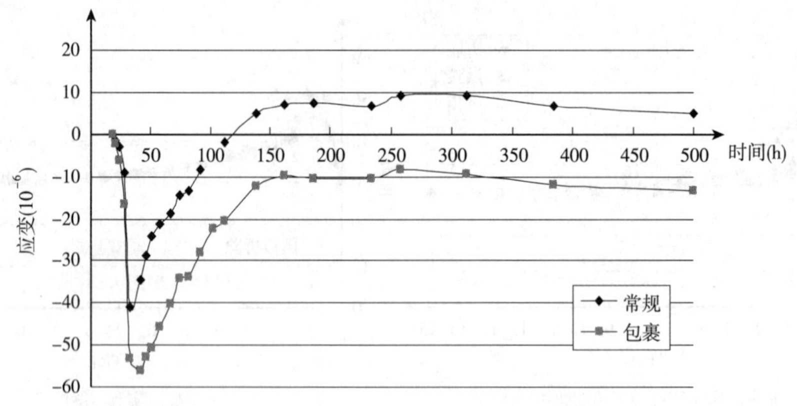

图 6-20 包裹混凝土应变计与常规应变计测试结果比较

由图 6-20 看出:

(1)测试规律一致,但是包裹混凝土应变计读数偏小。包裹混凝土应变计外面用砂浆包裹,所以和衬砌混凝土间的黏结传力不如常规混凝土应变计,特别是结构在受拉应力作用时。

(2)无论选用哪种混凝土应变计都需要采用无应力计进行修正。

6.2.5　二次衬砌应力修正

1)混凝土时效弹性模量

参照建筑研究院、铁道研究院和 CEP-FIP MC1990 模式规范公式,对混凝土弹性模量进行计算,三种算法计算结果基本一致,见图 6-21,为方便计算,模筑混凝土弹性模量变化取用 CEP-FIP MC1990 模式规范:

$$E(\tau) = E_{c(28)}\sqrt{\beta_\tau} \tag{6-36}$$

$$\beta_\tau = e^{s(1-\sqrt{28/\tau})}$$

式中:$E(\tau)$——混凝土 τ 时刻的弹性模量;

s——与水泥种类有关的系数,快硬高强水泥取为 0.20,普通水泥和快硬水泥取为 0.25,缓硬水泥取为 0.38,结合现场实际本文取 $s=0.25$。

$$E(\tau) = E_{c(28)}\sqrt{e^{0.25(1-\sqrt{28/\tau})}} \tag{6-37}$$

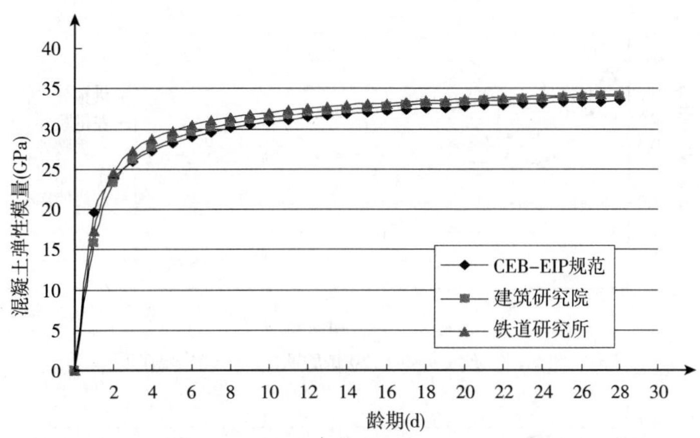

图 6-21　C45 混凝土弹性模量与龄期的关系

2)二次衬砌应力分析

(1)增量法求应力

当已知实测单轴应变曲线 ε'_t 时,可沿时程划分为 n 个时段,其应变分别为 ε'_1、ε'_2……ε'_m,相应的应力变化为 $\Delta\sigma_1$、$\Delta\sigma_2$……$\Delta\sigma_m$,那么,在 n 时段的应变就是前面各时段的应变之和,即:

$$\varepsilon'_m = \sum_{i=1}^{m}\frac{\Delta\sigma_i}{E_{\tau i}} \tag{6-38}$$

或者:

$$\Delta\sigma_m = E_{\tau m}\times\left(\varepsilon'_m - \sum_{i=1}^{m-1}\Delta\sigma_i/E_{\tau i}\right) \tag{6-39}$$

从而可知,n 时段的实测混凝土应力 σ_n 应为各时段 $\Delta\sigma$ 之和:

$$\sigma_n = \sum_{i=1}^{n}\Delta\sigma_i \tag{6-40}$$

(2)修正后二次衬砌应力变化规律

采用增量法对左线隧道、右线隧道和服务隧道应力试验断面二次衬砌应力进行分析，其应力变化规律见图 6-22 ~ 图 6-24。

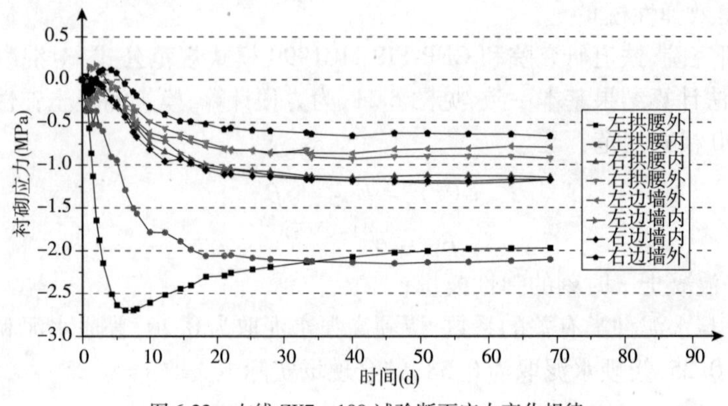

图 6-22 左线 ZK7 +100 试验断面应力变化规律

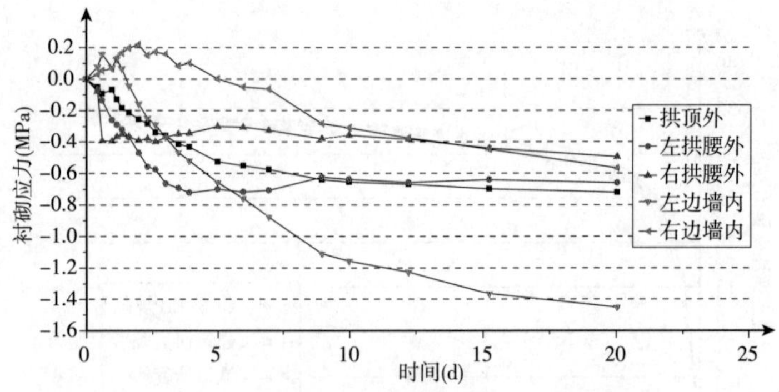

图 6-23 右线 YK6 +980 试验断面应力变化规律

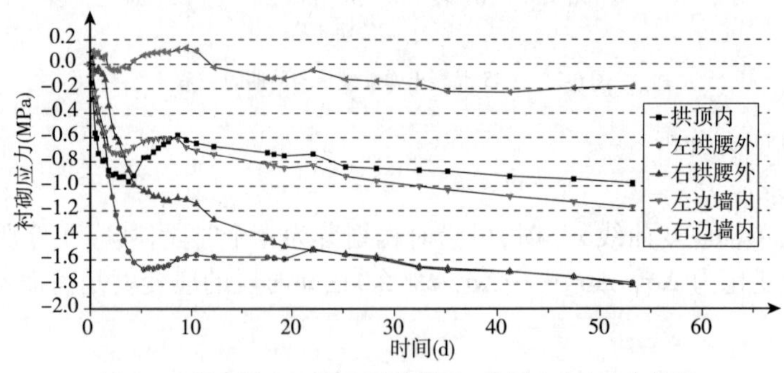

图 6-24 服务洞 NK7 +140 试验断面二次衬砌应力变化规律

由图 6-22 和图 6-23 看出，试验断面二次衬砌最大压应力不超过 -3MPa，最大拉应力不超过 0.4MPa，衬砌安全性很高。衬砌浇筑完成后前期应力发展迅速，15d 之后应力趋于稳定。二次衬砌受力并不是完全对称。

由图 6-24 看出，试验断面二次衬砌施工 55d 后最大压应力不超过 -2MPa，最大拉应力不超过 0.3MPa，衬砌安全性很高。衬砌浇筑完成后前期应力发展迅速，10d 之后应力发展缓慢。二次衬砌受力并不是完全对称。

6.3 海底隧道监测信息反馈技术

为确保监测结果的质量，加快信息反馈速度，全部监测数据均由计算机管理，每次监测必须有监测结果，及时上报监测日报表、周报表，并按期向有关单位提交监测月报，同时附上相应的测点位移、内力时态曲线图，对当月的施工情况进行评价并提出施工建议。

6.3.1 施工阶段监测信息反馈技术

1)位移信息反馈

(1)反馈流程

位移信息反馈能够确切地预报隧道结构的破坏，一般根据量测数据，绘制出隧道净空位移监控曲线，而后根据设计确定的控制基准及管理基准，判定隧道的稳定性及可能发生的异常现象，具体流程见图 6-25。

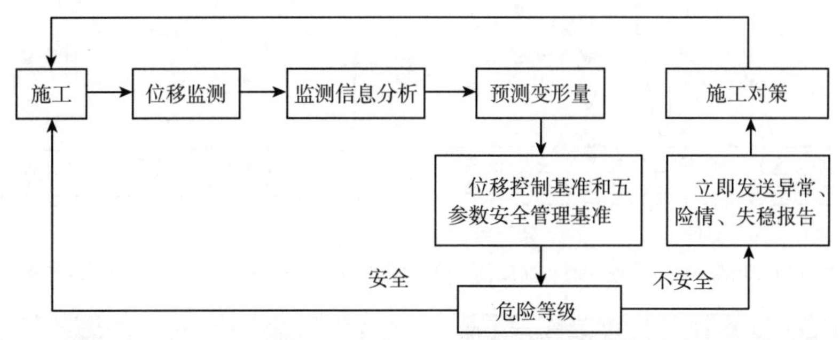

图 6-25　位移信息反馈流程图

(2)实例分析

现对翔安海底隧道位移监测断面 ZK11 +640 变形异常断面的安全性判定进行分析。

①位移断面监测概况

本断面为 CRD 法开挖，开挖顺序 CRD1→CRD3→CRD2→CRD4，围岩级别土质 V 级。位移监测点布置情况如图 6-26 所示。

②监测数据分析

CRD1、CRD3 部拱顶下沉位移、变形速率、变形加速度时程曲线图，见图 6-27 ~ 图 6-29。

由图 6-27 ~ 图 6-29 分析可知，至 11 月 19 日 CRD1 部拱顶下沉累计量已达 106.33mm，CRD3 部拱顶下沉累积量已达 46.3mm；11 月 19 日，CRD1 拱顶下沉速率为 11.2mm/d，CRD3 部拱顶下沉速率为 2.7mm/d；CRD1 部拱顶下沉加速度为 3.2mm/d^2，有加速发展趋势；CRD3 部拱顶下沉加速度为 −7.5mm/d^2，变形减速。

③围岩及支护结构状态描述

a. 此段围岩条件较差，10 月 28 日 CRD1 部掌子面施工时，边墙出现内缩现象，影响范围约 8m。

b. 11 月 12 日至 11 月 19 日，此断面拱顶下沉监测数据变化异常，经现场调查发现，CRD1 部 ZK11 +635 ~ ZK11 +650 段边墙出现不同程度的纵向裂缝、斜向裂缝和环向裂缝，纵向裂缝和斜向裂缝宽度为 1 ~4mm，环向裂缝宽度为 1 ~20mm，边墙和拱顶都有混凝土剥落现象，且裂缝处有滴水现象，见图 6-30。

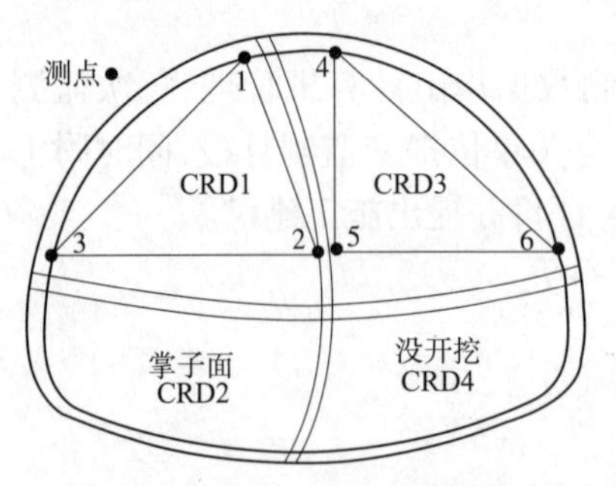

图 6-26　左线隧道 ZK11 +640 断面测点布置图

CRD1部
CRD3部
累积下沉量(mm)
日期

图 6-27　CRD1 和 CRD3 部拱顶下沉时程曲线图

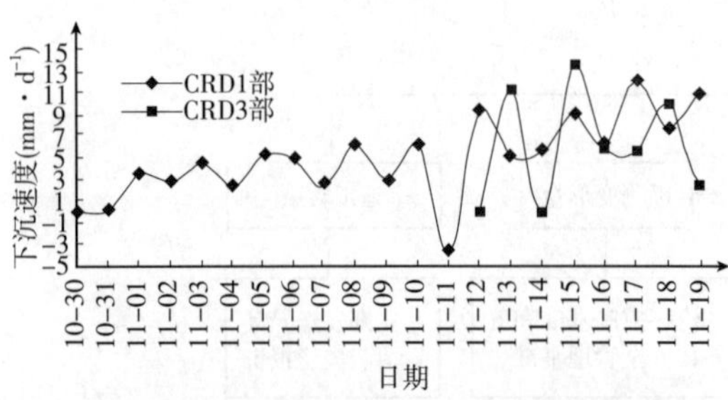

图 6-28　CRD1 和 CRD3 部拱顶下沉速率时程曲线图

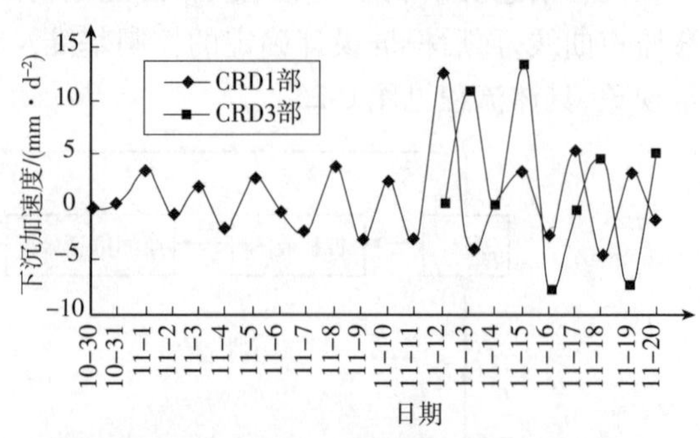

图 6-29　CRD1 和 CRD3 部拱顶下沉加速度时程曲线图

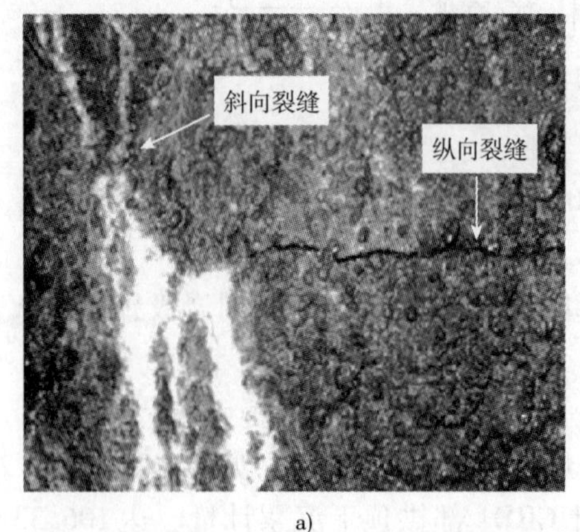

a)

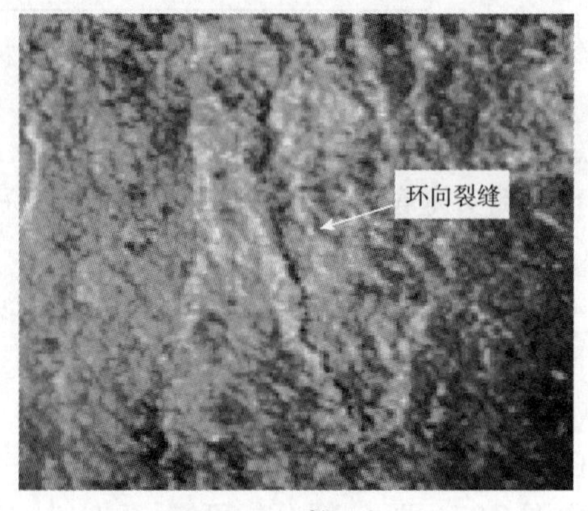

b)

图 6-30　CRD1 部边墙裂缝图

c. CRD2 部掌子面里程已到达此断面里程。

④安全性判定

a. CRD1 部安全性分析

由位移监控量测结果可知，$u_0 = 200\text{mm}$，$u = 106.3\text{mm}$，$u_0/3 \leqslant u \leqslant 2u_0/3$，$\frac{u_0 - u}{5} = 18.7\text{mm}$，$\frac{2}{15}u_0 - \frac{1}{5}u = 5.4\text{mm}$，$v = 11.2\text{mm/d}$，$\frac{2}{15}u_0 - \frac{1}{5}u < v \leqslant \frac{u_0 - u}{5}$。

$a=3.2\text{mm/d}^2$，$a>0$；支护结构变异状态：纵向裂缝和斜向裂缝宽度为 1 ~ 4mm，环向裂缝宽度为 1 ~ 20mm；地下状态：支护结构裂缝处有滴水状。

依据海底隧道施工阶段安全判定基准，确定 CRD1 部将会出现险情，立即发送险情报告，采取有效的加固措施；同时加强监控量测和对初期支护状态的观察，确保隧道施工安全。

b. CRD3 部安全性分析

由位移监控量测结果可知，$u_0=130\text{mm}$，$u=46.3\text{mm}$，$u_0/3\leqslant u\leqslant 2u_0/3$；$v=2.7\text{mm/d}$，$v\leqslant\frac{2}{15}u_0-\frac{1}{5}u=8.7\text{mm}$。

$a=-7.5\text{mm/d}^2$，$a<0$；支护结构变异状态：无裂缝产生；地下水状态：无。

依据海底隧道施工阶段安全判定基准，确定 CRD3 部围岩支护结构变形正常，可正常施工、正常监测。

翔安海底隧道施工阶段共发送异常报告 51 份，险情报告 7 份，见表 6-3。

翔安海底隧道监控量测异常报告统计表　　　　表 6-3

编　号	断面里程	报告形式	编　号	断面里程	报告形式
1	ZK6 +680	异常	23	ZK7 +400	异常
2	ZK6 +680	异常	24	ZK7 +400	异常
3	ZK6 +745	异常	25	YK6 +680	异常
4	ZK6 +740	异常	26	YK6 +820	异常
5	ZK6 +760	异常	27	YK6 +860	异常
6	ZK6 +780	异常	28	YK6 +860	异常
7	ZK6 +840	异常	29	YK6 +860	险情
8	ZK6 +840	异常	30	YK7 +500	异常
9	ZK6 +860	异常	31	YK7 +500	异常
10	ZK6 +860	异常	32	ZK11 +930	异常
11	ZK6 +880	异常	33	ZK11 +930	异常
12	ZK6 +880	异常	34	ZK12 +130	异常
13	ZK6 +920	异常	35	ZK12 +360	异常
14	ZK6 +920	异常	36	ZK12 +360	异常
15	ZK6 +920	险情	37	ZK12 +380	异常
16	ZK7 +040	异常	38	ZK12 +380	异常
17	ZK7 +080	异常	39	ZK12 +380	险情
18	ZK7 +080	异常	40	ZK12 +400	异常
19	ZK7 +080	险情	41	ZK12 +400	异常
20	ZK7 +300	异常	42	ZK12 +400	异常
21	ZK7 +300	异常	43	ZK12 +400	险情
22	ZK7 +360	异常	44	ZK12 +415	异常

续上表

编号	断面里程	报告形式	编号	断面里程	报告形式
45	ZK12 +430	异常	52	YK12 +080	异常
46	ZK12 +430	异常	53	YK12 +160	异常
47	ZK12 +430	异常	54	YK12 +400	异常
48	ZK12 +430	险情	55	YK12 +430	异常
49	YK11 +800	异常	56	YK12 +430	异常
50	YK11 +900	异常	57	YK12 +430	异常
51	YK11 +900	异常	58	YK12 +430	险情
合计	异常报告		险情报告		
	51份		7份		

2)初期支护内力信息反馈

(1)反馈流程

初期支护内力量测主要是钢支撑和格栅拱架应力量测,在获得了钢支撑和格栅拱架内缘和外缘的应力后,可以按钢材的容许应力对已施工区段钢支撑支护的安全性进行评判。具体流程见图6-31。

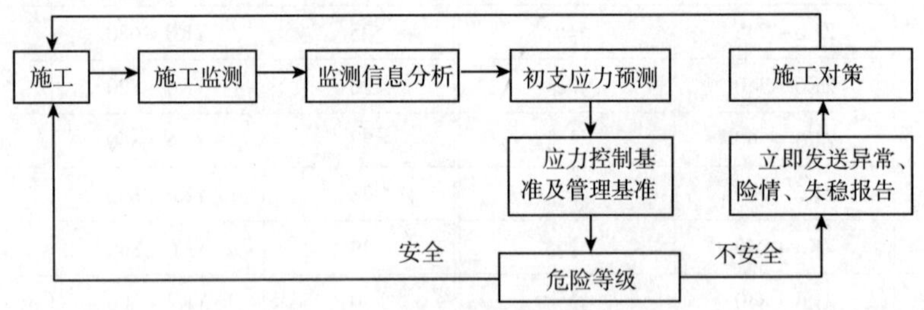

图6-31 施工阶段初期支护内力信息反馈

(2)实例分析

翔安海底隧道YK111 +425监测断面中隔壁拆除前后内力具体数据见表6-4及图6-32。

监测断面实测数据

表6-4

位置	中隔壁拆除前			中隔壁拆除后			安全系数变化比例
	轴力(kN)	弯矩(kN·m)	安全系数	轴力(kN)	弯矩(kN·m)	安全系数	
1	-1 111	17.1	4.2	-1 189	31.4	3.9	0.07
2	-945	-14.8	4.9	-1 036	-5.8	4.5	0.08
3	-947	-25.7	4.8	-1 440	-31.7	3.2	0.23
4	-890	-22.4	5.1	-974	-37.2	4.7	0.08
5	-926	-3.9	4.9	-1 008	1.3	4.5	0.08
6	-994	15	4.5	-1 073	35.1	4.2	0.07
7	-1 065	-4	3.2				
8	-886	5.5	3.8				
9	-811	5.9	4				

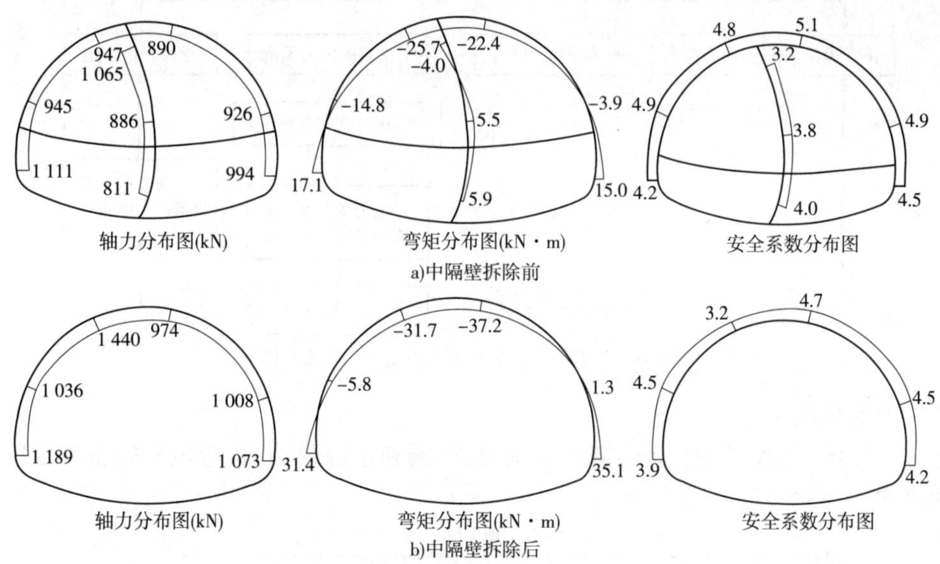

图 6-32　中隔壁拆除前后内力及安全系数(实测)

由图 6-32 分析可知,结构内力和安全系数均满足控制基准要求,初期支护结构处于安全状态。

6.3.2　运营阶段监测信息反馈技术

1)位移信息反馈

运营阶段位移信息反馈主要为二次衬砌位移监测信息反馈,通过绘制隧道二次衬砌净空位移监控曲线,而后根据设计确定的控制基准及管理基准,判定隧道的稳定性及可能发生的异常现象,具体流程见图 6-33。

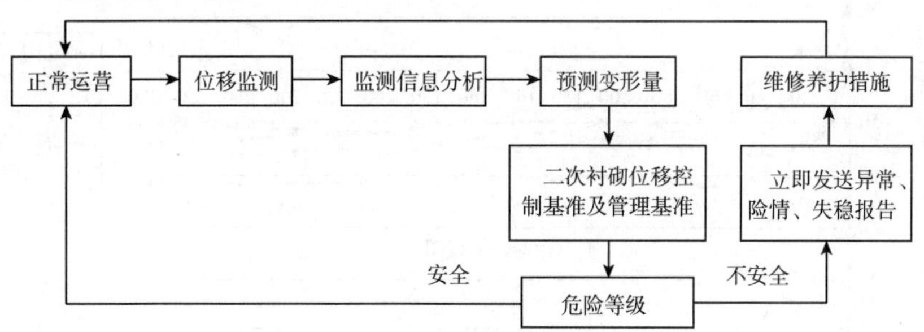

图 6-33　运营阶段位移信息反馈流程图

2)二次衬砌内力反馈

(1)信息反馈流程

对二次衬砌内力量测,可以计算出二次衬砌内力,并计算出安全系数,将该安全系数与管理基准进行比较,即可判定隧道二次衬砌的安全性,具体流程见图 6-34。

(2)工程实例

以翔安海底隧道监测断面 YK11 +315 为例,通过对二次衬砌监测应力数据进行无结构应力修正,获得有效应力,最终计算出各断面的最小安全系数,对各断面结构安全性进行评价。

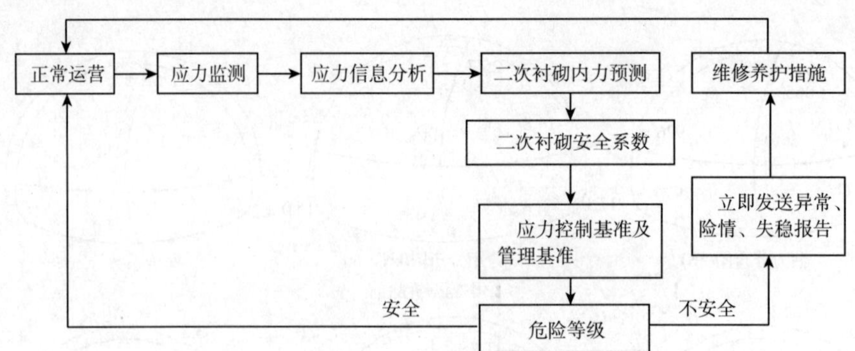

图 6-34　运营阶段二次衬砌内力信息反馈流程图

①内力变化规律

通过对该区段数据分析,获得横截面拱顶、拱腰和边墙处轴力、弯矩和安全系数随时间的变化规律,见图 6-35。

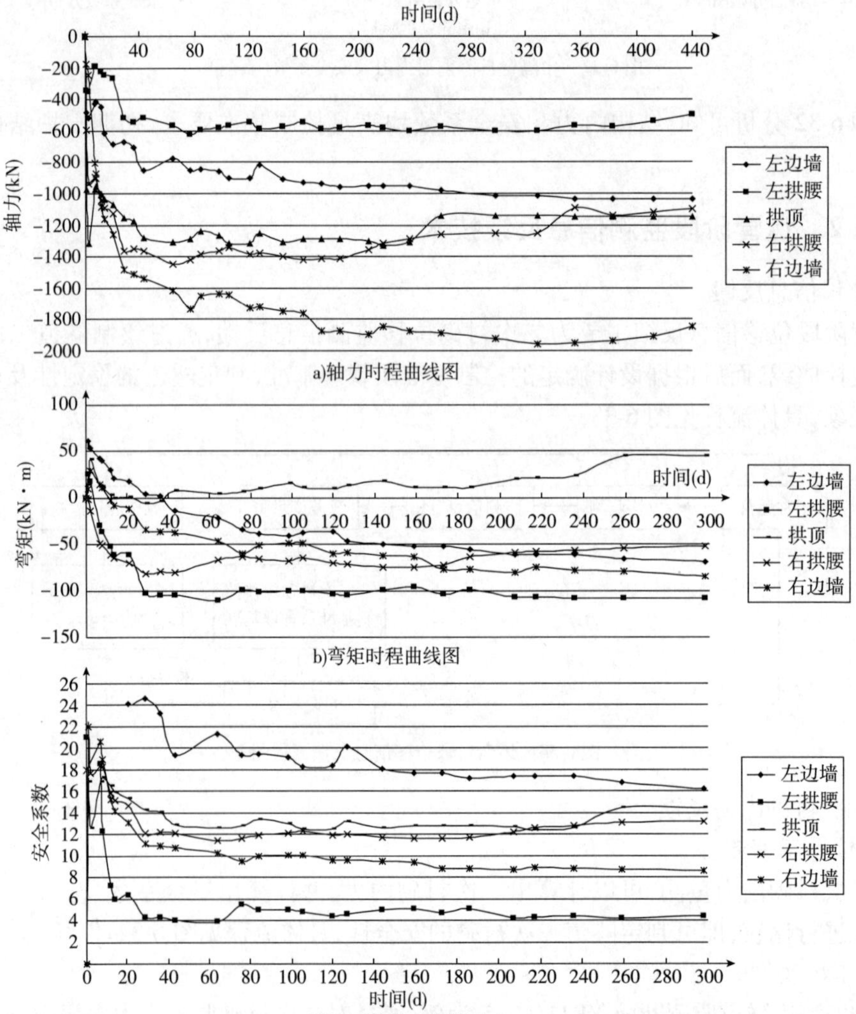

a)轴力时程曲线图

b)弯矩时程曲线图

c)安全系数时程曲线图

图 6-35　YK11 +315 断面内力及安全系数时程曲线图

根据图 6-35 分析可知，结构内部轴力和弯矩在衬砌浇筑后约 35d 数据趋于平稳，拱顶、拱腰和边墙处的轴力和弯矩变化趋势基本一致，数据呈递增规律变化；安全系数随时间的推移数值趋于平稳，最终在应力重分布平衡后，安全系数也趋于稳定，整个内力变化过程二次衬砌安全系数满足要求。

由此可知，在隧道的较长设计基准期限内，围岩松弛垂直地压、水压以及海水侵蚀、地震和地层下沉等因素会引起衬砌结构发生变异，其内力将会在不同影响因素下发生改变，内力重新分布，轴力、弯矩和安全系数时程曲线能真实反映不同阶段的内力变化情况以及结构安全性。

②衬砌结构安全性评价

根据该监测断面最终量测的应力值，计算得监测断面的轴力、弯矩和安全系数，见表 6-5，从而判断二次衬砌现阶段受力安全性。

YK11 +315 监测断面轴力、弯矩和安全系数最终值　　表 6-5

内力	右边墙	右拱腰	拱顶	左拱腰	左边墙
轴力(kN)	-1 847	-1 100	-1 147	-496	-1 038
弯矩(kN · m)	-74.9	-77.5	43.7	-112.2	79
安全系数	8.9	15.1	14.4	3.5	15.9

注：轴力为负数代表受压；弯矩为负数代表外侧受拉。

根据二次衬砌拱顶、拱腰和墙脚的最终轴力、弯矩和安全系数值，绘出隧道横截面内力分布图，见图 6-36。

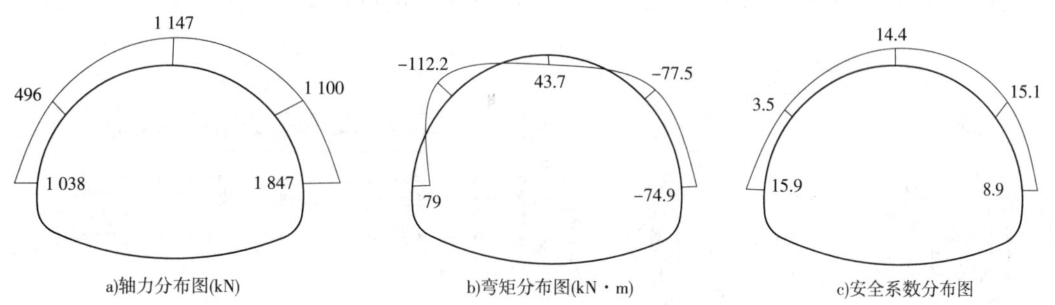

图 6-36　YK11 +315 横截面轴力、弯矩和安全系数分布图

分析图 6-36 可知，二次衬砌断面右边墙处轴力较大，主要表现为受压，其量值约为 1 847kN。最大弯矩产生于左拱腰处，其量值约为 -112.2kN · m，根据弯矩分布图可知，衬砌拱顶、左边墙内侧受拉，左、右拱腰和右边墙处为外侧受拉。根据安全系数分布图可知，左拱腰处安全系数最小约为 3.5，安全系数满足规范规定的要求（规范规定为 2.0），由此可知现阶段二次衬砌处于安全状态。

3）水压力信息反馈

（1）反馈流程

运营阶段通过围岩、初期支护和二次衬砌间水压力监测，判定隧道周围水压力分布情况，并依据水压力控制基准及管理基准，判定隧道的稳定性及可能发生的异常现象，具体流程见图 6-37。

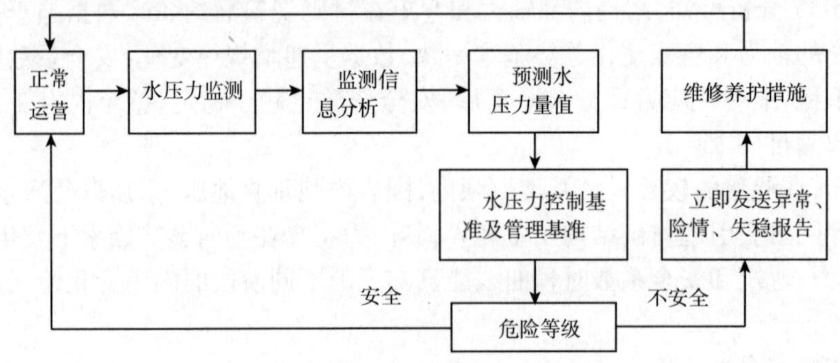

图 6-37　运营阶段水压力信息反馈流程图

(2)实例分析

以翔安海底隧道 F1 风化槽区段的运营期长期监测断面 YK8 +424 为例，水压力监测累计值见表 6-6 和图 6-38。

YK8 +424 断面初期支护与二次衬砌水压力量测值(kPa)　　表 6-6

量测部位	SY1	SY2	SY3	SY4
累计值	22.79	33.72	33.20	37.20
说　明	SY1 ~ SY8 历时 182d(2007-6-26 ~ 2007-12-24)			

注:表中所列数据为截止日期的量测数据。

各测点的初期支护与二次衬砌水压力时程曲线如图 6-38 所示。

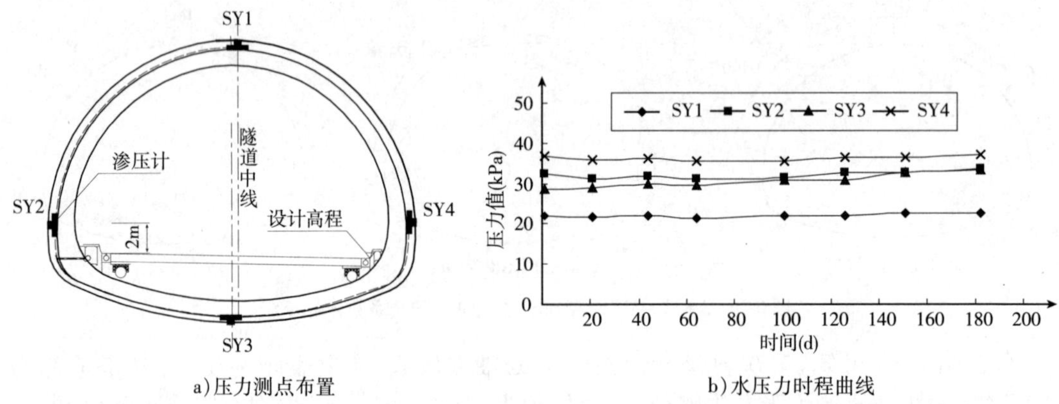

a)压力测点布置　　b)水压力时程曲线

图 6-38　YK8 +424 断面初期支护与二次衬砌间水压力时程曲线

由表 6-6 以及图 6-38 分析可知:监测断面的初期支护—二次衬砌水压力的最大值为 37.2kPa，位于右墙脚位置处。该断面处最大水压力为 33.7kPa，由运营期长期监测水压力控制基准可知，该断面处于安全状态。

4)结构腐蚀监测信息反馈

(1)反馈流程

运营阶段通过对结构钢筋和混凝土腐蚀监测，分析海水对隧道结构腐蚀情况，并依据腐蚀管理基准，判定隧道的稳定性及可能发生的异常现象，具体流程见图 6-39。

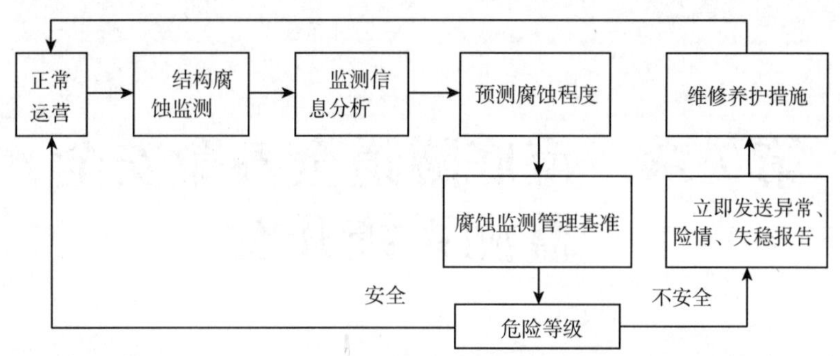

图 6-39　运营阶段腐蚀信息反馈流程图

(2)实例分析

表 6-7 中数据为翔安海底隧道 ZK8 +283 断面上 Corrowatch 和阶梯形腐蚀传感器的测试数据,1 ~4 表示由高到低的阳极探头。结果显示,电压在 -150 ~ -400mV 之间变化,电流密度低于 1 μA/cm^2,数据在安全的范围内,因此能定性地判断出,在强碱环境下,阳极表面还没有脱钝。

ZK8 +283 断面监测电化学腐蚀传感器测试值　　表 6-7

测试时间	仪器温度(℃)	传感器温度(℃)	腐蚀电位(mV)			
			1	2	3	4
2008-07-26	29.85	27.15	-370.8	-377.5	-366.1	-349.9
2007-02-17	20.96	21.45	-206.6	-267.8	-286.7	-275.9
测试时间	仪器温度(℃)	传感器温度(℃)	腐蚀电流(μA)			
			1	2	3	4
2008-07-26	29.85	27.15	-0.022	0.711	0.508	0.616
2007-02-17	20.96	21.45	-0.046	0.126	0.136	0.196

表 6-8 给出了某两个测试点的 XMUCT-08 多探头腐蚀传感器测试的数据。依据腐蚀管理基准可知,钢筋处于钝化状态。

某两个测试点 XMUCT-08 多探头腐蚀传感器测试结果　　表 6-8

测试时间	1				2			
	pH	Cl^-(mol/L)	电位(mV)	腐蚀速度(mm/年)	pH	Cl^-(mol/L)	电位(mV)	腐蚀速度(mm/年)
2010-04-23	11.78	5.5×10^{-3}	-445	0.000 7	11.85	7.4×10^{-3}	-500	0.002

第 7 章　海底隧道全寿命安全监测系统开发

本章首先对海底隧道全寿命安全监测系统架构进行规划，并对现场全寿命安全监测系统集成，研制开发了海底隧道全寿命安全监测系统软件。该系统分为施工阶段监测子系统和运营阶段长期监测子系统两个子系统，实现了软件人机交互操作界面，使得软件应用更人性化，操作简单。

7.1　监测系统构架

海底隧道全寿命安全监测系统的框架图如图 7-1 所示。两个虚线框表示全寿命期监测的两个阶段：施工阶段监测和运营阶段长期监测。虚线框内为该阶段的监测系统的内容，按箭头所指方向依次进行。各内容框下端与无箭头线连接的部分为该内容的子内容。两个虚框间的带双箭头的虚线为两个监测阶段的共享内容。其中虚线表示传感器共享；单点划线表示监测数据共享；双点划线表示结构内力状态及参数共享。

(1) 从图中虚线箭头线可以看出，施工阶段监测布设的内力传感器、接触压力传感器和水压力传感器可以与运营阶段长期监测中的内力、接触压力和水压力传感器共享。

(2) 从图中单点划线箭头可以看出，施工阶段监测中所收集、整理、调查的基础资料被运营阶段长期监测共享，为海底隧道分区、结构变异分析、安全状态诊断指标的确定以及养护维修提供参考。

(3) 从图中双点划线箭头可以看出，施工阶段监测获得的隧道结构位移及内力数据作为该隧道的基本健康档案被运营阶段长期监测共享，以便对隧道安全状态诊断、剩余寿命预测、维修养护检查等提供参考，从而完整地确定海底隧道的健康状态。

综上所述，海底隧道全寿命安全监测系统较完整与系统地设计了监测传感器及数据的共享方式与内容，充分有效地利用了监测资源，节约了监测费用与工作量，实现了数据及信息的完整性，比单独考虑施工阶段监测或运营阶段长期监测方式具有更大的优越性。

7.2　监测系统集成

海底隧道全寿命期安全监测系统软件主要包括传感器系统、数据采集系统、数据管理系统和安全性评价与对策系统四个部分，见图 7-2。

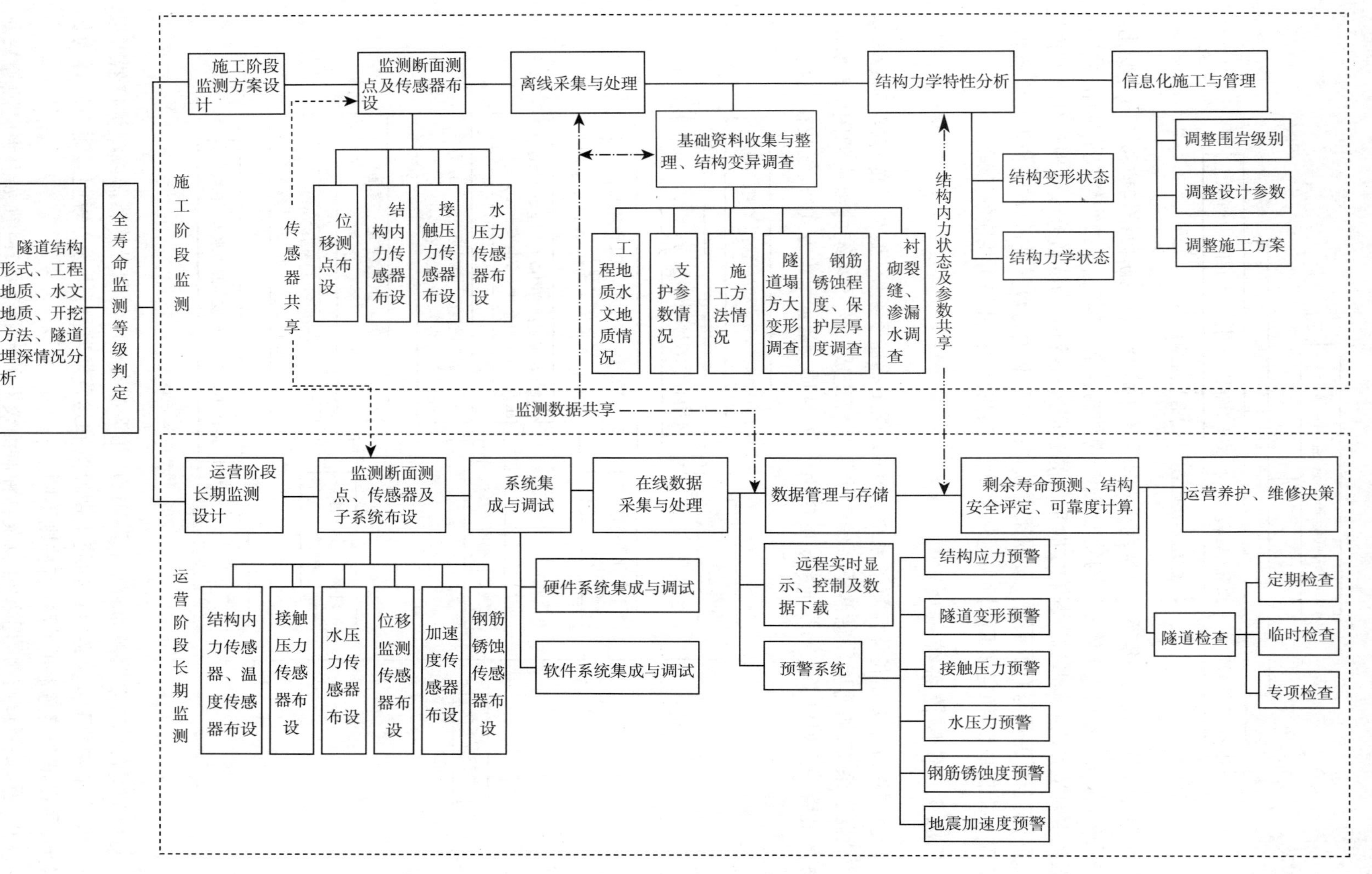

图7-1　海底隧道全寿命安全监测系统架构图

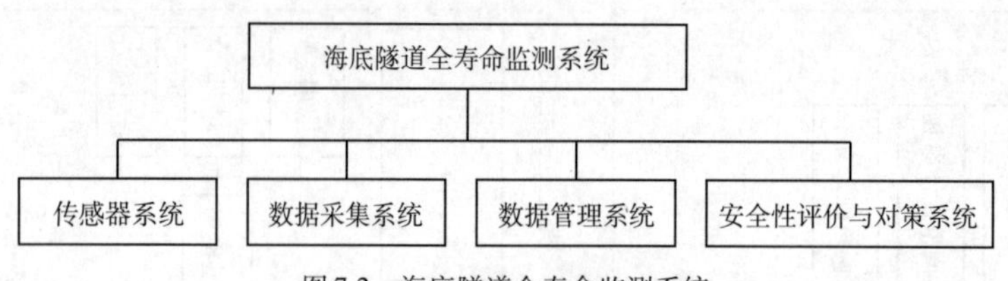

图7-2 海底隧道全寿命监测系统

传感器系统和数据采集系统主要用于对隧道施工阶段和运营阶段结构位移及内力变化规律进行分析,获得隧道支护体系结构受力状态,为结构安全性判定、养护维修提供依据;数据管理系统主要是对该工程基础资料和实时采集的数据进行管理,为隧道分区管理与维修养护提供依据;安全性评价与对策系统主要对采集获得的位移和内力数据进行分析,依据相应监测内容的安全控制基准,判定施工阶段和运营阶段结构的安全性,并提出相应的工程对策。

7.2.1 传感器系统

传感器系统主要由位移监测子系统、光纤光栅传感器子系统、振弦式传感器子系统、腐蚀传感器子系统、加速度传感器子系统五个子系统组成。该子系统的组成如图7-3所示。该图的最后一列列出了传感器子系统的使用阶段、性质及数据采集方式(离线或在线)。

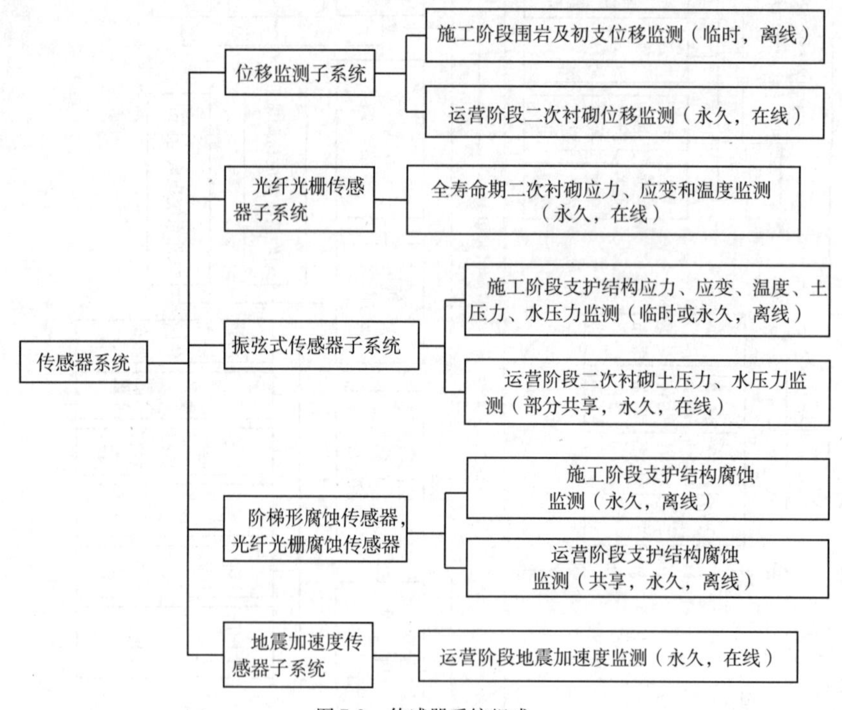

图7-3 传感器系统组成

对于全寿命期安全监测的所有监测项目,几乎都有相应的测量传感器或测量仪器可以利用。由于全寿命期安全监测包括施工期监测和运营期监测,前者为短期监测而后者为长期监测,所以部分传感器可共享,有些则不同。

考虑到海底隧道监测的重要性以及各种监测仪器的不利工作环境(如海水腐蚀等),对国内外岩土监测仪器性能进行了大范围的调研，最终确定接触压力及水位监测采用振弦式传感器，其他除了位移及地震监测外均采用光纤光栅仪器。翔安海底隧道全寿命监测内容及传感器见表 7-1。

翔安海底隧道全寿命监测内容及传感器　　表 7-1

监测项目	传感器	量程	精度	监测阶段
初支变形	全站仪		±1mm	施工期
初支应力	钢筋计			施工期
二次衬砌应力	振弦式应变计			施工期
接触压力	TPC 型振弦式压力计	0～2MPa	±0.1%FS	全寿命期
水压力	PWS 型振弦式渗压计	0～1MPa	±0.1%FS	全寿命期
二次衬砌变形	线位移传感器	25mm	±0.1%FS	运营期
	角位移传感器	±50°	0.01rad	
二次衬砌结构内部应力	埋入式光纤光栅应变传感器	±1 500με	±0.2%FS	全寿命期
二次衬砌表面应力	表面式光纤光栅应变传感器	±1 000με	±0.2%FS	全寿命期
初支钢拱架应力	贴片式光纤光栅应变传感器	±1 500με	±0.2%FS	全寿命期
混凝土温度	光纤光栅温度传感器	-50～+150℃	±0.2%FS	全寿命期
地震加速度	加速度传感器	±0.5g	<0.2%	运营期

7.2.2　数据采集系统组网

1）数据采集设备选择

数据采集主要由位移数据采集，光纤光栅应变及温度数据采集，振弦式应力应变、土压力、水压力采集，加速度数据采集，钢筋腐蚀采集五部分组成，如图 7-4 所示。

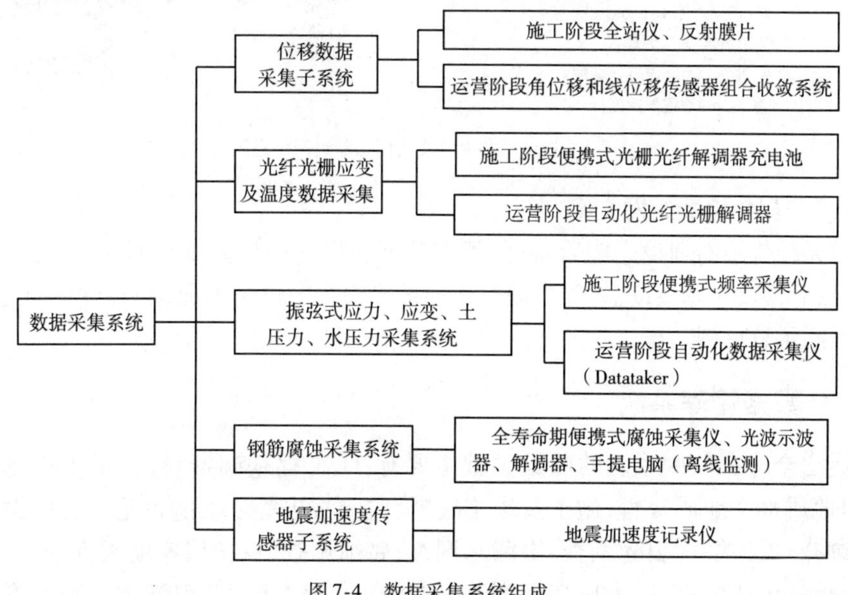

图 7-4　数据采集系统组成

2)运营期监测系统组网

海底隧道全寿命监测采用的传感器包括振弦式传感器与电解质式角位移传感器、三向加速度传感器和国产高性能光纤光栅传感器,三类传感器有各自独立的数据采集设备。因此,监测数据采集系统无论是硬件、软件还是数据库管理部分都要求能将三类传感器数据在系统中集中处理,便于对数据分析,从而判断隧道结构稳定情况。下文以厦门翔安海底隧道为例说明。

(1)振弦式和电解质式传感器组网方案

进口振弦式和电解液平衡式两种模拟信号传感器埋设的断面位置都相对比较集中,综合考虑模拟信号类传感器所需的数据采集通道数量(包括传感器温度读数)、传感器信号传输距离以及数据远程传输等方面的因素,将模拟信号类传感器的自动化数据采集系统优化组合成为三套远程数据采集单元(MCU),MCU 由 DT515 数据采集仪、电源系统、放浪涌模块和防水机箱构成。MCU 安装于 YK8 + 428、ZK8 + 910 和 YK11 + 310 三个里程,分别称为 MCU-1、MCU-2 和 MCU-3,振弦式和电解质式传感器组网情况见图 7-5。

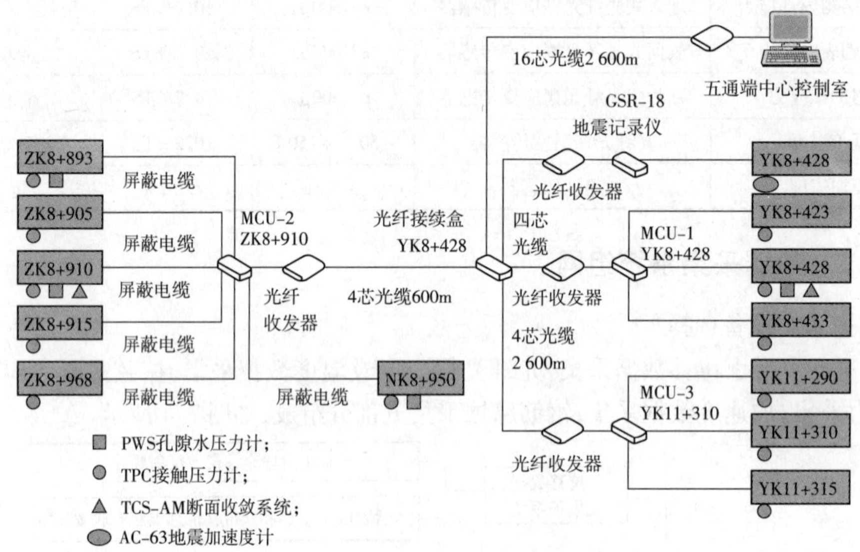

图 7-5 振弦式和电解质式传感器组网示意图

(2)光纤光栅传感器组网方案

各断面光纤传感器埋设完毕后,将预留在预埋箱中的信号光纤组网接入相应位置的信号接续盒,然后再接入总接续盒,最后通过主通信光缆接入位于五通端的监控中心。光纤光栅传感器组网示意见图 7-6。

7.2.3 数据管理系统

海底隧道全寿命监测系统的数据类型主要有:①工程基础资料,包括工程概况、设计资料、工程地质水文地质资料、施工及竣工资料、监测报告等。②隧道施工阶段调查资料,包括塌方调查、支护结构裂缝调查、渗漏水调查、腐蚀调查、保护层厚度调查等。③隧道施工期监测资料,包括位移、应力应变及温度、接触压力和水压力、钢筋腐蚀等监测,将每个断面和测点的监测情况存储数据库中。④隧道运营期监测资料,包括位移、应力应变及温度、接触压力和水压力、钢筋腐蚀、加速度等监测,将每个断面和测点的监测情况存储数据库中。

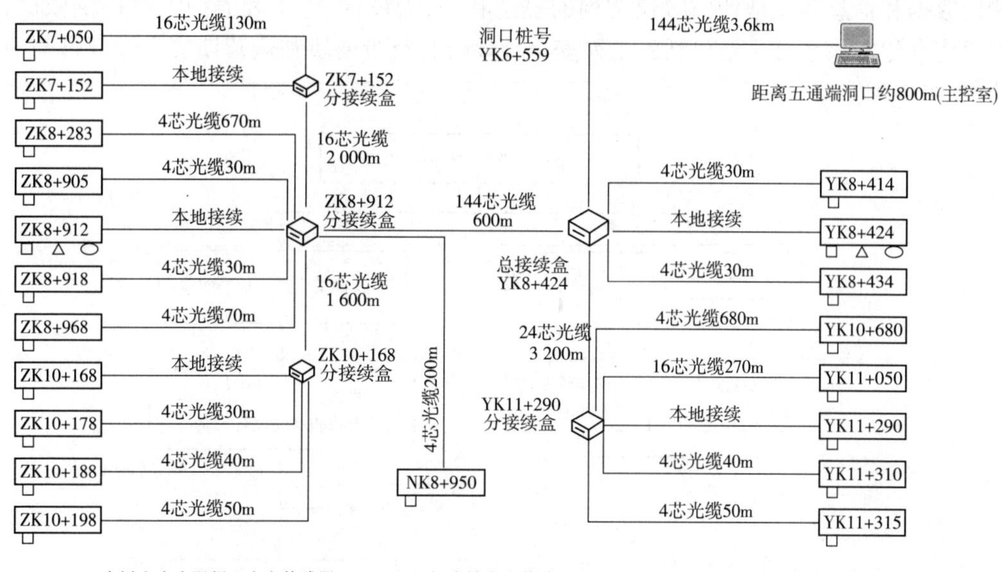

图 7-6　光纤光栅传感器组网示意图

从上述数据类型可以看出,全寿命监测数据具有数据量大、数据种类多的特点,为了有效地存储数据,服务器存储空间为 1 024G,将所有数据采集仪获得的数据读入一个数据库中,总控制室数据流程图见图 7-7。

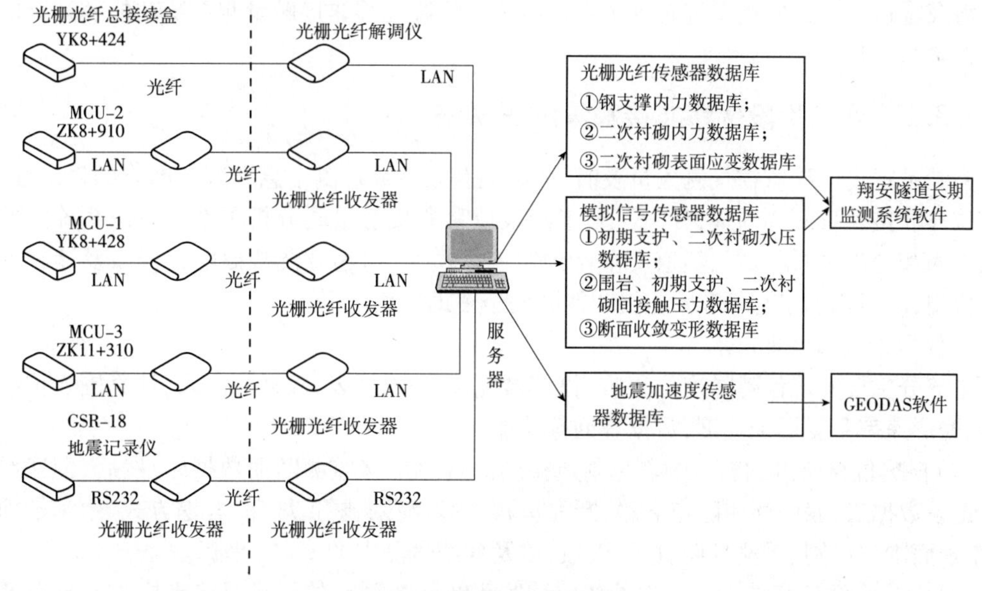

图 7-7　总控制室数据流程图

7.2.4 安全性评价与对策系统

安全性评价与对策系统是全寿命监测系统的重点与难点所在。其目的是如何根据实际监测的数据和信息客观地评估隧道结构的安全状态，为设计、施工和养护维修提供依据，实现工程信息化。该系统主要包括施工期安全性评价与对策模块和运营期安全性评价与对策模块，见图7-8。

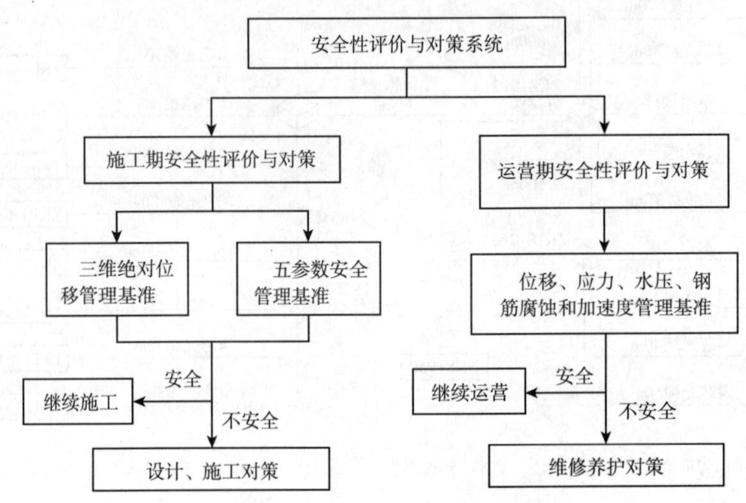

图7-8 安全性评价与对策管理系统

7.3 监测系统软件组成

海底隧道全寿命监测系统软件主要包括施工阶段位移非接触量测系统功能和运营阶段长期监测系统功能[50-51]。

7.3.1 施工阶段位移非接触量测子系统

为满足现场位移监控量测人员及时、准确地获取现场量测信息和判断围岩的稳定性，以隧道位移非接触量测为前提，开发了施工阶段位移非接触量测分析子系统。该系统主要有数据录入和处理、数据分析、隧道安全性判定三个模块，但为方便数据的分析以及该软件的推广应用，同时增加了与Office连接和帮助两个辅助模块。

1）数据录入与处理

本部分主要实现创建隧道位移监测断面数据库和数据表，数据的录入，计算围岩位移累积量、变形速率和变形加速度，数据查询等功能。

（1）根据位移监测的隧道的名称创建相应的隧道位移监测断面数据库，然后，创建原始坐标记录数据表，表中注明隧道名称、断面里程、围岩级别、隧道埋深、开挖方式、距掌子面距离、掌子面围岩级别、量测日期、量测天数，以及各编号测点的x、y、z坐标。

（2）将从全站仪存储卡中导出的各位移监测断面各测点的三维量测坐标x、y、z，以及创建的原始坐标记录表中其他将要记录的信息，按照隧道数据库名称、断面里程和测点编号、量测日期等信息逐一输入，对该隧道监测断面的相关信息进行详细记录。

(3)原始数据录入原始坐标记录数据表后，进行数据处理。当进行位移非接触三维位移量测时，为记录位移监测的计算结果，如位移累积量、围岩变形速率和变形加速度等信息，在监测隧道的数据库中创建绝对变化量名称数据表，表中显示有隧道名称，断面里程，围岩级别，隧道埋深，开挖方式，距掌子面里程，掌子面围岩级别，量测日期和量测天数，各监测断面测点的绝对变化量 Δx_i、Δy_i、Δz_i，各监测断面测点的位移累积量 $\Sigma\Delta x_i$、$\Sigma\Delta y_i$、$\Sigma\Delta z_i$，各监测断面测点的位移变化速率 v_{xi}、v_{yi}、v_{zi}，各监测断面测点的位移变化加速度 a_{xi}、a_{yi}、a_{zi}，最终获得各测点的位移监测信息。

当进行位移非接触相对收敛位移量测时，为记录位移监测的计算结果，如位移累积量、围岩变形速率和变形加速度等信息，在监测隧道的数据库中创建相对位移变化量数据表，表中显示有隧道名称、断面里程、围岩级别、隧道埋深、开挖方式、距掌子面里程、掌子面围岩级别、量测日期和量测天数、各监测断面测点的测线距离 l_{ij}、各监测断面测点的相对变化量 ΔSl_{ij}、拱顶下沉 Δh、各监测断面测点相对位移累积量 $\Sigma\Delta Sl_{ij}$ 和拱顶下沉累积量 $\Sigma\Delta h$、各监测断面测点的相对位移变化速率 v_{ij}、各监测断面测点的相对位移变化加速度 a_{ij}，最终获得各测点相对位移监测信息。

(4)当需要获得某个隧道某个断面的位移监测信息时，打开需要查看的计算结果数据表，同时，可以采用 SQL 数据查询功能，输入要查找断面的相关信息，例如隧道名称、断面里程、埋深等信息，即可搜索到该断面的位移计算信息。

2)数据分析

当需要对围岩位移监测结果进行数据拟合和绘制变形时程曲线图时，即可进入该模块。

(1)进入数据分析对话框后，调入和打开需要分析的监测断面的位移监测信息数据表，鼠标选择并导出将要分析的数据列，例如时间列和位移累积量数据列，即可进行回归分析，获得回归参数并预测位移最终值。拟合函数主要有指数函数、对数函数和双曲函数等拟合函数。

(2)当编写隧道位移监测报告时，需要绘制位移累积量位移时程曲线图、变形速率时程曲线图和变形加速度时程曲线图，为简化监控量测人员的数据处理过程，本软件具有绘制曲线功能、图像剪切和保存功能。可以绘制现场位移实测曲线、数据拟合曲线。

3)隧道围岩安全性判定

当隧道位移监测数据分析完毕后，即可进入隧道围岩安全性判定模块进行围岩稳定性分析。此模块主要由三部分内容组成：双车道公路隧道安全性判定、三车道公路隧道安全性判定和控制基准修订。根据隧道实际工程概况选择相应的判定基准，根据隧道信息化施工的要求，控制基准值可以根据相应工程的实际围岩位移监测信息进行修订，最终制定适合本隧道工程的控制基准和安全管理基准，从而提高隧道安全性判定的实用性和准确性。

(1)三车道公路隧道安全性判定主要针对分部开挖方法的位移控制基准、隧道施工阶段安全管理基准两部分。

当需要进行安全性判定时，首选导入位移数据处理结果，然后选择相应的控制基准和输入相应的位移监测计算结果，例如位移累积量、变形速率、变形加速度、裂缝状态，即可进行稳定性判定。

(2)控制基准修订。根据隧道实现信息化施工的理念,当采用程序中原有制定的控制基准和管理等级无法精确判定本工程的稳定性时,可对程序中的控制基准值进行修订,从而使程序适合本隧道工程的围岩安全性判定。修订控制基准值主要通过实测数据统计分析、数值计算和现场专家工程经验的方式进行确定。

4) Office 连接

为方便现场监控量测人员对监测数据进行更加复杂的数据分析和绘制复杂图形,本程序设定可以与 Office 应用程序进行连接,主要针对 Excel 和 Word 程序。将现场监测数据库表中的数据可以直接导入 Excel 中进行特殊处理。同时,也可以导入 Word 文档,可对位移监控量测报告中的内容进行修改。

5)帮助

主要为施工阶段位移非接触量测分析子系统的使用说明,方便程序使用人员进行学习,促进本程序的推广和应用。

基于上述程序基本模块内容,隧道施工阶段位移非接触量测分析子系统基本功能流程图,见图 7-9。

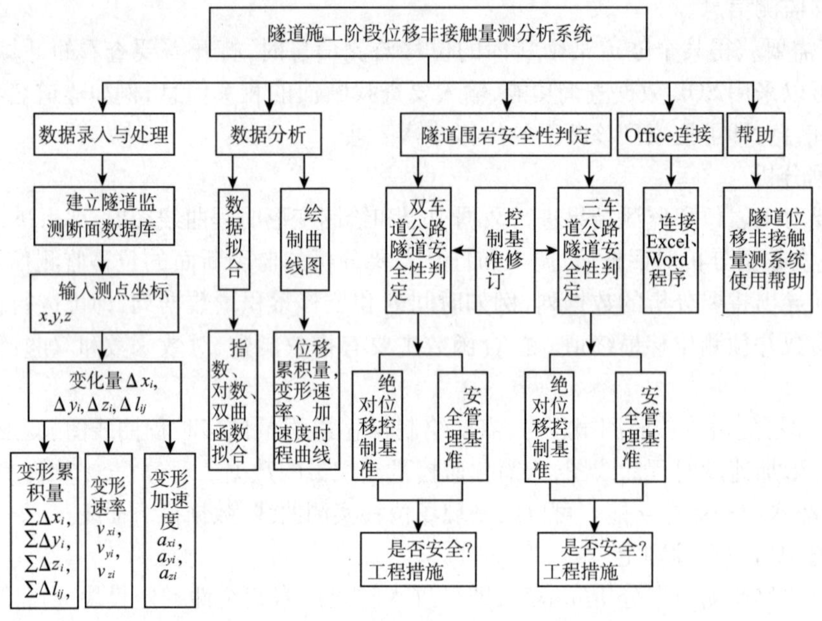

图 7-9 施工阶段位移非接触量测分析子系统操作流程图

7.3.2 运营阶段长期监测子系统

基于微软的 Microsoft Visual Studio 2008 平台编写,软件数据库使用 SQLite。软件系统包括服务器端和客户端 PC 机子系统两个构成部分。其中服务器端 PC 机子系统负责原始数据的输入,并对输入的数据进行计算、统计、分析、处理等运算,形成最终的测量数据(工程量),并将其按一定规则存储在数据库中,对测量数据进行实时显示、报警提示,以及相关数据的查询与导出等。而客户端 PC 机子系统只是接受来自于服务器端 PC 机子系统的同步数据,并将其进行实时显示、报警提示以及相关数据的查询与导出等。软件系统架构示意图见图 7-10。

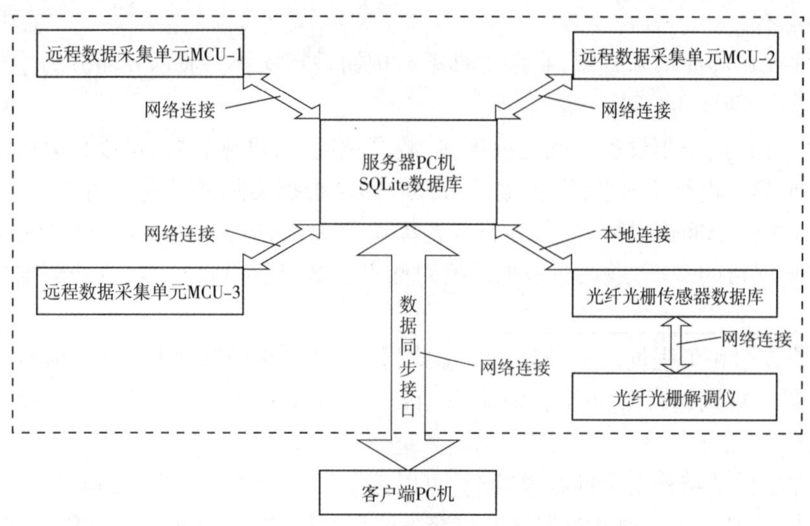

图 7-10　软件系统架构示意图

软件内部的功能模块设置如图 7-11 所示(注:客户端软件设备连接模块的下拉菜单为同步服务器)。

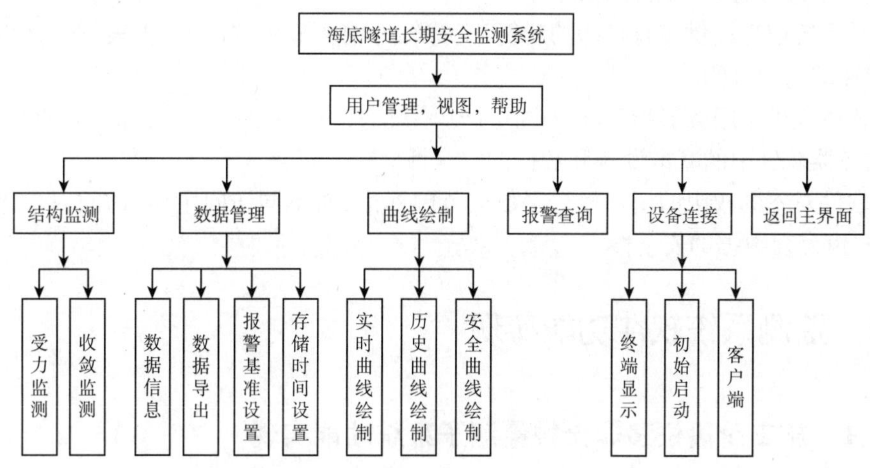

图 7-11　软件功能模块示意图

7.3.3　软件功能与特点介绍

隧道长期安全监测系统软件(以下简称“本软件”)主要针对 DT 及相关仪器接入的传感器所构成的分布式监测系统,在海底隧道运营期间对隧道结构重点断面所受到的应力、应变、位移、温度变化等参数进行监测,准确及时地进行记录,并对变化的全过程进行数据采集、分析计算,同时判断数据代表的安全性等级,最终形成易于分析处理的曲线或报表。

本软件是运行在 Windows 98/NT/XP、Vista、Windows 7 操作系统上的一种监测软件,使用本软件的用户可以通过友好的人机交流界面,轻松简便的操作就可以控制整个硬件、软件网络,轻松获得所需要的数据信息。

本软件设计为海底隧道长期安全监测研究提供完整可靠的结构运行状态参数，其主要的功能与特点有：

(1)软件操作界面清晰直观，利用工具条与按钮进行操作。显示界面分为主界面和各分析功能子界面，各界面间切换灵活方便。

(2)软件与数据采集设备之间无缝连接，测试精度高，可靠性好，可以长时间不间断地对结构运行状态参数进行实时监测，数据的采样时间可根据实际情况进行调整。

(3)软件按隧道断面里程、监测项目进行模块化设计，可实时显示隧道结构不同断面里程上不同监测项目的多点参数，可根据需要对测点参数进行设定，并对原始数据进行滤波和运算。

(4)原始数据和工程量以多种数据库形式保存，并可按断面里程、监测项目、测点位置、时间间隔等各种规则进行历史数据查询，并可以 *. txt 文本文档、Excel 电子表格等格式将数据导出。

(5)软件提供了结构安全性报警功能，可以按工程实际情况对不同监测项目的测试数据进行报警基准设置。一旦测试数据触发报警限值，软件就会提供明确的报警等级信息，为管理者决策提供参考。报警信息可以在软件中进行查询，并可以打印或者导出。

(6)所有测点的实时或者历史数据均可以曲线的形式进行显示和查询，并可以在曲线绘制功能模块中进行有针对性的安全分析。

(7)对系统信息提供实时打印的功能，支持软件中所显示的图形、报表、曲线，以及各种统计和计算结果的打印。

(8)软件提供了服务器端和客户端两个子系统，使软件在使用中具有更大的灵活性，并确保了服务器软件中的基本设置和数据的安全性。

(9)软件对不同权限的用户授权了数据范围标准，对不同访问主体、访问对象进行安全分级管理，以确保数据的安全性。

7.4 监测系统软件功能实现

7.4.1 施工阶段位移非接触量测子系统功能实现

本节将对隧道施工阶段全站仪位移非接触量测分析子系统各模块的对话框窗口和命令功能分别进行简单的介绍，为更好地了解程序功能和使用。

程序安装启动后，屏幕显示程序主对话框界面见图 7-12。从界面中可以看出，该软件系统界面主要由标题栏、工具栏、状态栏和窗体组成。

主窗口工具栏中主要有数据录入与处理(I)、数据分析(D)、安全性判定(B)、Office 连接(L)、帮助(H)等主要菜单项，点击相应的菜单即可进入其对话框窗口。

在标题栏的最右端有最大化、最小化和关闭按钮。

主窗口左下端有退出程序按钮，点击此按钮，即可出现是否退出程序消息框。点击窗体右下端显示时间按钮，即可显示此刻时间。

1)数据录入与处理

点击系统运行主界面→数据录入与处理菜单,既可进入数据录入与处理对话框,如图7-13所示,对话框中主要由下拉菜单栏、工具栏、窗口显示区组成。

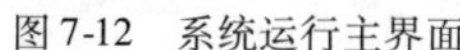
图7-12　系统运行主界面

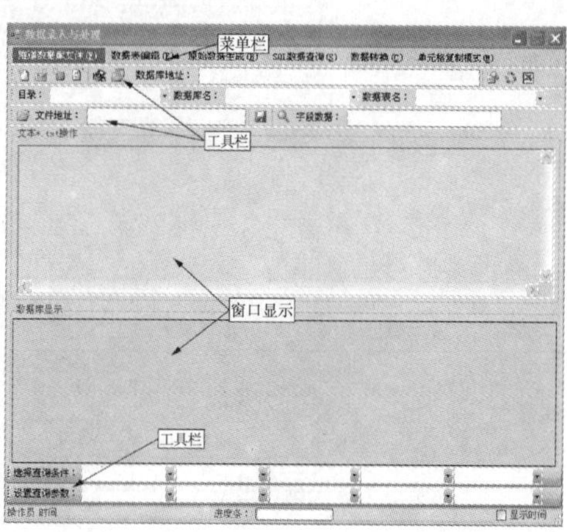

图7-13　数据录入与处理对话框

菜单栏中主要包括隧道数据库文件、数据表编辑、原始数据生成、SQL数据查询、数据转化和单元格复制模式六项内容,主要完成创建数据库和数据表、数据录入和查询、数据处理、数据表更新等内容,通过单击鼠标可以打开菜单项,也可以使用 < Alt > 键加菜单项上的字母来打开菜单项。

数据录入与处理对话框中显示窗体分两部分,上部为 *. txt 文档显示窗体,下部为数据库显示窗体,如图7-14所示。

文本*. txt操作

	水平角	竖直角	斜距	x	y	z
321	75.33487402	84.00457469	14.20553688	1	1	1
321	25.39109449	84.00412834	14.20543688	1	1	1
322	14.2245098	85.41456808	24.19163334	1	1	1
3	154.2240652	87.31363017	14.5697404	22.01356844	55.62090076	49.4368833
4	186.1645609	90.44454576	14.2380372	20.98695616	47.76917392	48.62278899
5	160.5052592	87.40316871	19.5284883	16.7059449	55.72790079	49.60023696
6	185.0443703	90.37465387	18.41707756	16.7947098	47.69604977	48.6057943
321	20.38399906	84.35177505	15.72375155	1	1	1
322	12.02357591	85.58446878	25.91314997	1	1	1

数据库显示

id	量测天数	隧道名称	断面里程	围岩级别	隧道埋深	开挖方
134	23	南岭隧道	ZK24+670	4	105	全断面法
120	1	南岭隧道	ZK24+670	4	105	全断面法
121	2	南岭隧道	ZK24+670	4	105	全断面法
122	3	南岭隧道	ZK24+670	4	105	全断面法
123	4	南岭隧道	ZK24+670	4	105	全断面法
124	5	南岭隧道	ZK24+670	4	105	全断面法
125	6	南岭隧道	ZK24+670	4	105	全断面法
126	9	南岭隧道	ZK24+670	4	105	全断面法

图7-14　数据录入与处理数据显示窗

2)数据分析

点击系统运行主界面→数据分析菜单项,便可进入数据分析对话框,如图7-15所示。对话框中主要由下拉菜单栏、工具栏、窗口显示区组成。

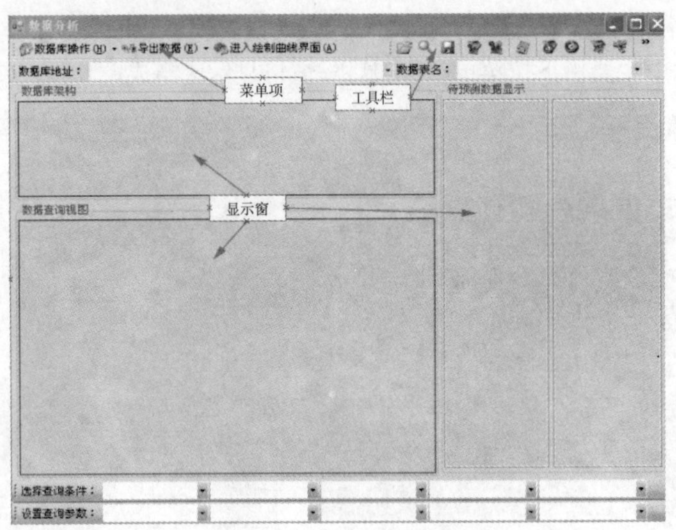

图 7-15　数据分析对话框

菜单栏中主要包括数据库操作、导出数据、进入绘制曲线界面三项内容，主要完成数据库数据表信息查询、导出将要分析的数据列、函数拟合和绘制曲线图等内容，通过单击鼠标左键可以打开菜单项，也可以使用 < Alt > 键加菜单项上的字母来打开菜单项。

3）绘制曲线界面

点击数据分析菜单栏中的进入绘制曲线界面菜单项，进入绘制界面，如图 7-16、图 7-17 所示，绘图界面有菜单栏、图形显示窗口和数据输入部分。菜单栏中主要有数据拟合、绘制图形、保存图形、打开图形、剪切图形、保存到剪切板、刷新图框和自定义画图命令。

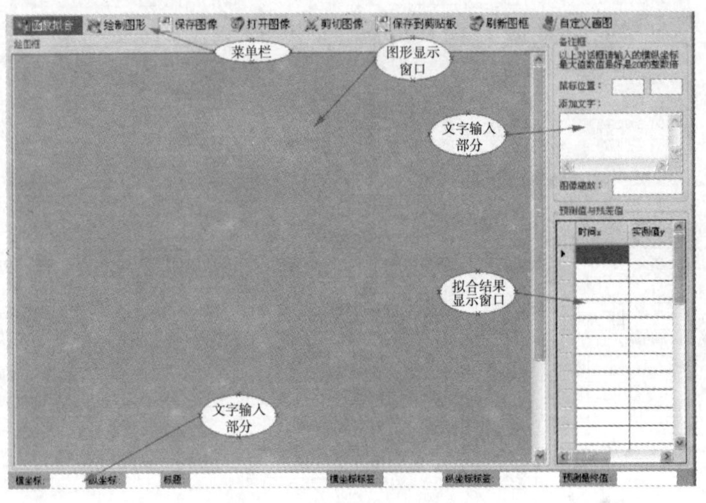

图 7-16　绘制曲线图形界面

4）安全性判定

点击系统运行主界面→安全性判定菜单项，便可进入隧道安全性判定对话框，如图 7-18 所示。主要分为岩质围岩双车道公路隧道控制基准、土质围岩三车道隧道控制基准和控制基准修订三部分。

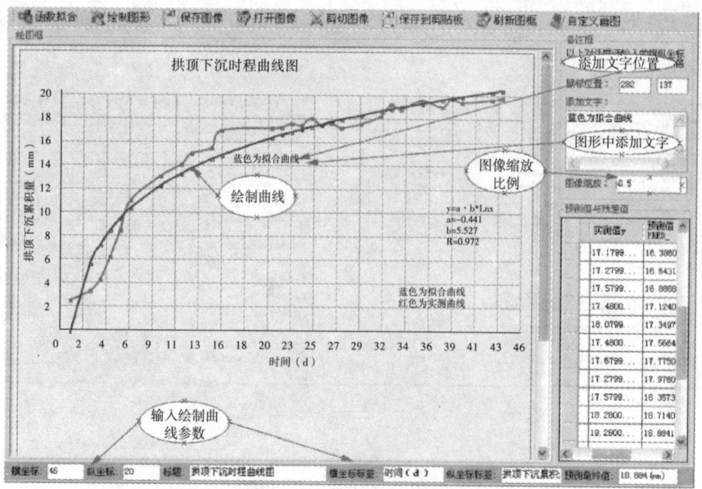

图 7-17　绘制曲线示意窗口

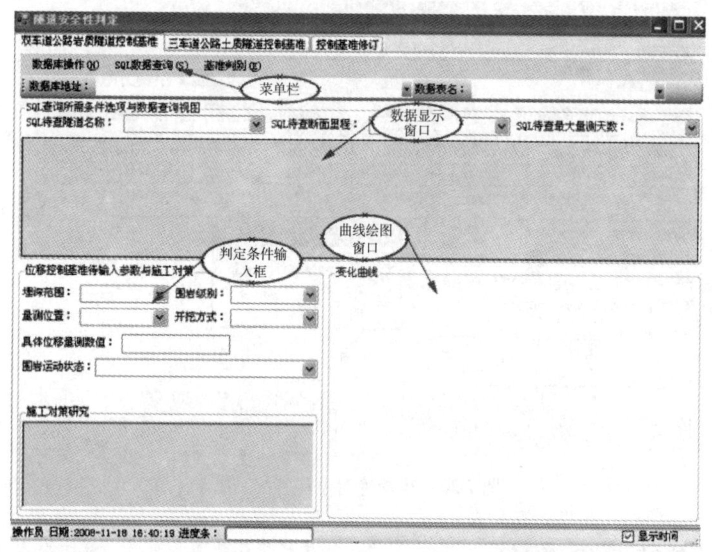

图 7-18　隧道安全性判定对话框

对话框中主要有控制基准工程条件选择、下拉菜单栏、数据显示窗口和绘制曲线窗口。

(1)位移控制基准判定

位移控制基准菜单项命令包括拱顶、周边、自动搜索拱顶最大值判断、自动搜索周边最大值判断和手动输入判断。将稳定性判断信息输入到控制基准待输入参数与对策区域的文本框中进行安全性判断,见图 7-19 和图 7-20。当位移累积量在控制基准内时,信息提示:在控制基准范围内,安全;当位移累积量不在控制基准内时,信息提示:不在控制基准范围内,不安全,并可查看处理措施。

(2)变形速率判定

打开隧道数据库,有进行稳定性分析的包含有围岩变形速率和围岩变形加速度信息的数据表,然后鼠标左键点击此命令,便可将变形速率曲线图和变形加速度曲线图绘制在对话框右下部分的曲线绘制窗口。曲线绘制完毕后,曲线中有自动搜索光标搜索每一天的变形速率值，双击鼠标左键可显示此刻的变形速率值，即可进行判定此刻变形速率管理基准等级，如图 7-21 所示。

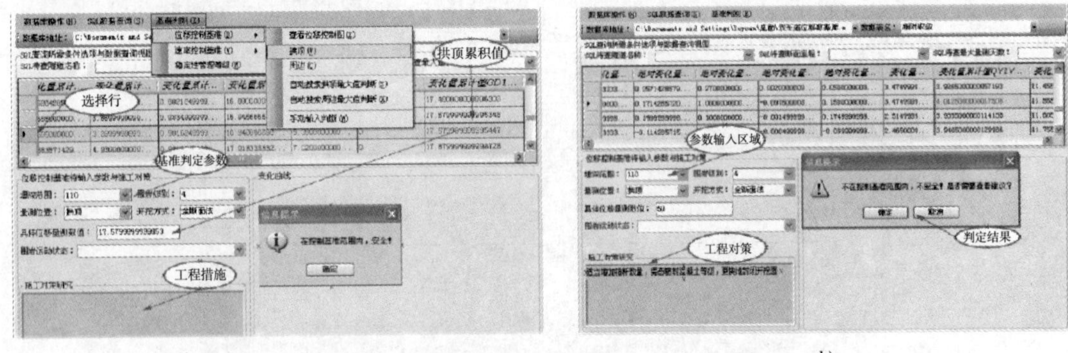

图 7-19　基准判定示意窗口

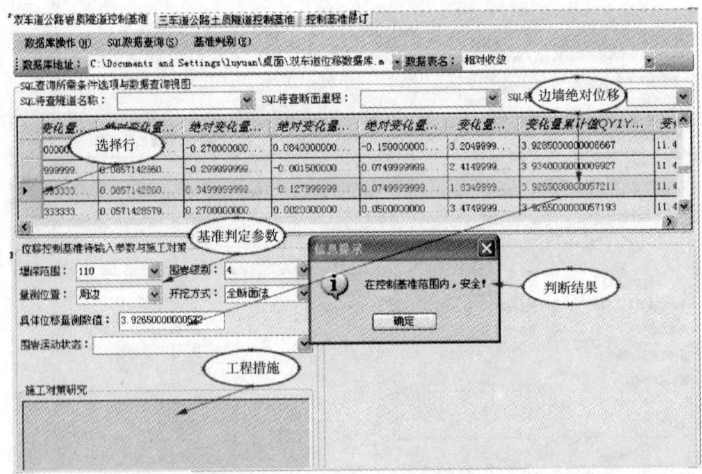

图 7-20　边墙绝对位移基准判断

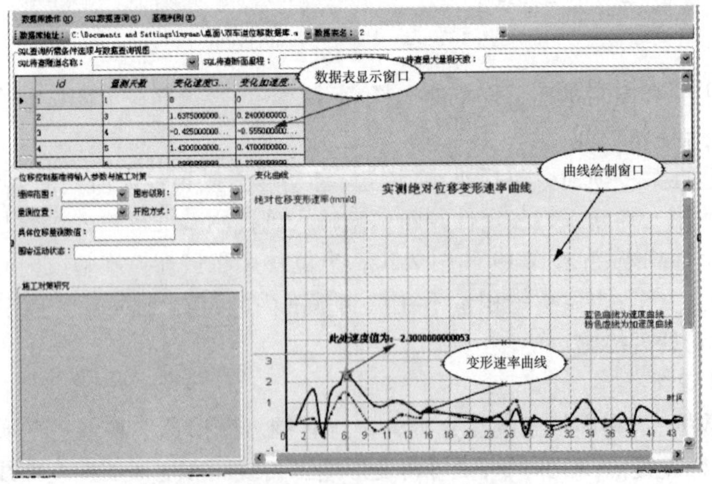

图 7-21　查看速率控制图示意图

(3)隧道安全管理基准

鼠标左键点击此菜单项命令,弹出稳定性管理基准对话框,在对话框判定参数输入区文本框中输入需要进行分析的位移监测断面参数,如围岩级别、埋深、开挖方式、位移监测值、变形速率监测值、变形加速度值、有无裂缝和地下水等信息,然后点击判定按钮即可进行围岩支护稳定性分析。

5) Office 连接

点击系统运行主界面→Office 连接菜单项,即可进入 Office 连接对话框,如图 7-22 所示。

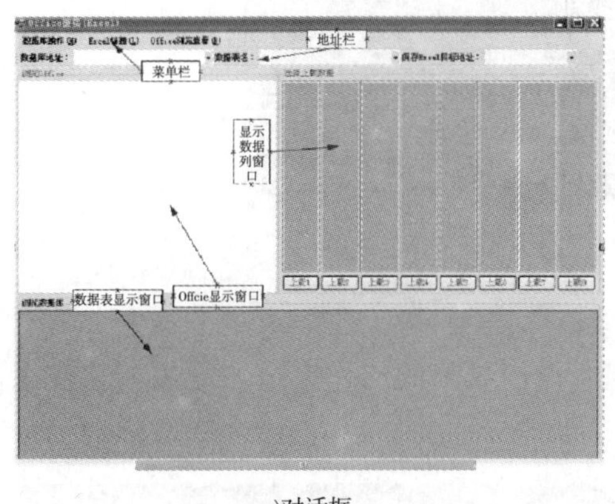

a)对话框

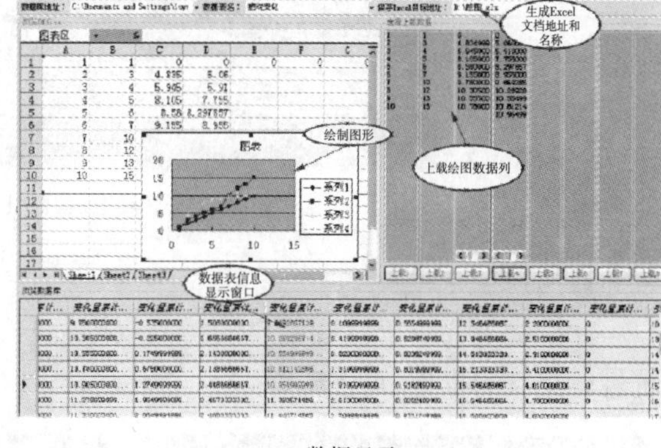

b)数据显示

图 7-22　Office 连接对话框

对话框中主要有下拉菜单栏、地址栏、Office 显示窗口、数据表显示窗口和上载数据显示窗口。

菜单栏中主要包括数据库操作、Office 连接、Office 浏览查看三项内容,主要完成数据库数据表信息查询、与 Office Excel 或 Word 连接、打开和保存 Office 文件等内容,通过单击鼠标可以打开菜单项,也可以使用 < Alt > 键加菜单项上的字母来打开菜单项。

6)帮助

为方便程序操作员对本软件进行系统学习,鼠标左键点击帮助菜单项可以打开帮助文档,文档中有关于本程序的详细介绍。

7. 4. 2　运营阶段长期监测子系统功能实现

本节将对隧道运营阶段长期监测子系统各模块的对话框窗口和命令功能分别进行简单的介绍,以便更好地对程序功能和使用进行了解。

1)系统主界面

运营阶段长期监测子系统主界面见图 7-23,包括用户登录、设备监测、系统报警、数据查询、日志查询、帮助等按钮。

当鼠标指针停留在对应的断面(紫色线状标记)一定时间,会弹出如图 7-24 所示窗体来显示该断面所有的监测项目信息。选定对应的监测项目,然后点击“确定”,就会进入对应的结构分析界面。

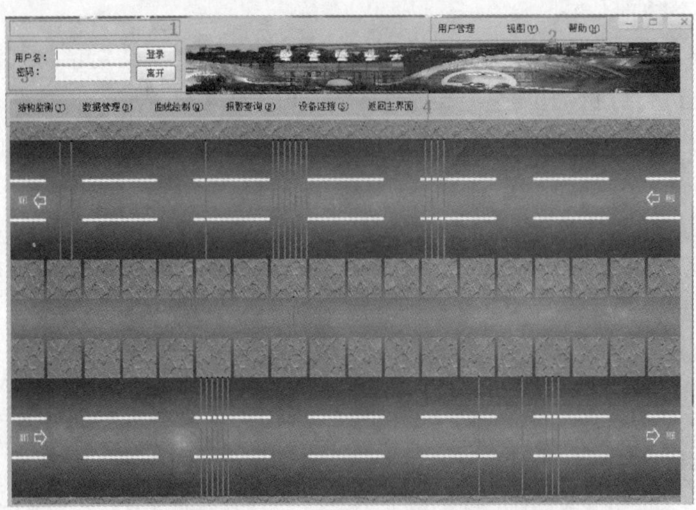

图 7-23　海底隧道运营期长期监测子系统主界面

2)用户登录模块

此模块主要用于设置用户的访问权限,获得相应操作权限的工作人员才能进入软件系统进行相应的操作,见图 7-25。

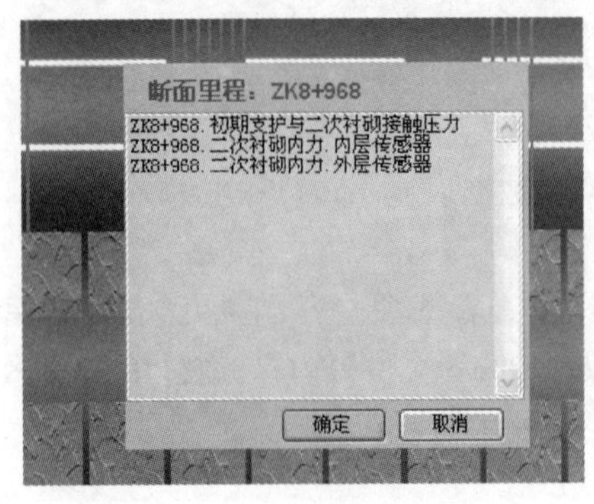

图 7-24　断面监测项目信息框

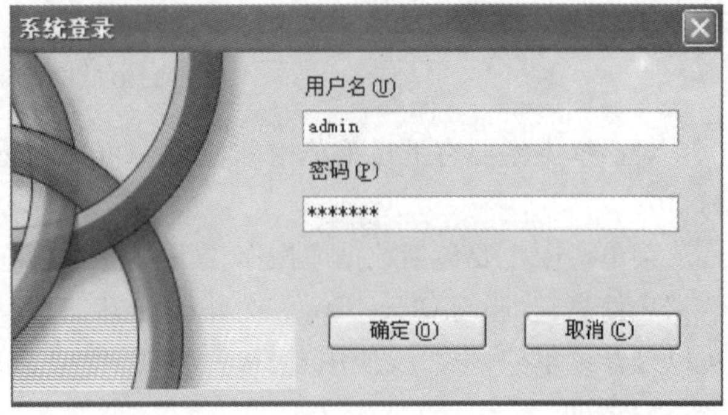

图 7-25　用户登录

3)结构监测

本功能用来对于结构受力状况和断面收敛变形状况进行实时监测和显示。

(1)受力监测

用于隧道各个监测断面不同监测项目的实时监测,显示选定的监测断面该监测项目各个测点的实时数据,界面见图 7-26。

(2)收敛监测

本功能用来显示隧道断面收敛变形监测系统工程量的实时数据,并绘制隧道断面的收敛变形图,主界面见图 7-27。

4)数据管理

本模块是整个软件进行工程运算的核心,所有的工程量转换都在本模块内完成,用于将采集设备输入的原始数据解包进行计算,数据显示见图 7-28。

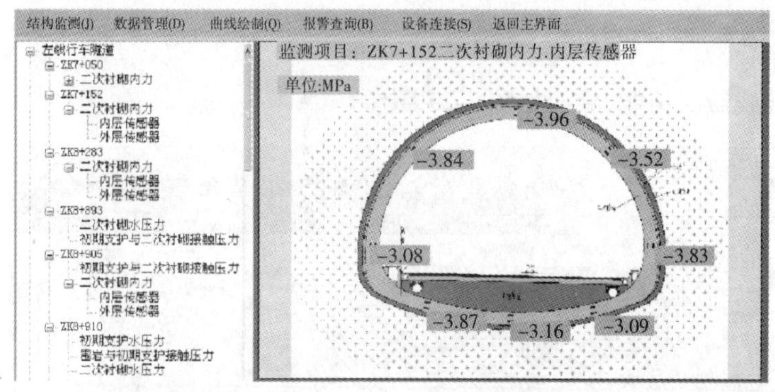

图 7-26　隧道受力监测

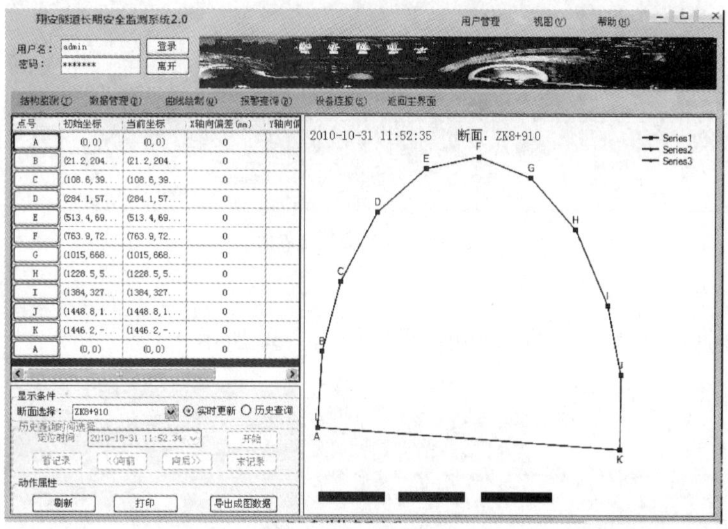

图 7-27　结构监测收敛监控

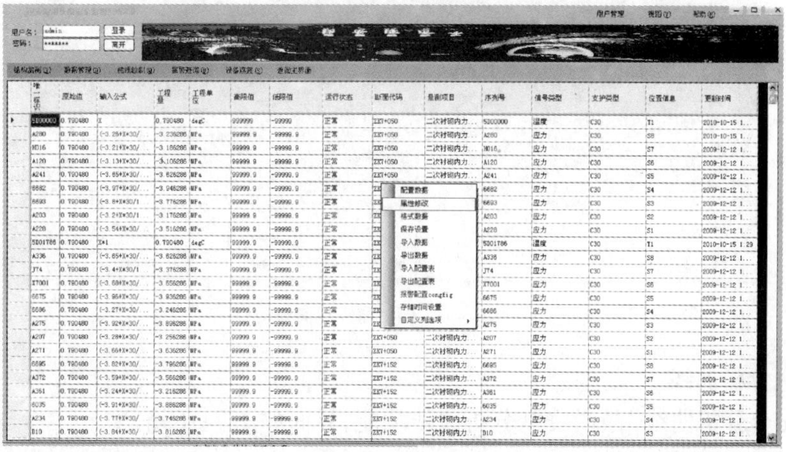

图 7-28　数据显示

5)曲线绘制

(1)实时曲线

点击位移曲线激活功能,界面如图 7-29 所示。

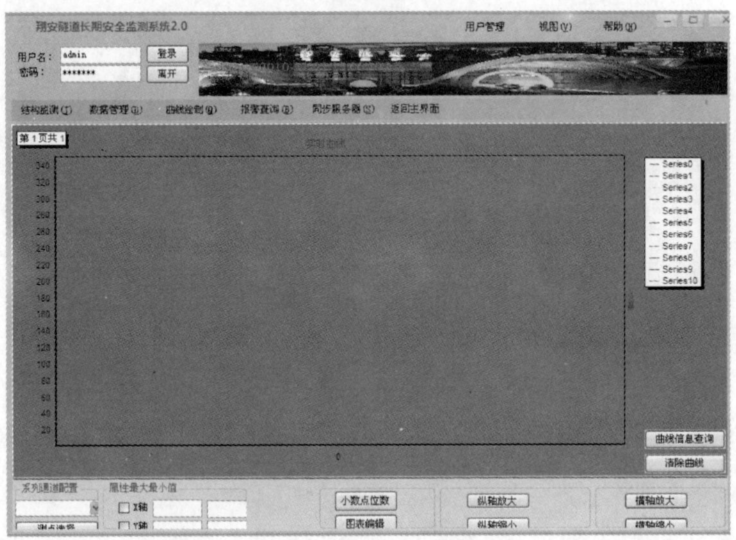

图 7-29 实时曲线主界面

(2)历史曲线

点击“历史曲线”激活历史曲线功能,界面如图 7-30 所示。

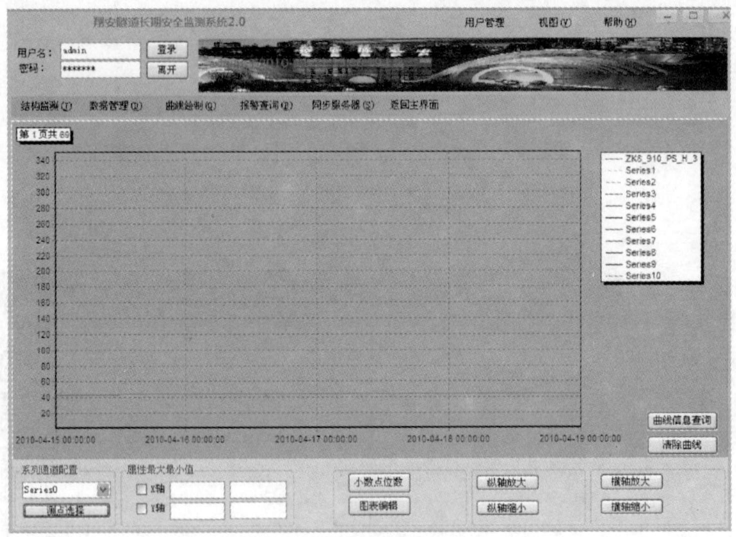

图 7-30 历史曲线界面

(3)安全分析曲线

点击“安全分析曲线”激活安全分析曲线功能,界面如图 7-31 所示。

6)报警查询

本功能提供按时间筛选对历史报警记录的查询,界面如图 7-32 所示。

图 7-31　安全分析曲线效果

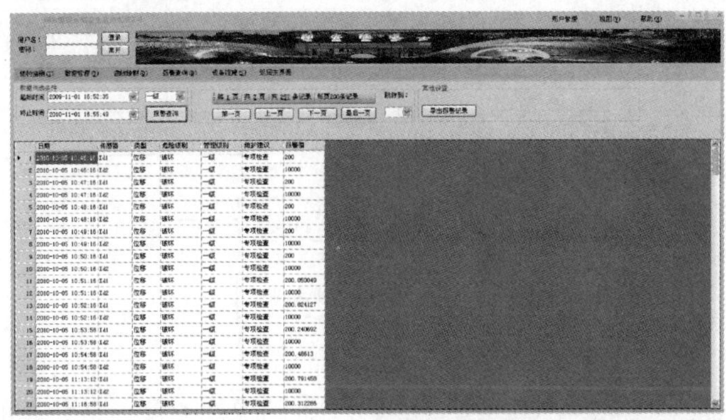

图 7-32　报警查询

7) 帮助

为方便程序操作员对本软件进行系统学习,鼠标左键点击帮助菜单项可以打开帮助文档,文档中有关于本程序的详细介绍。

7.4.3　数码摄影位移非接触量测系统程序实现

本节将对隧道施工阶段数码摄像位移非接触量测分析子系统的各模块的对话框窗口和命令功能分别进行简单的介绍,以便更好地了解程序功能和使用。

1) 程序框图

根据数码技术进行位移信息采集的理论,作者编译了相应的程序,程序主要由图像处理、位移计算两大模块组成,具体操作流程如图 7-33 所示。

2) 界面设计

本程序建立了 Windows 标准的视窗界面。窗口顶部是带有图标的标题行,接下来是菜单条,再下来是工具条:在窗口的最底部为状态提示行,用来显示当前操作的状态,见图 7-34。

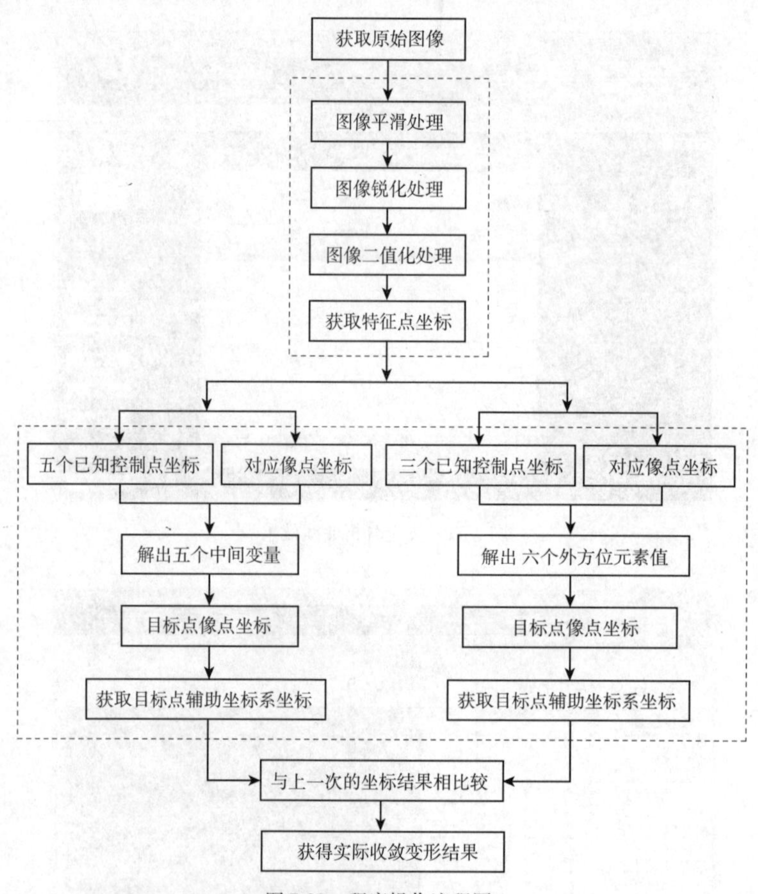

图 7-33　程序操作流程图

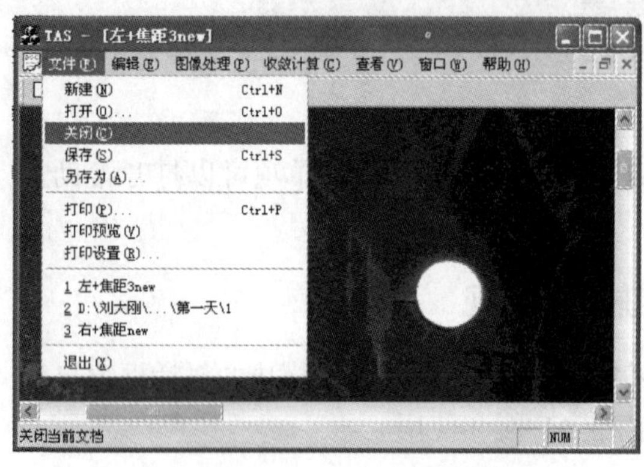

图 7-34　程序界面示意图

图像处理及位移计算的每一个步骤都由菜单条来控制实现。主菜单主要包括文件、图像处理和收敛计算三部分。下面分别介绍每一部分的组成及其功能。

(1)文件

包括新建、打开、关闭、保存、另存为、打印、打印预览、打印设置及退出等项。每一项的意义与一般软件的意义相同,这里不进行赘述,但值得注意的是,关闭项的作用是关闭已经显示的位图文件,而退出项则是关闭窗口并结束程序,两者执行的对象不同,不能混淆。

(2)图像处理

包括 256- >灰度、灰度直方图、灰度修正、图像增强、图像分析、几何变换及提取坐标等项。256- >灰度项的作用是将 256 色图像转化为灰度图像,以便图像进行处理;灰度直方图项是显示图像中处于各个灰度级别的元素的个数;灰度修正项包括线性变换、灰度拉伸和阈值变换三个子项,图像增强项包括图像平滑和图像锐化两个子项,而图像分析项则主要是指图像的阈值分割,这三项的意义可参考第 3 章 3.2 节有关内容;几何变换项包括图像缩放和图像旋转两个子项,可以将图像按照用户设定的参数值改变其大小及角度;提取坐标项则是显示图像中被选定目标特征点的图像像素坐标值。

(3)收敛计算

包括前后交替摄像法计算和标定摄像法计算两项,而每一项又都包括输入数据和计算结果两个子项。可以根据不同的摄影方式选择与其对应的计算方法,只要输入有关的计算参数,就可以得到相应目标点的坐标,并计算出收敛结果。

3)程序检验

(1)提取特征点坐标检验

现以一个用户自行设定的图像来验证程序提取目标特征点坐标的正确性。

①设定参数

图像设置成 256 色位图;像幅大小为 512×384 像素;背景用绿色填充,而特征点则用白色表示;特征点是由 10×10 像素组成的正方形,正方形的形心距图像上边缘和左边缘均为 15.5 个像素。

②程序检验

图像经过预处理后,程序提取目标特征点坐标(图 7-35),实际坐标数值与提取坐标数值比较结果见表 7-2。

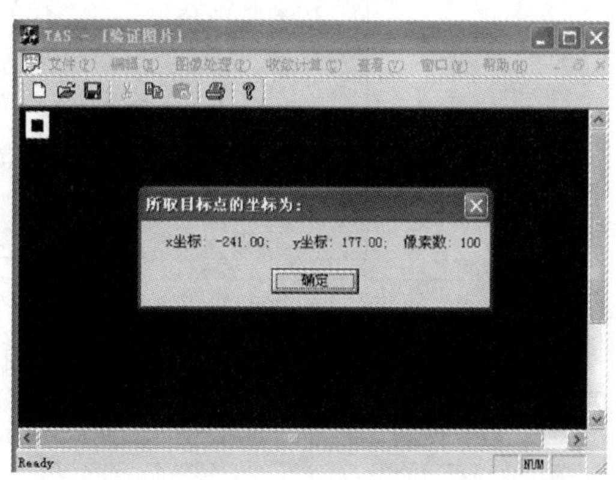

图 7-35 提取特征点坐标

目标特征点坐标数值比较表 表 7-2

坐标轴	实际值(像素)	提取值(像素)	误差(%)
x 坐标	-241.0	-241.0	0.0
y 坐标	177.0	177.0	0.0

从表 7-2 可以看出,程序提取的坐标数值与实际的坐标数值相符。因此,用程序来提取像点坐标的结果是可信的。

(2)收敛计算检验

现以一个理想状态下的情况来验证程序收敛计算(以标定摄像法为例)的正确性。

①设定参数

设五个已知控制点的地面坐标(单位:mm)分别为 a(0,0,2 000)、b(-1 000,0,-1 000)、c(-1 000,0,1 000)、d(1 000,0,-1 000)和 e(1 000,0,1 000);它们被左摄站摄像,像点像素坐标分别为 a'(60,60)、b'(30,-30)、c'(30,30)、d'(90,-30)和 e'(90,30);被右摄站摄像,像点像素坐标分别为 a''(-15,60)、b''(-45,-30)、c''(-45,30)、d''(15,-30)和 e''(15,30);待测目标点 A 的左、右摄站像点像素坐标分别为(150,60)和(75,60)。

②程序检验

将原始设定数据输入到程序中(图7-36),程序计算*A*点地面坐标值与实际*A*点地面坐标值比较结果见表7-3。

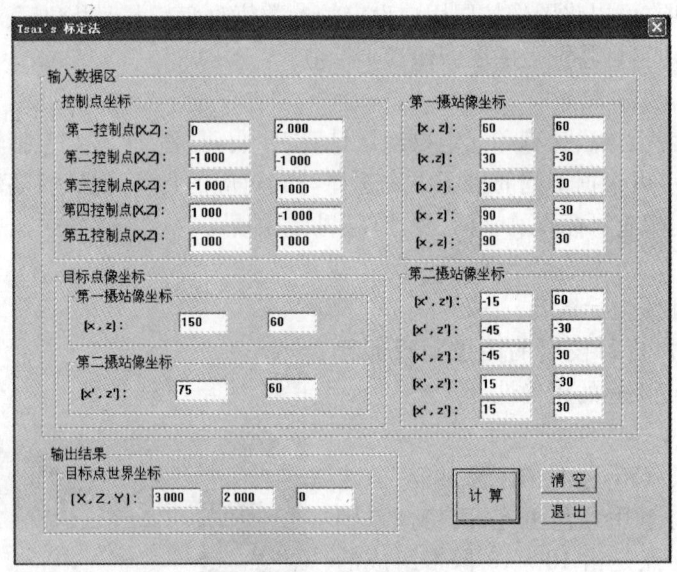

图7-36　标定摄像法收敛计算

A点地面坐标值比较表　　表7-3

坐标轴	实际值(mm)	计算值(mm)	误差(%)
*x*坐标	3 000.0	3 000.0	0.0
*y*坐标	0.0	0.0	0.0
*z*坐标	2 000.0	2 000.0	0.0

4)应用实例

现以获取的既有大坪山隧道有关图像为例,来说明程序的整个应用步骤(收敛计算采用标定摄像法)。

(1)启动程序

选择【文件】\【打开(O)…】,将弹出“打开”对话框(图7-37),选择位图对象,并单击“打开(O)”按钮,显示位图文件。

(2)图像处理

①选择【图像处理】\【256色－＞灰度】,先将初始256色图像变换成灰度图像,以利于下一步骤的图像操作。

②选择【图像处理】\【灰度修正】\【线性变换(L)…】,将弹出“线性变换参数设置”对话框(图7-38),设置参数数值,对图像灰度进行线性变换处理。

③选择【图像处理】\【灰度修正】\【灰度拉伸(S)…】,将弹出“灰度拉伸参数设置”对话框(图7-39),设置参数数值,对图像灰度进行拉伸变换处理。

④选择【图像处理】\【灰度修正】\【阈值变换(T)…】,将弹出“阈值变换参数设置”对话框

框(图 7-40),设置参数数值,对图像灰度进行阈值变换处理。

可采用②~④步骤三种方法中的一种对图像进行灰度修正处理,而具体应用哪一种方法使得图像灰度修正的效果更好,则根据图像的具体灰度分布情况而定。对话框中参数的具体意义可参见第 3 章 3.2 节有关灰度修正部分的内容。

图 7-37　“打开”对话框

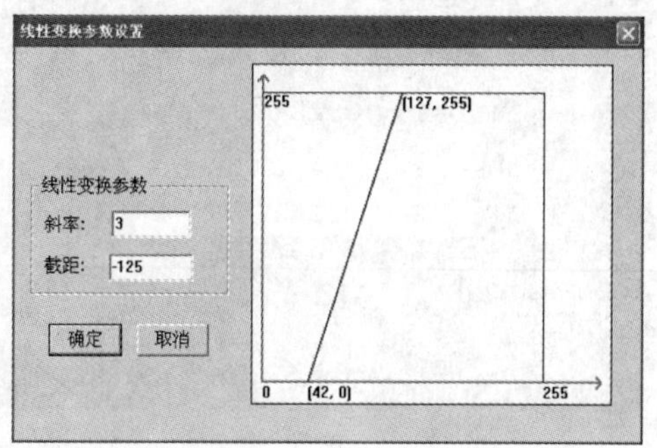

图 7-38　“线性变换参数设置”对话框

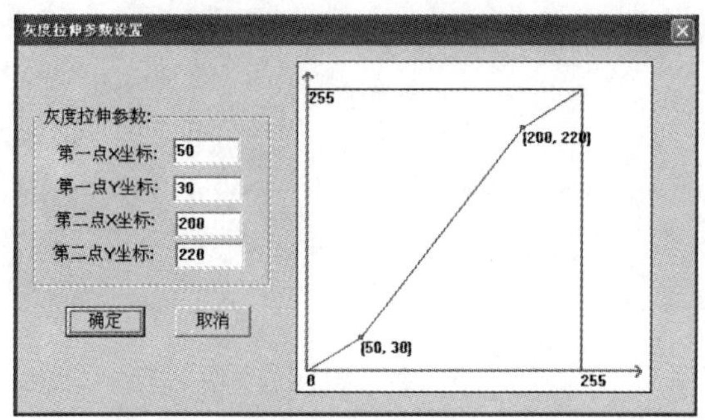

图 7-39　“灰度拉伸参数设置”对话框

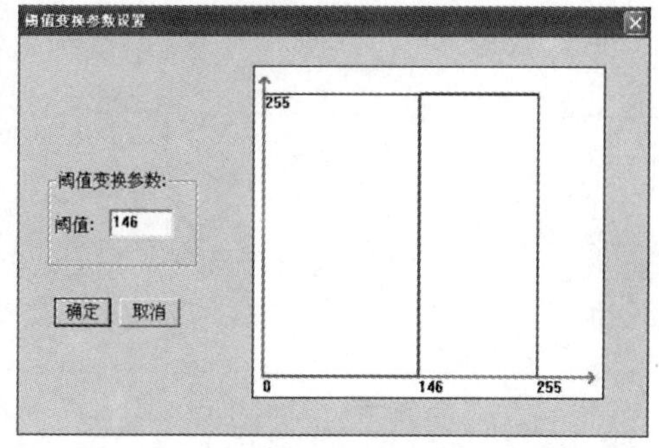

图 7-40　“阈值变换参数设置”对话框

⑤选择【图像处理】\【图像增强】\【图像平滑(S)】,对图像进行平滑处理,以消除噪声对图像的干扰。

⑥选择【图像处理】\【图像增强】\【图像锐化(G)】,对图像进行锐化处理,使图像变得更加清晰。

⑦选择【图像处理】\【图像分析】\【阈值分割】,把图像内目标特征点与背景分割成不同的区域,即将图像进行二值化处理。

⑧选择【图像处理】\【提取坐标(G)】,鼠标将由标准箭头形状变为十字形状,用鼠标在所要提取坐标的像点周围划定其有效计算范围,则在弹出的对话框中就会显示像点的像素坐标值(图 7-41)。

原始图像在每一步处理过程中的效果可参见第 3 章 3.2 节部分内容,这里不进行一一列举。

(3)收敛计算

①选择【收敛计算】\【T. S 标定摄像方式】\【输入数据(I)】,将会弹出“标定法计算数据”对话框(图 7-42),按要求将已获取的数据输入到对应框格中,然后单击“确定”按钮。

②选择【收敛计算】\【T. S 标定摄像方式】\【计算结果(O)】，就会以对话框的形式显示待测目标点的地面坐标结果。

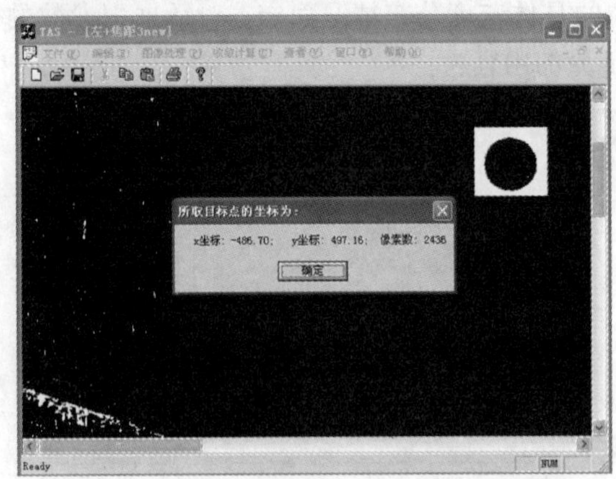

图 7-41　获取目标特征点图像坐标

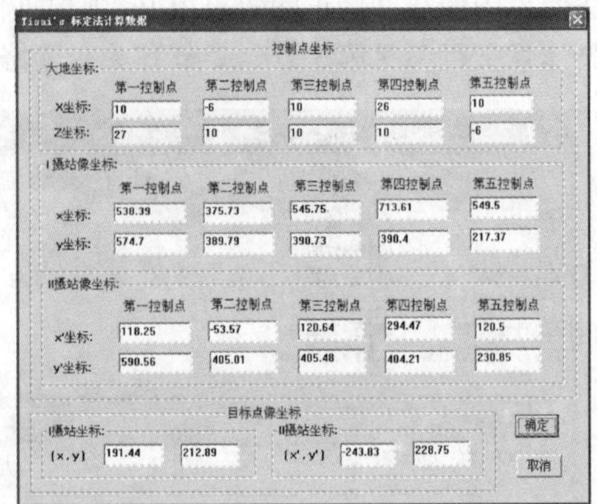

图 7-42　“标定法计算数据”对话框

参考文献

[1] 中交第二公路勘察设计研究院. 厦门翔安海底隧道设计图纸及设计说明[R]. 武汉:中交第二公路勘察设计研究院,2005.

[2] 中铁大桥勘测设计院. 厦门翔安海底隧道工程施工图设计阶段工程地质综合勘察报告[R]. 武汉: 中铁大桥勘测设计院, 2004.

[3] 中华人民共和国行业标准. JTG D70—2004 公路隧道设计规范[S]. 北京:人民交通出版社,2004.

[4] 中华人民共和国行业标准. TB 10003—2005 铁路隧道设计规范[S]. 北京:中国铁道出版社,2005.

[5] 冯守忠,王明年,等. 隧道位移非接触量测技术调研报告[R]. 武汉广益有限公司,西南交通大学,2008.

[6] 马小锋. 水底隧道风险评估体系及施工风险评估研究[D]. 成都:西南交通大学,2009.

[7] 关宝树. 隧道设计要点集[M]. 北京:人民交通出版社,2003.

[8] 中华人民共和国行业标准. TB 10108—2002 铁路隧道喷锚构筑法技术规范[S]. 北京: 中国铁道出版社,2003.

[9] 中华人民共和国行业标准. TB 10204—2002 铁路隧道施工规范[S]. 北京:中国铁道出版社,2002.

[10] 中华人民共和国行业标准. JTG F60—2009 公路隧道施工技术规范[S]. 北京:人民交通出版社,1994.

[11] 路军富. 厦门翔安海底隧道全寿命安全监测系统设计及关键技术研究[D]. 成都:西南交通大学,2010.

[12] 高波. 土木工程结构可靠度[M]. 成都:西南交通大学出版社,1999.

[13] 肖盛燮. 模糊数学在土木与水利工程中的应用[M]. 北京:人民交通出版社,2004.

[14] 闫自海. 厦门翔安海底隧道风险评估技术与应用研究[D]. 成都:西南交通大学,2010.

[15] 周青山,宁强,等. 翔安隧道工程结构长期监测项目仪器安装竣工报告[R]. 广州:广州欧美大地仪器设备有限公司,2010.

[16] 李青岳,陈永奇. 工程测量学[M]. 北京:测绘出版社,1997.

[17] 顾孝烈. 测量学[M]. 上海:同济大学出版社,1990.

[18] 武汉测绘科技大学测量平差教研室. 测量平差基础[M]. 北京:测绘出版社, 1996.

[19] 宋冶. 自山设站法三维变形观测精度的检测[J]. 工程勘察,1999(1):61-63.

[20] 王明年,冯守忠,等. 位移非接触量测方式误差控制方法研究报告[R]. 成都:西南交通大学,2008.

[21] 王明年,冯守忠,等. 检验位移非接触量测方式的可靠性研究报告[R]. 成都:西南交通大学,2008.

[22] 邓融. 全站仪三维坐标测量精度一致性的分析[J]. 北京测绘,1996(4):20-22.

[23] 王明年,路军富,等. 现场三维位移矢量量测实施报告[R]. 成都:西南交通大学,2008.

[24] 刘大刚. 数码摄影技术在隧道位移信息采集中的研究与应用[D]. 成都:西南交通大学,2007.

[25] 刘大刚,王明年. 数码摄像技术在隧道位移信息采集中的应用[J]. 地下空间, 2004,24(3):336-338.

[26] 王明年,路军富,曾超,等. 厦门翔安海底隧道长期监测技术研究[R]. 西南交通大学,厦门路桥建设集团有限公司,2009.

[27] 陈涛. 光纤传感技术在隧道火灾监测中的应用研究[D]. 武汉:武汉理工大学,2009.

[28] 孙丽. 光纤光栅传感技术与工程应用研究[D]. 大连: 大连理工大学,2006.

[29] 马云宾. 光纤光栅传感技术在管道滑坡监测中的应用研究[D]. 西安:长安大学,2009.
[30] 任亮. 光纤光栅传感技术在结构健康监测中的应用[D]. 大连:大连理工大学,2008.
[31] 刘波. 光纤光栅传感系统的研究与实现[D]. 天津:南开大学,2004.
[32] 邵理阳. 光纤光栅器件及传感应用研究[D]. 浙江:浙江大学,2008.
[33] 朱洁. 光纤光栅隧道监测系统的研究[D]. 济南:山东大学,2006.
[34] 吕辰刚. 光纤光栅在工程结构检测中的应用与实验研究[D]. 天津:天津大学,2007.
[35] 王月明. 光纤光栅传感产业化技术研究及应用[D]. 武汉: 武汉理工大学,2009.
[36] 潘建军. 光纤光栅传感技术在轨道状态检测中的应用研究[D]. 武汉: 武汉理工大学,2009.
[37] 封莎基. 于 FBG 的长距离传感系统及应用[D]. 西安:电子科技大学,2010.
[38] 王燕花. 新型光纤传感系统的研究与实现[D]. 北京:北京交通大学,2009.
[39] 王明年,曾超,周志东,等. 海底隧道结构安全性评价成套技术研究[R]. 厦门:厦门路桥建设集团有限公司,2009.
[40] 王明年,路军富,等. 建立隧道位移判定基准研究报告[R]. 成都:西南交通大学,2008.
[41] 俞尚宇. 厦门东通道大断面海底隧道陆域段施工安全评价[D]. 成都:西南交通大学,2006.
[42] 王明年,路军富,刘大刚,张建国. 大断面海底隧道 CRD 法绝对位移控制基准建立及应用研究[J]. 岩土力学,2010,31(10):3354-3360.
[43] 赵东平. 海底隧道维修养护若干问题研究[D]. 成都:西南交通大学,2008.
[44] 王明年,路军富,张建国,李培楠. 大断面海底隧道施工安全判定基准及应用[J]. 岩土工程学报,2010,32(6):865-873
[45] 王明年,路军富,等. 厦门翔安海底隧道现场监控量测报告[R]. 成都: 西南交通大学, 2008.
[46] 王明年,路军富,等. 隧道三维矢量位移预测技术研究报告[R]. 成都:西南交通大学,2008.
[47] 邓子圣. 基于径向基神经网络的深基坑非线性位移反分析[J]. 岩土工程学报,2005,27(5):554-557.
[48] 聂亚军. 改进灰色 GM(1,1)模型在隧道围岩位移预测中的应用[J]. 建筑技术开发,2005,32(1):26-27.
[49] 吉艳雷. 厦门东通道海底隧道二次衬砌安全性及锈蚀行为研究[D]. 成都:西南交通大学,2007.
[50] 王明年,路军富,等. 隧道位移非接触量测软件分析系统开发研究报告[R]. 成都:西南交通大学,2008.
[51] 周青山,王明年,彭天明,等. 翔安隧道长期监测系统软件说明书[R]. 成都:西南交通大学,2010.